DICTIONNAIRE

DES

SYNONYMES

DICTIONNAIRE
DES
SYNONYMES

Pour éviter une répétition,
pour trouver rapidement
le mot juste,
pour enrichir son vocabulaire...

INTRODUCTION

Eviter une répétition,
être plus précis dans sa formulation,
enrichir son vocabulaire...

Moderne, facile d'usage, rapide, Le DICTIONNAIRE DES SYNONYMES répond à ces critères. Il a été conçu pour donner une réponse immédiate aux problèmes de vocabulaire qui se posent dans la vie étudiante, professionnelle ou familiale.

Réalisé à l'aide d'un ordinateur, il regroupe, par ordre alphabétique, les mots les plus fréquemment utilisés dans la langue française.

Avec lui, c'est son originalité, l'on trouve le mot exact sans perte de temps, sans renvoi vers d'autres pages, d'autres rubriques. Tous les mots cités sont immédiatement suivis de leurs synonymes les plus courants sans qu'il soit nécessaire d'aller chercher plus loin les équivalences.

A l'attention de l'utilisateur :

Lorsqu'un mot a plusieurs significations, une « puce », en début de ligne, indique le changement de sens. C'est souvent le cas des adjectifs auxquels il faut prêter une interprétation différente selon qu'ils qualifient des personnes ou des objets. Pour les noms, lorsque le pluriel donne un sens différent du singulier, ce pluriel est alors précisé.

On ne trouvera pas, comme dans d'autres ouvrages, plus anciens, et de conception différente, la définition du mot, ou sa référence étymologique ; on ne trouvera pas non plus tous les mots « équivalents », les synonymes rares, ou tombés en désuétude. Il ne s'agit pas de donner la somme, le catalogue de tous les synonymes possibles, mais de proposer ceux dont l'usage est le plus fréquent ; pas d'être le plus complet possible, mais le plus directement efficace.

Les mots techniques n'ont pas été retenus, à cause, justement, de leur technicité : ils admettent rarement des synonymes ; leur trouver un équivalent serait en trahir le sens. Le langage technique n'obéit pas aux règles classiques du discours ou de la rédaction, refuse la litote, et ne fait pas de la répétition une faute.

Dans un souci d'efficacité, ont aussi été écartés les mots tombés en désuétude, ainsi que les mots d'argot, même si un usage répété, voire abusif, dans le langage parlé les rend familiers : l'histoire de la langue est une lente mutation, et il faut respecter le rythme de son évolution.

Aider à mieux parler, et à bien écrire, en trouvant rapidement le mot juste : c'est l'unique ambition de ce DICTIONNAIRE DES SYNONYMES, accessible à tous, moderne et fonctionnel.

a

ABAISSEMENT ☐ affaissement, affaiblissement, baisse, chute, descente, dévaluation, diminution.
● abjection, avilissement, bassesse, déchéance, déclin, dégénérescence, humiliation.

ABAISSER ☐ affaisser, affaiblir, baisser, dévaluer, diminuer, réduire.
● avilir, corrompre, dépraver, humilier, rabaisser, ravaler à, salir.

ABANDON ☐ abdication, capitulation, cessation, désertion, don, donation, démission, désistement, négligence, renonciation.

ABANDONNER ☐ céder, cesser, démissionner, donner, évacuer, laisser, quitter, renoncer à, se replier, se retirer, se séparer de.

ABASOURDIR ☐ abêtir, abrutir, choquer, ébahir, étonner, étourdir, hébéter, méduser, sidérer.

ABATARDIR ☐ abaisser, altérer, dégénérer, dénaturer, corrompre, dépraver.

ABATTEMENT ☐ déduction, escompte, ristourne.
● accablement, anéantissement, découragement, épuisement, fatigue, langueur, lassitude, prostration.

ABATTRE ☐ briser, démolir, détruire, massacrer, raser, renverser, ruiner, tuer.

ABATTRE (S') ☐ fondre sur, se précipiter, se ruer, submerger.

ABATTU ☐ accablé, mélancolique, morose, prostré, terrassé, triste.

ABBAYE ☐ cloître, couvent, monastère, prieuré.

ABCÈS ☐ anthrax, bubon, chancre, dépôt, enflure, furoncle, gonflement, panaris, pustule, tumeur.

ABDICATION ☐ abandon, capitulation, démission, renonciation, résignation.

ABDIQUER ☐ se démettre, démissionner, quitter, renoncer.

ABDOMEN ☐ bas-ventre, panse, ventre.

ABERRANT ☐ absurde, déraisonnable, grotesque, imbécile, insensé, ridicule, saugrenu, stupide.

ABERRATION ☐ absurdité, erreur, extravagance, imbécillité, stupidité.

ABÊTIR ☐ abrutir, crétiniser, rendre bête.

ABHORRER □ abominer, détester, exécrer, haïr, maudire.

ABÎME □ abysse, gouffre, précipice.

ABÎMER □ casser, dégrader, endommager, gâter, saccager.

ABÎMER (S') □ s'abandonner à, s'adonner à, s'enfoncer dans, sombrer.

● chavirer, couler, sombrer (*marine*).

ABJECT □ bas, dégoûtant, grossier, ignoble, indigne, infâme, méprisable, obscène, répugnant, sordide, vil.

ABJECTION □ avilissement, bassesse, grossièreté, ignominie, indignité, infamie, obscénité, saleté.

ABJURATION □ abandon, apostasie, reniement, renonciation.

ABJURER □ faire son autocritique, renier, renoncer à.

ABLUTION □ lavage, nettoyage, toilette.

ABNÉGATION □ désintéressement, dévouement, sacrifice.

ABOIEMENT □ grondement, hurlement, jappement.

ABOLIR □ abroger, anéantir, détruire, effacer, faire disparaître, supprimer.

ABOLITION □ abrogation, anéantissement, disparition.

● absolution, amnistie, grâce, pardon, rémission.

ABOMINABLE □ affreux, atroce, cruel, détestable, effroyable, exécrable, horrible, informe, laid, monstrueux, repoussant.

ABOMINER □ abhorrer, détester, exécrer, haïr, maudire.

ABONDAMMENT □ beaucoup, copieusement, énormément, largement, à volonté.

ABONDANCE □ aisance, fécondité, fertilité, flot, opulence, richesse.

ABONDANT □ ample, copieux, fécond, fertile, fructueux, luxuriant, opulent, plantureux, riche.

ABONDER □ foisonner, grouiller, proliférer, pulluler.

ABONDER DANS □ approuver, entériner, ratifier.

ABORD □ approche, aspect, comportement, maintien.

ABORDS □ accès, alentours, environs, voisinage.

ABORDABLE □ accessible, accueillant, aimable, courtois.

● bon marché, facile, réalisable.

ABORDER □ accoster, approcher, joindre, toucher.

ABOUTIR □ arriver à, finir à, tomber dans, réussir.

ABOUTISSEMENT □ but, fin, issue, résultat.

ABOYER □ crier, hurler, japper.

ABRÉGÉ □ (adj) bref, concis, court, raccourci, ramassé, réduit, resserré, résumé, simplifié, sommaire.

ABRÉGÉ □ (nom) abréviation, aperçu, condensé, extrait, résumé, sommaire.

ABRÉGER □ condenser, diminuer, écourter, raccourcir, réduire, résumer.

ABREUVER □ arroser, désaltérer, remplir.

● accabler, agonir, inonder, submerger.

ABREUVOIR □ auge, bassin, fontaine, réservoir.

ABRI □ asile, couverture, protection, refuge, repaire, sécurité, sûreté, toit.

ABRITER □ cacher, couvrir, dissimuler, protéger.

ABROGATION □ abolition, annulation, résiliation, retrait, suppression.

ABROGER □ abolir, anéantir, détruire, effacer, faire disparaître, supprimer.

ABRUPT □ à-pic, escarpé, pentu, raide, rude.
● acariâtre, autoritaire, cassant, hargneux, revêche, sauvage, sec.

ABRUTI □ idiot, balourd, crétin, demeuré, frustre, lourdaud, niais, sot, stupide.

ABRUTIR □ abêtir, choquer, engourdir, hébéter, rendre idiot.

ABRUTISSEMENT □ avilissement, abêtissement, stupidité.

ABSENCE □ carence, défaut, manque.
● amnésie, bévue, disparition, distraction, éloignement, inattention, oubli.

ABSENT □ amnésique, distrait, étourdi, inattentif, rêveur.

ABSENTER (S') □ disparaître, s'éloigner, manquer, quitter.

ABSOLU □ (adj) arbitraire, autoritaire, catégorique, despotique, dictatorial, entier, impérieux, omnipotent, total.

ABSOLU □ (nom) beau, idéal, perfection, summum.

ABSOLUTION □ abolition, acquittement, amnistie, grâce, pardon, pénitence, rémission.

ABSORBER □ avaler, boire, consommer, engloutir, éponger, pomper, résorber.
● accaparer, occuper, préoccuper, retenir.

ABSOUDRE □ acquitter, amnistier, gracier, pardonner.

ABSTENIR (S') □ se dispenser, éviter, se priver, se refuser à.

ABSTENTION □ neutralité, refus, renonciation.

ABSTINENCE □ jeûne, modération, privation.

ABSTRACTION □ absence, irréalité, fiction.

ABSTRACTION (FAIRE ... DE) □ écarter, mettre de côté, retrancher.

ABSTRAIT □ abscons, imaginaire, hypothétique, théorique.

ABSURDE □ déraisonnable, extravagant, incohérent, irrationnel, saugrenu.

ABSURDITÉ □ bêtise, déraison, énormité, incohérence, non-sens, stupidité.

ABUS □ exagération, excès, injustice, outrance.

ABUSER □ exagérer, exploiter, outrepasser.
● berner, décevoir, duper, leurrer, trahir, tromper.

ABUSER (D'UNE FEMME) □ déshonorer, posséder, violer.

ABUSER (S') □ s'égarer, se méprendre, se tromper.

ACADÉMIE □ modèle, nu.
● conservatoire, institut, rectorat, société littéraire, université.

ACADÉMIE FRANÇAISE □ Institut, Quai Conti, les Quarante.

ACADÉMIQUE □ ampoulé, conventionnel, emphatique, guindé, pompeux.

ACARIATRE □ acrimonieux, bougon, coléreux, colérique, hargneux, maussade, morose, revêche.

ACCABLANT □ assommant, écrasant, oppressant, orageux, pénible, pesant.

● désespérant, fatidique, irréfutable.

ACCABLÉ ☐ abattu, brisé, découragé, prostré, terrassé.

● chargé, écrasé, submergé, surchargé.

ACCABLEMENT ☐ abattement, anéantissement, découragement, épuisement, lassitude, prostration.

ACCÉDER ☐ arriver à, avoir accès, parvenir.

● acquiescer, consentir, souscrire.

ACCÉLÉRER ☐ dépêcher, hâter, précipiter, presser, stimuler.

ACCENTUER ☐ appuyer sur, augmenter, intensifier, ponctuer, souligner.

ACCEPTABLE ☐ convenable, correct, présentable, suffisant, valable.

ACCEPTER ☐ accueillir, agréer, recevoir.

● admettre, être d'accord, se résigner à, se soumettre à, tolérer.

ACCÈS ☐ abord, accueil, entrée.

● attaque, atteinte, malaise, crise, poussée.

ACCESSIBLE ☐ abordable, affable, amène, compréhensible, facile, ouvert à.

ACCESSOIRE ☐ (adj) annexe, complémentaire, inutile, secondaire, superflu, supplémentaire.

ACCESSOIRE ☐ (nom) instrument, outil, ustensile.

ACCESSOIREMENT ☐ éventuellement.

ACCIDENT ☐ aléa, avatar, catastrophe, événement, incident, malheur, mésaventure, revers.

● aspérité, montagne, pli, relief.

ACCIDENTÉ ☐ blessé, choqué, touché.

● accroché, cabossé, cassé, détruit, endommagé, tordu.

● montagneux, vallonné, varié.

ACCIDENTEL ☐ fortuit, imprévu, inhabituel, occasionnel.

ACCIDENTELLEMENT ☐ fortuitement, par hasard.

ACCLAMATION ☐ applaudissements, clameur, cris, ovation, vivats.

ACCLIMATER ☐ adapter, habituer, transplanter.

ACCLIMATER (S') ☐ s'accoutumer, s'habituer, s'implanter.

ACCOMMODANT ☐ aimable, accueillant, charmant, conciliant, débonnaire, facile, sociable.

ACCOMMODEMENT ☐ accord, arrangement, conciliation, composition, entente, rapprochement.

ACCOMMODER ☐ accorder, adapter, agencer, ajuster.

● accorder, réconcilier, réunir.

● assaisonner, cuisiner, préparer.

ACCOMMODER (S') ☐ admettre, se contenter de, s'habituer à.

ACCOMPAGNEMENT ☐ cortège, équipage, escorte, suite.

● accessoire, fourniture, ornement.

● garniture, sauce.

ACCOMPAGNER ☐ assister, conduire, escorter, suivre, surveiller.

ACCOMPLI ☐ distingué, émérite, éminent, parfait.

● achevé, fini, réalisé, terminé.

ACCOMPLIR ☐ achever, commettre, exécuter, réaliser, terminer.

ACCOMPLIR (S') ☐ arriver, se faire, se produire.

ACCOMPLISSEMENT ☐ achèvement, exécution, réalisation.

ACCORD ☐ complicité, conciliation, harmonie, sympathie.

● contrat, convention, traité, transaction.

● acceptation, approbation, consentement, engagement.

ACCORD (TOMBER D'...) ☐ accepter, acquiescer, consentir.

ACCORDER ☐ attribuer, céder, donner, offrir.

● accommoder, adapter, agencer, ajuster, arranger, associer, assortir, combiner, harmoniser.

● concilier, raccommoder, réconcilier, réunir.

ACCOSTER ☐ aborder, aller à la rencontre de, s'approcher, rencontrer.

● aborder, jeter l'ancre, toucher terre.

ACCOUCHEMENT ☐ enfantement, mise au monde, naissance.

ACCOUCHER ☐ enfanter, mettre au monde.

● créer, engendrer, produire.

ACCOUPLEMENT ☐ assemblage, réunion, transmission.

● appareillage, croisement, monte, reproduction, saillie. (*animaux*)

● coït, copulation, rapports. (*humains*)

ACCOUPLER ☐ accoler, apparier, assembler, joindre, réunir, unir.

ACCOURIR ☐ arriver en courant, courir, se précipiter.

ACCOUTREMENT ☐ défroque, déguisement, habillement, vêtement.

ACCOUTRER ☐ déguiser, habiller, vêtir.

ACCOUTUMANCE ☐ acclimatement, adaptation, habitude, immunisation, insensibilisation, vaccination.

ACCOUTUMER ☐ acclimater, adapter, habituer.

ACCROC ☐ coupure, déchirure, entaille.

● anicroche, contretemps, faute, infraction, obstacle.

ACCROCHAGE ☐ accident, bataille, combat, dispute, engagement, heurt, querelle.

ACCROCHER ☐ attacher, fixer, suspendre.

● bousculer, heurter, importuner, renverser, retenir.

ACCROCHER (S') ☐ s'agripper à, se cramponner à, se suspendre à.

ACCROISSEMENT ☐ accélération, aggravation, augmentation, hausse.

ACCROÎTRE ☐ agrandir, aggraver, augmenter.

ACCROUPIR (S') ☐ se baisser, se ramasser.

ACCUEIL ☐ entrée, hall, réception.

● asile, bienvenue, hospitalité, réception, refuge.

ACCUEILLANT ☐ aimable, avenant, charmant, gracieux, ouvert, serviable, sympathique.

ACCUEILLIR ☐ accepter, admettre, agréer, écouter, recevoir.

ACCULER ☐ cerner, contraindre, dominer, enfermer, immobiliser.

ACCUMULATION ☐ amas, attroupement, entassement, fatras, quantité, rassemblement, tas.

ACCUMULER ☐ amasser, collectionner, empiler, entasser.

ACCUSATEUR ☐ délateur, dénonciateur, indicateur, mouchard.

● procureur, substitut.

ACCUSATION ☐ délation, dénonciation, diffamation, rumeur.

● incrimination, inculpation, poursuites, réquisitoire.

ACCUSÉ ☐ (nom) inculpé, prévenu.

ACCUSER ☐ dénoncer, inculper, poursuivre, requérir contre.

ACERBE ☐ acide, acrimonieux, agressif, aigre, piquant, virulent.

ACÉRÉ ☐ affûté, aigu, coupant, piquant, pointu, vif.

ACHARNÉ ☐ courageux, obstiné, opiniâtre, têtu, travailleur.

ACHARNEMENT ☐ ardeur, entêtement, fureur, opiniâtreté, persévérance, rage, ténacité.

ACHAT ☐ acquisition, emplette.
● corruption, dépravation, subornation.

ACHEMINER ☐ conduire, convoyer, envoyer, transporter.

ACHEMINER (S') ☐ avancer, marcher vers.

ACHETER ☐ acquérir, obtenir, se procurer.
● corrompre, dépraver, soudoyer.

ACHETEUR ☐ acquéreur, client, usager.

ACHEVÉ ☐ complet, fini, terminé.

ACHÈVEMENT ☐ aboutissement, apothéose, conclusion, dénouement, fin, terme.

ACHEVER ☐ aboutir, accomplir, conclure, finir, terminer.
● abattre, raser, ruiner, tuer.

ACIDE ☐ acerbe, désagréable, agressif, aigre, virulent.
● acidulé, acre, aigre, piquant.

ACOLYTE ☐ ami, associé, camarade, complice, confrère, partenaire.

ACOMPTE ☐ arrhes, avance, provision.

ACQUÉREUR ☐ acheteur, client, consommateur.

ACQUÉRIR ☐ acheter, devenir propriétaire, obtenir, recevoir.

ACQUIESCEMENT ☐ accord, autorisation, consentement, permission.

ACQUIESCER ☐ accepter, consentir, opiner, tomber d'accord.

ACQUIS ☐ inné, gagné, obtenu.

ACQUISITION ☐ achat, emplette, gain.

ACQUIT ☐ décharge, quittance, récépissé.

ACQUITTEMENT ☐ paiement, règlement, remboursement.
● absolution, amnistie, remise en liberté.

ACQUITTER ☐ absoudre, amnistier, disculper, gracier, libérer, relaxer.
● apurer, liquider, payer, régler.

ACRE ☐ acerbe, acide, aigre, cuisant.

ACRETÉ ☐ acrimonie, aigreur, amertume.

ACROBATIE ☐ équilibre, saut, voltige.

ACTE ☐ action, décision, exploit, geste.
● certificat, contrat, décret, document, loi, testament.

ACTEUR ☐ comédien, mime, tragédien.

ACTIF ☐ Agissant, efficace, diligent, dynamique, énergique, rapide, vif, vivant.

ACTION ☐ acte, décision, effet, efficacité, entreprise, initiative, mouvement, œuvre.
● bataille, combat, exploit.
● intrigue, rebondissement, scénario.
● obligation, part, valeur (*bourse*).

ACTIONNAIRE ☐ agioteur, capitaliste, propriétaire.

ACTUELLEMENT ☐ à présent, en ce moment, maintenant, présentement.

ADAGE ☐ devise, maxime, proverbe, sentence.

ADAPTATION ☐ acclimatation, accoutumance, ajustement, dressage, transformation.

● traduction, transposition.

ADAPTER ☐ ajuster, harmoniser, installer, régler sur, transformer.

ADAPTER (S') ☐ s'acclimater, s'accoutumer, s'habituer.

ADDITION ☐ ajout, appendice, augmentation, complément, supplément.

● compte, décompte, facture, note.

ADDITIONNER ☐ ajouter, augmenter, compléter, rajouter.

ADEPTE ☐ disciple, initié, militant, partisan.

ADHÉRENCE ☐ collage, soudure, union.

ADHÉRENT ☐ (adj) adhésif, assemblé, collé, soudé à, uni à.

ADHÉRENT ☐ (nom) abonné, adepte, membre, partisan.

ADHÉSION ☐ accord, acceptation, approbation, assentiment, consentement, ratification.

ADIEU ☐ au-revoir, bonsoir, bonne nuit.

ADJACENT ☐ attenant, contigu, côte à côte, prochain, voisin.

ADJECTIF ☐ épithète, attribut.

ADJOINT ☐ aide, assesseur, assistant, auxiliaire, collaborateur.

ADMETTRE ☐ accepter, accueillir, autoriser, recevoir.

● accepter, adopter, concéder, reconnaître, souscrire à.

ADMINISTRATEUR ☐ agent, dirigeant, gestionnaire, régisseur.

ADMINISTRATION ☐ conduite, direction, gestion, gouvernement, ministère, organisme, régie, régime, service.

ADMINISTRER ☐ diriger, gérer, organiser, planifier, régir, réglementer.

● faire prendre, ordonner, prescrire.

ADMIRABLE ☐ beau, étonnant, curieux, extraordinaire, formidable, inouï, magnifique, merveilleux, rare, surprenant.

ADMIRATION ☐ adoration, adulation, émerveillement, enthousiasme, étonnement, surprise, ravissement.

ADOLESCENT ☐ éphèbe, jeune, jouvenceau.

ADONNER (S') ☐ s'abandonner à, se livrer à, succomber à.

ADOPTER ☐ approuver, choisir, élire, faire sien, opter, prendre.

ADORABLE ☐ admirable, gentil, mignon, ravissant, séduisant.

ADORATION ☐ admiration, adulation, amour, dévotion, engouement, ferveur, passion, vénération.

ADORER ☐ aimer, honorer, idolâtrer, révérer, vénérer.

ADOUCIR ☐ apaiser, amollir, atténuer, corriger, édulcorer, mitiger, modérer, soulager, tempérer.

ADOUCISSEMENT ☐ amélioration, assouplissement, atténuation, attiédissement, modération, réchauffement, soulagement.

ADRESSE ☐ dextérité, finesse, habileté, ruse, savoir-faire, souplesse, subtilité, vivacité.

● domicile, habitation, résidence.

ADRESSER ☐ envoyer, expédier, poster.

ADRESSER (S') ☐ appeler, demander à, interpeller.

ADROIT ☐ agile, fin, habile, industrieux, ingénieux, rusé, souple.

ADULATEUR ☐ courtisan, flagorneur, flatteur, louangeur.

ADULATION ☐ amour, cour, encensement, flatterie.

ADULER ☐ adorer, courtiser, encenser, flatter.

ADULTE ☐ (nom) grande personne.

ADULTE ☐ (adj) grand, mûr, sérieux, sûr.

ADULTÈRE ☐ infidélité, trahison.

ADVERSAIRE ☐ antagoniste, concurrent, ennemi, rival.

ADVERSITÉ ☐ difficulté, fatalité, infortune, malheur, malchance.

AÉRER ☐ changer d'air, ventiler.

AÉRIEN ☐ céleste, léger, pur.

AFFABILITÉ ☐ civilité, courtoisie, gracieuseté, honnêteté, politesse.

AFFABLE ☐ aimable, civil, courtois, gracieux, poli.

AFFAIBLIR ☐ altérer, affaisser, amoindrir, anémier, dévaluer, diminuer, épuiser, exténuer, fatiguer, miner, réduire, saper, user.

AFFAIBLISSEMENT ☐ abaissement, affaissement, baisse, chute, dégénérescence, descente, dévaluation, diminution, faiblesse, fatigue, réduction, usure.

AFFAIRE ☐ boutique, cabinet, commerce, entreprise, occupation, société, tâche, tractation, travail, usine.
● complot, intrigue, scandale.

AFFAIRES ☐ activités commerciales, industrielles, négoce, transactions, ventes.

AFFAIRÉ ☐ actif, occupé, surmené.

AFFAIRISME ☐ combine, concussion, prévarication, spéculation.

AFFAISSEMENT ☐ abaissement, affaiblissement, baisse, chute, descente, dévaluation, diminution.

AFFAISSER ☐ abaisser, affaiblir, baisser, décliner, diminuer, plier, réduire.

AFFECTATION ☐ afféterie, coquetterie, préciosité, raffinement, singularité, snobisme.
● assignation, destination, imputation, mise en place, nomination, poste.

AFFECTER ☐ avoir l'air de, feindre, se piquer de.
● assigner, attribuer, muter.
● bouleverser, émouvoir, toucher.

AFFECTÉ ☐ apprêté, composé, précieux.

AFFECTION ☐ affinité, amitié, amour, attachement, dévouement, inclinaison, sollicitude, sympathie, tendresse.
● indisposition, fièvre, maladie.

AFFECTIONNER ☐ aimer, s'attacher à, chérir, vénérer.

AFFECTUEUSEMENT ☐ aimablement, amicalement, amoureusement, tendrement.

AFFECTUEUX ☐ amical, chaleureux, sensible, sentimental, tendre.

AFFERMIR ☐ asseoir, assurer, cimenter, consolider, durcir, réconforter, sceller, tremper.

AFFICHE ☐ annonce, pancarte, panneau, placard, publicité.

AFFICHER ☐ annoncer, manifester, montrer, placarder, proclamer, publier, révéler.

AFFICHER (S') ☐ affecter, parader, se piquer de.

AFFILER ☐ affûter, aiguiser, tailler.

AFFILIÉ ☐ adhérent, associé, initié.

AFFINITÉ ☐ affection, attirance, attraction, sympathie.

AFFIRMATION ☐ assurance, attestation, confirmation, manifestation, témoignage.

AFFIRMER ☐ assurer, attester, confirmer, manifester, montrer, prouver, témoigner.

AFFIRMER (S') ☐ se manifester, se montrer, se raffermir, se renforcer.

AFFLICTION ☐ amertume, chagrin, désolation, douleur, malheur, peine, souffrance, supplice, tourment, tristesse

AFFLIGÉ ☐ attristé, contrit, infortuné, miséreux, mortifié.

AFFLIGEANT ☐ accablant, décourageant, déplorable, fâcheux, lamentable, navrant, triste.

AFFLUENCE ☐ abondance, afflux, circulation, déferlement, encombrement, flot, foule, monde, multitude, quantité, pullulement.

AFFLUER ☐ abonder, circuler, se déverser, se presser vers, pulluler.

AFFOLER ☐ alarmer, angoisser, apeurer, effrayer, inquiéter.
● aguicher, bouleverser, exciter, troubler.

AFFRANCHIR ☐ composter, timbrer.
● délivrer, émanciper, libérer, rendre libre.

AFFRES ☐ angoisse, épouvante, inquiétude, transe.

AFFREUX ☐ abominable, difforme, effroyable, épouvantable, horrible, laid, mauvais, répugnant, terrible.

AFFRIOLER ☐ affoler, aguicher, bouleverser, exciter, séduire, troubler.

AFFRONT ☐ attaque, avanie, camouflet, honte, insulte, offense, outrage, vexation.

AFFRONTEMENT ☐ attaque, combat, défi, heurt, lutte, rencontre.

AFFRONTER ☐ attaquer, braver, combattre, lutter contre, se mesurer à.

AFFUBLÉ ☐ accoutré, costumé, bizarrement vêtu.

AFFÛTER ☐ affiler, aiguiser, épointer.

AFIN QUE ☐ pour que.

AGAÇANT ☐ crispant, énervant, exaspérant, taquin.

AGACEMENT ☐ énervement, exaspération, impatience, irritation.

AGACER ☐ chercher noise, énerver, ennuyer, exaspérer, harceler, provoquer, taquiner.

AGAPES ☐ banquet, festin, réjouissances, repas.

AGE ☐ ancienneté, époque, période, temps, vieillesse.

AGÉ ☐ ancien, démodé, usé, vieux.

AGENCE ☐ bureau, comptoir, légation, office, succursale.

AGENCEMENT ☐ aménagement, disposition, organisation.

AGENCER ☐ arranger, aménager, assembler, organiser, parer.

AGENDA ☐ almanach, calendrier, mémento, répertoire.

AGENOUILLER (S') ☐ s'abaisser, s'humilier, se mettre à genoux, se prosterner, se soumettre.

AGENT ☐ ambassadeur, commis, délégué, député, envoyé, gérant, inspecteur, préposé.
● gardien de la paix, policier.
● cause, instrument, source.

AGGLOMÉRATION ☐ banlieue, bourg, centre, cité, faubourg, localité, village, ville, zone urbaine.

AGGLUTINER ☐ rassembler, presser.

AGGRAVATION ☐ accroissement, complication, exacerbation, intensification, progrès, recrudescence.

AGGRAVER ☐ accroître, augmenter, envenimer, exacerber, exciter, surcharger.

AGGRAVER (S') □ se détériorer, empirer.

AGILE □ adroit, alerte, félin, habile, léger, souple, véloce, vif.

AGILITÉ □ adresse, légèreté, souplesse, vivacité.

AGIR □ se conduire, employer, exécuter, faire, intercéder, intervenir, œuvrer, opérer, travailler.

AGISSANT □ actif, efficace, influent.

AGITATEUR □ perturbateur, révolutionnaire, trublion.

AGITATION □ activité, animation, désordre, hâte, précipitation, surexcitation, trouble, tumulte.
● angoisse, colère, effervescence, frénésie, mouvement, nervosité, trouble.
● animation, émeute, pagaille, révolte, trouble.

AGITER □ animer, débattre, enfiévrer, inquiéter, mettre en effervescence, tracasser, troubler.
● gesticuler, remuer, secouer.

AGONIE □ derniers instants, dernière extrémité, fin, mort.

AGONISANT □ moribond, mourant.

AGRAFER □ accrocher, assembler, attacher, épingler, fixer.

AGRANDIR □ ajouter, allonger, augmenter, développer, élargir, étendre, grossir, hausser.

AGRANDISSEMENT □ amplification, développement, élargissement, extension, regroupement.

AGRÉABLE □ accueillant, amusant, beau, charmant, délectable, gentil, gracieux, plaisant, ravissant, suave, sociable.

AGRÉER □ accepter, admettre, recevoir.

AGRÉGER □ accueillir, agglomérer, agglutiner, associer, incorporer.

AGRÉMENT □ accord, approbation, consentement, permission.

AGRÉMENTS □ amusement, charmes, joie, plaisir.
● enjolivement, garniture, ornement.

AGRÉMENTER □ embellir, enjoliver, orner, parer.

AGRESSIF □ belliqueux, hargneux, méchant, querelleur.

AGRESSION □ attaque, cambriolage, intervention, intrusion, vol, viol, violence.

AGRESSIVITÉ □ brutalité, hargne, méchanceté, violence.

AGRICULTEUR □ agronome, cultivateur, éleveur, fermier, laboureur, planteur.

AGUERRIR □ endurcir, entraîner, fortifier, tremper.

AIDE □ (féminin) assistance, contribution, main-forte, renfort, rescousse, secours, soutien, subvention.

AIDE □ (masculin) adjoint, assesseur, assistant, auxiliaire, collaborateur.

AIDER □ appuyer, assister, épauler, donner un coup de main, favoriser, réconforter, seconder, secourir, soutenir.

AÏEUL □ aîné, ancêtre, père, prédécesseur.

AIGRE □ acerbe, acide, aigrelet, mordant, piquant, rance.
● acariâtre, amer, cassant, hargneux, revêche.

AIGRI □ amer, dégoûté, désabusé, irritable, morose.

AIGU □ acéré, anguleux, coupant, pointu, saillant.
● doué, incisif, intelligent, mordant, pénétrant, subtil, vif.

● clair, élevé, perçant, strident.

AIGUILLONNER □ animer, exciter, inciter, encourager, porter à, stimuler.
● piquer, toucher.

AIGUISER □ affiler, affûter.

AILE □ aileron, empennage.
● appui, protection, soutien.

AILLEURS □ autre part

AIMABLE □ agréable, accueillant, amène, charmant, délicieux, gentil, gracieux, plaisant, poli, sociable.

AIMANT □ affectueux, amoureux, sensible, tendre.

AIMER □ adorer, affectionner, s'attacher à, avoir de l'affection pour, chérir, s'éprendre, tomber amoureux, vénérer.

AÎNÉ □ ancien, premier-né, vieux.

AINSI □ aussi, c'est pourquoi

AINSI QUE □ comme, de même que.

AIR □ apparence, attitude, expression, manières, mine, physionomie.
● atmosphère, brise, temps, vent.
● antienne, ariette, chanson, chansonnette, mélodie.

AIRE □ champ, superficie, surface, terrain, zone.
● nid, refuge.

AISANCE □ assurance, désinvolture, facilité, grâce, naturel.
● aise, confort, opulence, richesse.

AISANCES (LIEUX D') □ commodités, latrines, toilettes.

AISE □ contentement, plénitude, satisfaction.

AISÉ □ content, désinvolte, fortuné, riche, satisfait.
● clair, facile, simple.

AISÉMENT □ facilement, naturellement, simplement.

AJOURNEMENT □ atermoiement, remise, renvoi, retard.

AJOUTER □ additionner, allonger, amplifier, augmenter, compléter, enrichir, étendre, grossir.

AJUSTER □ accorder, adapter, agencer, arranger, combiner, parer, régler, vêtir.
● mettre en joue, pointer, viser.

ALAMBIQUÉ □ compliqué, confus, recherché, subtil, tortueux.

ALARMANT □ angoissant, dramatique, inquiétant, préoccupant, terrible.

ALARME □ appréhension, crainte, effroi, épouvante, frayeur, peur, terreur.
● alerte, avertisseur, klaxon, sirène, tocsin.

ALARMER □ avertir, mettre en garde, prévenir.
● angoisser, effrayer, épouvanter, inquiéter.

ALBUM □ cahier, classeur, recueil.

ALCHIMIE □ chimie, occultisme, sciences occultes.

ALCOOL □ apéritif, calvados, digestif eau-de-vie, marc, rhum, vodka, whisky.

ALCOOLIQUE □ buveur, éthylique, ivrogne.

ALENTOURS □ abords, environs, voisinage.

ALERTE □ (nom) alarme, danger, péril.

ALERTE □ (adj) adroit, agile, leste, rapide, vif.

ALERTER □ avertir, attirer l'attention, prévenir, signaler.

ALGARADE □ altercation, dispute, rixe.

ALIÉNATION □ abandon, échange, donation, legs, vente.

● démence, folie, névrose.

ALIÉNÉ ☐ dément, fou, malade.

ALIÉNER ☐ abandonner, céder, donner, léguer, vendre.

ALIGNER ☐ disposer, mettre en ligne, ranger.

ALIMENT ☐ comestible, denrée, nourriture, provision.

ALIMENTAIRE ☐ comestible, nourrissant, nutritif.

ALIMENTER ☐ approvisionner, nourrir, sustenter.

ALITER (S') ☐ s'allonger, se coucher, se mettre au lit.

ALLAITER ☐ donner le sein, nourrir.

ALLÉCHER ☐ aguicher, appâter, attirer, séduire.

ALLÉE ☐ avenue, couloir, corridor, passage, voie.

ALLÉGATION ☐ affirmation, citation, insinuation.

ALLÉGEMENT ☐ adoucissement, amélioration, assouplissement, atténuation, soulagement.

ALLÉGER ☐ aider, délester, diminuer, rendre plus léger, soulager.

ALLÉGORIE ☐ fable, image, métaphore, représentation, tableau.

ALLÉGRESSE ☐ allant, enthousiasme, entrain, gaieté, joie, vivacité.

ALLER ☐ cheminer, marcher, se promener, rouler, se rendre.

ALLER (S'EN ...) ☐ disparaître, partir, rompre, mourir.

ALLIANCE ☐ anneau, bague.
● association, coalition, confédération, entente, ligue, union.

ALLIÉ ☐ ami, apparenté, associé, confédéré, parent, partenaire.

ALLIER ☐ associer, combiner, harmoniser, unir.

ALLONGER ☐ ajouter, étirer, prolonger, temporiser, tirer.

ALLUMER ☐ brancher, éclairer, embraser, enflammer, mettre le feu.

ALLURE ☐ pas, train, vitesse.
● air, apparence, comportement, maintien, prestance.

ALLUSION ☐ comparaison, sous-entendu.

ALLUVION ☐ boues, dépôts, gravier, sable, sédiment.

ALMANACH ☐ agenda, annuaire, calendrier.

ALORS ☐ à ce moment-là, dans ce cas.

ALOURDIR ☐ accabler, charger, faire peser, lester, surcharger.
● bouffir, épaissir, garnir, surcharger.

ALTÉRATION ☐ affaiblissement, avilissement, changement, corruption, dégénérescence, falsification, modification, tare, truquage.

ALTÉRER ☐ abâtardir, corrompre, dégénérer, dénaturer, dépraver, pourrir, truquer.
● assoiffer, dessécher.

ALTERNANCE ☐ alternative, oscillation, récurrence, rotation, succession, va-et-vient.

ALTIER ☐ arrogant, élevé, fier, hautain, noble, vaniteux.

ALTITUDE ☐ élévation, hauteur, niveau.

ALTRUISME ☐ bonté, charité, générosité.

AMABILITÉ ☐ affabilité, civilité, courtoisie, gentillesse, politesse.

AMADOUER ☐ apaiser, calmer, persuader.

AMANT ☐ amateur, amoureux, compagnon, concubin, soupirant.

AMAS ☐ entassement, fatras, foule, quantité, rassemblement, tas.

AMATEUR ☐ amant, collectionneur, dilettante.

AMBASSADEUR ☐ envoyé, chargé de mission, député, légat, ministre, négociateur, représentant.

AMBIANCE ☐ atmosphère.

AMBIGU ☐ étrange, équivoque, incertain, louche.

AMBITION ☐ appétit, ardeur, but, désir, rêve, soif, volonté.

AME ☐ cœur, conscience, courage, esprit, pensée, vie, volonté.

AMÉLIORER ☐ amender, bonifier, embellir, fertiliser, perfectionner, restaurer.

AMENER ☐ apporter, acheminer, conduire, emmener, rapporter.

AMENUISER ☐ alléger, diminuer.

AMER ☐ aigre, cuisant, irritant, saumâtre.
● acariâtre, agressif, désagréable, désabusé, hargneux, maussade, sarcastique, triste.

AMERTUME ☐ âcreté, acrimonie, aigreur, dégoût, morosité.

AMEUTER ☐ alarmer, appeler à la révolte, exciter, rassembler.

AMI ☐ allié, camarade, copain, compagnon, intime.
● amant, amoureux, concubin, galant, soupirant.

AMICAL ☐ bienveillant, complice, favorable, propice.

AMITIÉ ☐ affection, bienveillance, connivence, entente, sympathie.

AMNÉSIE ☐ absence, oubli, perte de mémoire.

AMNISTIE ☐ absolution, grâce, pardon, remise de peine.

AMONCELLEMENT ☐ amas, entassement, fatras, quantité, tas.

AMOUR ☐ adoration, affection, attachement, ardeur, ferveur, folie, inclinaison, passion, penchant, tendresse, volupté.

AMOUREUX ☐ adorateur, ardent, câlin, fervent, galant, sensuel, tendre.

AMOUR-PROPRE ☐ fierté, orgueil, susceptibilité.

AMPLE ☐ considérable, copieux, épanoui, large.

AMPLEUR ☐ épanouissement, largesse, opulence, plénitude, richesse.

AMUSANT ☐ agréable, comique, distrayant, drôle, gai, hilarant, réjouissant, risible.

AMUSEMENT ☐ délassement, distraction, diversion, leurre, passe-temps, récréation, réjouissance.

AMUSER ☐ abuser, donner le change, duper, enjôler, leurrer, tromper.
● divertir, égayer, faire rire, réjouir.

ANALOGUE ☐ équivalent, identique, pareil, semblable.

ANALYSE ☐ critique, dissection, étude, examen, observation, prélèvement, résumé.

ANCIEN ☐ (adj) antique, archaïque, passé, périmé, séculaire, vétuste, vieux.

ANCIEN ☐ (nom) aïeul, aîné, ancêtre, doyen.

ANÉANTISSEMENT ☐ abattement, accablement, épuisement, prostration.
● abolition, disparition, extermination.

ANÉMIE ☐ affaiblissement, dépérissement, faiblesse.

ANFRACTUOSITÉ ☐ cavité, creux, fissure, trou.

ANGÉLIQUE ☐ bon, doux, parfait, pur, séraphique.

ANGLE ☐ arête, coin, coude, encoignure.

ANGOISSANT ☐ effrayant, hallucinant, horrible, inquiétant, oppressant, préoccupant, sinistre.

ANGOISSE ☐ affolement, anxiété, appréhension, crainte, désarroi, effarement, effroi, émotion, hallucination, inquiétude, panique, peur, souci, terreur.

ANGOISSER ☐ affoler, faire peur, inquiéter, oppresser, troubler.

ANIMAL ☐ (nom) bestiole, bête, créature.

ANIMAL ☐ (adj) bestial, brutal, charnel, sauvage, sensuel.

ANIMATION ☐ activité, affairement, effervescence, mouvement.
● chaleur, entrain, enthousiasme, excitation, feu.

ANIMER ☐ diriger, égayer, entraîner, organiser, promouvoir.

ANNIHILER ☐ désintégrer, détruire, faire disparaître, neutraliser, supprimer.

ANNIVERSAIRE ☐ célébration, commémoration, souvenir.

ANNONCE ☐ affiche, communiqué, déclaration, notification, proclamation, publicité.
● prédiction, présage, signe.

ANNUAIRE ☐ almanach, agenda.

ANNULATION ☐ abolition, abrogation, dissolution, extinction, suppression.

ANNULER ☐ abroger, casser, dissoudre, infirmer, révoquer, supprimer.

ANORMAL ☐ étrange, exceptionnel, inhabituel, insolite, non conforme, singulier.

ANTHOLOGIE ☐ choix, florilège, recueil, sélection.

ANTHRAX ☐ abcès, chancre, furoncle, panaris, pustule.

ANTICIPATION ☐ présage, prévision, science-fiction.

ANTIPATHIE ☐ aversion, dégoût, haine, inimitié, répugnance, ressentiment.

ANTIPATHIQUE ☐ désagréable, détestable, odieux, répugnant.

ANTRE ☐ caverne, refuge, tanière.

ANXIÉTÉ ☐ angoisse, appréhension, crainte, effroi, inquiétude, peur, souci.

APAISER ☐ assoupir, calmer, consoler, éteindre, pacifier, rasséréner, rassurer, soulager.

APATHIE ☐ absence, engourdissement, impassibilité, indifférence, indolence, mollesse, paresse, résignation, torpeur.

APERCEVOIR ☐ découvrir, deviner, percevoir, remarquer, repérer, voir.

APERÇU ☐ coup d'œil, estimation, résumé, tour d'horizon.

APEURÉ ☐ anxieux, craintif, effarouché, inquiet, peureux, timide, timoré.

APHORISME ☐ adage, maxime, proverbe, sentence.

APITOYER ☐ attendrir, bouleverser, ébranler, émouvoir, troubler.

APLANIR ☐ égaliser, araser, niveler, unifier.
● aider, apaiser, arranger, faciliter, préparer.

APLATIR ☐ écraser, étaler, laminer, plaquer, rabattre.

APLOMB ☐ équilibre, verticalité.
● assurance, audace, confiance, impudence, culot, sang-froid.

APOCRYPHE □ douteux, faux, supposé.

APOGÉE □ apothéose, faîte, point culminant, sommet, zénith.

APOLOGIE □ défense, éloge, glorification, justification.

APOSTAT □ hérétique, infidèle, renégat.

APOTHÉOSE □ apogée, bouquet, déification, épanouissement, triomphe.

APPARAÎTRE □ arriver, se dégager, éclore, se manifester, naître, paraître, se révéler, sortir, survenir.
● découler de, ressortir de, sembler.

APPARAT □ cérémonie, éclat, faste, gloire, luxe, ostentation, pompe, splendeur.

APPAREIL □ attirail, engin, instrument, machine, outil.
● apparat, cérémonie, faste, pompe.

APPAREILLER □ accorder, agencer, assembler, assortir, joindre, disposer, monter, réunir.
● lever l'ancre.

APPARENCE □ air, aspect, forme, mine, tournure.

APPARENCE (EN...) □ extérieurement, superficiellement.

APPARITION □ arrivée, avènement, manifestation, naissance, venue.
● esprit, fantôme, mirage, revenant, spectre, vision.

APPARTEMENT □ habitation, logement, logis, résidence.

APPARTENIR □ être à, être la propriété de, être propre à, faire partie de, relever de.

APPAS □ attraits, charmes, grâce.

APPÂT □ amorce, asticot, leurre.

APPAUVRIR □ affaiblir, altérer, amoindrir, anémier, dévaluer, diminuer, épuiser, fatiguer, miner, user.

APPEL □ cri, interjection, signe.
● convocation, enrôlement, incorporation.
● incitation, invitation, provocation.
● pourvoi, recours.

APPELER □ apostropher, crier, héler, interpeller.
● choisir, désigner, élire, nommer, souhaiter.
● convoquer, incorporer, enrégimenter, mobiliser.
● baptiser, nommer, qualifier.
● téléphoner.

APPELER (S') □ avoir pour nom, se nommer.

APPELLATION □ dénomination, désignation, label, marque, qualification, vocable.

APPÉTIT □ avidité, boulimie, faim, gourmandise, voracité.
● aspiration, concupiscence, curiosité, désir, envie, inclinaison, passion.

APPLAUDIR □ acclamer, approuver, apprécier, claquer des mains, saluer, se réjouir de.

APPLAUDISSEMENT □ acclamation, enthousiasme, clameur, cris, ovation.
● approbation, compliment, éloge, félicitations, louange

APPLICATION □ attention, concentration, soin, soi, zèle.

APPLIQUER □ apposer, étaler, étendre, placer, poser.
● administrer, infliger, mettre.
● employer, mettre en pratique, user, utiliser.

APPLIQUER (S') □ se consacrer à, s'évertuer, prendre soin.

APPOINT □ accessoire, complément, supplément.

● aide, appui, collaboration, concours.

APPOINTEMENTS □ émoluments, gages, honoraires, paye, rétribution, salaire, solde, traitement.

APPORT □ attribution, contribution, dotation, écot, financement, participation.

APPORTER □ emporter, porter, transporter.
● donner, fournir, offrir.
● appeler, causer, créer, engendrer, entraîner, occasionner, provoquer, susciter.

APPOSER □ appliquer, étaler, mettre, placer, poser.

APPRÉCIATION □ estimation, devis, évaluation, annotation, commentaire, critique, note, observation.

APPRÉCIER □ aimer, estimer, évaluer, juger, priser.
● déterminer, discerner, estimer.

APPRÉHENDER □ craindre, avoir peur, redouter.
● arrêter, capturer, s'emparer de, emprisonner.

APPRÉHENSION □ alarme, angoisse, crainte, effroi, épouvante, frayeur, peur, terreur.

APPRENDRE □ étudier, mémoriser, s'initier, s'instruire.
● aviser, enseigner, faire savoir, inculquer, informer, instruire, transmettre.

APPRENTISSAGE □ éducation, formation, initiation, instruction.

APPRÊTÉ □ affecté, compassé, étudié, guindé, maniéré, recherché.
● accommodé, assaisonné, cuisiné, préparé.

APPRÊTER □ assaisonner, disposer, garnir, préparer.

APPRIVOISÉ □ domestique, domestiqué, dressé.
● amadoué, conquis, poli, séduit.

APPRIVOISER □ domestiquer, dompter, dresser.
● adoucir, charmer, familiariser, séduire.

APPROBATION □ accord, acquiescement, adhésion, adoption, agrément, consentement, homologation, ratification.

APPROCHANT □ approximatif, comparable, équivalent, proche, ressemblant.

APPROCHER □ aborder, avoir accès, côtoyer, joindre, toucher, venir.

APPROCHER (S') □ venir auprès de.

APPROFONDIR □ creuser, forer, fouiller, pénétrer.
● analyser, étudier, examiner, explorer.

APPROPRIÉ □ apte, bon, capable, conforme, convenable, idoine, pertinent.

APPROPRIER (S') □ s'arroger, s'attribuer, s'emparer, prendre le bien d'autrui, spolier.

APPROUVER □ acquiescer, applaudir à, donner son accord, féliciter, ratifier.

APPROVISIONNER □ alimenter, équiper, fournir, garnir, pourvoir.

APPROXIMATIF □ approchant, comparable, équivalent, proche, ressemblant.

APPROXIMATIVEMENT □ à peu près, environ, presque.

APPUI □ aide, appoint, assistance, concours, protection, rescousse, secours, soutien.
● base, colonne, contrefort, étai, pilier, soutènement, soutien, support.

APPUYER ☐ aider, assister, épauler, parrainer, recommander, soutenir.
● accoter, adosser, étayer, placer contre, poser.

APRE ☐ abrupt, acerbe, acrimonieux, austère, inculte, raboteux, revêche, rude, rustique, sauvage.

APRÈS ☐ ensuite, puis.

À-PROPOS ☐ à bon escient, convenable, pertinent.
● au sujet de, sur.

APTE ☐ approprié, capable, convenable, fait pour, idoine, prévu pour.

APTITUDE ☐ capacité, disposition, génie, goût, habileté, prédisposition, talent.

AQUATIQUE ☐ amphibie, marin.

AQUEUX ☐ fluide, humide, spongieux.

ARABLE ☐ cultivable, labourable.

ARBITRAIRE ☐ absolu, autoritaire, gratuit, injuste, injustifié, despotique, dictatorial, impérieux, omnipotent, tyrannique.

ARBITRE ☐ conciliateur, expert, juge, médiateur.

ARBRE ☐ arbrisseau, arbuste, essence, épineux, feuillu, végétal.
● essieu, pivot, vilebrequin.

ARCHAÏQUE ☐ ancien, antique, démodé, primitif, vieux.

ARCHÉTYPE ☐ modèle, original, prototype.

ARCHITECTURE ☐ charpente, plan, proportion, style, urbanisme.

ARCHIVES ☐ annales, bibliothèque, dépôt, dossiers, mémoires.

ARDENT ☐ bouillant, brûlant, chaud, cuisant, incandescent, torride.
● alerte, animé, brillant, chaleureux, excessif, fougueux, fringuant, pétulant, vif, violent.

ARDEUR ☐ chaleur, énergie.
● allégresse, bouillonnement, cœur, courage, enthousiasme, entrain, exaltation, ferveur, vivacité.

ARDU ☐ difficile, dur, ingrat, laborieux, malaisé, pénible.
● abrupt, escarpé, pentu, raide.

ARGENT ☐ métal blanc.
● capital, espèces, finance, fonds, fortune, liquidités, monnaie, richesse, somme, trésor.

ARGOT ☐ jargon, langue verte, patois, verlan.

ARGUMENT ☐ démonstration, développement, raisonnement, thèse.

ARIDE ☐ désertique, desséché, ingrat, nu, pauvre, sec, stérile.

ARISTOCRATIQUE ☐ distingué, éminent, grand, noble.
● élégant, délicat, distingué, raffiné.

ARMATURE ☐ carcasse, charpente, échafaudage, ossature, support.

ARME ☐ armement, matériel.
● argument, ressource.

ARMÉ ☐ fourni, garni, muni, nanti.

ARMÉE ☐ multitude, troupe.

ARMER ☐ équiper, fortifier, fréter.
● approvisionner, garnir, munir, pourvoir.

AROMATES ☐ essence, parfum, assaisonnement.

AROME ☐ odeur, parfum, relent, senteur.

ARRACHER ☐ déraciner, enlever, extirper, extraire, prélever, prendre, ravir, tirer.

ARRANGEMENT ☐ agencement, classement, disposition, ordonnancement, ordre.
● accord, compromis, conciliation.

ARRANGER ☐ agencer, aménager,

combiner, disposer, modifier, orner, ranger, remanier, réparer.

ARRANGER (S') ☐ accepter, se contenter, se débrouiller, se mettre d'accord, se satisfaire.

ARRESTATION ☐ capture, emprisonnement, prise.

ARRÊT ☐ escale, halte, interruption, panne, pause, relâche, répit, repos, station.
● abri, gare, station.
● décision, jugement, sentence.

ARRÊTER ☐ bloquer, enrayer, fixer, immobiliser, retenir, stopper, suspendre.
● appréhender, capturer, s'emparer de, emprisonner.

ARRHES ☐ acompte, avance, gage, provision.

ARRIVÉE ☐ apparition, arrivage, naissance, venue.

ARRIVER ☐ approcher, parvenir, surgir, venir.
● gagner, parvenir, réussir.

ARROGANT ☐ dédaigneux, fier, hautain, insolent, orgueilleux, pédant, suffisant.

ARROGER (S') ☐ s'approprier, s'attribuer, prendre.

ART ☐ adresse, dextérité, entregent, habileté, industrie, ingéniosité, maîtrise, savoir-faire, talent.

ARTICLE ☐ chronique, écrit, éditorial, reportage, rubrique.

ARTICULATION ☐ attache, charnière, emboîtement, ligament, nœud.
● diction, élocution, prononciation.

ARTICULER ☐ dire, énoncer, proférer, prononcer.

ARTIFICE ☐ astuce, combinaison, mensonge, perfidie, ruse, stratagème, subterfuge.

ARTIFICIEL ☐ affecté, factice, faux, feint.

ASCENDANCE ☐ aïeul, ancêtre, lignée, naissance, origine, race.

ASCENDANT ☐ (nom) autorité, domination, influence, pouvoir, séduction.
● aïeul, ancêtre, mère, parent(s), père.

ASCENSION ☐ élévation, escalade, montée, progression.

ASCÉTISME ☐ ascèse, austérité, jeûne, pénitence, privation.

ASILE ☐ hospice, refuge.

ASPECT ☐ apparence, tournure.

ASPERGER ☐ arroser, humidifier, mouiller, tremper.

ASPHYXIE ☐ étouffement, suffocation.

ASPIRANT ☐ candidat, élève, postulant.

ASPIRER ☐ absorber, humer, inhaler, inspirer, pomper, renifler, respirer.

ASPIRER (À) ☐ appeler à, désirer, prétendre à, souhaiter, soupirer après, vouloir.

ASSAILLIR ☐ agresser, attaquer, surprendre.

ASSAINIR ☐ assécher, clarifier, désinfecter, drainer, épurer, nettoyer, purifier, stériliser.

ASSAISONNER ☐ accommoder, aromatiser, épicer, pimenter, relever.

ASSASSIN ☐ criminel, meurtrier, homicide, tueur.

ASSAUT ☐ accrochage, agression, attaque, charge, combat, engagement, offensive.

ASSÉCHER ☐ assainir, drainer, épuiser, tarir, vider.

ASSEMBLAGE ☐ ajustement, montage.

ASSEMBLÉE ☐ assistance, public, rassemblement, réunion.

ASSEMBLER ☐ ajuster, coller, lier, monter, souder.
● associer, collectionner, convoquer, grouper, rassembler, réunir.

ASSENTIMENT ☐ accord, agrément, consentement, permission.

ASSEZ ☐ plutôt, suffisamment.

ASSIÉGER ☐ bloquer, cerner, encercler, investir.
● importuner, tourmenter.

ASSIETTE ☐ aplomb, assise, base, équilibre, posture.
● assiettée, écuelle, vaisselle.

ASSIMILER ☐ absorber, acquérir, comprendre, digérer, intégrer.

ASSIMILER (S') ☐ s'incorporer, s'intégrer, se fondre dans.

ASSISE ☐ base, fondement, soutènement.

ASSISTANCE ☐ assemblée, auditoire, foule, public, spectateurs.
● aide, appui, concours, secours, soutien.

ASSISTER ☐ aider, accompagner, secourir, soigner, soutenir.

ASSOCIATION ☐ club, comité, groupement, ligue, parti, réunion, société.
● collaboration, coopération, participation.

ASSOMMER ☐ abattre, accabler, étourdir, sonner, tuer.
● ennuyer, excéder, lasser.

ASSORTIMENT ☐ arrangement, association, disposition, ensemble, garniture, jeu, mariage, parure.

ASSOUPIR ☐ bercer, calmer, endormir, engourdir.

ASSOUPIR (S') ☐ s'apaiser, s'endormir, somnoler.

ASSOUVIR ☐ apaiser, contenter, étancher, satisfaire.

ASSUJETTIR ☐ asservir, conquérir, dominer, opprimer, soumettre, subjuguer.

ASSUMER ☐ endosser, porter la responsabilité de.

ASSURÉ ☐ authentique, certain, certifié, constant, évident, formel, garanti, incontestable, indubitable, sûr.

ASSURER ☐ affirmer, attester, certifier, confirmer, garantir, prétendre, promettre, répondre, soutenir.
● défendre, garantir, protéger.

ASTIQUER ☐ briquer, cirer, encaustiquer, faire briller, frotter, nettoyer.

ASTUCE ☐ artifice, échappatoire, finesse, ingéniosité, malice, perfidie, ruse, stratagème.

ATAVISME ☐ hérédité.

ATELIER ☐ boutique, chantier, fabrique, laboratoire, usine.

ATROCE ☐ abominable, affreux, cruel, effroyable, épouvantable, ignoble, terrible.

ATROPHIE ☐ amaigrissement, diminution, maigreur, régression.

ATTACHE ☐ agrafe, corde, fermeture, ficelle, lacet, lien, nœud, sangle.
● attachement, affection, amitié, amour, dévouement, passion, tendresse.

ATTACHÉ ☐ ficelé, fixé, lié.
● dévoué, fidèle, passionné.

ATTACHEMENT ☐ affection, amitié, amour, dévouement, passion, tendresse.

ATTACHER ☐ agrafer, ficeler, fixer, lacer, lier, nouer.

ATTACHER (S') □ s'adonner, se consacrer à, s'efforcer.

ATTAQUE □ agression, assaut, agression, charge, combat, engagement, offensive.

● accusation, critique, diatribe, injure, insulte, provocation, sortie.

● congestion cérébrale, crise, paralysie.

ATTAQUER □ assaillir, charger, harceler, surprendre.

● accuser, critiquer, insulter, poursuivre en justice.

● commencer, entreprendre, ouvrir.

ATTARDÉ □ à la traîne, arriéré, en retard.

ATTEINDRE □ arriver à, élever (s'), monter à, parvenir à.

● attraper, rallier, rejoindre.

● blesser, frapper, toucher.

ATTENANT □ adjacent, contigu, proche, voisin.

ATTENDRE □ espérer, guetter, languir, patienter.

● différer, retarder, temporiser.

ATTENTE □ espérance, espoir, expectative.

ATTENTIF □ appliqué, prévenant, respectueux, soigneux, vigilant.

ATTENTION □ application, concentration, exactitude, soin, tension, vigilance.

● amabilité, empressement, ménagement, prévenance, respect.

ATTENTION (FAIRE) □ se défier, noter, prendre garde.

ATTÉNUER □ adoucir, affaiblir, apaiser, diminuer, réduire, soulager.

ATTESTER □ affirmer, certifier, confirmer, garantir, prétendre, soutenir.

ATTIRAIL □ appareil, équipement, ustensiles.

ATTIRER □ allécher, appâter, charmer, entraîner, inviter, plaire, séduire, tenter.

● causer, provoquer, susciter.

ATTISER □ aviver, embraser, envenimer, exciter.

ATTITUDE □ allure, aspect, comportement, contenance, maintien, pose, posture.

ATTOUCHEMENT □ caresse, contact, toucher.

ATTRACTIF □ alléchant, attirant, attrayant, charmant, désirable, séduisant.

ATTRAIT □ attirance, fascination, goût, inclinaison, tentation.

ATTRAITS □ appas, beauté, charmes, grâces.

ATTRAPER □ abuser, décevoir, duper, leurrer, surprendre, tromper.

● s'emparer de, empoigner, happer, prendre, saisir.

● corriger, gronder, réprimander.

ATTRAYANT □ alléchant, attirant, attractif, charmant, désirable, séduisant.

ATTRIBUER □ allouer, décerner, donner, imputer, offrir.

ATTRIBUER (S') □ accaparer, s'approprier, s'arroger, prendre, usurper.

ATTRIBUT □ (nom) emblème, marque, qualité, signe, symbole.

ATTRIBUTION □ distribution, dotation, remise.

● emploi, fonction, situation.

ATTRISTÉ □ affligé, ennuyé, chagriné, fâché, mécontenté, mortifié.

ATTRISTER □ affliger, bouleverser, chagriner, consterner, désoler, peiner.

ATTROUPEMENT □ foule, groupe, manifestation, rassemblement.

AUBE ☐ aurore, commencement, lever de soleil, origine.

AUBERGE ☐ cabaret, hôtellerie, restaurant, taverne.

AUCUN ☐ nul.

AUDACE ☐ courage, hardiesse, intrépidité.

AUDACIEUX ☐ courageux, effronté, hardi, insolent, intrépide, téméraire.

AUDIENCE ☐ entretien, interview, réception, rendez-vous.
● influence, popularité, retentissement.

AUDITOIRE ☐ assemblée, public, salle, spectateurs.

AUGMENTER ☐ accentuer, accroître, agrandir, aggraver, amplifier, développer, grossir, hausser, intensifier, majorer.

AUGURER ☐ deviner, prédire, présager, présumer, prévoir.

AUJOURD'HUI ☐ actuellement, maintenant, à présent.

AUPRÈS ☐ à côté de, près, proche, voisin.

AURORE ☐ aube, commencement, lever de soleil, commencement.

AUSPICE ☐ augure, présage, signe.

AUSPICES ☐ égide, protection, sauvegarde.

AUSSI ☐ également, encore, itou.

AUSSITÔT ☐ immédiatement, instantanément, vite.

AUSTÈRE ☐ âpre, ascète, dur, rigoureux, rude, sec, sévère, sobre.

AUSTÉRITÉ ☐ ascétisme, dureté, rigueur, sobriété.

AUTANT ☐ comme, pareil, tant.

AUTEUR ☐ artisan, créateur, écrivain, inventeur, responsable, romancier.

AUTHENTIQUE ☐ certain, certifié, évident, juste, incontestable, réel, sûr, vrai.

AUTOCHTONE ☐ aborigène, indigène, naturel.

AUTOMATIQUE ☐ involontaire, irréfléchi, machinal, spontané.

AUTOMOBILE ☐ véhicule, voiture.

AUTONOME ☐ émancipé, indépendant, libre.

AUTORISER ☐ accepter, admettre, consentir, permettre, tolérer.

AUTORITÉ ☐ ascendant, crédit, domination, influence, pouvoir, puissance, tutelle.

AUTOUR ☐ alentour, environ.

AUTRE ☐ (adj) différent, distinct, nouveau.

AUTRE ☐ (nom) autrui, individu, semblable.

AUTREFOIS ☐ antan, hier, jadis.

AUTREMENT ☐ différemment.

AUXILIAIRE ☐ adjoint, aide, assistant, second, collaborateur.

AVALER ☐ absorber, boire, dévorer, ingurgiter, manger, prendre.

AVANCE ☐ approche, mouvement, progression.
● arrhes, acompte, provision.

AVANCER ☐ affirmer, attester, certifier, garantir, promettre, soutenir.
● évoluer, marcher, progresser.
● engager, prêter, proposer.

AVANIE ☐ affront, camouflet, honte, humiliation, insulte, offense, outrage, vexation.

AVANT ☐ auparavant, autrefois, devant.

AVANTAGE ☐ dessus, privilège, supériorité.

● bénéfice, gain, intérêt, profit, utilité.

AVANTAGER □ favoriser, gratifier, privilégier.

AVANTAGEUX □ fat, cuistre, glorieux, important, orgueilleux, présomptueux, suffisant, vaniteux.
● favorable, flatteur, profitable.

AVARE □ avaricieux, âpre, avide, cupide, économe, grippe-sous, intéressé, mesquin.

AVARICE □ avidité, âpreté, ladrerie, parcimonie, rapacité.

AVENIR □ bientôt, demain, futur.

AVENIR (À L'...) □ bientôt, désormais, prochainement, plus tard.

AVENTURE □ accident, imprévu, mésaventure.
● amourette, intrigue, liaison.

AVENTURE (À L'...) □ au hasard.

AVENTURE (BONNE) □ avenir, destin, destinée.

AVENTUREUX □ hasardeux, risqué, téméraire.

AVENUE □ allée, boulevard, rue.

AVÉRÉ □ certain, sûr, véritable, vrai.

AVERSION □ antipathie, dégoût, haine, répugnance.

AVERTIR □ annoncer, alerter, informer, prévenir.

AVERTISSEMENT □ avis, conseil, mise en garde, recommandation, remontrance, réprimande.

AVEU □ confession, déclaration, révélation.

AVEUGLANT □ brillant, éblouissant, étincelant, évident.

AVEUGLER □ affoler, égarer, rendre fou, troubler.
● boucher, colmater, obscurcir.

AVEUGLEMENT □ égarement, manque de discernement, trouble.
● cécité.

AVIDITÉ □ appétit, concupiscence, convoitise, cupidité, désir, envie, gloutonnerie, rapacité.

AVILIR □ abaisser, corrompre, déshonorer, humilier, prostituer, rabaisser, ravaler à, salir.

AVILISSEMENT □ abaissement, abjection, bassesse, déchéance, déclin, dégénérescence, humiliation, opprobre, souillure.

AVIS □ jugement, opinion, point de vue, sentiment.
● annonce, avertissement, communiqué, conseil, information, message, notification, proclamation.

AVISÉ □ averti, circonspect, habile, prudent.

AVOCAT □ défenseur, homme de loi, intercesseur.

AVOIR □ bénéficier de, détenir, disposer de, être propriétaire de, posséder.
● connaître, éprouver, ressentir.

AVOIR □ (nom) actif, bénéfice, biens, crédit, fortune, richesse.

AVORTER □ échouer, manquer.

AVOUER □ admettre, confesser, concéder, confier, reconnaître.

AXE □ arbre, essieu, pivot.

b

BABIOLE □ bagatelle, bibelot, breloque, broutille, colifichet, fantaisie, futilité, jouet, rien.

BACILLE □ bactérie, germe, microbe, virus.

BACLER □ expédier, finir, gâcher, saboter.

BACTÉRIE □ bacille, germe, microbe, virus.

BADAUD □ curieux, flâneur, passant.

BADIGEONNER □ barbouiller, enduire, peindre, recouvrir.

BADINAGE □ amusement, bluette, fleurette, gaieté, jeu, marivaudage, plaisanterie.

BAFOUER □ abaisser, humilier, se moquer de, railler, ridiculiser.

BAFOUILLER □ balbutier, bégayer, bredouiller, s'embrouiller, marmonner.

BAGAGE □ colis, équipement, malle, paquetage, sac, valise.
● acquis, savoir, science.

BAGARRE □ bataille, combat, dispute, querelle, rixe.

BAGATELLE □ babiole, bibelot, breloque, broutille, colifichet, fantaisie, futilité.

BAGUE □ alliance, anneau, chevalière, jonc, solitaire.

BAGUETTE □ badine, bâton, canne, cravache, tige, verge.

BAHUT □ armoire, buffet, coffre, commode, dressoir, vaisselier.

BAIE □ croisée, fenêtre, ouverture.
● anse, crique, golfe.

BAIGNADE □ bain, plage, trempette.

BAIGNER □ immerger, inonder, laver, mouiller, plonger, remplir, submerger, tremper.

BAIGNER (SE) □ se laver, nager, prendre un bain.

BAIN □ baignade, douche, toilette.

BAISER □ accolade, embrassade, bécot, bise.

BAISSE □ abaissement, affaissement, affaiblissement, chute, décrue, descente, dévaluation, diminution, effondrement.

BAISSER □ abaisser, affaisser, affaiblir, chuter, décliner, descendre, dévaluer, diminuer, réduire.

BAL □ dancing, danse, fête, guinguette, musette, réception, soirée.

BALADE ☐ promenade, randonnée, sortie.

BALAFRE ☐ blessure, cicatrice, entaille, estafilade.

BALAI ☐ balayette, brosse, écouvillon, faubert.

BALANCE ☐ bascule, pèse-personne, peson, trébuchet.

BALANCER ☐ ballotter, bercer, branler, dodeliner, osciller.
● chasser, remercier, renvoyer.
● attendre, hésiter, peser.

BALBUTIER ☐ bafouiller, bégayer, bredouiller, marmonner.

BALLADE ☐ chanson, complainte, poème.

BALLANT ☐ oscillant, pendant.

BALOURD ☐ grossier, frustre, lourd, lourdaud, niais, obtus, sot, stupide.

BAN ☐ applaudissements, bravos, ovation.
● annonce, déclaration, publication.
● bannissement, exil, rejet.

BANAL ☐ commun, courant, habituel, insignifiant, plat, usé.

BANDE ☐ bandage, sangle.
● cordon, faveur, galon, ruban.
● ligne, rebord.
● armée, compagnie, groupe, meute, troupe.

BANDER ☐ envelopper, panser, soigner.
● contracter, durcir, raidir, tendre.

BANDIT ☐ brigand, chenapan, filou, malfaiteur, vaurien, voleur.

BANLIEUE ☐ environs, faubourg, périphérie.

BANNIR ☐ chasser, exiler, déporter, limoger, proscrire, repousser.

BANQUE ☐ caisse, comptoir, établissement de crédit.

BANQUET ☐ agapes, bombance, festin, noce, repas.

BAPTISER ☐ appeler, bénir, nommer, ondoyer, prénommer, surnommer.

BARAQUE ☐ abri, baraquement, bicoque, cabane, hutte, masure, taudis.

BARBARE ☐ brute, cruel, dur, féroce, ignorant, inhumain, primitif, sanguinaire, sauvage.

BARBARIE ☐ atrocité, cruauté, dureté, férocité, vandalisme.

BARBOTER ☐ s'empêtrer, patauger, piétiner.

BARBOUILLER ☐ enduire, gribouiller, maculer, peindre, peinturlurer, salir, souiller, tacher.

BARIOLER ☐ bigarrer, chamarrer, colorer, marbrer, panacher, peinturlurer, rendre multicolore, teinter.

BAROQUE ☐ alambiqué, biscornu, bizarre, étrange, excentrique, extravagant, fantasque, fantastique, irrégulier, rococo, singulier.

BARRER ☐ arrêter, boucher, clore, couper, fermer, obstruer.
● diriger.

BARRIÈRE ☐ barrage, clôture, fermeture, obstacle, palissade, séparation.

BAS ☐ abject, dégoûtant, grossier, ignoble, indigne, infâme, méprisable, obscène, répugnant, sordide, vil, vulgaire.
● inférieur, infime, modéré, modique, petit, subalterne, ténu.
● assourdi, caverneux, grave, profond.

BASCULER ☐ chavirer, chuter, culbuter, renverser, tomber.

BASE ☐ appui, assiette, assise, dessous, fondement, pied, racine, support.

BASSESSE □ abaissement, abjection, avilissement, compromission, déchéance, déclin, dégénérescence, flatterie, humiliation, lâcheté, mesquinerie, servilité, vulgarité.

BASSIN □ auge, abreuvoir, chaudron, cuvette, réservoir, vasque.
● abdomen, bas-ventre, hanches.

BATAILLE □ affrontement, bagarre, combat, guerre, lutte, rixe.

BÂTARD □ adultérin, illégitime, naturel.
● hybride, mélangé, mixte.

BÂTEAU □ bâtiment, cargo, embarcation, navire, paquebot, vaisseau, voilier.

BÂTI □ (nom) assemblage, cadre, canevas.

BÂTI (BIEN...) □ fort, musclé, bien proportionné, séduisant.

BÂTIMENT □ bateau, cargo, navire, paquebot, vaisseau, voilier.
● bâtisse, construction, édifice, immeuble, monument.

BÂTIR □ construire, édifier, ériger.

BÂTON □ canne, gourdin, houlette, matraque, piolet, trique, tuteur.

BATTEMENT □ choc, coup, heurt, martèlement, palpitation, pulsation.

BATTRE □ assommer, cingler, cogner, corriger, donner de coups, flageller, fouetter, frapper, maltraiter, rosser.
● écraser, gagner, maîtriser, surclasser, terrasser, triompher de, vaincre.

BAVARD □ grandiloquent, loquace, prolixe, verbeux, volubile.

BAVARDER □ babiller, discuter, palabrer, papoter, parler.

BAVURE □ éclaboussure, pâté, tache.
● bévue, erreur, faute, méprise.

BÉANT □ large, ouvert.

BEAU □ (adj) admirable, artistique, brillant, délicieux, distingué, glorieux, gracieux, grand, harmonieux, magnifique, noble, parfait, remarquable, superbe.
● clair, limpide, pur, radieux.

BEAU □ (nom) art, idéal, perfection.

BEAUCOUP □ abondamment, à foison, amplement, copieusement, en abondance, énormément, largement.

BEAUTÉ □ art, charme, esthétisme, grâce, harmonie, magnificence, majesté, perfection, splendeur.

BÉBÉ □ petit enfant, nourrisson, nouveau-né, petit.

BELLIQUEUX □ agressif, batailleur, chicaneur, guerrier, martial, querelleur.

BÉNÉFICE □ avantage, boni, crédit, gain, profit, reste, résultat, revenu.

BÉNÉFIQUE □ bienfaisant, favorable, propice.

BÉNÉVOLEMENT □ gracieusement, complaisamment, gratuitement, volontairement.

BÉNIN □ accueillant, aimable, calme, doux, indulgent, inoffensif, insignifiant.

BERCER □ balancer, onduler, rythmer.

BERGE □ bord, rive, talus.

BERGER □ pasteur, pâtre.
● chef, guide.

BERNER □ abuser, duper, enjôler, mystifier, tromper.

BESOGNE □ corvée, occupation, ouvrage, tâche, travail.

BESOGNEUX □ chétif, malheureux, misérable, nécessiteux.

BESOIN □ appétit, envie, désir, faim, manque, nécessité.

BESOIN (ÊTRE DANS LE...) □ gêne, indigence, misère, nécessité, pauvreté.

BESTIAL □ animal, brutal, grossier, lubrique, sauvage.

BÊTE □ (nom) animal, insecte, mammifère, oiseau, poisson, reptile.

BÊTE □ (adj) absurde, balourd, borné, crétin, gauche, imbécile, innocent, maladroit, naïf, niais, obtus.

BÊTISE □ ânerie, bourde, enfantillage, fadaise, imbécillité, maladresse, niaiserie, sornette, sottise, stupidité.

BEUGLER □ crier, hurler, meugler, mugir.

BIAISER □ atermoyer, louvoyer, obliquer, temporiser, tergiverser.

BIBLE □ Écritures, livre saint, Testament (ancien et nouveau).
● base, doctrine, dogme.

BIEN □ (nom) avoir, domaine, héritage, patrimoine propriété.
● beauté, bonheur, devoir, idéal, perfection, vérité, vertu.

BIEN □ (adj) admirable, compétent, convenable, droit, excellent, honnête, impeccable, irréprochable, parfait, remarquable.

BIENS □ capital, fortune, richesses.

BIEN-ÊTRE □ aise, béatitude, bonheur, euphorie, plaisir, satisfaction, soulagement.
● aisance, confort, luxe.

BIENFAISANCE □ aide, assistance, bonté, charité, philanthropie.

BIENFAIT □ cadeau, charité, don, générosité, obole, présent, service.

BIEN-FONDÉ □ bon droit, exactitude, légitimité, validité.

BIENHEUREUX □ (adj) comblé, ravi, repus, satisfait.

BIENHEUREUX □ (nom) béatifié, élu, saint.

BIENSÉANCE □ convenance, décence, honnêteté, politesse, pudeur, savoir-vivre.

BIENVEILLANCE □ amabilité, bonté, complaisance, cordialité, gentillesse, indulgence, sympathie.

BIENVENU □ approprié, opportun, propice.

BIÈRE □ boisson fermentée.
● cercueil, sarcophage.

BIFURCATION □ carrefour, croisement, embranchement, fourche.

BIJOU □ bague, collier, diadème, joyau, médaillon, orfèvrerie, parure, pendentif, pierre.
● chef-d'œuvre, merveille, prodige.

BILAN □ conclusion, état, inventaire, résultats, situation, tableau.

BILAN (DÉPOSER SON...) □ faillite, liquidation.

BILE □ glaire, humeur, sécrétion, sels biliaires.
● aigreur, amertume, colère, fiel, hypocondrie, méchanceté, mélancolie, souci, venin.

BILLET □ attestation, carte, certificat, coupon, récépissé, ticket.
● devise, lettre de change, papier-monnaie, traite.
● lettre, message, mot, pli.

BISCUIT □ biscotte, galette, macaron, pâtisserie, sablé, toast.
● bibelot en porcelaine.

BITUME □ asphalte, goudron, macadam.

BIVOUAC □ camp, campement, cantonnement.

BIZARRE □ amusant, baroque, capricieux, étrange, extraordinaire, extravagant, fantasque, fantastique, grotesque, inquiétant, insolite, original, singulier.

BLAFARD ☐ blême, décoloré, délavé, exsangue, livide, pâle, terreux, vitreux.

BLAGUE ☐ bévue, bourde, canular, erreur, farce, mensonge, plaisanterie, sottise.

● tabatière.

BLÂME ☐ avertissement, condamnation, critique, désapprobation, remontrance, réprimande, reproche.

BLÂMER ☐ désapprouver, désavouer, flétrir, incriminer, réprimander, réprouver, stigmatiser.

BLANC ☐ blême, clair, immaculé, incolore, limpide, propre.

● candide, innocent, pur, virginal.

BLANCHIR ☐ décolorer, éclaircir, laver, lessiver, nettoyer.

● disculper, excuser, innocenter.

BLASÉ ☐ déçu, dégoûté, fatigué, indifférent, las, repu, sceptique.

BLASPHÈME ☐ grossièreté, imprécation, injure, juron, malédiction, outrage, sacrilège.

BLÊME ☐ blafard, blême, décoloré, délavé, exsangue, livide, pâle, terreux, vitreux.

BLESSANT ☐ arrogant, désobligeant, déplaisant, injurieux, offensant.

BLESSER ☐ contusionner, couper, écorcher, entailler, estropier, frapper, meurtrir, mutiler, percer.

● choquer, contrarier, froisser, offenser, mortifier, peiner, ulcérer.

BLESSURE ☐ balafre, commotion, contusion, coupure, coup, entaille, fêlure, foulure, fracture, lésion, meurtrissure, mutilation, plaie, traumatisme, tuméfaction.

● atteinte, douleur, offense.

BLEU ☐ céleste, indigo, myosotis, outre-mer, pastel, pervenche.

BLEU ☐ (nom) bizuth, conscrit, débutant, nouveau.

● ecchymose, meurtrissure, tuméfaction.

● fromage.

BLOCAGE ☐ arrêt, frein, paralysie.

BLOQUER ☐ entasser, grouper, masser, mettre en bloc, rassembler, réunir.

● arrêter, assiéger, cerner, coincer, entourer, immobiliser, obstruer, paralyser, suspendre.

BLOTTIR (SE) ☐ s'accroupir, se cacher, se lover, se pelotonner, se tapir.

BLUFFER ☐ duper, leurrer, mentir, tromper.

BOIRE ☐ s'abreuver, absorber, avaler, se désaltérer, s'enivrer, s'imprégner de, ingurgiter, lamper, laper.

BOIS ☐ bocage, boqueteau, bosquet, forêt, frondaison, futaie, sous-bois, sylve, taillis.

BOISSON ☐ alcool, apéritif, bière, bouillon, breuvage, digestif, eau, lait, liquide, mélange, potage, rafraîchissement, remontant, tisane, vin.

BOÎTE ☐ caisse, coffre, coffret, écrin, emballage, étui.

BOITER ☐ Boitiller, claudiquer, clopiner, traîner la jambe.

BOITEUX ☐ bancal, branlant, éclopé.

● décevant, faux, incertain.

BON ☐ (adj) agréable, approprié, avantageux, beau, bien, convenable, efficace, excellent, exemplaire, heureux, meilleur, parfait, propice, savoureux, utile, valable.

● charitable, clément, compatissant, généreux, humain, indulgent, magnanime, juste, vertueux.

BON ☐ (nom) attestation, billet, certificat, titre.

BOND ☐ cabriole, saut, secousse, sursaut.

BONDÉ ☐ complet, plein, rempli.

BONHEUR ☐ béatitude, enchantement, euphorie, extase, félicité, joie, plaisir, prospérité, ravissement, réussite, satisfaction.

BONIFIER ☐ améliorer, fertiliser, gratifier, perfectionner.

BONTÉ ☐ altruisme, bienveillance, charité, clémence, cordialité, dévouement, douceur, générosité, gentillesse, humanité, indulgence, mansuétude, tendresse.

BORD ☐ arête, banquette, berge, bordure, contour, côte, frange, grève, lisière, littoral, orée, plage, rivage, rive, tranche.

BORNE ☐ démarcation, limite, terme.

BORNÉ ☐ délimité, marqué, tracé.
● bête, buté, étroit, intolérant, obtus, sot, stupide.

BOSSE ☐ enflure, excroissance, grosseur, protubérance, tumeur.

BOTTE ☐ bouquet, fagot, faisceau, gerbe, touffe.
● bottine, chaussure, cuissard.
● attaque, coup (*escrime*).

BOUCHE ☐ bec, gosier, gueule, palais.
● entrée, orifice, ouverture.

BOUCHER ☐ aveugler, barrer, calfeutrer, colmater, condamner, obstruer, obturer.

BOUCLER ☐ attacher, emprisonner, fermer, serrer.
● crêper, friser, onduler.

BOUCLIER ☐ écu, écusson, protection.

BOUE ☐ alluvion, crotte, dépôt, fange, limon, sédiment.

BOUFFANT ☐ ample, blousant, gonflé.

BOUFFI ☐ gras, jouflu, mafflu, obèse, soufflé.

BOUFFON ☐ amuseur, farceur, fou, histrion, pitre, plaisantin, saltimbanque.

BOUFFON ☐ (adj) burlesque, cocasse, drôle, ridicule.

BOUGER ☐ s'agiter, déplacer, remuer.

BOUILLANT ☐ ardent, brûlant, bouillonnant, chaud, effervescent, incandescent.
● excité, fébrile, fougueux, impatient, impétueux, passionné, tumultueux, violent.

BOUILLON ☐ brouet, consommé, potage, soupe.

BOUILLONNANT ☐ ardent, brûlant, bouillant, chaud.

BOULE ☐ balle, ballon, bille, globe, sphère.

BOULEVARD ☐ allée, avenue, promenade, voie.

BOULEVERSEMENT ☐ agitation, chamboulement, changement, dérangement, perturbation, révolution.
● désarroi, émotion, trouble.

BOULEVERSER ☐ chambouler, changer, perturber, ravager, renverser.
● décontenancer, émouvoir, toucher, troubler.

BOULIMIE ☐ appétit, désir, faim, gloutonnerie.

BOUQUET ☐ botte, gerbe, touffe.
● apothéose, épanouissement, summum.
● arôme, odeur, parfum.

BOURDONNER ☐ bruire, murmurer, ronfler, vrombir.

BOURG □ bourgade, hameau, village, ville.

BOURRASQUE □ grain, orage, ouragan, rafale, tempête, tourbillon, tourmente, trombe, vent.

BOURREAU □ exécuteur, tortionnaire, tourmenteur.

BOURRU □ acariâtre, bougon, brusque, grincheux, maussade, renfrogné, rude, sec.

BOUSCULADE □ accrochage, désordre, échauffourée.

BOUSCULER □ bouleverser, déranger, mettre le désordre.
● battre, culbuter, évincer, heurter, presser, pousser, vaincre.

BOUT □ extrémité, fin, pointe, terme.
● éclat, fragment, lambeau, morceau, partie, pièce.

BOUTADE □ fantaisie, plaisanterie, saillie.

BOUTEILLE □ bonbonne, canette, carafe, fiasque, flacon, litre, récipient.

BOUTIQUE □ bazar, échoppe, magasin.

BOYAU □ conduit, galerie, passage, tranchée, tube, tuyau.

BRANCHE □ branchage, brindille, ramée, ramure, tige.
● ascendance, famille, lignée.
● département, discipline, spécialité.

BRANDIR □ agiter, exposer, montrer.

BRANLER □ chanceler, vaciller.

BRAS □ membre.
● homme, main-d'œuvre, ouvrier, travailleur.

BRAS DROIT □ adjoint, assistant, collaborateur.

BRASIER □ feu, fournaise, incendie.

● fureur, passion, violence.

BRASSER □ agiter, mélanger, pétrir, remuer.
● comploter, machiner, ourdir, tramer.

BRAVE □ audacieux, courageux, héroïque, intrépide, téméraire, vaillant.
● bon, débonnaire, gentil, simple.

BRAVER □ affronter, dédaigner, défier, menacer, mépriser, narguer, provoquer.

BRAVO □ acclamation, applaudissements, ovation, vivats.

BRAVOURE □ audace, courage, hardiesse, vaillance.

BRÈCHE □ entaille, entame, ouverture, trou, trouée.

BREDOUILLER □ bafouiller, balbutier, bégayer, marmonner.

BREF □ concis, court, impératif, incisif, raccourci, réduit, résumé, sec, sommaire, tranchant.

BREUVAGE □ alcool, bouillon, eau, lait, liquide, mélange, rafraîchissement, remontant, tisane, vin.

BRIGAND □ bandit, chenapan, filou, malfaiteur, vaurien, voleur.

BRILLANT □ (nom) diamant, éclat, lustre, splendeur.

BRILLANT □ (adj) chatoyant, éblouissant, éclatant, étincelant, flamboyant, lumineux, radieux, rayonnant, resplendissant.
● beau, fastueux, magnifique, somptueux, splendide.
● distingué, doué, intelligent, spirituel.

BRILLER □ chatoyer, éblouir, éclairer, étinceler, flamboyer, luire, miroiter, rayonner, resplendir.
● charmer, éblouir, paraître, réussir.

BRIMADE □ épreuve, humiliation, offense, persécution, vexation.

BRIO □ aisance, éclat, facilité, talent, virtuosité.

BRISER □ abattre, broyer, casser, démolir, disloquer, détruire, fracasser, raser.

● anéantir, bouleverser, accabler, fatiguer, harasser.

BROCANTEUR □ antiquaire, camelot, chineur, ferrailleur.

BROCHURE □ catalogue, livre, opuscule, prospectus.

BRONZE □ airain.

● objet d'art, sculpture, statue.

BROSSER □ balayer, dépoussiérer, épousseter, frotter.

● décrire, dépeindre, peindre.

BROUHAHA □ chahut, tapage, tintamarre, vacarme.

BROUILLARD □ brume, bruine, crachin, frimas, vapeur.

BROUILLER □ agiter, embrouiller, enchevêtrer, mélanger, mêler, troubler.

BROUILLER (SE) □ se fâcher.

BROYER □ anéantir, briser, concasser, croquer, déchiqueter, écraser, pulvériser, triturer.

BRUIT □ son, tapage, tintamarre, tohu-bohu, vacarme.

● commérage, nouvelle, ragot, rumeur.

BRÛLANT □ bouillant, chaud, embrasé, torride.

● d'actualité, dangereux, épineux, tabou.

● ardent, enthousiaste, passionné.

BRÛLER □ calciner, consumer, flamber, griller, incinérer, incendier, rôtir.

BRÛLER (DE) □ ambitionner, convoiter, rêver de.

BRUSQUER □ accélérer, forcer, hâter, presser.

● rabrouer, rudoyer.

BRUTAL □ bestial, grossier, malveillant, rude, sauvage, stupide, violent.

BRUTALITÉ □ atrocité, animalité, barbarie, bestialité, cruauté, férocité, grossièreté, rudesse, sadisme, sauvagerie.

BRUYANT □ éclatant, retentissant, sonore, tapageur, tonitruant.

BUCOLIQUE □ agreste, champêtre, pastoral, rustique.

BUISSON □ broussaille, fourré, hallier, taillis.

BULLETIN □ annonce, avis, billet, communiqué, magazine, revue.

BUREAUCRATE □ employé, fonctionnaire, gratte-papier, plumitif, rond-de-cuir, scribe, scribouillard.

BURLESQUE □ bouffon, comique, grotesque, ridicule.

BUT □ aboutissement, dessein, destination, fin, finalité, intention, issue, objectif, résultat, visées, vues.

BUTÉ □ acharné, entêté, obstiné, opiniâtre, tenace, têtu.

BUTIN □ capture, dépouille, prise, rapine, récolte.

BUTTE □ colline, dune, hauteur, mamelon, mont, monticule, talus, tertre.

BUVETTE □ bar, bistrot, cabaret, café, estaminet.

C

CABALE ☐ complot, conjuration, conspiration, intrigue, ligue, machination.
● ésotérisme, magie, occultisme.

CABANE ☐ abri, baraque, cagibi, case, chaumière, hutte, maisonnette.

CABARET ☐ auberge, bar, bistrot, bouge, comptoir, estaminet, taverne.
● boîte de nuit, café-concert, discothèque, restaurant.

CABINET ☐ cabine, cagibi, réduit.
● agence, bureau, étude.
● bibliothèque, collection, musée.
● commodités, lieux d'aisances, toilettes, Water-Closet.

CÂBLE ☐ corde, cordage, orin.
● dépêche, message, télégramme.

CABOSSER ☐ bosseler, déformer, meurtrir.

CABOT ☐ acteur, bouffon, cabotin, comédien.

CABRIOLE ☐ bond, culbute, gambade, pirouette, saut.
● échappatoire, fuite, revirement.

CACHÉ ☐ clandestin, discret, ésotérique, indéchiffrable, intime, mystérieux, obscur, occulte, secret, tu.

CACHER ☐ abriter, camoufler, couvrir, déguiser, dissimuler, éclipser, escamoter, masquer, receler, recouvrir, voiler.

CACHET ☐ empreinte, estampille, griffe, marque, oblitération, poinçon, sceau.
● honoraires, rétribution, salaire.
● comprimé, gélule, pastille.

CACHOT ☐ basse-fosse, cellule, geôle, prison.

CACOPHONIE ☐ brouhaha, chahut, dissonance, charivari, tapage, tintamarre, tumulte.

CADAVRE ☐ corps, dépouille, mort.

CADEAU ☐ bienfait, don, dot, étrennes, gratification, offrande, pourboire, présent.

CADENCE ☐ harmonie, mesure, rythme.

CADET ☐ benjamin, jeune, puîné.

CADRE ☐ bâti, chambranle, châssis, coffrage, huisserie.
● décor, entourage, milieu.
● responsable, salarié.

CADRER ☐ s'accorder, concorder, correspondre à, convenir.

CAFARD ☐ blatte, cancrelat, insecte.
● bigot, dénonciateur, espion, imposteur, hypocrite, mouchard.
● dépression, mélancolie, morosité, nostalgie, spleen, tristesse.

CAFÉ ☐ bar, bistrot, cabaret, comptoir, estaminet, taverne.

CAHIER ☐ album, calepin, carnet, livret, registre.

CAHOT ☐ bond, heurt, saut, secousse.

CAILLOU ☐ galet, gravier, pierre, silex.

CAISSE ☐ boîte, caissette, coffre, emballage.
● bourse, coffre-fort, économie, tirelire.
● banque, comptoir, guichet.

CALAMITÉ ☐ cataclysme, catastrophe, désastre, drame, fléau, sinistre.

CALCINER ☐ brûler, consumer, flamber, griller, incinérer, incendier, rôtir.

CALCUL ☐ addition, algèbre, arithmétique, compte, décompte, division, estimation, mathématique, multiplication, soustraction.
● combinaison, dessein, plan, projet.
● arrière-pensée, complot, préméditation.
● concrétion, gravelle, pierre (*médical*).

CALCULER ☐ apprécier, chiffrer, compter, dénombrer, déterminer, estimer, établir, évaluer, inventorier, mesurer, peser, préméditer, prévoir, réfléchir.

CALENDRIER ☐ agenda, almanach, annuaire, éphéméride.

CÂLIN ☐ affectueux, aimant, cajoleur, caressant, doux, tendre, voluptueux.

CALMANT ☐ analgésique, apaisant, lénifiant, reposant, sédatif, tranquillisant.

CALME ☐ (nom) apaisement, flegme, harmonie, patience, placidité, sang-froid, sérénité, silence, tranquillité.
● accalmie, beau temps, embellie.

CALME ☐ (adj) doux, flegmatique, impassible, pacifique, paisible, placide, serein, tranquille.

CALMER ☐ apaiser, assagir, consoler, détendre, maîtriser, pacifier, rassurer, soulager, tranquilliser.

CALOMNIER ☐ accuser, attaquer, diffamer, insinuer, médire.

CAMARADE ☐ ami, associé, collègue, compagnon, partenaire.

CAMBRIOLER ☐ dérober, dévaliser, piller, voler.

CAMOUFLER ☐ cacher, couvrir, déguiser, dissimuler, maquiller, voiler.

CAMOUFLET ☐ affront, gifle, honte, insulte, offense, outrage, vexation.

CAMP ☐ bivouac, camp, cantonnement, quartier.
● clan, équipe, groupe, parti.

CAMPAGNE ☐ champ, nature, pays, terre.
● cabale, propagande, publicité.
● combat, expédition, guerre, offensive.

CAMPEMENT ☐ bivouac, camp.

CAMUS ☐ aplati, court, écrasé, épaté.

CANAILLE ☐ crapule, pègre, populace, salaud, vaurien.

CANAL ☐ bief, bras, chenal, conduite, cours d'eau, détroit, égout, passage, passe, rigole.
● entremise, filière, intermédiaire.

CANALISER ☐ concentrer, diriger, réunir.

CANCRE ☐ fainéant, oisif, paresseux, vaurien.

CANDEUR ☐ crédulité, franchise, ingénuité, innocence, naïveté, simplicité.

CANDIDAT ☐ aspirant, demandeur, postulant, prétendant.

CANEVAS ☐ ébauche, esquisse, essai, modèle, schéma, synopsis.

CANICULE ☐ aridité, chaleur, été, sécheresse.

CANNIBALE ☐ anthropophage, ogre, sauvage.

CANON ☐ arme, artillerie, mortier, obusier.
● étalon, modèle, norme.

CANOT ☐ barque, canoë, chaloupe, esquif, périssoire, vedette, youyou.

CANTIQUE ☐ antienne, hymne, psaume.

CAPABLE ☐ adroit, compétent, doué, expert, habile, intelligent, qualifié.

CAPACITÉ ☐ aptitude, compétence, faculté, force, génie, intelligence, pouvoir, puissance, qualité, talent.
● contenance, quantité, volume.

CAPITAL ☐ (adj) décisif, essentiel, fondamental, important, primordial, principal.

CAPITAL ☐ (nom) argent, bien, fonds, fortune, investissement, patrimoine, placement, richesse, valeur.

CAPITALISTE ☐ bourgeois, fortuné, libéral, nanti, propriétaire, riche.

CAPITEUX ☐ alcoolisé, enivrant, excitant, généreux, grisant.

CAPITULATION ☐ abandon, abdication, démission, désertion, reddition, renonciation, résignation.

CAPRICE ☐ coup de tête, désir, emportement, envie, fantaisie, inconstance, légèreté.
● amourette, passade, toquade.

CAPRICIEUX ☐ bizarre, changeant, fantasque, inconséquent, instable, lunatique.

CAPTIF ☐ détenu, écroué, emprisonné, enfermé, esclave, interné, prisonnier, séquestré.

CAPTIVANT ☐ attachant, charmant, intéressant, passionnant, prenant, séduisant.

CAPTURE ☐ butin, enlèvement, prise, proie.

CARACTÈRE ☐ comportement, humeur, manière, nature, naturel, personnalité, tempérament.
● courage, énergie, entêtement, fermeté, force, loyauté, orgueil, ténacité, volonté.
● chiffre, empreinte, inscription, lettre, signe, sceau, symbole.
● attribut, caractéristique, particularité, qualité, signification.

CARACTÉRISTIQUE ☐ distinctif, essentiel, particulier, propre, spécifique, typique.

CARCASSE ☐ armature, charpente, ossature, squelette.
● canevas, esquisse, plan.

CARENCE ☐ absence, défaut, imperfection, insuffisance, manque, oubli.

CARESSANT ☐ affectueux, aimant, attentionné, cajoleur, câlin, tendre, voluptueux.

CARESSE ☐ attouchement, baiser, câlinerie, chatterie, contact, ébats, étreinte, frôlement, privautés, tendresse, volupté.

CARESSER ☐ baiser, cajoler, câliner, enlacer, frôler, presser, serrer.
● bercer, entretenir, nourrir, projeter.

CARGAISON □ chargement, fret, marchandises.

CARNAGE □ abattoir, boucherie, extermination, hécatombe, massacre, tuerie.

CARNET □ agenda, cahier, calepin, journal, mémento, répertoire.

CARRÉ □ (nom) carreau, casé, quadrilatère.
● lopin, morceau, pièce.
● massif, parterre, plate-forme.

CARRÉ □ (adj) droit, franc, honnête, loyal, sincère.

CARREFOUR □ bifurcation, croisement, embranchement, rond-point.

CARRIÈRE □ emploi, métier, profession, situation.
● ardoisière, marbrière, mine, sablière.

CARRURE □ largeur, mesure, taille.
● envergure, force, stature, valeur.

CARTE □ atlas, croquis, mappemonde, plan, planisphère.
● bristol, carte postale, carton, lettre, pli.
● autorisation, billet, laissez-passer, ticket.
● choix, menu, prix.

CARTE (À JOUER) □ cartomancie, chance, tarots.
● carreau, cœur, pic, trèfle ;
● as, août, roi, dame, valet, dix, neuf, huit, sept ;
● bataille, belote, bridge, canasta, chemin de fer, manille, poker, réussite.

CARTÉSIEN □ clair, logique, méthodique, rationnel.

CARTOUCHE □ boîte, enveloppe, munition, recharge.

CAS □ circonstance, conjoncture, événement, éventualité, hasard, hypothèse, occasion, occurrence, situation.

● action, affaire, crime, délit, procès.

CASANIER □ bourru, pantouflard, sédentaire, solitaire.

CASCADE □ cataracte, chute, saut.

CASERNE □ baraquement, base, garnison, quartier.

CASSANT □ cassable, délicat, fragile, friable.
● autoritaire, brusque, dur, impérieux, sévère, tranchant.

CASSER □ abîmer, briser, broyer, dégrader, disloquer, endommager, fracasser, fracturer, rompre, saccager.
● abroger, annuler, dégrader, démettre, destituer, révoquer, rompre.

CASSETTE □ boîte, coffret, écrin.

CASTE □ catégorie, clan, condition, rang.

CASSURE □ arête, crevasse, faille, fissure, fracture.
● coupure, dislocation, rupture.

CASTRATION □ émasculation, stérilisation.

CATACLYSME □ anéantissement, bouleversement, catastrophe, cyclone, déluge, désastre, fléau, inondation, ravage, séisme, sinistre.

CATALOGUE □ fichier, index, table.
● énumération, inventaire, liste, répertoire.

CATALOGUER □ classer, inscrire, juger.

CATASTROPHE □ accident, calamité, cataclysme, désastre, drame, fléau, sinistre.

CATÉGORIE □ classe, espèce, famille, genre, groupe, ordre, rang.

CATÉGORIQUE □ affirmatif, clair, explicite, formel, indiscutable, net, précis.

CATHÉDRALE ☐ basilique, église, monument.

CAUCHEMAR ☐ délire, hallucination, peur, rêve, tourment.

CAUSE ☐ départ, fondement, germe, mobile, motif, origine, prétexte, raison.

● affaire, polémique, procès.

CAUSER ☐ amener, attirer, entraîner, faire naître, inspirer, occasionner, produire, susciter.

● bavarder, discuter, palabrer, papoter, parler.

CAUSERIE ☐ conférence, conversation, discours.

CAUSTIQUE ☐ acide, incisif, ironique, méchant, moqueur, mordant, satirique.

CAUTION ☐ arrhes, assurance, dépôt, garantie, hypothèque.

● aval, garant, otage, soutien, témoin.

CAVE ☐ (nom) caveau, cellier, chai, sous-sol.

CAVE ☐ (adj) creux, évidé, vide.

CAVEAU ☐ crypte, mausolée, sépulture, tombe, tombeau.

CAVERNE ☐ antre, grotte, refuge.

CAVITÉ ☐ abîme, anfractuosité, cratère, excavation, fosse, fossé, gouffre, puits, ravin, tranchée, trou.

CÉDER ☐ abandonner, capituler, cesser, concéder, démissionner, donner, fléchir, livrer, obéir, se plier, se rendre, renoncer à, se soumettre, vendre.

CEINTURE ☐ ceinturon, cordelière, cordon.

● bandage, corset, gaine.

● taille.

● clôture, encadrement.

● banlieue, faubourg.

CEINTURER ☐ attacher, capturer, ceindre, entourer, sangler, serrer, se saisir de.

CÉLÈBRE ☐ connu, fameux, glorieux, illustre, légendaire, notoire, renommé, réputé.

CÉLÉBRER ☐ admirer, commémorer, fêter, glorifier, louer, vanter.

CELER ☐ cacher, dissimuler, taire, voiler.

CÉLESTE ☐ cosmique, divin, étrange, surnaturel.

CELLULE ☐ case, loge, compartiment, réduit.

● cachot, geôle, prison.

● équipe, groupe, section.

CENDRE ☐ escarbille, lave, poussière, résidu, scorie.

CENDRES ☐ relique, restes, souvenir.

CENSÉ ☐ présumé, supposé.

CENSEUR ☐ critique, juge, surveillant.

CENSURE ☐ contrôle, examen, jugement, veto.

● avertissement, blâme, excommunication, interdit.

CENSURER ☐ blâmer, critiquer, interdire, punir, réprouver.

● barrer, contrôler, couper, effacer, interdire, supprimer.

CENTRALISER ☐ concentrer, rassembler, regrouper, réunir.

CENTRE ☐ axe, cœur, milieu, nombril, noyau, pivot, sein.

● base, fondement, siège.

● agglomération, capitale, métropole.

CEPENDANT ☐ alors que, néanmoins, pourtant, toutefois.

CERCLE ☐ anneau, circonférence, courbe, équateur, méridien, orbite, parallèle, rond.

● assemblée, association, cénacle, entourage, groupe, réunion.

CERCUEIL □ bière, sarcophage, tombeau.

CÉRÉBRAL □ intellectuel, mental, psychologique, spirituel.

CÉRÉMONIAL □ apparat, code, étiquette, pompe, protocole.

CÉRÉMONIE □ célébration, cérémonial, liturgie, office, messe, rite.

● anniversaire, apparat, célébration, commémoration, cortège, fête, gala, réception.

CÉRÉMONIEUX □ affecté, formaliste, guindé, mondain, obséquieux, solennel.

CERNER □ assiéger, bloquer, entourer, envelopper, investir.

CERTAIN □ effectif, évident, indiscutable, reconnu, réel, solide, tangible, vrai.

● assuré, convaincu, sûr.

CERTAINS □ plusieurs, quelques-uns.

CERTAINEMENT □ assurément, certes, sûrement, vraiment.

CERTIFICAT □ acte, attestation, brevet, constat, diplôme, parchemin, preuve, référence.

CERTIFIER □ affirmer, authentifier, confirmer, constater, garantir, témoigner.

CERTITUDE □ assurance, conviction, croyance, évidence, vérité.

CERVEAU □ cervelle, encéphale, matière grise.

● esprit, intelligence, raison.

● auteur, centre, génie, inspirateur, organisateur.

CESSATION □ abandon, arrêt, fin, grève, interruption, répit, suppression, suspension, trêve.

CESSE (SANS) □ éternellement, sans relâche, toujours.

CESSER □ abandonner, arrêter, démissionner, finir, interrompre, renoncer à, suspendre.

CESSION □ abandon, concession, transfert, vente.

CHAGRIN □ affliction, douleur, mélancolie, spleen, peine, souffrance, tristesse.

● cuir.

CHAGRINER □ attrister, contrarier, désoler, fâcher, peiner.

CHAÎNE □ bijou, chaînette, collier, gourmette, sautoir.

● fers, menottes.

● continuité, cortège, série, suite.

CHAIR □ pulpe, carnation, corps, viande.

● luxure, sensualité, sexe, sexualité, volupté.

CHALAND □ coche d'eau, marie-salope, péniche.

● acheteur, badaud, client, pratique.

CHALEUR □ ardeur, brûlure, canicule, fournaise.

● ardeur, enthousiasme, générosité, feu, fièvre, flamme, passion, véhémence, violence.

CHALEUREUX □ affectueux, amical, enthousiaste, empressé, sensible, tendre, vif.

CHAMBARDEMENT □ bouleversement, chaos, dérangement, remue-ménage, saccage.

CHAMBARDER □ bouleverser, chambouler, renverser, saccager, transformer.

CHAMBRE □ alcôve, dortoir, pièce, salle.

● assemblée, parlement, tribunal.

CHAMP □ campagne, culture, lopin, plantation, prairie, pré, terrain.

● cercle, domaine, profession, sujet.

CHAMPÊTRE □ agreste, bucolique, campagnard, pastoral, rural, rustique.

CHAMPION □ as, combattant, concurrent, gagnant, partisan, tenant, vainqueur.

CHANCE □ aléa, aubaine, bonheur, éventualité, hasard, probabilité, veine.

CHANCELER □ fléchir, flotter, osciller, tituber, trébucher, vaciller.

CHANCRE □ abcès, cancer, gonflement, tumeur.

CHANGE □ échange, permutation, troc.
● agio, bourse, spéculation.

CHANGEANT □ capricieux, chatoyant, flottant, incertain, inconstant, léger, ondoyant, variable, versatile, volage.

CHANGEMENT □ déformation, fluctuation, innovation, métamorphose, modification, mutation, réforme, remue-ménage, revirement, révolution, transformation, variation.

CHANGER □ convertir, échanger, transférer, troquer, virer.
● déformer, déplacer, fluctuer, innover, métamorphoser, modifier, réformer, remanier, transformer, transmuer, varier.

CHANSON □ air, chant, complainte, couplet, mélodie, poème, refrain, rengaine, scie, sérénade.
● bruit, murmure, souffle.

CHANT □ air, cantique, chanson, complainte, mélodie, mélopée, poème, sérénade.

CHANTAGE □ extorsion, racket, vol.

CHANTER □ crier, moduler, s'égosiller, faire des vocalises, roucouler.

● louer, proclamer, vanter.

CHANTEUR □ aède, barde, chansonnier, chantre, interprète, poète, troubadour.

CHAPEAU □ bonnet, bibi, bicorne, canotier, coiffure, couvre-chef, feutre, haut-de-forme, melon, toque.

CHAPELLE □ baptistère, église, oratoire.
● camarilla, clan, clique, coterie, groupe, mafia.

CHAPITRE □ partie, section, titre.
● assemblée, communauté, conseil.

CHAPITRER □ corriger, gronder, réprimander.

CHAQUE □ chacun, tout.

CHARADE □ devinette, énigme.

CHARGE □ cargaison, chargement, fardeau, somme.
● dette, frais, impôt, prestation, redevance.
● devoir, emploi, mission, obligation, poste, responsabilité.
● caricature, imitation, pastiche.
● accusation, inculpation, preuve.
● assaut, attaque, choc, ruée.

CHARITÉ □ altruisme, aumône, bienfaisance, bonté, générosité, humanité, mansuétude, philanthropie, pitié.

CHARLATAN □ camelot, escroc, guérisseur, imposteur, médecin, rebouteux.

CHARMANT □ attrayant, captivant, délicieux, enchanteur, ensorcelant, fascinant, ravissant, séduisant.

CHARME □ enchantement, ensorcellement, envoûtement, illusion, incantation, maléfice, pouvoir, prestige, sort, sortilège.
● agrément, beauté, élégance, grâce, intérêt.

CHARMES □ appas, attraits, grâces.

CHARMER □ apprivoiser, conquérir, enchanter, enthousiasmer, plaire, ravir, séduire.

CHARNEL □ corporel, libidineux, sensuel, sexuel.

CHARPENTE □ armature, bâti, canevas, carcasse, ossature, squelette.

CHARRIER □ emporter, traîner, transporter.

CHASSER □ congédier, débusquer, déloger, expulser, pousser hors de, refouler.
● bannir, déporter, exiler.
● braconner, poursuivre, tuer.

CHASTE □ ascétique, continent, décent, innocent, pur, sage, tempérant, vertueux, vierge.

CHATEAU □ bastille, castel, citadelle, fort, gentilhommière, hôtel, manoir, palais.

CHATIER □ battre, corriger, punir, réprimer.
● corriger, parfaire, perfectionner.

CHATIMENT □ correction, coup, expiation, punition, supplice.

CHATOIEMENT □ miroitement, reflet, scintillement.

CHATOUILLER □ agacer, caresser, exciter, piquer, titiller.

CHATOUILLEUX □ douillet, irritable, ombrageux, sensible, susceptible.

CHAUD □ ardent, bouillant, brûlant, fiévreux, incandescent, torride, tropical.
● animé, chaleureux, décidé, emporté, fervent, enthousiaste, vif.

CHAUFFER □ brûler, calciner, cuire, faire bouillir, griller, rôtir.

CHAUSSURE □ botte, bottine, brodequin, espadrille, galoche, mocassin, sabot, sandale, soulier.

CHAVIRER □ s'abîmer, basculer, chanceler, couler, sombrer, vaciller.

CHEF □ capitaine, commandant, directeur, dirigeant, général, maître, monarque, patron, responsable.
● crâne, tête.
● cuisinier, maître queux.

CHEF-D'ŒUVRE □ réussite, succès.

CHEMIN □ allée, charmille, laie, route, rue, sente, sentier, voie.
● itinéraire, parcours, route, trajet.

CHEMINER □ aller, errer, marcher, vagabonder.

CHENAL □ bief, canal, détroit, passage, passe.

CHÈQUE □ endossement, virement.

CHER □ coûteux, inabordable, onéreux, ruineux.
● inestimable, précieux, rare.
● adulé, aimé, chéri.

CHERCHER □ enquêter, examiner, fouiller, inventer, quérir, quêter, rechercher.

CHERCHER (À) □ s'efforcer, essayer, tenter.

CHÉRI □ adulé, aimé, préféré.

CHÉTIF □ dérisoire, faible, malingre, misérable, piteux, rachitique.

CHEVAL □ coursier, destrier, étalon, haridelle, jument, monture, palefroi, poulain, pouliche, poney, pur-sang, rosse, roussin.

CHEVALIER □ noble, paladin, preux, suzerain, vassal.

CHEVALIER (D'INDUSTRIE) □ aigrefin, escroc, voleur.

CHEVALIER (SERVANT) □ amoureux, cavalier, soupirant.

CHEVAUCHÉE □ cavalcade, course, défilé.

CHEVELURE □ cheveux, coiffure, crinière, perruque, tignasse, toison.

CHIC ☐ aisance, charme, élégance, prestance, savoir-faire, tournure.

CHICANE ☐ altercation, contestation, critique, discussion, dispute, marchandage, tracasserie.

CHICHE ☐ avare, ladre, mesquin, parcimonieux, pingre, rat, sordide.

CHIEN ☐ bâtard, chiot, corniaud, dingo, mâtin, molosse, roquet.

CHIFFONNIER ☐ brocanteur, chineur, vagabond.
● bonheur-du-jour, commode.

CHIFFRE ☐ montant, nombre, numéro, somme, total.
● estampille, marque, monogramme, poinçon, sceau, signe.

CHIMÈRE ☐ fantasme, folie, idée, illusion, mirage, rêve, songe.

CHIRURGIE ☐ ablation, amputation, greffe, ligature, opération.

CHOC ☐ accident, bataille, collision, conflit, ébranlement, échauffourée, heurt, lutte, rencontre.

CHOISIR ☐ adopter, élire, jeter son dévolu sur, faire son choix, opter pour, préférer, trier.

CHOIX ☐ anthologie, assortiment, collection, éventail, florilège, préférence, recueil, sélection.
● alternative, décision, élection, dilemme, tri.

CHOQUANT ☐ cru, grossier.

CHOQUER ☐ ébahir, déplaire, étonner, étourdir, frapper, hébéter, heurter, méduser, scandaliser, sidérer.

CHOSE ☐ objet, propriété, substance.

CHRONIQUE ☐ (nom) annales, article, éditorial, histoire, mémoires, récit.

CHRONIQUE ☐ (adj) durable, invétéré, permanent.

CHUCHOTER ☐ bruire, murmurer, susurrer.

CHUTE ☐ abaissement, affaissement, affaiblissement, baisse, culbute, déchéance, descente, dévaluation, diminution, glissade, renversement, ruine.
● cascade, cataracte, saut.
● extrémité, déchet, résidus, reste.

CHUTER ☐ s'abattre, s'affaisser, choir, dégringoler, descendre, s'écrouler, s'effondrer, tomber.

CICATRICE ☐ balafre, blessure, entaille, estafilade, stigmate, trace.

CICATRISER ☐ apaiser, consoler, guérir.

CIEL ☐ azur, cosmos, firmament, nues, zodiaque, univers.
● éden, nirvâna, olympe, paradis, Walhalla.

CIEL DE LIT ☐ baldaquin, dais.

CIME ☐ crête, faîte, sommet.

CIMENTER ☐ affermir, consolider, sceller, unir.

CIMETIÈRE ☐ catacombes, champ des morts, charnier, columbarium, crypte, nécropole, ossuaire.

CINGLANT ☐ blessant, dur, féroce, sévère, vexant.

CIRCONFÉRENCE ☐ arc, cercle, rond, tour.

CIRCONSCRIRE ☐ borner, entourer, limiter, localiser.

CIRCONSPECT ☐ attentif, discret, habile, mesuré, prudent, réfléchi, réservé, sage.

CIRCONSPECTION ☐ discrétion, prudence, quant-à-soi, retenue, réserve, réticence.

CIRCONSTANCE ☐ cas, coïncidence, condition, conjoncture, événement, occasion, opportunité, occurrence.

CIRCONSTANCIÉ ☐ correct, détaillé, minutieux, précis, scrupuleux.

CIRCONVENIR ☐ abuser, corrompre, séduire.

CIRCUIT ☐ contour, enceinte, tour.
● randonnée, tour, voyage.

CIRCULATION ☐ cours, déplacement, mouvement, rotation.
● débit, trafic.
● diffusion, propagation, transmission.

CISELER ☐ graver, parfaire, polir, sculpter, tailler.

CITADELLE ☐ bastille, bastion, château fort, enceinte, forteresse.

CITÉ ☐ agglomération, bourg, centre, localité, village, ville.

CITER ☐ alléguer, consigner, indiquer, mentionner, nommer, produire, rapporter.
● appeler, assigner, traduire.

CIVIL ☐ civique, laïque, républicain.
● affable, aimable, courtois, gracieux, poli, urbain.

CIVILISATION ☐ culture, évolution, progrès.

CIVISME ☐ nationalisme, patriotisme.

CLAIR ☐ apparent, catégorique, compréhensible, évident, lucide, lumineux, manifeste, serein, transparent.

CLAIRVOYANCE ☐ acuité, finesse, flair, lucidité, pénétration, perspicacité, sagacité.

CLAIRVOYANT ☐ fin, intelligent, lucide, pénétrant, perspicace, sagace.

CLAMER ☐ annoncer, crier, hurler, proclamer, tonitruer.

CLAN ☐ caste, coterie, groupe, parti, tribu.

CLANDESTIN ☐ caché, incognito, illicite, secret, tu.

CLARIFIER ☐ décanter, éclaircir, élucider, expliquer, filtrer, purifier.

CLARTÉ ☐ éclat, demi-jour, lueur, lumière, rayon.
● évidence, lucidité, netteté, précision, pureté, transparence.

CLASSE ☐ catégorie, distinction, division, groupe, ordre, rang, sorte, valeur.

CLASSEMENT ☐ classification, nomenclature, ordre, place, rang, rangement.

CLASSER ☐ archiver, ranger.

CLASSIQUE ☐ courant, dépouillé, habituel, sobre, traditionnel.

CLAUSE ☐ condition, convention, modalité.

CLÉMENT ☐ bon, doux, généreux, indulgent, magnanime, miséricordieux.

CLIENT ☐ acheteur, acquéreur, consommateur, habitué, fidèle, usager.

CLIMAT ☐ atmosphère, conditions atmosphériques, conditions météorologiques, humidité, température, vent.
● ambiance, atmosphère, milieu, pays.

CLINQUANT ☐ (nom) camelote, faux, imitation, pacotille, simili.

CLOCHER ☐ beffroi, campanile, tour.

CLOÎTRE ☐ abbaye, couvent, monastère, prieuré.

CLORE ☐ achever, encercler, enfermer, fermer, finir, terminer.

CLOWN ☐ amuseur, auguste, bouffon, guignol, paillasse, pitre.

COAGULER ☐ cailler, congeler, figer, grumeler, solidifier.

COALISER ☐ allier, fédérer, grouper, liguer, unir.

COALITION ☐ bloc, fédération, front, ligue, phalange, société.

COCASSE ☐ amusant, bouffon, burlesque, comique, désopilant, drôle, gai, hilarant, plaisant, risible.

COCHON ☐ (nom) débauché, dégoutant, dépravé.
● goret, porc, pourceau.

COCHON ☐ (adj) ignoble, insane, licencieux, malpropre, obscène, pervers, repoussant, sale.

CODE ☐ loi, règle, règlement, statut.
● combinaison, chiffre, mot de passe, symbole.

COEFFICIENT ☐ pourcentage.

CŒUR ☐ affection, âme, amour, attachement, bienveillance, charité, conscience, dévouement, énergie, enthousiasme, passion, pitié, sensibilité, tendresse, zèle.
● myocarde, oreillette, ventricule.

COFFRE ☐ bahut, boîtier, caisse, coffre-fort, commode, huche, maie, malle.
● culot, hardiesse, souffle, toupet.
● carrure, poitrine, torse.

COFFRET ☐ boîte, cassette, écrin.

COGNER ☐ battre, frapper.

COHUE ☐ bousculade, désordre, foule, multitude, presse.

COIFFURE ☐ béret, bonnet, bibi, chapeau, chignon, coiffe, couvre-chef, fichu, foulard, natte, toque, torsade, tresse.

COIN ☐ angle, commissure, encoignure, recoin, renfoncement.
● cale.
● cachet, empreinte, sceau.

COÏNCIDENCE ☐ correspondance, rencontre, simultanéité.

COLÈRE ☐ courroux, emportement,
fureur, ire, irritation, mécontentement, rage, violence.

COLLABORATEUR ☐ adjoint, associé, second.

COLLABORER ☐ contribuer à, coopérer, participer, seconder.

COLLATION ☐ encas, goûter, lunch.
● comparaison, confrontation, correction, vérification.

COLLECTE ☐ cueillette, quête, ramassage.

COLLECTION ☐ amas, anthologie, compilation, exposition, galerie, recueil, tas, vitrine.

COLLECTIF ☐ groupé, unanime.

COLLECTIVISME ☐ bolchevisme, marxisme, socialisme.

COLLÈGE ☐ corporation, école, université.

COLLER ☐ appliquer, appuyer, encoller, faire adhérer, fixer, maroufler, tapisser.

COLLINE ☐ butte, coteau, éminence, hauteur, mamelon, mont, monticule.

COLLISION ☐ accident, choc, échauffourée, heurt, télescopage.

COLLOQUE ☐ conférence, congrès, conversation, débat.

COLLUSION ☐ accord, complicité, connivence, entente, intelligence.

COLORER ☐ colorier, farder, orner, peindre, teindre, teinter.

COLOSSAL ☐ démesuré, énorme, gigantesque, immense, monumental, titanesque.

COLPORTER ☐ divulguer, propager, répandre.

COMA ☐ évanouissement, léthargie, perte de connaissance, sommeil profond.

COMBAT ☐ action, assaut, bataille,

conflit, duel, échauffourée, lutte, mêlée, rixe.

COMBATIF ☐ accrocheur, agressif, belliqueux, guerrier, querelleur.

COMBATTANT ☐ adversaire, guerrier, homme, rival, soldat, troupier, vétéran.

COMBINAISON ☐ calcul, machination, manœuvre, plan.
● alliage, composition, mélange.

COMBINER ☐ agencer, calculer, comploter, ourdir, tramer.
● allier, assembler, associer, composer, mélanger.

COMBLE ☐ trop-plein.
● apogée, faîte, limite, maximum, sommet, summum, zénith.

COMBLES ☐ galetas, grenier, mansarde.

COMBLER ☐ accabler, emplir, satisfaire, saturer.
● égaliser, niveler, remblayer.

COMBUSTIBLE ☐ inflammable.

COMIQUE ☐ amusant, bouffon, burlesque, cocasse, désopilant, drôle, gai, hilarant, inénarrable, plaisant, risible.

COMMANDEMENT ☐ injonction, notification, ordre, précepte, prescription, sommation, ultimatum.
● autorité, direction, état-major.

COMMANDER ☐ contraindre, diriger, dominer, donner l'ordre, gouverner, obliger, régenter.
● acheter, passer commande.

COMME ☐ ainsi que, de même, également, quand.

COMMENCEMENT ☐ aube, création, début, départ, entrée, naissance, origine, ouverture, prémices.

COMMENCER ☐ amorcer, attaquer, débuter, entamer, entreprendre, étrenner, fonder, ouvrir.

COMMENTER ☐ expliquer, gloser, interpréter.

COMMERÇANT ☐ débitant, détaillant, grossiste, marchand, négociant, vendeur.

COMMERCE ☐ échange, négoce, trafic, traite.
● boutique, comptoir, magasin.

COMMETTRE ☐ entreprendre, exécuter, fauter, perpétrer.
● choisir, désigner, nommer.

COMMISÉRATION ☐ attendrissement, bonté, charité, compassion, mansuétude, miséricorde, pitié.

COMMISSION ☐ attribution, délégation, mission.
● courtage, pot-de-vin, pourcentage, prime, remise, rétribution, salaire.
● comité, groupe de travail, réunion.
● achat, course, emplette.

COMMODE ☐ agréable, facile, fonctionnel, maniable, pratique, simple.

COMMUN ☐ banal, habituel, ordinaire, rebattu, vulgaire, universel.

COMMUNAUTÉ ☐ association, collectivité, confrérie, congrégation, ordre, société.

COMMUNICATIF ☐ contagieux, démonstratif, expansif, exubérant, ouvert.

COMMUNICATION ☐ annonce, avis, correspondance, information, liaison, message, transmission.

COMMUNIQUÉ ☐ annonce, affiche, avis, déclaration, notification, proclamation.

COMMUNIQUER ☐ apprendre, dire, divulguer, échanger, faire savoir, publier, transmettre.

COMMUNISME ☐ bolchevisme, collectivisme, marxisme.

COMPACT ☐ épais, dense, serré.

COMPAGNIE ☐ assemblée, conseil, entourage, société, troupe.

COMPAGNON ☐ acolyte, ami, camarade, compère, complice, condisciple, copain.

COMPARABLE ☐ analogue, identique, semblable.

COMPARAISON ☐ analyse, confrontation, jugement, mesure, parité.
● allusion, contraste, métaphore, parabole, similitude.

COMPARAÎTRE ☐ passer, se présenter.

COMPARER ☐ analyser, balancer, collationner, comparer, confronter.

COMPARTIMENT ☐ case, casier, cellule, classeur, division.

COMPASSION ☐ attendrissement, commisération, humanité, pitié, sensibilité.

COMPENSATION ☐ dédommagement, indemnité, récompense.
● balance, consolation, contrepoids, revanche.

COMPÈRE ☐ acolyte, ami, associé, camarade, compagnon, complice, condisciple, copain.

COMPÉTENCE ☐ aptitude, capacité, expérience, faculté, habilité, intelligence, valeur.
● attribution, autorité, pouvoir.

COMPÉTITION ☐ affrontement, challenge, championnat, critérium, épreuve, match.

COMPLAINTE ☐ cantilène, chant, mélodie, romance.
● gémissement, lamentation, soupirs.

COMPLAISANCE ☐ amitié, attention, bonté, condescendance, flagornerie, flatterie, indulgence, obséquiosité, politesse, servilité, zèle.

COMPLET ☐ accompli, achevé, bondé, débordant, entier, exhaustif, global, intégral, plein, rempli, total.

COMPLÉTER ☐ achever, ajouter, améliorer, augmenter, conclure, suppléer.

COMPLICATION ☐ aggravation, complexité, difficulté, embarras, subtilité.

COMPLICITÉ ☐ accord, collusion, connivence, entente, intelligence.

COMPLIQUÉ ☐ complexe, confus, difficile, embrouillé, obscur, subtil, tourmenté.

COMPLIQUER ☐ embarrasser, embrouiller, obscurcir.

COMPLOT ☐ cabale, conspiration, conjuration, intrigue.

COMPORTEMENT ☐ air, allure, attitude, conduite, manière.

COMPORTER ☐ admettre, contenir, impliquer, inclure, permettre, supporter.

COMPORTER (SE) ☐ agir, se conduire, vivre.

COMPOSER ☐ arranger, assembler, combiner, concevoir, créer, écrire, former, imaginer, produire.
● s'accommoder, céder, s'entendre avec, traiter, transiger.

COMPOSITION ☐ alliage, association, constitution, construction, mélange, organisation, structure, teneur.
● devoir, dissertation, examen, rédaction.

COMPRÉHENSIBLE ☐ accessible, clair, facile, intelligible, simple.

COMPRÉHENSIF ☐ bienveillant, indulgent, judicieux, tolérant.

COMPRENDRE ☐ apprendre, concevoir, déchiffrer, entendre, réaliser, saisir, trouver, voir.

● comporter, contenir, englober, inclure, renfermer.

COMPRENDRE (SE) ☐ s'accorder, s'entendre, fraterniser, sympathiser.

COMPRIMER ☐ broyer, écraser, presser, serrer, tasser.

COMPRIS ☐ contenu, inclus, joint.

COMPROMIS ☐ amiable, arbitrage, arrangement, concession, conciliation, transaction.

COMPROMISSION ☐ achat, corruption, malversation, subordination.

COMPTE ☐ addition, bilan, facture, note, relevé, somme, total.

COMPTER ☐ calculer, dénombrer, englober, estimer, évaluer, inventorier, mesurer, payer.
● avoir l'intention de, espérer, être sûr, projeter.

CONCÉDER ☐ accorder, céder, donner, octroyer.
● admettre, convenir, reconnaître.

CONCENTRÉ ☐ condensé, dense, dru, épais.
● discret, réfléchi, renfermé, secret.

CONCENTRER ☐ accumuler, canaliser, grouper, rassembler.

CONCENTRER (SE) ☐ méditer, penser, réfléchir.

CONCEPT ☐ connaissance, idée, notion.

CONCEPTION ☐ aperçu, entendement, esprit, idée, imagination, intelligence, pensée, savoir, sens.

CONCERNER ☐ se rapporter à, regarder, toucher.

CONCERT ☐ audition, aubade, récital.
● accord, ensemble, harmonie, union.

CONCESSION ☐ abandon, autorisation, cession, désistement, don, octroi, renoncement, transfert, vente.

CONCILIABULE ☐ complot, conversation, réunion.

CONCILIANT ☐ accommodant, arrangeant, diplomate, complaisant, facile, souple.

CONCILIER ☐ accorder, arbitrer, mettre d'accord, réunir.
● concorder, harmoniser, unifier.

CONCIS ☐ bref, court, dense, lapidaire, précis, raccourci, réduit, resserré, résumé, simplifié, sommaire, succinct.

CONCLURE ☐ achever, clore, convenir de, déduire, finir, signer, résoudre, terminer.
● argumenter, déduire, démontrer.

CONCLUSION ☐ conséquence, dénouement, épilogue, fin, morale, péroraison, résultat, solution.

CONCORDER ☐ s'accorder, cadrer, convenir, correspondre, répondre.

CONCOURS ☐ compétition, épreuve, examen.
● aide, appui, collaboration, soutien.
● démonstration, exposition, présentation.

CONCRET ☐ matériel, palpable, positif, pratique, réaliste, réel.

CONCUPISCENCE ☐ appétit, avidité, convoitise, désir.

CONCURRENCE ☐ compétition, lutte, opposition.

CONCURRENT ☐ adversaire, candidat, émule, participant, rival.

CONCUSSION ☐ déprédation, exaction, extorsion, forfaiture, malversation, prévarication, trahison.

CONDAMNATION ☐ accusation, critique, interdiction, jugement, procès,

CONSÉQUENCE □ conclusion, corollaire, effet, importance, résultat, suite.

CONSÉQUENT (PAR) □ ainsi, donc.

CONSERVER □ détenir, entretenir, garder, maintenir, réserver, sauvegarder.

CONSIDÉRABLE □ ample, élevé, éminent, énorme, grand, immense, important, notable, remarquable.

CONSIDÉRATION □ étude, examen, observation, remarque.
● déférence, égard, estime, renommée, réputation, vénération.

CONSIDÉRER □ apprécier, étudier, examiner, juger, peser, regarder comme.
● admirer, estimer, révérer, vénérer.
● baisser les yeux sur, contempler, regarder, toiser.

CONSIGNATION □ dépôt, enregistrement, relevé.

CONSIGNE □ directive, instruction, mandat, ordre, règlement.
● dépôt, punition, retenue.

CONSIGNER □ constater, citer, enregistrer, noter, rapporter.
● déposer, enfermer, punir.

CONSISTANT □ cohérent, concret, dense, épais, ferme, solide.

CONSOLATION □ apaisement, compensation, joie, réconfort, satisfaction, soulagement.

CONSOLER □ adoucir, apaiser, calmer, guérir, rasséréner, réconforter, rassurer.

CONSOLIDATION □ affermissement, renfort, réparation.

CONSOMMER □ accomplir, achever, finir, commettre, parfaire, terminer.
● brûler, consumer, employer, user.

● absorber, boire, manger, se nourrir.

CONSPIRATION □ cabale, complot, conjuration, intrigue, ligue.

CONSPUER □ huer, insulter, siffler.

CONSTAMMENT □ fréquemment, sans cesse, toujours.

CONSTANCE □ continuité, courage, énergie, fermeté, fidélité, persévérance.

CONSTANT · □ assidu, durable, évident, ferme, inébranlable, inflexible, invariable, obstiné, permanent.

CONSTATER □ confirmer, contrôler, enregistrer, examiner, noter, remarquer, vérifier.

CONSTERNATION □ abattement, accablement, chagrin, douleur, mélancolie, tristesse, stupeur.

CONSTERNER □ accabler, attrister, chagriner, désoler, peiner.

CONSTITUER □ élaborer, faire, former, instituer, monter, organiser.

CONSTITUTION □ agencement, disposition, organisation, structure.
● établissement, fondation, instauration, rédaction.
● caractère, composition, nature, personnalité, tempérament.
● code, législation, loi, régime, règlement.

CONSTRUCTION □ bâtiment, édifice, immeuble, maison, monument, ouvrage.
● assemblage, composition, édification, érection, structure, système.
● expression, locution, parler, syntaxe.

CONSTRUIRE □ bâtir, édifier, élaborer, ériger, fabriquer, imaginer, maçonner.

CONSULTATION □ enquête, référendum, réunion, sondage, vote.

● analyse, étude, examen, expertise, lecture, visite.

CONTACT ☐ attouchement, caresse, effleurement.

● communication, rapport, relation.

CONTAGION ☐ contamination, infection, propagation, transmission.

CONTE ☐ fable, fiction, histoire, nouvelle, roman.

● contre-vérité, mensonge, racontar.

CONTEMPLATION ☐ extase, méditation, pensée, réflexion.

CONTEMPLER ☐ admirer, fixer, regarder.

CONTEMPORAIN ☐ actuel, moderne, présent..

CONTENANCE ☐ capacité, contenu, mesure, superficie, surface, tonnage, volume.

● attitude, aspect, comportement, maintien, pose, prestance.

CONTENIR ☐ comprendre, comporter, englober, limiter, maîtriser, recéler, renfermer, retenir, tenir.

CONTENT ☐ aise, béat, enchanté, gai, heureux, joyeux, ravi, satisfait.

CONTENTER ☐ s'accommoder, calmer, combler, satisfaire, suffire à.

CONTER ☐ dire, narrer, peindre, raconter, retracer.

CONTESTATION ☐ chicane, conflit, controverse, débat, démêlé, différend, discussion, dispute, litige, querelle.

CONTESTER ☐ ne pas admettre, chicaner, contredire, discuter, nier, refuser.

CONTIGU ☐ accolé, adjacent, mitoyen, proche, voisin.

CONTINENT ☐ (adj) chaste, pur.

CONTINU ☐ constant, continuel, durable, incessant, perpétuel, persistant, soutenu.

CONTINUATION ☐ continuité, prolongation, prolongement, poursuite, suite.

CONTINUER ☐ durer, étendre, persévérer, persister, poursuivre.

CONTORSION ☐ acrobatie, contraction, convulsion, grimace.

CONTOUR ☐ bord, détour, galbe, forme, limite, périmètre, tour.

CONTRACTER ☐ acquérir, s'endetter, gagner, obtenir, prendre.

● diminuer, raidir, resserrer, tasser, tendre, tétaniser.

CONTRACTION ☐ crampe, contracture, convulsion, crispation, rictus, spasme.

CONTRADICTION ☐ contestation, conflit, désaccord, objection, opposition, réfutation.

CONTRADICTOIRE ☐ adverse, antagoniste, contraire, incompatible, opposé.

CONTRAINDRE ☐ assujettir, comprimer, condamner, entraver, exiger, gêner, obliger, pousser.

CONTRAINTE ☐ asservissement, coercition, discipline, exigence, force, pression, sujétion, violence.

CONTRAIRE ☐ antagoniste, antonyme, contradictoire, incompatible, inverse, opposé.

CONTRARIER ☐ barrer, contrecarrer, contredire, déranger, fâcher, mécontenter, nuire.

CONTRARIÉTÉ ☐ agacement, ennui, gêne, irritation, mécontentement, souci, tracas.

CONTRASTE ☐ antithèse, différence, dissemblance, opposition.

CONTRASTER ☐ détonner, jurer, s'opposer, trancher.

CONTRAT ☐ accord, convention,

engagement, police, protocole, traité, vente.

CONTRAVENTION ☐ amende, procès-verbal, poursuites.

CONTRE ☐ auprès de, sur.
● en dépit, malgré.
● contrairement, à l'opposé de.

CONTREDIRE ☐ contrarier, dédire, démentir, réfuter.

CONTRÉE ☐ pays, province, région.

CONTREFAÇON ☐ copie, falsification, faux, imitation, plagiat.

CONTREFAIRE ☐ caricaturer, copier, déformer, feindre, imiter, mimer, reproduire.

CONTREFAIT ☐ difforme, disgracieux, rabougri, tordu.

CONTREPARTIE ☐ compensation, échange, troc.

CONTRETEMPS ☐ accident, complication, empêchement, obstacle.

CONTREVENIR ☐ désobéir, ne pas respecter, transgresser.

CONTRIBUER (À) ☐ aider, collaborer, concourir à, participer à, seconder.

CONTRIBUTION ☐ cotisation, droit, impôt, quote-part.
● aide, assistance, collaboration, concours.

CONTRITION ☐ douleur, pénitence, repentir, remords.

CONTRÔLER ☐ critiquer, examiner, inspecter, pointer, surveiller, vérifier.

CONTROVERSE ☐ débat, discussion, polémique.

CONTUSION ☐ blessure, bleu, ecchymose, meurtrissure, plaie.

CONVAINCRE ☐ démontrer, expliquer, persuader, prouver.

CONVALESCENCE ☐ guérison, repos, rétablissement.

CONVENABLE ☐ approprié, conforme, favorable, idoine, opportun, pertinent, propice.
● correct, décent, honnête, poli, séant.

CONVENANCE ☐ accord, bienséance, honnêteté, savoir-vivre.

CONVENIR ☐ aller, cadrer, concorder, correspondre, satisfaire.
● admettre, concéder, décider, dire, s'entendre, se mettre d'accord, reconnaître, régler.

CONVENTION ☐ alliance, arrangement, contrat, marché, pacte, protocole, traité, transaction.

CONVENTIONNEL ☐ académique, emphatique, guindé, habituel, routinier.

CONVENU ☐ admis, décidé, fixé.
● banal, commun, plat.

CONVERSATION ☐ colloque, conférence, causerie, dialogue, entretien, pourparlers, tête-à-tête.

CONVERTIR ☐ changer, transformer, troquer.
● amener, évangéliser, rallier.

CONVICTION ☐ assurance, certitude, croyance, persuasion.

CONVIER ☐ inciter, inviter, prier, solliciter.

CONVIVE ☐ ami, écornifleur, hôte, invité, pique-assiette.

CONVOI ☐ caravane, file, train.
● enterrement, funérailles, obsèques.

CONVOITER ☐ ambitionner, briguer, brûler de, désirer, envier, souhaiter, vouloir.

CONVOITISE ☐ avidité, concupiscence, cupidité, désir, envie, rapacité.

CONVOQUER ☐ appeler, assembler, assigner, inviter, donner un rendez-vous.

CONVULSION ☐ secousse, soubresaut, spasme.

COPIE ☐ double, contrefaçon, duplicata, imitation, plagiat, réplique, reproduction.

● devoir, exercice, feuille.

COPIER ☐ contrefaire, imiter, noter, reproduire, transcrire.

COPIEUX ☐ abondant, ample, fertile, fructueux, luxuriant, opulent, généreux, plantureux, riche.

COPIEUSEMENT ☐ abondamment, beaucoup, bien, énormément, largement, en abondance, en quantité, à foison, à profusion, à volonté.

COQUET ☐ accorte, charmant, élégant, galant, joli.

● appréciable, conséquent, important, rondelet, substantiel.

COQUIN ☐ (nom) bandit, canaille, fripon, vaurien, voleur.

COQUIN ☐ (adj) espiègle, libertin, malicieux, polisson.

CORDIAL ☐ affectueux, amical, chaleureux, franc, ouvert, sincère.

● réconfortant, tonique.

CORDIALITÉ ☐ bonté, chaleur, gentillesse, sympathie.

CORPORATION ☐ communauté, corps, ligue, métier, ordre.

CORPS ☐ anatomie, chair, cadavre, morphologie, mort, organisme, substance, taille.

● assemblée, communauté, compagnie, corporation, ensemble, société, troupe.

CORPULENT ☐ gras, gros, fort, imposant, large, massif, pansu.

CORRECT ☐ convenable, correct, exact, fidèle, juste.

● bienséant, décent, droit, honnête, poli, raisonnable.

CORRECTION ☐ amélioration, perfectionnement, modification, rectification, retouche.

● bastonnade, coup, fessée, punition, volée.

● civilité, convenance, éducation, politesse, savoir-vivre, tact.

CORRESPONDANCE ☐ courrier, lettre, message.

● accord, analogie, concordance, corrélation, rapport, ressemblance, union.

CORRIGER ☐ améliorer, amender, modifier, redresser, réformer, revoir.

● châtier, frapper, punir, sévir.

CORROMPRE ☐ abâtardir, abaisser, altérer, dégénérer, empoisonner, gâter, dénaturer, dépraver, vicier.

● acheter, circonvenir, séduire, soudoyer, suborner.

CORROMPU ☐ dépravé, dissolu, luxurieux, obscène, pervers, vicieux.

CORRUPTION ☐ achat, compromission, dépravation, malversation, subornation.

● altération, décomposition, pourriture, putréfaction.

CORTÈGE ☐ cour, défilé, escorte, suite.

COSMIQUE ☐ astral, céleste, interplanétaire, spatial.

COSSU ☐ aisé, fortuné, huppé, opulent, riche.

COSTUME ☐ accoutrement, effets, habillement, habit, uniforme, tenue, vêtement.

COTE ☐ cotation, cours, impôt, taxe.

CÔTE ☐ berge, bord, frange, grève, plage, rivage, rive.

● butte, coteau, colline, éminence, monticule.

● montée, raidillon, rampe.

● flanc, sternum, thorax.

CÔTÉ □ bord, flanc.

COTER □ apprécier, estimer, évaluer, noter, numéroter, paginer.

COTERIE □ bande, camarilla, caste, chapelle, clan, mafia.

COTISATION □ contribution, écot, quote-part.

COUCHE □ croûte, enduit, pellicule, strate.

COUCHANT □ crépuscule, occident, ouest, ponant.

COUCHER (SE) □ s'allonger, s'aliter, s'étendre, se mettre au lit.

COUDE □ angle, coin, encoignure, saillie, tournacant.
● articulation.

COULER □ s'abîmer, chavirer, sombrer.
● circuler, dégouliner, s'écouler, filer, fuir, glisser, ruisseler, sourdre, suer, se vider.

COULEUR □ carnation, coloris, nuance, teinte, ton, tonalité.
● aspect, brillant, éclat, force.
● carreau, cœur, pique, trèfle (*cartes*).

COULEURS □ drapeau.

COUP □ calotte, fessée, gifle, horion, tape, volée.
● atteinte, blessure, choc, ébranlement, heurt, secousse.

COUP D'ÉTAT □ coup de force, émeute, pronunciamiento, putsch, révolte.

COUPABLE □ (nom) délinquant, fautif, inculpé, meurtrier.

COUPABLE □ (adj) blâmable, fautif, honteux, illicite, illégitime, indigne, mauvais, répréhensible.

COUPE □ profil, tranche.

COUPER □ découper, débiter, hacher, sectionner, tailler, trancher, tronçonner.

COUPLE □ duo, ménage, paire.

COUPOLE □ dôme, voûte.
● Académie française.

COUR □ atrium, avant-cour, patio.
● cercle, escorte, suite.
● conseil, parlement, parquet, tribunal.

COURAGE □ assurance, audace, bravoure, cœur, cran, crânerie, énergie, fermeté, force, hardiesse, héroïsme, résolution, stoïcisme, témérité, vaillance, valeur, volonté.

COURAMMENT □ aisément, facilement, naturellement, simplement.

COURANT □ actuel, commun, contemporain, habituel, ordinaire.

COURBER □ asservir, assujettir, oppresser, opprimer, soumettre.
● bomber, couder, plier, tordre, voûter.

COURIR □ accélérer, bondir, détaler, s'élancer, filer, galoper, se hâter, se précipiter, se presser.
● circuler, se propager, se répandre.
● essayer, rechercher, tenter, voyager.

COURONNEMENT □ apothéose, couronnement, perfection, triomphe.
● chapiteau, entablement, pignon.

COURRIER □ chronique, correspondance, lettre, missive.
● coursier, estafette, messager.

COURROUX □ colère, ire, rage.

COURS □ canal, courant, fleuve, rivière, ruisseau.
● course, déroulement, développement, évolution, durée, enchaînement, processus, progression.
● cote, prix, taux.
● conférence, école, institution, leçon.

● avenue, boulevard, promenade.

COURSE □ cours, déroulement, évolution, marche, mouvement, rythme.

● compétition, corrida, critérium, sprint.

● parcours, promenade, randonnée.

● achat, commission, marché.

COURT □ abrégé, bref, concis, éphémère, fugace, juste, laconique, lapidaire, raccourci, ras, réduit, résumé, sommaire, succinct, temporaire, transitoire.

COURTISER □ flatter, chercher à séduire.

COURTOIS □ affable, civil, courtois, galant, gracieux, poli.

COURTOISIE □ amabilité, civilité, galanterie, politesse, urbanité.

COUSIN □ germain, proche.

COÛT □ prix, montant, somme, valeur.

COUTEAU □ canif, coutelas, dague, lame, poignard.

COÛTER □ se monter à, revenir à, valoir.

COÛTEUX □ cher, inabordable, onéreux, ruineux.

COUTUME □ habitude, mœurs, pratique, rite, routine, tradition, usage.

COUTUMIER □ habituel.

COUTURE □ bâti, piqûre, point, raccord.

COUTURÉ □ balafré, coupé, cousu.

COUVENT □ abbaye, cloître, monastère, prieuré, trappe.

COUVERTURE □ abri, asile, bâche, brochage, protection, refuge, repaire, sécurité, sûreté, toit.

● camouflage, déguisement, fausse identité, prétexte.

● caution, garantie, provision.

● brochure, jaquette, reliure.

COUVRIR □ bâcher, cacher, camoufler, dissimuler, recouvrir.

● accabler, dominer, étouffer, inonder, joncher, répandre, submerger.

● défendre, garantir, protéger, racheter, rembourser, soutenir.

CRAINDRE □ appréhender, avoir peur, redouter, trembler.

CRAINTE □ alarme, angoisse, appréhension, effarement, effroi, frayeur, inquiétude, peur, souci, terreur.

CRAINTIF □ angoissé, anxieux, apeuré, effarouché, embarrassé, inquiet, lâche, peureux, poltron, pusillanime, timide, timoré.

CRAN □ assurance, audace, bravoure, courage, crânerie, hardiesse, héroïsme, suffisance, vaillance.

● coche, encoche, entaille, marque.

CRÂNER □ fanfaronner, faire le brave, plastronner, se rengorger.

CRAPULE □ canaille, dévoyé, escroc, malfaiteur, vaurien.

CRAQUER □ se déchirer, s'écrouler, se fissurer, se rompre.

CRASSEUX □ dégoûtant, malpropre, puant, repoussant, répugnant, sale.

CRÉATEUR □ fondateur, inventeur, promoteur.

CRÉATION □ commencement, conception, début, élaboration, fondation, formation, genèse, naissance, œuvre.

CRÉATURE □ être, humain, individu, personne.

● élève, disciple, favori, préféré, protégé.

CRÉDIT □ avance, avoir, solde, à tempérament.

● ascendant, autorité, faveur, importance, influence, pouvoir.

CRÉER ☐ accoucher, bâtir, causer, édifier, élaborer, enfanter, engendrer, imaginer, inventer, occasionner, produire, provoquer, susciter.

CRÉPUSCULE ☐ aube, brune, déclin du jour.
● chute, décadence, déclin, dégénérescence, vieillesse.

CRÊTE ☐ cime, croupe, faîte, sommet.

CREUSER ☐ défoncer, évider, fouiller, ouvrir, piocher, terrasser.
● approfondir, étudier, examiner.

CREUX ☐ cave, encaissé, enfoncé, évidé, profond, vide.
● bête, inutile, stupide, vain.

CRI ☐ acclamation, appel, bravo, clameur, exclamation, gémissement, hurlement, ovation, plainte, rugissement, vagissement, vocifération.

CRIARD ☐ aigre, aigu, braillard, discordant, perçant, strident.

CRIBLER ☐ accabler, percer, piquer, trouer.
● calibrer, passer, sasser, tamiser, trier.

CRIER ☐ affirmer, beugler, brailler, clamer, criailler, clamer, s'époumoner, gémir, hurler, pleurer, rugir, tonitruer, tonner, vociférer.

CRIME ☐ assassinat, attentat, délit, forfait, meurtre.

CRIMINEL ☐ assassin, coupable, homicide, meurtrier, tueur.

CRISE ☐ accès, attaque, atteinte, conflit, difficulté, malaise, perturbation, poussée, tension, trouble.

CRISPATION ☐ contraction, convulsion, spasme.

CRISTALLIN ☐ léger, limpide, pur, transparent.

CRITIQUE ☐ censeur, commentateur, juge.
● jugement, observation, reproche.

CRITIQUER ☐ blâmer, censurer, chicaner, condamner, désapprouver, éreinter.

CROIRE ☐ admettre, considérer, estimer, imaginer, juger, penser, supposer que.
● compter sur, se fier à, être persuadé, s'en remettre à.

CROISEMENT ☐ bifurcation, carrefour, embranchement, rond-point.

CROÎTRE ☐ augmenter, grandir, s'amplifier, se développer, grandir, grossir, hausser, pousser, s'intensifier, venir.

CROULER ☐ s'affaisser, s'ébouler, s'écrouler, s'effondrer, tomber.

CROUPIR ☐ moisir, stagner.

CROYANCE ☐ conviction, crédit, foi, idées, opinion, superstition.

CROYANT ☐ dévot, mystique, pieux, religieux.

CRU ☐ licencieux, osé.
● naturel.

CRUAUTÉ ☐ barbarie, brutalité, dureté, férocité, injustice, méchanceté, rigueur, sadisme, sauvagerie.

CUEILLIR ☐ moissonner, ramasser, récolter.

CUIR ☐ basane, chagrin, crocodile, daim, maroquin, peau, vachette, velin.

CUIRE ☐ bouillir, brûler, chauffer, faire revenir, frire, griller, mijoter, mitonner, rissoler, rôtir.

CUISANT ☐ cinglant, douloureux.

CULBUTER ☐ basculer, capoter, chavirer, crouler, dégringoler, tomber, verser.

CULMINANT ☐ au sommet.

CULTURE □ civilisation, connaissance, éducation, instruction, savoir.

CUPIDITÉ □ âpreté, avidité, convoitise, désir.

CURIEUX □ (nom) amateur, badaud, collectionneur.

CURIEUX □ (adj) amusant, bizarre, étonnant, incongru, rare, singulier, surprenant.

● indiscret, fureteur, gênant, importun, intrus.

CURIOSITÉ □ attention, intérêt, recherche.

● innovation, nouveauté, rareté.

CYCLE □ cercle, époque, période, révolution, saison.

● bicyclette, vélo, vélomoteur.

CYCLONE □ bourrasque, ouragan, tempête, tornade.

CYNIQUE □ cruel, dur, effronté, éhonté, immoral, impudent, insolent, machiavélique.

d

DADA ☐ lubie, manie, marotte, passe-temps, violon d'Ingres.

DADAIS ☐ benêt, innocent, naïf, niais, nigaud, simplet, sot, stupide.

DAGUE ☐ couteau, épée, poignard, stylet.

DAIGNER ☐ accepter, s'abaisser, autoriser, condescendre, consentir, tolérer.

DAIS ☐ baldaquin, chapiteau, ciel de lit, poêle.

DAME ☐ compagne, concubine, égérie, épouse, femme, mégère.
● reine (*carte*).

DAMIER ☐ case, échiquier, tablier.

DAMNATION ☐ châtiment, punition, supplice.

DANCING ☐ night-club, salle de bal.

DANDINER (SE) ☐ se balancer, osciller, remuer, se trémousser.

DANDY ☐ affecté, élégant, gandin, gommeux, précieux.

DANGER ☐ alarme, alerte, détresse, hasard, imprudence, inquiétude, menace, péril, risque, urgence.

DANGEREUX ☐ difficile, glissant, hasardeux, inquiétant, mauvais, menaçant, nuisible, périlleux, redoutable, risqué, traître.

DANS ☐ en, parmi, pendant, selon.

DANSE ☐ bal, ballet, chorégraphie, dancing.
● bourrée, gavotte, marche, menuet, polka, rock, ronde, slow, tango, valse.

DANSEUSE ☐ acrobate, ballerine, cavalière, chorégraphe, étoile, partenaire.

DANTESQUE ☐ abominable, angoissant, cauchemardesque, effrayant, effroyable, épouvantable, formidable, hallucinant, horrible, menaçant, monstrueux, pétrifiant, terrible, terrifiant.

DARDER ☐ dresser, jeter, lancer, projeter.

DATE ☐ an, échéance, jour, millésime, moment, mois, période, terme.

DATER ☐ compter, marquer, paraître démodé, remonter à.

DAUPHIN ☐ cétacé, épaulard, mammifère.
● collaborateur, second, successeur.

DAVANTAGE ☐ encore, plus.

DÉAMBULER ☐ cheminer, errer, flâner, marcher, se promener.

DÉBÂCLE ☐ débandade, défaite, déroute, désastre, fuite, ruine.
● dégel, fonte, réchauffement.

DÉBANDADE ☐ défaite, déroute, dispersion, fuite, pagaille, panique.

DÉBARRASSER ☐ déblayer, décharger, dégager, enlever, nettoyer, ôter.

DÉBARRASSER (SE) ☐ abandonner, se défaire, jeter, liquider, vendre.

DÉBAT ☐ contestation, discussion, polémique, procès.

DÉBATTRE ☐ contester, délibérer, discuter, marchander, parlementer, traiter.

DÉBATTRE (SE) ☐ s'agiter, se démener, discuter, remuer.

DÉBAUCHE ☐ dévergondage, excès, festin, intempérance, libertinage, luxure, orgie, stupre.
● abondance, abus, excès, luxe, prodigalité, profusion.

DÉBAUCHER ☐ chasser, congédier, licencier, mettre à la porte, remercier, renvoyer.
● acheter, appâter, avilir, corrompre, déshonorer, séduire, soudoyer.

DÉBILE ☐ bête, faible, fragile, maladif, rachitique, sot, stupide.

DÉBIT ☐ bar, boutique, café, commerce, comptoir, magasin, taverne.
● articulation, diction, élocution, prononciation.

DÉBITER ☐ découper, dépecer, scier, trancher.
● ânonner, bredouiller, dire, prononcer, réciter.
● écouler, négocier, solder, vendre.

DÉBLAI ☐ débarras, débris, décharge, gravats.

DÉBLAYER ☐ balayer, débarrasser, dégager, enlever, évacuer, nettoyer.

DÉBOIRES ☐ chagrin, déception, déconvenue, désillusion, infortune, revers.

DÉBONNAIRE ☐ bon, brave, franc, gentil, serviable, simple.

DÉBORDANT ☐ actif, enthousiaste, expansif, plein, rempli.

DÉBORDEMENT ☐ crue, écoulement, flot, inondation, marée, submersion.
● abus, débauche, dérèglement, excès, licence.

DÉBORDER ☐ couler, être plein, déferler, dépasser, éclater, inonder, submerger.
● contourner, dépasser, doubler.

DÉBOUCHÉ ☐ but, issue, sortie.

DÉBOUCHER ☐ dégager, ouvrir, percer.
● aboutir, se déverser, s'enfuir, se jeter, sortir.

DÉBOURSER ☐ acquitter, dépenser, financer, payer, régler, verser.

DEBOUT ☐ dressé, droit, érigé, levé.

DÉBRIS ☐ bris, cendre, copeau, détritus, épave, fragment, miette, morceau, plâtras, rebut, résidu, restes, ruines, sciure, tesson.

DÉBROUILLARD ☐ adroit, habile, malin, rusé, vif.

DÉBROUILLER ☐ démêler, distinguer, éclaircir, remarquer, trier.

DÉBROUILLER (SE) ☐ s'arranger, combiner, se tirer d'affaire.

DÉBUT ☐ aube, commencement, démarrage, départ, création, entrée, naissance, origine, ouverture, prémisses.

DÉBUTANT ☐ apprenti, jeune, nouveau, novice.

DÉBUTER □ amorcer, attaquer, entamer, entreprendre, ouvrir.

DÉCADENCE □ abaissement, chute, déchéance, déclin, dégénérescence, déliquescence, détérioration, effondrement, ruine.

DÉCALER □ ajourner, faire traîner, reculer, remettre, repousser, retarder.

DÉCAPITER □ écimer, étêter.
● abattre, anéantir, briser, détruire, ruiner, tuer, vaincre.
● couper la tête, guillotiner, trancher, tuer.

DÉCÉDÉ □ défunt, disparu, feu, mort, trépassé.

DÉCELER □ découvrir, démontrer, détecter, indiquer, prouver, révéler, trouver.

DÉCENCE □ chasteté, convenance, dignité, modestie, politesse, pudeur, réserve, retenue, sagesse, vertu.

DÉCENT □ bienséant, convenable, correct, discret, modeste, prude, pudique.

DÉCEPTION □ chagrin, déboires, dépit, désappointement, désenchantement, désillusion, échec, insuccès, tristesse.

DÉCERNER □ allouer, attribuer, donner, offrir.

DÉCÈS □ disparition, fin, mort, perte, trépas.

DÉCEVANT □ fallacieux, illusoire, mensonger, trompeur.

DÉCEVOIR □ abuser, berner, duper, leurrer, tromper.

DÉCHAÎNEMENT □ colère, emportement, explosion, frénésie, fureur, violence.

DÉCHAÎNER □ ameuter, déclencher, embraser, exciter, occasionner, provoquer, soulever, susciter.

DÉCHAÎNER (SE) □ éclater, s'emporter, s'irriter, se mettre en colère.

DÉCHÉANCE □ abaissement, abjection, avilissement, bassesse, déclin, décrépitude, dégénérescence, déposition, disgrâce, humiliation, renversement, ruine, vieillesse.

DÉCHET □ chute, dépôt, détritus, épluchure, excrément, lie, ordure, perte, rebut, résidu, reste, scorie.

DÉCHIFFRER □ analyser, comprendre, décoder, démêler, épeler, expliquer, lire, résoudre.

DÉCHIQUETER □ couper, déchirer, hacher, lacérer, taillader, tailler.

DÉCHIRANT □ aigu, douloureux, émouvant, pathétique, perçant, poignant, triste.

DÉCHIRER □ arracher, déchiqueter, égratigner, fendre, griffer, lacérer, taillader, tailler.
● émouvoir.

DÉCHIRURE □ accroc, coupure, entaille, éraflure, fente, fissure, trouée.
● blessure, écorchure, plaie.

DÉCHU □ avili, déclassé, diminué, exclu, misérable, pauvre, réprouvé.

DÉCIDÉ □ audacieux, brave, courageux, franc, résolu, tranchant.
● arrêté, conclu, fixé, jugé, prononcé, tranché.

DÉCIDER □ arrêter, conclure, décréter, déterminer, juger, régler, résoudre, trancher.

DÉCISIF □ capital, crucial, déterminant, définitif, dernier, essentiel, important, principal.

DÉCISION □ arrêt, choix, conclusion, décret, jugement, ordonnance, sentence, verdict.
● caractère, courage, énergie, fermeté, volonté.

DÉCLAMATOIRE ☐ ampoulé, cérémonieux, emphatique, grandiloquent, ronflant, solennel.

DÉCLARATION ☐ annonce, attestation, aveu, déposition, discours, information, parole, proclamation, témoignage.

DÉCLARER ☐ affirmer, annoncer, certifier, confier, dire, exposer, informer, proclamer, publier, reconnaître, signaler, témoigner.

DÉCLENCHEMENT ☐ commencement, début, démarrage, départ, ouverture.

DÉCLENCHER ☐ commencer, créer, entraîner, lancer, ouvrir, provoquer, susciter.

DÉCLIN ☐ abaissement, agonie, baisse, couchant, crépuscule, déchéance, dégénérescence, diminution, soir, vieillesse.

DÉCLINER ☐ baisser, décroître, diminuer, finir, péricliter, vieillir.
● refuser, rejeter, renvoyer, repousser.

DÉCLIVITÉ ☐ descente, inclinaison, pente.

DÉCOCHER ☐ darder, jeter, lancer, projeter.

DÉCOCTION ☐ infusion, macération, tisane.

DÉCOMBRES ☐ débris, plâtras, restes, ruines, vestiges.

DÉCOLLAGE ☐ appareillage, début, départ, embarquement, envol.

DÉCOLORER ☐ altérer, défraîchir, déteindre, effacer, ternir.

DÉCOMBRES ☐ gravats, ruines, vestiges.

DÉCOMPOSER ☐ analyser, dépecer, désagréger, disséquer, dissocier, gâter, pourrir, putréfier, séparer.

DÉCOMPOSER (SE) ☐ s'altérer, pâlir, se troubler.

DÉCOMPOSITION ☐ analyse, corruption, dégradation, division, gangrène, moisissure, pourriture, putréfaction, séparation.

DÉCOMPTE ☐ déduction, détail, réduction.

DÉCONCERTANT ☐ étrange, étonnant, imprévu, inattendu, surprenant, troublant.

DÉCONCERTÉ ☐ confus, consterné, déconfit, décontenancé, démonté, désemparé, ébahi, embarrassé, interdit, pantois, penaud, surpris.

DÉCONFITURE ☐ banqueroute, défaite, échec, faillite, ruine.

DÉCONGESTIONNER ☐ débloquer, dégager, désencombrer.

DÉCONSEILLER ☐ décourager, détourner, dissuader, écarter.

DÉCONSIDÉRER ☐ calomnier, décrier, dénigrer, déshonorer, diffamer, discréditer, médire.

DÉCONTENANCÉ ☐ confus, déconcerté, démonté, désemparé, ébahi, embarrassé, interdit, intimidé, pantois, penaud, surpris.

DÉCONVENUE ☐ déception, dépit, humiliation, malchance, mésaventure.

DÉCOR ☐ ambiance, atmosphère, cadre, décoration, scène, spectacle.

DÉCORER ☐ agrémenter, égayer, embellir, enjoliver, fleurir, garnir, orner, parer, peindre.
● citer, couronner, distinguer, honorer, médailler, récompenser.

DÉCORTIQUER ☐ analyser, dépouiller, écaler, éplucher, peler.

DÉCOULER ☐ dériver, émaner, s'ensuivre, provenir, résulter, tenir de, venir de.

DÉCOUPER □ débiter, couper, dépecer, détailler, équarrir, partager, trancher.

DÉCOURAGEMENT □ abattement, accablement, anéantissement, démoralisation, désespoir, épuisement, langueur, lassitude, mélancolie, prostration, tristesse.

DÉCOURAGER □ abattre, accabler, consterner, démoraliser, rebuter.

DÉCOURAGER (SE) □ abandonner, se lasser, renoncer.

DÉCOUVERTE □ exploration, invention, recherche, trouvaille.

DÉCOUVRIR □ apprendre, comprendre, déceler, déchiffrer, détecter, deviner, divulguer, éventer, inventer, percer, révéler, trouver, voir.
● décoiffer, dénuder, dévoiler, ôter.

DÉCRÉPITUDE □ affaiblissement, décadence, sénilité, vieillesse.

DÉCRET □ arrêt, décision, loi, ordonnance, règlement.

DÉCRÉTER □ arrêter, décider, donner l'ordre, juger, légiférer, ordonner.

DÉCRIER □ calomnier, déconsidérer, dénigrer, déshonorer, diffamer, discréditer, médire.

DÉCRIRE □ détailler, exposer, peindre, raconter, tracer.

DÉCROÎTRE □ s'affaiblir, s'amenuiser, baisser, diminuer, raccourcir, rapetisser, user.

DÉÇU □ amer, consterné, désabusé, trompé.

DÉDAIGNER □ mépriser, négliger, refuser, repousser.

DÉDAIGNEUX □ arrogant, condescendant, distant, fier, hautain, insolent, méprisant, superbe.

DÉDALE □ complication, détours, enchevêtrement, labyrinthe, lacis.

DEDANS □ dans, intérieurement.

DÉDICACE □ envoi, hommage.

DÉDIER □ consacrer, dédicacer, offrir, vouer.

DÉDIRE (SE) □ se contredire, se raviser, se rétracter.

DÉDOMMAGEMENT □ compensation, consolation, dommages et intérêts, indemnité, réparation.

DÉDUCTION □ abattement, escompte, ristourne.
● conclusion, développement, extrapolation, raisonnement.

DÉDUIRE □ conclure, développer, démontrer, énoncer.
● retrancher, soustraire, ôter.

DÉFAILLANCE □ carence, évanouissement, faiblesse, manquement.

DÉFAIRE □ déballer, découdre, délivrer, démonter, dénouer, déplier, détacher, détruire, enlever, libérer, ouvrir, vaincre.

DÉFAITE □ débâcle, débandade, déconfiture, déroute, échec, fuite, retraite.

DÉFAITISTE □ alarmiste, inquiet, pessimiste, sombre.

DÉFALQUER □ déduire, ôter, retrancher, soustraire.

DÉFAUT □ anomalie, défectuosité, imperfection, tare, travers, vice.
● absence, carence, insuffisance, manque, pénurie.

DÉFAVORABLE □ adverse, désavantageux, hostile, néfaste, nuisible, opposé.

DÉFENDRE □ abriter, aider, couvrir, protéger, secourir.
● condamner, fermer, garder, interdire, prohiber.

DÉFENDRE (SE) □ se battre, se justifier, lutter, résister.

DÉFENDU □ abrité, garanti, préservé, protégé.
● illicite, interdit, prohibé.

DÉFENSE □ aide, apologie, justification, protection, rescousse, sauvegarde, secours.
● embargo, interdiction, prohibition.
● couverture, fortification, rempart, retranchement.

DÉFENSEUR □ avocat, conseil, partisan, protecteur, soutien.

DÉFÉRENCE □ civilité, considération, égards, politesse, prévenance, respect, vénération.

DÉFI □ affront, bravade, gageure, provocation, ultimatum.

DÉFIANT □ circonspect, incrédule, méfiant, prudent, sceptique, soupçonneux, suspicieux.

DÉFICIENCE □ carence, défaillance, faiblesse, insuffisance, manque.

DÉFIER □ affronter, braver, menacer, narguer, provoquer.

DÉFIER (SE) □ craindre, se méfier, soupçonner.

DÉFILÉ □ colonne, cortège, file, manifestation, procession, théorie.
● couloir, cluse, col, détroit, gorge, passage.

DÉFINIR □ arrêter, choisir, décider, déterminer, élaborer, réglementer.

DÉFINITIF □ arrêté, déterminé, irrévocable, final, formel, péremptoire, sans appel.

DÉFORMATION □ difformité, gauchissement, infirmité, transformation.

DÉFORMÉ □ avachi, défraîchi, fané, fatigué, tordu, usé.

DÉFORMER □ avachir, changer, défigurer, gauchir, tordre, transformer.

DÉFRICHER □ essarter, déblayer, nettoyer, préparer.

DÉFUNT □ décédé, disparu, mort, passé, révolu.

DÉGAGER □ débarrasser, déblayer, découvrir, dépouiller, enlever, évacuer, ôter, retirer.
● distinguer, isoler, mettre en évidence.
● émettre une odeur, exhaler, sentir.

DÉGAGER (SE) □ apparaître, se découvrir, échapper, se libérer, sortir, se soustraire.

DÉGARNIR □ découvrir, dépouiller, élaguer, tailler, vider.

DÉGÂT □ avarie, casse, dégradation, déprédation, dommage, ravage, ruine.

DÉGEL □ débâcle, fonte, réchauffement.

DÉGÉNÉRER □ abâtardir, abaisser, altérer, dénaturer, corrompre, dépraver.

DÉGÉNÉRESCENCE □ abaissement, abjection, avilissement, bassesse, déchéance, déclin, humiliation.

DÉGLUTIR □ absorber, avaler, ingurgiter.

DÉGOULINER □ couler, fondre, ruisseler.

DÉGOURDI □ déluré, désinvolte, éveillé, gai, malicieux, vif.

DÉGOÛT □ allergie, aversion, écœurement, haine, lassitude, nausée, répugnance, répulsion.

DÉGOÛTANT □ abject, bas, grossier, ignoble, indigne, infâme, laid, malpropre, méprisable, obscène, répugnant, sale, sordide, vil.

DÉGRADATION □ abaissement, bris, déchéance, dégât, délabrement, destruction, dommage, érosion, profanation.
● dégât, déprédation, dommage.

DÉGRADER □ abîmer, casser, en-

DÉNOMINATION ☐ appellation, label, marque, nom, sobriquet.

DÉNOMMER ☐ appeler, désigner, nommer.

DÉNONCER ☐ accuser, signaler, livrer, nommer, révéler, trahir.
● annuler, casser, rompre.

DÉNOUEMENT ☐ achèvement, conclusion, fin, résultat.

DENRÉE ☐ aliment, comestibles, marchandise, vivres.

DENSE ☐ abondant, concentré, dru, épais, massif, serré, touffu.

DENT ☐ canine, incisive, molaire.

DÉNUEMENT ☐ besoin, embarras, misère, nécessité, pauvreté.

DÉPART ☐ appareillage, commencement, début, décollage, démission, embarquement, envol, exil, origine.

DÉPASSER ☐ déborder, devancer, distancer, doubler, excéder, franchir, passer, saillir, surpasser, surplomber.

DÉPECER ☐ débiter, déchiqueter, découper.

DÉPÊCHE ☐ billet, lettre, message, télégramme.

DÉPÊCHER (SE) ☐ accélérer, se hâter, se précipiter.

DÉPEINDRE ☐ décrire, peindre, raconter, représenter.

DÉPENDANCE ☐ annexe, appartenance, succursale.
● asservissement, contrainte, domination, emprise, esclavage, subordination, tutelle.

DÉPENDRE DE ☐ appartenir, relever de, reposer sur, résulter.

DÉPENSE ☐ dissipation, frais, gaspillage, paiement.

DÉPENSER ☐ dilapider, dissiper, engloutir, gaspiller, prodiguer.

DÉPENSER (SE) ☐ se dévouer, se fatiguer, s'ingénier à.

DÉPIT ☐ amertume, colère, rage, rancœur.

DÉPIT (EN...DE) ☐ malgré.

DÉPLACEMENT ☐ périple, promenade, tournée, voyage.

DÉPLACER ☐ bouger, changer, déranger, transporter.

DÉPLAIRE ☐ blesser, ennuyer, froisser, importuner, indisposer, offusquer, rebuter, vexer.

DÉPLAISANT ☐ antipathique, désagréable, ennuyeux, irritant, répugnant.

DÉPLOIEMENT ☐ démonstration, étalage, manifestation.

DÉPLORABLE ☐ affligeant, désastreux, grotesque, lamentable, navrant, pitoyable.

DÉPLORER ☐ compatir à, se plaindre, regretter.

DÉPOSER ☐ installer, mettre, placer, poser.
● enlever, ôter, supprimer.
● démissionner, destituer, révoquer.

DÉPOSSÉDER ☐ dépouiller, déshériter, évincer, priver, spolier, voler.

DÉPÔT ☐ caution, consignation, garantie, remise, séquestre, versement.
● boue, lie, résidu, sédiment, vase.
● annexe, magasin, succursale

DÉPOUILLE ☐ butin, prise, trophée.
● cadavre, corps, mort.

DÉPOUILLER ☐ dénuder, déposséder, écorcher, priver, spolier, voler.

DÉPRAVÉ ☐ corrompu, érotique, luxurieux, obscène, pervers, vicieux.

DÉPRAVER ☐ abâtardir, abaisser, altérer, corrompre, dégénérer, dénaturer, pervertir, pourrir, tarer.

DÉPRESSION ☐ abattement, crise,

langueur, mélancolie, prostration, torpeur.

● affaissement, bassin, creux, cuvette, vallée.

DÉRACINER □ abattre, arracher, essoucher, extirper.

● déporter, exiler, transplanter.

DÉRAISONNABLE □ aberrant, absurde, fou, grotesque, imbécile, insensé, irrationnel, ridicule, saugrenu.

DÉRAISONNER □ délirer, déménager, divaguer, rêver.

DÉRANGEMENT □ bouleversement, confusion, dérèglement, désorganisation, désordre, perturbation, tracas.

DÉRANGER □ bouger, bouleverser, déplacer, transporter.

● ennuyer, gêner, importuner, incommoder, troubler.

DÉRÉGLER □ bouleverser, déranger, troubler.

DÉRISION □ dédain, humour, mépris, persiflage, raillerie, sarcasme.

DÉRISOIRE □ infime, insignifiant, minime, ridicule, vain.

DERNIER □ décisif, extrême, final, nouveau, suprême, ultime.

DÉROBÉE (À LA) □ discrètement, furtivement, secrètement, subrepticement.

DÉROBER □ chaparder, détourner, escamoter, soustraire, subtiliser, voler.

DÉROULEMENT □ cours, développement, devenir, enchaînement, évolution.

DÉROUTE □ débâcle, débandade, défaite, échec, fuite, retraite.

DERRIÈRE □ arrière, dos, verso.

DÉSABUSÉ □ amer, consterné, déçu.

DÉSACCORD □ brouille, discorde, divergence, mésentente, querelle.

DÉSAGRÉABLE □ blessant, gênant, insupportable, déplaisant, désobligeant, ennuyeux, fâcheux, regrettable.

DÉSALTÉRER □ abreuver, arroser, assouvir, remplir.

DÉSALTÉRER (SE) □ s'abreuver, boire, consommer.

DÉSAPPOINTEMENT □ déception, déconvenue, désenchantement, désillusion.

DÉSAPPROUVER □ blâmer, condamner, critiquer, désavouer, huer, protester, réprimander, réprouver.

DÉSARROI □ bouleversement, confusion, ébranlement, émotion, trouble.

DÉSARTICULER □ disloquer, écarteler, fausser.

DÉSASTRE □ calamité, catastrophe, drame, faillite, fléau, malheur, sinistre.

DÉSAVANTAGE □ dommage, handicap, inconvénient, infériorité, injustice.

DÉSAVEU □ abandon, dénégation, reniement, retournement.

DESCENDRE □ s'abaisser, s'affaisser, baisser, chuter, dégringoler, dévaler, diminuer, tomber.

DESCENTE □ abaissement, affaissement, affaiblissement, baisse, chute, dévaluation, diminution.

DESCRIPTION □ exposé, image, portrait.

DÉSEMPARÉ □ consterné, déconcerté, démonté, embarrassé, pantois, penaud.

DÉSENCHANTEMENT □ amertume, déception, dégoût, désappointement, désillusion.

DÉSÉQUILIBRE □ disproportion, inégalité, injustice.

DÉSERT □ abandonné, inhabité, isolé, sauvage, vide.

DÉSERTEUR □ insoumis, renégat, transfuge.

DÉSERTION □ abandon, abdication, capitulation, défection, insoumission.

DÉSESPOIR □ chagrin, découragement, désolation, détresse, douleur.

DÉSHABILLER □ découvrir, dénuder, dévêtir.

DÉSHÉRITER □ désavantager, priver, spolier.

DÉSHONNEUR □ honte, indignité, infamie, opprobre.

DÉSHONORER □ avilir, calomnier, déconsidérer, dénigrer, diffamer, discréditer, médire, séduire.

DÉSIGNER □ choisir, dire, élire, indiquer, montrer, révéler, signaler, titulariser.

DÉSILLUSION □ amertume, chagrin, déception, déconvenue, désappointement, désenchantement, peine.

DÉSINVOLTE □ cavalier, déluré, facile, habile, leste, sans-gêne.

DÉSIR □ ambition, appétit, aspiration, besoin, but, concupiscence, convoitise, envie, faim, goût, intérêt, soif, souhait, tentation, vœu.

DÉSIRER □ aspirer à, brûler de, convoiter, désirer, envier, prétendre à, souhaiter, vouloir.

DÉSISTEMENT □ abandon, délaissement, cessation, don, donation, démission, renonciation.

DÉSOBÉIR □ contrevenir, enfreindre, transgresser, passer outre, refuser, résister, violer.

DÉSOBÉISSANCE □ indiscipline, insoumission, opposition, rébellion, refus, révolte.

DÉSOBLIGEANT □ blessant, déplaisant, désagréable, fâcheux, malveillant, vexant.

DÉSŒUVREMENT □ fainéantise, inaction, oisiveté, paresse.

DÉSOLER □ attrister, chagriner, désespérer, peiner.
● anéantir, détruire, dévaster, piller, ravager, ruiner.

DÉSORDRE □ anarchie, confusion, dégât, dérangement, déroute, fouillis, incohérence, pagaille, panique, perturbation, révolte, tapage, trouble, tumulte.

DÉSORMAIS □ à l'avenir, dorénavant.

DESPOTIQUE □ arbitraire, autoritaire, capricieux, dictatorial, intransigeant, tyrannique.

DESSEIN □ but, conception, détermination, entreprise, envie, machination, objectif, plan, programme, projet, volonté.

DESSERVIR □ calomnier, compromettre, défavoriser, discréditer, léser, nuire.
● débarrasser, enlever, nettoyer, ôter.

DESSIN □ caricature, coupe, croquis, ébauche, épure, esquisse, gravure, illustration, image, paysage, plan, portrait, tracé.

DESSINER □ caricaturer, crayonner, croquer, ébaucher, esquisser, illustrer, tracer.

DESSINER (SE) □ se former, se préciser, ressortir.

DESSOUS □ moins, sous.

DESSOUS □ (nom) désavantage, handicap, infériorité.
● lingerie, sous-vêtement.
● arcanes, coulisses, secret, tréfonds.

DESSOUS-DE-TABLE □ bakchich, cadeau, gratification, pot-de-vin.

DESSUS □ sur.

DESSUS □ (nom) avantage, privilège, supériorité, victoire.

DESTIN □ avenir, destinée, fatalité, providence, sort, vie.

DESTINATION □ but, mission.

DESTINER □ assigner, promettre, réserver, vouer.

DESTITUER □ congédier, démettre, déposer, détrôner, limoger, révoquer, suspendre.

DESTRUCTION □ anéantissement, dégât, dégradation, dévastation, dommage, massacre, ravage, sabotage.

DÉSUET □ ancien, antique, archaïque, antédiluvien, démodé, obsolète, passé, périmé, suranné, vétuste, vieillot.

DÉSUNIR □ brouiller, détacher, disloquer, séparer.

DÉTACHER □ arracher, articuler, délacer, défaire, dégager, détourner, éloigner, libérer, séparer, dégraisser, laver, nettoyer.

DÉTAIL □ accessoire, bagatelle, broutille, rien, vétille.
● compte, dénombrement, énumération, liste, recensement.

DÉTAILLÉ □ circonstancié, complet, précis.

DÉTAILLER □ compter, énumérer, recenser.

DÉTECTER □ déceler, découvrir, dépister, deviner, repérer, trouver.

DÉTENIR □ avoir, conserver, emprisonner, garder, posséder.

DÉTENTE □ congé, délassement, récréation, relâche, repos, sieste, somme, vacances.
● déclenchement, déclic, ressort.

DÉTENTION □ captivité, emprisonnement, internement.

● avoir, possession, recel.

DÉTENU □ captif, interné, prisonnier.

DÉTÉRIORATION □ avarie, dégâts, dégradation, dommage, préjudice, ruine, sinistre.

DÉTÉRIORER □ abîmer, casser, dégrader, endommager, saboter.

DÉTERMINATION □ définition, délimitation, estimation.
● assurance, décision, intention, résolution, volonté.

DÉTERMINER □ caractériser, définir, évaluer, fixer, marquer, préciser, régler, spécifier.
● amener, causer, décider, engager, entraîner, inciter, occasionner, persuader, pousser, provoquer.

DÉTERMINER (SE...À) □ se décider à, se résoudre à, vouloir.

DÉTERRER □ arracher, exhumer, ressortir.

DÉTESTABLE □ abominable, antipathique, exécrable, haïssable, odieux.

DÉTESTER □ abhorrer, abominer, exécrer, haïr, maudire.

DÉTOUR □ angle, courbe, déviation, méandre, tournant.
● biais, circonvolution, fuite, hypocrisie, ruse, subtilité.

DÉTOURNER □ s'approprier, dérober, distraire, soustraire, voler.
● dérouter, dévier, égarer.

DÉTRACTEUR □ adversaire, ennemi, opposant.

DÉTRESSE □ affliction, chagrin, dénuement, désarroi, drame, indigence, perdition, malheur, misère, peine.

DÉTRIMENT □ dommage, préjudice, tort.

DÉTRITUS □ déchet, ordure, rebut.

DÉTRUIRE □ abattre, abolir, abroger, anéantir, annihiler, briser, démolir, dévaster, effacer, faire disparaître, pulvériser, massacrer, raser, ravager, renverser, ruiner, supprimer, tuer.

DETTE □ charge, créance, débit, passif, solde.
● devoir, engagement, obligation.

DÉVALER □ dégringoler, descendre, rouler, tomber.

DÉVALUATION □ abaissement, affaiblissement, baisse, chute, descente, diminution.

DÉVALUER □ abaisser, affaiblir, baisser, déprécier, diminuer, réduire.

DEVANCER □ anticiper, dépasser, distancer, éviter, précéder, prévenir, surpasser.

DEVANT □ avant, en face, en présence de, vis-à-vis.

DEVANTURE □ devanture, extérieur, façade, front.

DÉVASTER □ anéantir, détruire, faire disparaître, massacrer, raser, ravager, renverser, ruiner.

DÉVEINE □ guigne, infortune, malchance.

DÉVELOPPEMENT □ avancement, déploiement, croissance, essor, expansion, extension, progrès.
● explication, exposé, récit.

DEVENIR □ changer, évoluer.

DEVIN □ astrologue, augure, cartomancien, magicien, prophète, visionnaire, voyant.

DEVINER □ découvrir, entrevoir, imaginer, pressentir, soupçonner.

DÉVISAGER □ examiner, fixer, regarder, scruter.

DEVISE □ billet, change, monnaie.
● maxime, pensée, slogan, symbole.

DEVOIR □ avoir à, être obligé de, falloir.

DEVOIR □ charge, corvée, fonction, obligation, office, tâche, travail.
● bien, idéal, vertu.
● composition, exercice, interrogation.

DEVOIRS □ civilités, hommages, respects.

DÉVORER □ anéantir, brûler, consumer, détruire, engloutir.
● bouquiner, lire, parcourir.
● avaler, engloutir, manger.

DÉVOTION □ adulation, attachement, culte, dévouement, prière, vénération.

DÉVOUEMENT □ abnégation, bonté, don, héroïsme, renoncement, passion, sacrifice.

DEXTÉRITÉ □ adresse, art, habileté, rapidité, savoir-faire, subtilité.

DIABOLIQUE □ démoniaque, infernal, pervers, satanique.

DIALECTIQUE □ argumentation, dialogue, logique, raisonnement.

DIALOGUE □ causerie, conciliabule, conversation, entretien, interview, pourparlers, tête-à-tête.

DIAPHANE □ clair, translucide, transparent.

DIATRIBE □ accusation, attaque, critique, pamphlet, réquisitoire, satire.

DICTATURE □ absolutisme, despotisme, fascisme, tyrannie.

DICTION □ débit, élocution, prononciation.

DICTIONNAIRE □ encyclopédie, glossaire, lexique, nomenclature.

DIÈTE □ abstinence, Carême, jeûne, régime.

DIEU □ Créateur, divinité, Etre suprême, idole, Père, providence, Seigneur, Tout-Puissant.

DIFFAMER □ attaquer, calomnier,

déconsidérer, dénigrer, déshonorer, discréditer, médire.

DIFFÉREMMENT ☐ autrement.

DIFFÉRENCE ☐ caractéristique, changement, dissemblance, distinction, diversité, inégalité, nuance, reste, séparation, variété.

DIFFÉREND ☐ conflit, contestation, désaccord, dispute, litige, querelle.

DIFFÉRENT ☐ autre, contraire, distinct, hétérogène, transformé, varié.

DIFFÉRER ☐ renvoyer, repousser, retarder, surseoir, temporiser.

DIFFICILE ☐ ardu, compliqué, confus, délicat, dur, épineux, laborieux, malaisé, obscur, pénible, rude.
● acariâtre, exigeant, irascible, ombrageux, pointilleux, tatillon.

DIFFICULTÉ ☐ complication, contrariété, embarras, empêchement, gêne, peine, résistance, subtilité, tracas.

DIFFORME ☐ boiteux, bossu, contrefait, déformé, disgracié, estropié, informe, monstrueux, nain, rabougri, repoussant, tordu.

DIFFUS ☐ abondant, bavard, désordonné, lâche, prolixe, verbeux.

DIFFUSER ☐ disperser, distribuer, émettre, propager, répandre, transmettre, vulgariser.

DIGÉRER ☐ assimiler, avaler, mûrir, supporter, transformer.

DIGNE ☐ conforme, convenable, grave, honnête, honorable, imposant, parfait, respectable, solennel.

DIGNITÉ ☐ grandeur, gravité, majesté, noblesse, rang, respect, retenue.

DIGRESSION ☐ à-côté, développement, divagation, parenthèse.

DIGUE ☐ brise-lames, estacade, jetée, môle.

DILAPIDER ☐ dépenser, dissiper, gaspiller, se ruiner.

DILATER ☐ augmenter, élargir, distendre, évaser, gonfler, grossir.

DILIGENT ☐ actif, empressé, expéditif, prompt, rapide, zélé.

DILUER ☐ délayer, dissoudre, étendre, fondre.

DIMENSION ☐ calibre, capacité, épaisseur, format, grandeur, grosseur, hauteur, largeur, longueur, mesure, pointure, profondeur, proportion, volume.

DIMINUER ☐ abréger, amenuiser, amoindrir, se calmer, comprimer, condenser, décliner, décroître, écourter, faiblir, raccourcir, ralentir, rapetisser, réduire, résumer.
● abaisser, dévaluer, humilier, mortifier, vexer.

DIMINUTION ☐ abaissement, affaissement, affaiblissement, baisse, chute, descente, dévaluation, dévalorisation, rabais, réduction, remise, ristourne.

DIPLOMATE ☐ (nom) ambassadeur, envoyé, légat, négociateur, représentant.

DIPLOMATE ☐ (adj) habile, politique, rusé, subtil.

DIPLOME ☐ brevet, certificat, médaille, parchemin, peau d'âne, récompense, titre.

DIRE ☐ affirmer, articuler, assurer, communiquer, confier, déclarer, ébruiter, énoncer, expliquer, exposer, exprimer, montrer, parler, raconter, réciter.

DIRECT ☐ droit, immédiat, spontané.

DIRECTION ☐ administration, autorité, gestion, présidence, régie, tête.

● but, chemin, destination, orientation.

● gouvernail, timon, volant.

DIRIGER □ administrer, commander, conduire, gérer, gouverner, guider, régenter, régir.

DIRIGER (SE) □ aller, marcher, rejoindre.

DISCERNER □ deviner, distinguer, entendre, entrevoir, identifier, percevoir, saisir, sentir.

DISCIPLE □ adepte, émule, élève.

DISCIPLINE □ enseignement, matière, science.

● loi, obéissance, ordre, règlement.

DISCONTINU □ divisé, épisodique, intermittent, irrégulier, temporaire, variable.

DISCORDE □ désaccord, chicane, dissension, incompatibilité, mésentente, opposition, querelle.

DISCOURIR □ disserter, parler, pérorer, pontifier.

DISCOURS □ adresse, allocution, conférence, harangue, message, oraison, proclamation, sermon, tirade.

DISCRÉDIT □ baisse, défaveur, disgrâce, éclipse.

DISCRÉDITER □ calomnier, déconsidérer, décrier, dénigrer, déshonorer, diffamer, médire.

DISCRET □ circonspect, délicat, distingué, modéré, réservé, secret, sobre, taciturne.

DISCRIMINATION □ distinction, différence, division, séparation.

DISCULPER □ absoudre, blanchir, excuser, innocenter, prouver.

DISCUSSION □ chicane, contestation, controverse, débat, délibération, différent, dispute, échange, examen, polémique, querelle, scène.

DISCUTER □ contester, débattre, délibérer, négocier, parlementer, polémiquer, traiter de.

DISETTE □ défaut, famine, indigence, manque, pénurie.

DISGRACE □ chute, déchéance, défaveur, détresse, infortune, laideur, malheur, renvoi.

DISLOQUER □ briser, déboîter, casser, démettre, démonter, désarticuler, détraquer, disjoindre, luxer, rompre, séparer.

DISPARAÎTRE □ s'éclipser, s'éteindre, s'évader, s'évanouir, se fondre, fuir, mourir, partir, se retirer, se volatiliser.

DISPARAÎTRE (FAIRE...) □ abolir, abroger, anéantir, détruire, effacer, enlever, raser, supprimer.

DISPARATE □ différent, dissemblable, divers, hétéroclite.

DISPARITION □ abolition, abrogation, absence, anéantissement, départ, mort, suppression.

DISPENSE □ autorisation, exemption, franchise, immunité, laisser-passer, licence, permission, privilège.

DISPERSER □ disséminer, diviser, éparpiller, répandre, semer, séparer.

DISPOS □ agile, éveillé, frais, gaillard, leste, souple, vif.

DISPOSER □ apprêter, arranger, placer, préparer.

DISPOSER à □ décider à, inciter à, préparer.

DISPOSER DE □ bénéficier de, se servir de, utiliser.

DISPOSITION □ agencement, distribution, ordonnance, ordre, organisation, position, rangement.

● aptitude, attirance, don, penchant, possibilités, qualité, vocation.

DISPOSITIONS ☐ condition, décision, précaution, testament.

DISPROPORTION ☐ différence, disparité, dissemblance, inégalité.

DISPROPORTIONNÉ ☐ démesuré, disproportionné, énorme, excessif.

DISPUTE ☐ altercation, chicane, conflit, controverse, différent, discussion, querelle.

DISPUTER ☐ batailler, contester, débattre, discuter, lutter, rivaliser.
● corriger, gronder, réprimander.

DISSENSION ☐ désaccord, différent, discorde, divorce, friction, mésentente, opposition.

DISSERTATION ☐ composition, essai, mémoire, rédaction, traité.

DISSIDENCE ☐ division, révolte, schisme, scission, sécession.

DISSIMULATION ☐ comédie, duplicité, feinte, hypocrisie, mensonge, simulation, sournoiserie.

DISSIMULER ☐ cacher, déguiser, masquer, mentir, taire, voiler.

DISSIPATION ☐ distraction, étourderie, indiscipline.
● dépenses, dilapidation, évaporation, prodigalité.

DISSOUDRE ☐ anéantir, délayer, détruire, faire disparaître, faire fondre, rompre, ruiner.

DISSUADER ☐ déconseiller, décourager, détourner, écarter, éloigner.

DISTANCE ☐ chemin, différence, disparité, éloignement, espace, froideur, intervalle, mépris, recul, trajet.

DISTANCER ☐ devancer, dépasser, écarter, espacer, précéder, semer.

DISTANT ☐ éloigné, espacé, lointain.
● condescendant, dédaigneux, fier, froid, hautain, méprisant, moqueur, réservé.

DISTENDRE ☐ allonger, étirer.

DISTILLER ☐ épancher, raffiner, sécréter.

DISTINCT ☐ clair, contraire, différent, évident, hétérogène, net, opposé, tranché.

DISTINCTION ☐ différence, discrimination, diversification, séparation.
● décoration, dignité, honneur, médaille, respect.
● éducation, élégance, mérite, noblesse.

DISTINGUÉ ☐ beau, brillant, célèbre, élégant, éminent, raffiné, remarquable, transcendant.

DISTINGUER ☐ apercevoir, choisir, démêler, discerner, discriminer, différencier, éclaircir, honorer, préférer, percevoir, reconnaître, remarquer.

DISTINGUER (SE) ☐ s'affirmer, se faire remarquer, s'illustrer.

DISTRACTION ☐ absence, bévue, dissipation, erreur, étourderie, inadvertance, inattention, mégarde, oubli.
● amusement, détente, divertissement, jeu, récréation.

DISTRAIRE ☐ amuser, délasser, divertir, égayer, sortir.
● dérober, détourner, escamoter, prendre, voler.

DISTRAIT ☐ absent, dissipé, étourdi, inattentif, lointain, rêveur.

DISTRAYANT ☐ agréable, amusant, divertissant.

DISTRIBUER ☐ attribuer, dispenser, donner, octroyer, partager, répartir.
● agencer, aménager, classer, classifier, ranger.

DISTRIBUTION ☐ attribution, don, partage, répartition.
● agencement, aménagement, classement, disposition, rangement.

DIVAGATION □ délire, élucubration, folie, rêverie.

DIVAGUER □ délirer, déménager, déraisonner, errer, rêver.

DIVAN □ canapé, sofa.

DIVERGENCE □ désaccord, différence, discorde, frottement, incompatibilité, mésentente, querelle.

DIVERS □ changeant, différent, disparate, hétéroclite, mélangé, multiple, varié.
● beaucoup, certains, quelque, plusieurs.

DIVERSITÉ □ caractéristique, différence, distinction, nuance, variété.

DIVERTIR □ amuser, délasser, divertir, distraire, égayer, sortir.

DIVERTISSANT □ amusant, distrayant, gai, joyeux, plaisant, spirituel.

DIVERTISSEMENT □ amusement, distraction, jeu, passe-temps, récréation, spectacle.

DIVIN □ céleste, étrange, occulte, secret, surnaturel.
● admirable, beau, délicieux, excellent, parfait, sublime, suprême.

DIVISER □ cloisonner, couper, décomposer, découper, fractionner, morceler, partager, sectionner, séparer, trancher.

DIVISION □ classement, fission, fractionnement, scission, section, séparation.
● désaccord, dispute, divorce, rupture, schisme.
● arrondissement, département, parcelle, zone.

DIVORCE □ désaccord, dispute, répudiation, rupture, séparation.

DIVULGUER □ dévoiler, ébruiter, proclamer, publier, révéler, trahir.

DOCILE □ aimable, bon, doux, facile, obéissant, patient, soumis, souple.

DOCTE □ cultivé, érudit, instruit, lettré, savant.

DOCTEUR □ médecin, spécialiste.
● diplômé, savant, scientifique, théologien.

DOCTORAL □ doctrinaire, dogmatique, pédant, pontifiant, solennel.

DOCTRINAIRE □ dogmatique, fanatique, intolérant, rigide, sectaire, systématique.

DOCTRINE □ base, dogme, humanisme, loi, morale, opinion, philosophie, principes, religion, savoir, science, théorie, thèse.

DOCUMENT □ acte, annales, archives, certificat, diplôme, dossier, fiche, papier, pièce.

DOGME □ croyance, doctrine, foi, loi, précepte, principe, religion, théorie.

DOLÉANCES □ gémissement, lamentation, plainte, réclamation.

DOMAINE □ avoir, bien, enclos, exploitation, héritage, maison, patrimoine, possession, propriété.

DOMESTIQUE □ (nom) bonne, camériste, chambrière, cuisinière, employée, gouvernante, lingère, laquais, maître d'hôtel, servante, serviteur.

DOMESTIQUE □ (adj) apprivoisé, familial, familier, intime.

DOMICILE □ adresse, demeure, foyer, habitation, logement, logis, maison, résidence, toit.

DOMINANT □ central, culminant, déterminant, élevé, essentiel, fondamental, important, primordial, principal, supérieur.

DOMINATION □ ascendant, autorité, influence, maîtrise, oppression, pouvoir, suprématie, tutelle, tyrannie.

DOMINER ☐ asservir, commander, écraser, prédominer, régner, subjuguer, triompher, vaincre.

● dépasser, surmonter, surplomber, saillir.

DOMMAGE ☐ (nom) avarie, dégâts, détérioration, détriment, perte, préjudice, ravage, sinistre.

DOMMAGE ☐ (adj) ennuyeux, fâcheux, regrettable.

DOMPTER ☐ apprivoiser, domestiquer, dresser, surmonter, terrasser, vaincre.

DON ☐ abandon, aumône, bienfait, cadeau, donation, étrennes, générosité, gratification, largesse, offrande, présent, secours, subside.

● aptitude, facilité, génie, qualité, talent.

DONC ☐ ainsi, par conséquent.

DONNER ☐ abandonner, apporter, causer, céder, dire, exprimer, fournir, laisser, léguer, montrer, occasionner, offrir, permettre, procurer, produire, remettre, rétrocéder, verser.

● dénoncer, trahir.

DORÉNAVANT ☐ désormais.

DORMIR ☐ s'assoupir, reposer, sommeiller, somnoler.

DOS ☐ colonne vertébrale, derrière, échine, reins.

● derrière, revers, verso.

DOSE ☐ capacité, mesure, portion, quantité.

DOSSIER ☐ carton, chemise, classeur, liasse.

● appui.

DOTATION ☐ allocation, attribution, don, gratification, indemnité, pension, subside.

DOUBLE ☐ copie, duplicata, reproduction.

● alter ego, ami, frère, jumeau, ombre.

DOUBLER ☐ accélérer, augmenter, dépasser, devancer, franchir.

DOUCEMENT ☐ délicatement, légèrement, lentement, paisiblement, posément.

DOUCEREUX ☐ douceâtre, hypocrite, mielleux, patelin, sournois, sucré.

DOUCEUR ☐ bonté, charité, délicatesse, gentillesse, indulgence, mansuétude, onction, patience, pitié.

DOUCEURS ☐ confiserie, friandises, sucreries.

DOUCHER ☐ inonder, mouiller, tremper.

DOUÉ ☐ adroit, bon, capable, excellent, fort, génial, habile, intelligent.

DOUILLET ☐ confortable, moelleux, doux, rembourré.

● chatouilleux, délicat, fragile, sensible, susceptible.

DOULEUR ☐ blessure, crampe, élancement, mal, souffrance.

● affliction, chagrin, désolation, peine, souffrance, tristesse.

DOULOUREUX ☐ endolori, sensible, souffrant.

● affligeant, cruel, déchirant, lancinant, pénible, triste.

DOUTE ☐ anxiété, flottement, hésitation, incertitude, indécision, perplexité, scepticisme.

DOUTE (SANS) ☐ assurément.

DOUTER ☐ balancer, flotter, hésiter, se méfier, tergiverser.

DOUTER (SE) ☐ appréhender, s'attendre à, pressentir, subodorer.

DOUTEUX ☐ aléatoire, ambigu, discutable, équivoque, hypothétique, incertain, mauvais, problématique, sale, suspect.

DOUX ☐ affable, affectueux, agréable, câlin, calme, conciliant, mièvre, paisible, patient, tendre, tolérant, tranquille.

● bon, délicieux, douceâtre, doucereux, douillet, écœurant, moelleux, onctueux, satiné, savoureux, soyeux, sucré.

DRACONIEN ☐ autoritaire, dur, implacable, rigoureux, sévère, strict.

DRAMATIQUE ☐ dangereux, émouvant, grave, haletant, passionnant, poignant, sérieux, terrible, théâtral, tragique.

DRAME ☐ mélodrame, opéra, pièce, tragédie, tragi-comédie.

● accident, calamité, catastrophe, désastre, épreuve, malheur, tragédie.

DRAPEAU ☐ bannière, couleurs, enseigne, étendard, flamme, pavillon.

DRESSER ☐ apprivoiser, domestiquer, dompter, éduquer, élever, instruire.

● bâtir, construire, élever, ériger, lever, monter, planter.

● calculer, étudier, préparer, organiser.

DROGUE ☐ médicament, mixture, onguent, remède.

● cocaïne, haschich, héroïne, morphine, opium, stupéfiant.

DROIT ☐ (nom) autorisation, faculté, permission, possibilité, pouvoir, privilège, qualité.

● contribution, impôt, pourcentage, redevance, rétribution, salaire, taxe, code, justice, légalité, loi, liberté.

DROIT ☐ (adj) direct, équitable, honnête, judicieux, juste, loyal, sincère.

● debout, direct, raide, rectiligne, vertical.

DROITURE ☐ équité, franchise, justice, loyauté, rectitude, sincérité.

DRÔLE ☐ amusant, comique, étonnant, gai, plaisant, réjouissant.

DRU ☐ épais, dense, fort, serré, touffu.

DUBITATIF ☐ incrédule, perplexe, sceptique.

DUEL ☐ affrontement, joute, rencontre.

DUPER ☐ abuser, berner, flouer, leurrer, mystifier, rouler, tromper.

DUPLICITÉ ☐ fausseté, hypocrisie, tromperie.

DUR ☐ âpre, austère, brutal, coriace, difficile, exigeant, féroce, impitoyable, inhumain, raide, sévère, solide, strict.

DURABLE ☐ constant, continu, éternel, immortel, indélébile, permanent, perpétuel, persistant, sempiternel, stable, tenace.

DURANT ☐ au cours de, pendant, tandis que.

DURCIR ☐ endurcir, fortifier, raidir, sécher.

DURÉE ☐ délai, instant, longueur, moment, période, temps.

DURER ☐ continuer, demeurer, s'éterniser, persévérer, persister, rester, subsister, tenir, traîner en longueur.

DURETÉ ☐ brutalité, fermeté, insensibilité, méchanceté, résistance, rigidité, rigueur, rudesse, sévérité.

e

EAU □ flot, liquide, onde, pluie.

ÉBAHIR □ abasourdir, choquer, déconcerter, éberluer, estomaquer, étonner, hébéter, interloquer, méduser, pétrifier, sidérer, surprendre.

ÉBATTRE (S') □ batifoler, folâtrer, jouer, marivauder.

ÉBAUCHE □ canevas, croquis, esquisse, projet, schéma, synopsis.

ÉBAUCHER □ amorcer, commencer, dégrossir, esquisser, projeter.

ÉBERLUER □ abasourdir, déconcerter, ébahir, estomaquer, étonner, hébéter, interloquer, méduser, sidérer, surprendre.

ÉBLOUIR □ aveugler, briller, étinceler, flamboyer, luire, rayonner, resplendir.
● émerveiller, étonner, fasciner, séduire.

ÉBLOUISSANT □ aveuglant, brillant, fascinant, flamboyant, rayonnant, séduisant.

ÉBOUILLANTER □ blanchir, échauder, faire bouillir.

ÉBOULEMENT □ affaissement, chute, écroulement, effondrement, glissement.

ÉBRANLER □ affaiblir, agiter, inquiéter, remuer, saper, secouer.
● affecter, apitoyer, émouvoir, toucher, troubler.

ÉBRÉCHER □ casser, détériorer, dégrader, endommager, fendre.

ÉBRIÉTÉ □ intempérance, ivresse, ivrognerie.

ÉBRUITER □ dévoiler, divulguer, proclamer, révéler, trahir, transpirer.

ÉBULLITION □ bouillonnement, effervescence, fermentation.

ÉCARLATE □ cramoisi, pourpre, rouge, rubicond, vermeil, vermillon.

ÉCART □ décalage, déviation, éloignement, embardée.
● débordement, extravagance, fredaine, incartade, relâchement.

ÉCARTÉ □ inhabité, isolé, lointain, retiré, seul, solitaire.

ÉCARTER □ détourner, dévier, disjoindre, éliminer, éloigner, isoler, mettre à l'écart, ouvrir, repousser, séparer.

ECCLÉSIASTIQUE □ abbé, aumônier, curé, pasteur, prêtre, religieux, vicaire.

ÉCERVELÉ □ étourdi, évaporé, fou, imprudent, irréfléchi, inconséquent, insouciant, rêveur.

ÉCHAFAUD □ échafaudage, estrade.
● gibet, guillotine.

ÉCHANGE □ contrepartie, permutation, troc.

ÉCHANGER □ convertir, changer, transférer, troquer.

ÉCHANTILLON □ collection, exemple, modèle, représentant, spécimen.

ÉCHAPPÉE □ dégagement, escapade, fuite.

ECHAPPER (S') □ éviter, fuir, se sauver, se soustraire, sortir.

ÉCHARPE □ châle, fichu, foulard, mantille, voile.

ÉCHAUFFER □ brûler, chauffer, cuire, faire bouillir.
● enflammer, empourprer, enthousiasmer, exalter, galvaniser, irriter, survolter.

ÉCHAUFFOURÉE □ choc, collision, combat, engagement, rencontre, rixe.

ÉCHÉANCE □ date, expiration, fin, terme.

ÉCHEC □ défaite, faillite, fiasco, four, insuccès, revers.

ÉCHELLE □ escabeau.
● classification, degré, échelonnement, hiérarchie, gradation, série, succession.
● comparaison, graduation, mesure, rapport.

ÉCHELON □ barreau, degré, marche-pied.
● degré, grade, niveau.

ÉCHEVELÉ □ dépeigné, ébouriffé, hérissé, hirsute.

ÉCHINE □ colonne vertébrale, dos.

ÉCHO □ bruit, imitation, répétition, résonance.
● article, histoire, potin.

ÉCHOPPE □ bazar, boutique, commerce, édicule, étal, magasin.

ÉCHOUER □ avorter, chuter, manquer.

ÉCLAIR □ flamme, foudre, lueur, orage, tonnerre.

ÉCLAIRCIR □ clarifier, débrouiller, défricher, dégager, démêler, distinguer, élucider, expliquer.

ÉCLAIRCISSEMENT □ commentaire, explication, remarque, renseignement.

ÉCLAIRÉ □ averti, initié, instruit, sage, savant.

ÉCLAIRER □ briller, étinceler, flamboyer, illuminer, luire.
● avertir, expliquer, initier, instruire, renseigner.

ÉCLAT □ brillant, éclair, illumination, lumière, lustre, scintillement.
● brisure, débris, miette, morceau, particule, tesson.
● bruit, colère, fureur, scandale, tapage, vacarme.

ÉCLATANT □ brillant, flamboyant, lumineux, radieux, rayonnant, resplendissant, triomphant.

ÉCLATER □ se briser, se casser, exploser, s'ouvrir, retentir, se rompre, sauter.

ÉCLOPÉ □ bancal, boiteux, estropié.

ÉCLORE □ apparaître, se former, se lever, naître, paraître, sortir, surgir.

ÉCŒURANT □ abject, bas, dégoûtant, fade, grossier, laid, malpropre, nauséabond, puant, répugnant, sale.

ÉCOLE □ classe, collège, conservatoire, cours, établissement, groupe, institut, lycée, pension, université.

ÉCOLIER □ collégien, élève, lycéen, potache.

ÉCONDUIRE □ congédier, refuser, remercier, renvoyer, repousser.

ÉCONOME □ avare, épargnant, parcimonieux.

ÉCONOMIE □ avarice, épargne, frugalité, lésine, parcimonie, pécule.

ÉCONOMISER □ amasser, épargner, ménager.

ÉCORCHURE □ balafre, blessure, coupure, déchirure, égratignure, entaille, éraflure, griffure.

ÉCOULEMENT □ débit, évacuation, flux, ruissellement, sortie.

ÉCOULER □ débiter, négocier, solder, vendre.

ÉCOULER (S') □ couler, dégouliner, filer, passer, ruisseler, sourdre, se vider.

ÉCOURTER □ abréger, condenser, diminuer, raccourcir, réduire, résumer.

ÉCOUTER □ entendre, prêter l'oreille, ouïr.
● obéir, obtempérer, suivre.

ÉCRAN □ cloison, panneau, paravent, protection, rideau, tenture.

ÉCRASER □ aplatir, broyer, concasser, piler, presser, pulvériser.
● accabler, mépriser, surcharger.
● anéantir, battre, défaire, rosser, vaincre.

ÉCRIN □ boîte, coffre, coffret, étui.

ÉCRIRE □ correspondre, gribouiller, inscrire, libeller, marquer, noter, orthographier, publier, rédiger.

ÉCRIT □ brochure, document, écrit, imprimé, livre, manuscrit, tome, volume.

ÉCRITEAU □ affiche, étiquette, pancarte, plaque.

ÉCRITURE □ calligraphie, graphisme, style.

ÉCRIVAIN □ auteur, homme de lettres, littérateur, narrateur, poète, prosateur, romancier.

ÉCROUER □ emprisonner, enfermer, incarcérer, interner.

ÉCROULEMENT □ affaissement, défaite, désagrégation, éboulement, effondrement, ruine.

ÉCROULER (S') □ s'abattre, s'affaisser, s'ébouler, s'effondrer, sombrer, tomber.

ÉCU □ bouclier, écusson, protection.
● monnaie.

ÉCUEIL □ brisant, récif, rocher.
● danger, empêchement, ennui, difficulté, obstacle.

ÉCUME □ crasse, lie, mousse.

ÉCURIE □ bergerie, box, étable, soue, stalle.

ÉDEN □ ciel, paradis.

ÉDIFIANT □ exemplaire, modèle, vertueux.

ÉDIFICE □ bâtiment, bâtisse, construction, immeuble, monument.

ÉDIFIER □ bâtir, construire, élever, ériger.
● apprendre, enseigner, instruire.

ÉDIT □ arrêt, décret, décision, loi, ordonnance, règlement.

ÉDITION □ impression, publication, tirage.

ÉDITORIAL □ article, chronique.

ÉDUCATION □ formation, enseignement, initiation, instruction, savoir.
● amabilité, civilité, courtoisie, politesse, savoir-vivre, urbanité.

ÉDUCATIF □ pédagogique.

ÉDULCORER □ adoucir, amoindrir, atténuer, modérer.

ÉDUQUER □ apprendre, élever, instruire.

EFFACÉ □ discret, estompé, ignoré, modeste, passé, réservé, terne, timide.

EFFACER □ abolir, abroger, anéantir, détruire, enlever, faire disparaître, gommer, radier, supprimer.

EFFARER □ affoler, alarmer, angoisser, effrayer, épouvanter, horrifier, terroriser.

EFFECTIF □ concret, efficace, positif, réel.

EFFECTIVEMENT □ concrètement, en effet, réellement.

EFFECTUER □ accomplir, commettre, exécuter, opérer, réaliser.

EFFERVESCENCE □ bouillonnement, fermentation, fièvre.
• agitation, émeute, mouvement, nervosité, trouble, tumulte.

EFFET □ action, amélioration, conclusion, conséquence, fin, impression, résultat, sensation, surprise.

EFFETS □ vêtement.

EFFET (EN) □ effectivement, parce que.

EFFICACE □ actif, agissant, diligent, dynamique, efficient, effectif, énergique, rapide.

EFFICACITÉ □ action, décision, effet, initiative, productivité, rendement.

EFFIGIE □ image, portrait, représentation.

EFFLEURER □ caresser, égratigner, érafler, frôler, lisser.

EFFLUVE □ émanation, exhalaison, miasmes, odeur, parfum, vapeur.

EFFONDREMENT □ affaissement, chute, décadence, déchéance, éboulement, écroulement, ruine.

EFFONDRER (S') □ s'abattre, s'affaisser, craquer, s'ébouler, s'écrouler, tomber.

EFFORCER (S') □ essayer, se forcer, tâcher, tenter.

EFFORT □ application, concentration, énergie, intensité, labeur, peine, sueur, tâche, travail.

EFFRAYANT □ abominable, angoissant, cauchemardesque, dantesque, effroyable, épouvantable, formidable, hallucinant, horrible, menaçant, monstrueux, pétrifiant, terrible, terrifiant.

EFFRAYER □ affoler, alarmer, angoisser, effarer, épouvanter, horrifier, menacer, pétrifier, terrifier, terroriser.

EFFRÉNÉ □ déchaîné, démesuré, excessif.

EFFROI □ affres, angoisse, crainte, épouvante, horreur, inquiétude, peur, terreur.

EFFRONTÉ □ arrogant, cynique, impudent, inconvenant, insolent.

EFFRONTERIE □ arrogance, cynisme, hardiesse.

EFFROYABLE □ abominable, affreux, angoissant, atroce, cauchemardesque, dantesque, effrayant, épouvantable, hallucinant, horrible, inquiétant, laid, mauvais, monstrueux, pétrifiant, répugnant, terrible.

EFFUSION □ ardeur, élan, ferveur.

ÉGAL □ comparable, équivalent, identique, pareil, plan, plat, ras, semblable, uni.

ÉGALER □ atteindre, rivaliser, valoir.

ÉGALISER □ aplanir, équilibrer, niveler, unir.

ÉGALITÉ □ équilibre, parité, ressemblance, similitude.

ÉGARDS □ attention, considération, courtoisie, déférence, ménagement, respect.

ÉGAREMENT □ délire, divagation, folie, hallucination.

ÉGARER (S') □ s'abuser, s'écarter, se fourvoyer, se perdre, se tromper.

ÉGAYER □ amuser, distraire, divertir, faire rire, réjouir.

ÉGÉRIE □ conseillère, directeur, guide, inspiratrice, mentor.

ÉGIDE □ auspices, patronage, protection, tutelle.

ÉGLISE □ basilique, cathédrale, chapelle, paroisse, prieuré, temple.
● catholicité, chrétienté.

ÉGOÏSTE □ avare, égocentrique, indifférent, individualiste, narcissique, personnel.

ÉGORGER □ assassiner, poignarder, massacrer, saigner, tuer.

ÉGOUT □ canalisation, cloaque, gouttière.

ÉGRATIGNURE □ balafre, blessure, coupure, écorchure, entaille, éraflure, griffure.

ÉGRILLARD □ cavalier, cru, gaillard, gaulois, licencieux, rabelaisien, osé.

ÉHONTÉ □ arrogant, cynique, effronté, impudent, insolent.

ÉJECTER □ expulser, jeter, lancer, rejeter.

ÉLABORER □ assimiler, concevoir, construire, exécuter, fabriquer, former, perfectionner, préparer, réaliser.

ÉLAGUER □ couper, ébrancher, émonder, étêter, tailler.

ÉLAN □ animation, ardeur, empressement, émulation, entrain, fougue, zèle.
● bond, envolée, essor, impulsion, saut.

ÉLANCÉ □ délicat, délié, élégant, fin, gracieux, mince.

ÉLANCEMENT □ crampe, douleur, élan, mal, souffrance.

ÉLANCER (S') □ bondir, foncer, fondre, se jeter, se précipiter, se ruer, sauter.

ÉLARGIR □ accroître, augmenter, déployer, dilater, distendre, étendre, évaser.
● affranchir, libérer, relâcher.

ÉLARGISSEMENT □ agrandissement, développement, extension.
● affranchissement, délivrance, émancipation, libération.

ÉLASTIQUE □ extensible, flexible, mou, souple.

ÉLECTION □ choix, cooptation, option, préférence, sélection, vote.

ÉLECTRISER □ échauffer, enfiévrer, enflammer, enthousiasmer, exalter, exciter, galvaniser, stimuler, survolter, transporter.

ÉLÉGANCE □ agrément, beauté, charme, classe, délicatesse, distinction, esthétique, grâce, harmonie.

ÉLÉGANT □ (adj) beau, chic, coquet, délicat, distingué, fringant, gracieux, harmonieux, joli, pimpant.

ÉLÉGANT □ (nom) dandy, gandin, gommeux, précieux.

ÉLÉMENT □ atome, composant, morceau, partie, principe, substance, sujet.

ÉLÉMENTAIRE □ essentiel, facile, modeste, nécessaire, rudimentaire, simple, sommaire.

ÉLÉVATION □ ascension, augmentation, hausse, grandeur, hauteur, noblesse.

ÉLÈVE □ apprenti, collégien, disciple, écolier, étudiant, lycéen, potache.

ÉLEVÉ □ éminent, grand, haut, noble, sublime, transcendant.

ÉLEVER □ dresser, ériger, hausser, planter, soulever, surélever.

● cultiver, éduquer, former, instruire, nourrir, promouvoir.

ÉLEVER (S') □ décoller, gravir, monter.

● augmenter, se hisser, monter, réussir.

ÉLIMÉ □ râpé, usagé, usé.

ÉLIMINER □ chasser, évincer, exclure, rejeter, repousser, retrancher, supprimer, tuer.

ÉLIRE □ adopter, choisir, nommer.

ÉLITE □ choix, fleur, sélection, tri.

ÉLOCUTION □ articulation, débit, diction, éloquence, parole, prononciation, style.

ÉLOGE □ apologie, compliment, dithyrambe, félicitations, glorification, louange, panégyrique.

ÉLOIGNÉ □ ancien, distant, espacé, lointain, reculé.

ÉLOIGNEMENT □ absence, distance, intervalle.

ÉLOIGNER □ bannir, écarter, repousser.

ÉLOIGNER (S') □ partir, rompre, sortir.

ÉLOQUENCE □ faconde, loquacité, rhétorique, verve, volubilité.

ÉLOQUENT □ bavard, convainquant, disert, entraînant.

ÉLU □ bienheureux, saint.

● député, parlementaire, représentant.

ÉLUCIDER □ clarifier, débrouiller, défricher, démêler, distinguer, éclaircir, expliquer.

ÉLUDER □ escamoter, éviter, se soustraire, tourner.

ÉMANATION □ arôme, bouffée, effluve, miasmes, odeur, remugle, vapeur.

● créature, disciple, expression, produit, reflet.

ÉMANCIPER □ affranchir, élargir, libérer.

ÉMANER □ découler, provenir, résulter, venir de.

EMBALLAGE □ bidon, boîte, coffre, conditionnement, étui, flacon, malle, panier, pot, récipient, sac, sachet, tonneau, tube, valise.

EMBALLEMENT □ admiration, engouement, enthousiasme, exaltation, excitation, ferveur, lyrisme, transport.

EMBALLER □ conditionner, empaqueter, envelopper.

● enthousiasmer, plaire, séduire, transporter.

EMBARCATION □ barque, bateau, canot, chaloupe, esquif, nef, péniche, vedette, voilier.

EMBARDÉE □ écart.

EMBARQUER □ charger, emporter, soustraire.

EMBARQUER (S') □ entreprendre, se lancer, monter, naviguer, partir.

EMBARRAS □ confusion, crainte, gêne, honte, malaise, timidité.

● complication, contrariété, difficulté, ennui, gêne, obstacle, souci, tracas.

EMBARRASSÉ □ confus, craintif, déconcerté, enfariné, gauche, gêné, honteux, interdit, intimidé, penaud.

EMBARRASSER □ déconcerter, dérouter, désemparer, désorienter, gêner, surprendre, troubler.

EMBAUCHER □ engager, enrôler, recruter.

EMBAUMER □ aromatiser, parfumer, sentir.
● conserver, momifier.

EMBELLIR □ décorer, flatter, idéaliser, orner, sublimer.

EMBÊTEMENT □ complication, contrariété, difficulté, souci, ennui, tracas.

EMBLÈME □ bannière, drapeau, symbole.

EMBOÎTER □ ajuster, assembler, monter.

EMBONPOINT □ corpulence, grosseur, épaississement, rondeur.

EMBOUCHURE □ delta, estuaire.

EMBOUTIR □ accrocher, caramboler, heurter, percuter, télescoper.

EMBRASER □ brûler, enflammer, incendier.

EMBRASSER □ baiser, contenir, étreindre, serrer.

EMBROUILLÉ □ complexe, compliqué, confus, obscur, tourmenté.

EMBROUILLER □ compliquer, enchevêtrer, entortiller, mêler.

EMBRYON □ avorton, fœtus, germe.

EMBUSCADE □ embûche, guet-apens, manœuvre, piège, souricière, traquenard.

ÉMÉCHÉ □ aviné, gai, gris, ivre, soûl.

ÉMERGER □ apparaître, jaillir, naître, sortir.

ÉMÉRITE □ chevronné, confirmé, éminent, expérimenté, habile.

ÉMERVEILLER □ briller, charmer, éblouir, étonner, fasciner, séduire.

ÉMETTRE □ énoncer, diffuser, dire, prononcer.

ÉMEUTE □ agitation, coup d'État,

mutinerie, pogrom, révolte, sédition, troubles.

ÉMIGRATION □ dispersion, exode, transplantation.

ÉMIGRÉ □ exilé, proscrit, réfugié.

ÉMINENCE □ butte, colline, hauteur, monticule.

ÉMINENT □ distingué, élevé, remarquable, transcendant.

ÉMISSAIRE □ agent, ambassadeur, envoyé, espion, messager, représentant.

ÉMISSION □ écoulement, émanation, rejet.
● diffusion, production, transmission.

EMMAGASINER □ accumuler, amasser, empiler, entasser, rassembler.

EMMÊLER □ compliquer, embrouiller, enchevêtrer, entortiller, mêler.

EMMENER □ amener, conduire, mener.

EMMITOUFLER □ couvrir, envelopper, vêtir.

EMOI □ émotion.

EMOTION □ agitation, bouleversement, choc, désarroi, émoi, fièvre, frisson, sensibilité, sentiment, trouble, vertige.

EMOTIVITÉ □ cœur, sensibilité, sensiblerie, sentimentalité.

EMOUSTILLER □ aiguillonner, allécher, exacerber, exciter, séduire, stimuler.

EMOUVANT □ attendrissant, attristant, bouleversant, déchirant, dramatique, impressionnant, pathétique, touchant.

EMOUVOIR □ bouleverser, saisir, toucher, troubler.

EMPARER (S') □ s'approprier, s'arroger, s'attribuer, conquérir, s'emparer, occuper, prendre, spolier.

EMPÊCHEMENT ☐ barrière, complication, contrariété, difficulté, ennui, entrave, obstacle, tracas.

EMPÊCHER ☐ bloquer, contraindre, défendre, écarter, gêner, interdire, s'opposer à, paralyser.

EMPEREUR ☐ césar, kaiser, mikado, monarque, roi, souverain, tsar.

EMPESÉ ☐ amidonné, apprêté, dur.

EMPESTER ☐ empuantir, puer, sentir mauvais.

EMPÊTRER (S') ☐ barboter, s'emmêler, patauger.

EMPHASE ☐ déclamation, démesure, grandiloquence, pédantisme.

EMPIÉTER ☐ annexer, s'approprier, envahir, usurper.

EMPILER ☐ amasser, entasser, rassembler.

EMPIRE ☐ autorité, influence, maîtrise, pouvoir, souveraineté.
● colonie, nation, protectorat.

EMPIRIQUE ☐ expérimental, inné.

EMPLACEMENT ☐ endroit, lieu, place, position, situation.

EMPLETTE ☐ achat, acquisition.

EMPLIR ☐ bourrer, charger, combler, garnir, insérer, remplir, saturer.

EMPLOI ☐ attribution, état, fonction, office, place, poste, profession, sinécure.
● fonction, usage, utilisation.

EMPLOYÉ ☐ (nom) agent, bureaucrate, commis, fonctionnaire, grattepapier, préposé, salarié, vendeur.

EMPLOYER ☐ consacrer, occuper, se servir, user, utiliser.

EMPOIGNER ☐ attraper, enlever, prendre, saisir, tenir.

EMPOISONNER ☐ envenimer, infecter, intoxiquer, puer, tuer.
● ennuyer, irriter, peser, raser.

EMPORTÉ ☐ coléreux, fougueux, furieux, irritable, violent.

EMPORTER ☐ arracher, charrier, conquérir, embarquer, enlever, entraîner, traîner.

EMPORTER (S') ☐ éclater, s'indigner, se mettre en colère.

EMPORTER SUR (L') ☐ gagner, prévaloir, triompher.

EMPREINTE ☐ cachet, marque, moulage, sceau, souvenir, trace.

EMPRESSÉ ☐ aimable, attentionné, complaisant, galant, prévenant, respectueux.

EMPRESSER (S') ☐ s'activer, s'affairer, se dépêcher, se hâter, se précipiter.

EMPRISE ☐ ascendant, autorité, influence.

EMPRISONNEMENT ☐ captivité, détention, incarcération, internement, prison, réclusion.

EMPRISONNER ☐ arrêter, cloîtrer, écrouer, enfermer, incarcérer, séquestrer.

EMPRUNT ☐ créance, dette, passif.

EMPRUNTÉ ☐ affecté, artificiel, factice, faux, feint.
● contraint, embarrassé, gauche, gêné, malhabile, nigaud, timide.

ÉMU ☐ agité, angoissé, apitoyé, attendri, ébranlé, impressionné, remué, secoué, touché, troublé.

ÉMULATION ☐ compétition, concurrence, élan, enthousiasme, incitation, jalousie, rivalité, zèle.

ÉMULE ☐ concurrent, disciple, imitateur, rival.

ENCADREMENT ☐ cadre, châssis, entourage, huisserie.
● cadres, hiérarchie, supérieurs.

ENCAISSÉ ☐ creux, enfoncé, profond.

ENCAISSER ☐ percevoir, recevoir, recueillir, toucher.

ENCEINTE ☐ ceinture, clos, clôture, enclos, fortification, mur, rempart.

ENCENSER ☐ célébrer, complimenter, flatter, glorifier, louer, rendre hommage, vanter.

ENCERCLER ☐ assiéger, cerner, enfermer, entourer.

ENCHAÎNEMENT ☐ déroulement, liaison, prolongement, succession, suite.

ENCHAÎNER ☐ attacher, entrelacer, fixer, joindre, lier, marier, rassembler, rattacher, relier, souder.
● assujettir, conquérir, dominer, opprimer, soumettre, subjuguer.

ENCHANTEMENT ☐ charme, ensorcellement, envoûtement, illusion, magie, maléfice, pouvoir, sortilège.
● agrément, beauté, élégance, grâce, ravissement.

ENCHANTER ☐ charmer, conquérir, enthousiasmer, plaire, ravir, séduire.

ENCHANTEUR ☐ attrayant, charmant, délicieux, ensorcelant, fascinant, ravissant, séduisant.

ENCHÈRE ☐ adjudication, criée, encan.

ENCHEVÊTRER ☐ compliquer, embrouiller, entortiller, mêler.

ENCLIN ☐ attiré, disposé, entraîné, porté.

ENCOCHE ☐ cran, découpure, entaille, fente, rainure, sillon.
● balafre, cicatrice, estafilade.

ENCOIGNURE ☐ angle, coin, creux.

ENCOMBRANT ☐ embarrassant, gênant, lourd, pénible.

ENCOMBREMENT ☐ affluence, embarras, embouteillage, entassement.

ENCORE ☐ aussi, également, de plus, toujours.

ENCOURAGEMENT ☐ aide, approbation, appui, compliment, éloge, incitation, récompense, soutien.

ENCOURAGER ☐ aiguillonner, animer, enhardir, exciter, exhorter, inciter, piquer, soutenir, stimuler.

ENCYCLOPÉDIE ☐ dictionnaire.

ENDETTER (S') ☐ contracter, devoir, emprunter.

ENDEUILLER ☐ affliger, attrister, chagriner, désespérer, désoler, peiner.

ENDIGUER ☐ bloquer, barrer, enrayer, fermer, obstruer, retenir.

ENDOCTRINER ☐ catéchiser, édifier, influencer, prêcher, sermonner.

ENDOLORI ☐ douloureux, sensible, souffrant.

ENDOMMAGER ☐ abîmer, casser, dégrader, détériorer, gâter, saboter, saccager.

ENDORMI ☐ apathique, engourdi, flegmatique, lent, mou, nonchalant, somnolent.

ENDORMIR ☐ anesthésier, bercer, hypnotiser.
● assommer, ennuyer, raser.

ENDORMIR (S') ☐ s'apaiser, s'assoupir, somnoler.

ENDOSSER ☐ assumer, avaliser, reconnaître, signer.

ENDROIT ☐ lieu, place, site.

ENDUIRE ☐ appliquer, couvrir, étaler, peindre, recouvrir.

ENDURANCE ☐ force, résistance, solidité.

ENDURCI ☐ dur, froid, impassible, insensible.

ENDURER ☐ éprouver, souffrir, subir.

ÉNERGIE ☐ ardeur, cœur, courage, dynamisme, fermeté, force, résolution, volonté.

ÉNERGIQUE ☐ courageux, décidé, ferme, fort, résolu, tenace, vigoureux.

ÉNERGUMÈNE ☐ agité, emporté, excité, forcené, furieux, violent.

ÉNERVER ☐ agacer, crisper, horripiler, irriter, tourmenter.

ÉNERVER (S') ☐ s'exaspérer, s'impatienter, s'irriter.

ENFANCE ☐ balbutiement, commencement, naissance, origine, préliminaire, prémices.

ENFANT ☐ bambin, bébé, chérubin, fils, galopin, gamin, garnement, petit.

ENFANTEMENT ☐ accouchement, couche, délivrance, naissance.

ENFANTER ☐ accoucher, engendrer, mettre au monde.
● créer, engendrer, imaginer, inventer.

ENFANTILLAGE ☐ bagatelle, légèreté, puérilité.

ENFERMER ☐ boucler, cloîtrer, confiner, emprisonner, entourer, murer, parquer, resserrer, verrouiller.

ENFIN ☐ bref, finalement.

ENFLAMMER ☐ électriser, embraser, échauffer, enfiévrer, électriser, enthousiasmer, exalter, exciter, galvaniser, stimuler, survolter, transporter.

ENFLÉ ☐ ampoulé, emphatique, démesuré, grandiloquent, pédant.
● ballonné, bouffi, boursouflé, distendu, gonflé, tuméfié.

ENFONCÉ ☐ creux, encaissé, profond.

ENFONCER ☐ introduire, mettre, planter, plonger, piquer.
● battre, briser, défoncer, forcer, vaincre.

ENFONCER (S') ☐ s'abîmer, s'abandonner à, s'adonner à, disparaître, sombrer.

ENFOUIR ☐ ensevelir, enterrer, inhumer, plonger.

ENFREINDRE ☐ contrevenir, désobéir, transgresser, passer outre, résister, violer.

ENFUIR (S') ☐ abandonner, déguerpir, s'échapper, s'évader, fuir, partir.

ENGAGEANT ☐ affable, alléchant, attirant, attractif, attrayant, charmant, désirable, séduisant.

ENGAGEMENT ☐ embauche, enrôlement, recrutement.
● assaut, combat, escarmouche.
● parole, promesse, vœu.

ENGAGER ☐ embaucher enrôler, recruter.
● appeler, inciter, pousser.

ENGAGER (S') ☐ affirmer, jurer, promettre.

ENGENDRER ☐ causer, concevoir, créer, déterminer, enfanter, imaginer, inventer, mettre au monde, procréer, produire, provoquer.

ENGIN ☐ appareil, machine, outil.

ENGLOBER ☐ comprendre, comporter, contenir, renfermer, réunir.

ENGLOUTIR ☐ absorber, avaler, engouffrer, ingurgiter, manger.

ENGOUEMENT ☐ admiration, enthousiasme, frénésie, zèle.

ENGOURDI ☐ assoupi, froid, gourd, léthargique, paralysé, transi.

ENGOURDIR ☐ ankyloser, assoupir, paralyser.

ENGRAISSER □ améliorer, amender, fumer.
● alimenter, emboucher, gaver.
● s'épaissir, gonfler, grossir.

ENHARDIR □ encourager, exhorter, soutenir, stimuler.

ÉNIGMATIQUE □ étrange, indéchiffrable, insondable, mystérieux, obscur, secret.

ÉNIGME □ charade, mystère, rébus, secret.

ENIVRER □ enthousiasmer, enfiévrer, enflammer, électriser, exalter, exciter, griser, soûler, transporter.

ENJAMBER □ franchir, passer par dessus, sauter.

ENJOINDRE □ commander, demander, ordonner, prescrire.

ENJÔLER □ duper, séduire, tromper.

ENJOLIVER □ agrémenter, broder, décorer, embellir, orner.

ENJOUÉ □ aimable, agréable, amène, charmant, gai, gracieux, plaisant, souriant.

ENLACER □ embrasser, entrecroiser, étreindre, serrer.

ENLAIDIR □ défigurer, déformer, dénaturer, déparer, mutiler.

ENLÈVEMENT □ détournement, rapt, violence.

ENLEVER □ s'approprier, arracher, s'emparer, kidnapper, ravir, voler.
● lever, prendre, soulever, transporter.
● effacer, éliminer, ôter, retrancher, supprimer.

ENNEMI □ adversaire, antagoniste, concurrent, rival.

ENNUI □ complication, contrariété, difficulté, gêne, souci, tracas.
● abattement, langueur, lassitude, mélancolie, spleen.

ENNUYER □ agacer, contrarier, endormir, fatiguer, importuner, irriter, lasser.

ENNUYEUX □ contrariant, fâcheux, fastidieux, gênant, lassant, monotone, pesant.

ÉNONCER □ dire, émettre, exposer, expliquer, exprimer, formuler, prononcer, stipuler.

ÉNORME □ anormal, colossal, disproportionné, démesuré, étonnant, gigantesque, gros, immense, massif, monumental, obèse.

ÉNORMÉMENT □ abondamment, beaucoup, bien, copieusement, largement, en abondance, en quantité, à foison, à profusion, très, à volonté.

ENQUÉRIR (S') □ demander, s'informer, se renseigner, rechercher.

ENQUÊTE □ examen, information, instruction, recherche.

ENQUÊTER □ chercher, demander, s'enquérir, rechercher, fouiller, se renseigner.

ENRACINER □ ancrer, enfoncer, fixer, implanter.

ENRAGÉ □ colérique, déchaîné, dément, fou, fougueux, furieux, violent.

ENRAGER □ écumer, être en colère, rager.

ENRAYER □ arrêter, bloquer, briser, étouffer, endiguer, freiner, juguler, neutraliser, réprimer.

ENREGISTRER □ écrire, filmer, inscrire, mentionner, noter, recueillir, relever.

ENRICHIR □ broder, charger, décorer, garnir, meubler, orner.

ENRICHIR (S') □ augmenter, faire fortune, gagner.

ENRÔLER □ embaucher, engager, recruter.

ENROUÉ □ cassé, éraillé, rauque, voilé.

ENSANGLANTÉ □ saignant, sanglant, sanguinolent, souillé.

ENSEIGNANT □ instituteur, maître, professeur.

ENSEIGNEMENT □ discipline, doctrine, éducation, instruction, leçon, pédagogie, système.

ENSEIGNER □ apprendre, initier, instruire, montrer, professer.

ENSEMBLE □ en commun, à l'unisson, simultanément, totalement.

ENSEMENCER □ planter, repiquer, semer.

ENSERRER □ enfermer, étreindre.

ENSEVELIR □ enfouir, enterrer, inhumer, mettre en terre.

ENSORCELANT □ charmant, enchanteur, envoûtant, fascinant, maléfique, séduisant.

ENSUITE □ puis.

ENSUIVRE (S') □ découler, résulter, venir de.

ENTAILLE □ cran, encoche, fente, rainure, sillon.
● balafre, cicatrice, coupure, écorchure, estafilade.

ENTAMER □ amorcer, attaquer, commencer, débuter, ébranler, entreprendre, ouvrir, ronger.

ENTASSER □ accumuler, amasser, amonceler, économiser, empiler, presser, tasser.

ENTENDRE □ écouter, ouïr, percevoir.
● acquiescer, approuver, comprendre, saisir.

ENTENDRE (S') □ s'accorder, se comprendre, se concerter, fraterniser, sympathiser.

ENTENTE □ accord, alliance, amitié, complicité, compréhension, union.

ENTER □ greffer.

ENTÉRINER □ accepter, confirmer, ratifier, sanctionner, valider.

ENTERREMENT □ funérailles, inhumation, obsèques.

ENTERRER □ enfouir, ensevelir, inhumer.
● abandonner, écarter, renoncer.

ENTÊTÉ □ buté, entier, obstiné, opiniâtre, tenace, têtu.

ENTHOUSIASME □ admiration, emballement, engouement, exaltation, excitation, ferveur, lyrisme, passion, transport, zèle.

ENTHOUSIASMER □ échauffer, enfiévrer, enflammer, électriser, exalter, exciter, galvaniser, stimuler, survolter, transporter.

ENTIER □ complet, intact, intégral, plein, total.
● absolu, buté, entêté, obstiné, tenace, têtu.

ENTIÈREMENT □ absolument, complètement, intégralement.

ENTOURAGE □ cercle, compagnie, milieu, proches, voisinage.

ENTOURER □ ceindre, ceinturer, clore, clôturer, enfermer, envelopper, environner, étreindre, resserrer.

ENTRACTE □ intermède, interruption, pause, saynète.

ENTRAIDE □ assistance, réconfort, secours.

ENTRAIN □ allant, ardeur, brio, élan, enthousiasme, fougue, gaieté, vivacité.

ENTRAÎNER □ drosser, emporter, traîner.
● emmener, engager, exciter, occasionner, pousser, tirer.
● dresser, exercer, former.

ENTRAVER □ bloquer, empêcher, enrayer, gêner, obstruer.

ENTRE □ au milieu de.

ENTRECHOQUER □ frapper, heurter, taper.

ENTRECOUPÉ □ haché, intermittent, saccadé.

ENTRÉE □ accès, couloir, hall, seuil, vestibule.
● apparition, arrivée, commencement, introduction, irruption, venue.

ENTRELACER □ entrecroiser, entremêler, tisser, tresser.

ENTREMÊLER □ entrelacer, incorporer, mélanger, panacher.

ENTREMETTEUR □ intercesseur, intermédiaire, médiateur, représentant.

ENTREMETTRE (S') □ s'ingérer, s'interposer, intervenir, se mêler.

ENTREMISE □ arbitrage, intermédiaire, médiation, moyen, truchement.

ENTREPÔT □ bâtiment, dépôt, dock, hangar.

ENTREPRENANT □ audacieux, courageux, galant, hardi, osé, vaillant.

ENTREPRENDRE □ commencer, débuter, démarrer, entamer, fonder, ouvrir, tenter.

ENTREPRENEUR □ architecte, constructeur, industriel.

ENTREPRISE □ action, dessein, projet, tentative.
● affaire, commerce, établissement, exploitation, négoce, usine.

ENTRER □ accéder, aller, envahir, s'insinuer, s'introduire, passer, pénétrer, surgir, venir.

ENTRETENIR □ conserver, faire vivre, maintenir, nourrir, prolonger.

ENTRETENIR (S') □ conférer, converser, discuter, parler.

ENTRETIEN □ colloque, conférence, conversation, dialogue, discussion, pourparlers.
● réparation, soins, surveillance.

ENTREVOIR □ apercevoir, comprendre, deviner, distinguer, pressentir, saisir, voir.

ENTREVUE □ entretien, face à face, rencontre, rendez-vous.

ENTROUVRIR □ écarter, entrebâiller, ouvrir.

ÉNUMÉRATION □ compte, dénombrement, inventaire, liste, litanie, recensement, statistique.

ENVAHIR □ conquérir, entrer, infester, occuper, proliférer, remplir.

ENVAHISSANT □ déplaisant, encombrant, gênant, indésirable, indiscret, intempestif, intrus.

ENVELOPPE □ écrin, emballage, étui, fourreau, gaine, housse, sac, trousse, vêtement.
● coquille, membrane, peau.

ENVELOPPER □ cacher, couvrir, emmailloter, emmitoufler, entortiller, entourer, habiller.

ENVENIMER □ aggraver, aviver, empoisonner, exacerber, infecter, irriter.

ENVERGURE □ ampleur, carrure, étendue, largeur.

ENVERS □ à l'égard de, pour.

ENVIE □ besoin, convoitise, désir, goût, jalousie, souhait, tentation, volonté.

ENVIER □ convoiter, désirer, jalouser, souhaiter, vouloir.

ENVIRON □ à peu près, approximativement.

ENVIRONNANT □ attenant, proche, voisin.

ENVIRONNER □ ceindre, cerner, enfermer, entourer, envelopper.

ENVIRONS ☐ abords, alentours, proximité, voisinage.

ENVISAGER ☐ imaginer, penser, prévoir, regarder.

ENVOI ☐ dédicace, hommage.
● expédition, transport.

ENVOL ☐ envolée, essor, vol.

ENVOLER (S') ☐ décoller, disparaître, s'enfuir, s'évanouir, partir.

ENVOÛTEMENT ☐ charme, ensorcellement, enchantement, illusion, maléfice, pouvoir, séduction, sortilège.

ENVOYÉ ☐ ambassadeur, courrier, délégué, député, mandataire, messager, parlementaire, représentant.

ENVOYER ☐ adresser, apporter, déléguer, expédier, porter.

ÉPAIS ☐ compact, concentré, concret, dense, dru, fourni, serré, touffu.
● bête, brute, niais, sot, stupide.

ÉPAISSEUR ☐ consistance, densité, profondeur, richesse, touffeur.

ÉPAISSIR (S') ☐ engraisser, s'étoffer, grossir.

ÉPANCHEMENT ☐ abandon, aveu, confidence, effusion.
● écoulement, hémorragie, saignement.

ÉPANOUI ☐ content, éclatant, heureux, joyeux, radieux, réjoui, rieur, satisfait.

ÉPANOUISSEMENT ☐ éclat, éclosion, maturité, plénitude.

ÉPARGNE ☐ économie, magot, pécule, réserve.

ÉPARGNER ☐ compter, économiser, ménager.
● gracier, laisser, sauver.

ÉPARPILLER ☐ disperser, répandre, semer.

ÉPATÉ ☐ aplati, camus, plat.

● ébahi, étonné, interloqué, stupéfait.

ÉPAULER ☐ aider, assister, soutenir.
● ajuster, mettre en joue, viser.

ÉPAVE ☐ clochard, décombres, débris, ruine.

ÉPÉE ☐ fleuret, glaive, poignard, rapière, sabre.

ÉPERDU ☐ affolé, angoissé, apeuré, effrayé, égaré, inquiet, troublé.

ÉPHÉMÈRE ☐ court, fugace, furtif, passager, précaire, provisoire, rapide.

ÉPICE ☐ aromate, assaisonnement, piment, poivre.

ÉPICURIEN ☐ bon vivant, charnel, libertin, sensuel, voluptueux.

ÉPIER ☐ espionner, guetter, pister, regarder, surveiller.

ÉPILOGUE ☐ conclusion, dénouement, fin, morale.

ÉPILOGUER ☐ blâmer, chicaner, critiquer.

ÉPINEUX ☐ ardu, compliqué, contrariant, difficile, embarrassant, ennuyeux, malaisé, pénible.

ÉPIQUE ☐ élevé, extraordinaire, formidable, grandiose, héroïque, rare.

ÉPISODE ☐ aventure, événement, incident, péripétie.
● acte, action, chapitre.

ÉPITAPHE ☐ inscription, plaque, tablette.

ÉPITHÈTE ☐ adjectif, qualificatif.

ÉPÎTRE ☐ dédicace, lettre, missive.

ÉPLORÉ ☐ attristé, chagriné, désolé, larmoyant, mélancolique, triste.

ÉPLUCHER ☐ décortiquer, écosser, peler.
● analyser, disséquer, étudier, examiner, rechercher.

ÉPOQUE ☐ âge, date, ère, moment, saison, temps.

ÉPOUSAILLES ☐ mariage, noce, union.

ÉPOUSE ☐ compagne, dame, femme.

ÉPOUSER ☐ s'allier, convoler, se marier.
● choisir, embrasser, opter pour, soutenir, suivre.

ÉPOUSTOUFLANT ☐ délirant, étonnant, extraordinaire, extravagant, formidable, hallucinant, phénoménal, surprenant.

ÉPOUVANTABLE ☐ abominable, affreux, angoissant, atroce, cauchemardesque, dantesque, effrayant, effroyable, hallucinant, horrible, menaçant, monstrueux, pétrifiant, repoussant, répugnant, terrible, terrifiant.

ÉPOUVANTE ☐ affres, angoisse, crainte, effroi, frayeur, hallucination, horreur, inquiétude, peur, terreur.

ÉPOUX ☐ compagnon, conjoint, mari.

ÉPRENDRE (S') ☐ aimer, chérir, s'enflammer, s'enticher, tomber amoureux.

ÉPREUVE ☐ essai, examen, expérience, expérimentation, test.
● compétition, course, match.
● calamité, catastrophe, désastre, fléau, malheur, mésaventure.

ÉPRIS ☐ amoureux, passionné, séduit.

ÉPROUVER ☐ connaître, percevoir, ressentir, sentir.
● essayer, expérimenter, mettre à l'épreuve, tenter, tester.

ÉPUISÉ ☐ abattu, fatigué, las, prostré, usé.

ÉPUISEMENT ☐ abattement, accablement, anéantissement, découragement, langueur, lassitude, prostration.

ÉPUISER ☐ assécher, pomper, tarir, vider.
● accabler, anéantir, décourager, fatiguer, lasser, user.

ÉPURATION ☐ assainissement, exclusion, purge.

ÉQUILIBRE ☐ aplomb, harmonie, maturité, plénitude, stabilité.

ÉQUILIBRER ☐ compenser, contrebalancer, égaler, pondérer, répartir.

ÉQUIPÉE ☐ escapade, frasque, fredaine, fugue.

ÉQUIPEMENT ☐ armement, attirail, bagage, matériel, outil.

ÉQUIPER ☐ armer, développer, fréter, munir, installer, pourvoir.

ÉQUITABLE ☐ juste, légitime, raisonnable.

ÉQUIVALENT ☐ égal, identique, semblable, synonyme.

ÉRAFLURE ☐ balafre, cicatrice, coupure, déchirure, écorchure.

ÈRE ☐ cycle époque, période, temps.

ÉRECTION ☐ construction, édification, élévation, fondation.
● raideur, turgescence. (*médecine*)

ÉREINTÉ ☐ brisé, courbatu, épuisé, fatigué, las, usé.

ÉREINTER ☐ briser, épuiser, fatiguer, user.
● critiquer, démolir, médire.

ÉREINTER (S') ☐ s'échiner, s'épuiser, se fatiguer.

ERGOTER ☐ argumenter, chicaner, discourir, épiloguer, tergiverser, trouver à redire.

ÉRIGER ☐ bâtir, construire, édifier, élever, fonder.

ERMITE ☐ anachorète, ascète, misanthrope, solitaire.

ÉROSION □ corrosion, destruction, ravinement, usure.

ÉROTIQUE □ excitant, libidineux, luxurieux, obscène, pornographique, sensuel, vicieux.

ÉROTISME □ caresse, débauche, orgasme, plaisir, sensualité, volupté.

ERRANT □ aventurier, nomade, promeneur, rêveur, vagabond.

ERRER □ déambuler, divaguer, flâner, rôder, marcher, traîner, vagabonder.

• se tromper.

ERREUR □ aberration, bévue, confusion, défaillance, étourderie, faute, malentendu, méprise, sophisme.

ERRONÉ □ faux, inexact, truqué.

ÉRUDIT □ cultivé, docte, instruit, lettré, savant.

ÉRUDITION □ culture, instruction, sagesse, savoir, science.

ÉRUPTION □ débordement, explosion, jaillissement.

• inflammation, poussée (*médecine*).

ESCALADER □ gravir, grimper, monter.

ESCALIER □ degré, marche, montée, rampe.

ESCAMOTER □ cacher, dérober, effacer, faire disparaître, subtiliser, voler.

ESCAPADE □ équipée, évasion, fugue.

ESCARPÉ □ abrupt, difficile, pentu, raide, vertical.

ESCLAFFER (S') □ se réjouir, pouffer, rire.

ESCLANDRE □ éclat, querelle, scandale.

ESCLAVAGE □ asservissement, contrainte, domination, joug, oppression, servitude, subordination, tyrannie.

ESCLAVE □ captif, domestique, ilote, prisonnier, serf.

ESCOMPTE □ abattement, déduction, réduction, ristourne.

ESCOMPTER □ attendre, compter sur, espérer, prévoir.

ESCORTE □ cortège, détachement, suite.

ESCORTER □ accompagner, conduire, garder, suivre.

ESCROC □ aigrefin, malfaiteur, voleur.

ÉSOTÉRIQUE □ caché, mystérieux, obscur, occulte.

ÉSOTÉRISME □ hermétisme, magie, mystère, occultisme.

ESPACE □ distance, écartement, immensité, interstice, intervalle, surface.
• ciel, éther, firmament, univers.

ESPACER □ échelonner, ranger, séparer.

ESPÈCE □ genre, nature, qualité, sorte.
• essence, race, variété.

ESPÈCES □ argent, monnaie, pièce.

ESPÉRANCE □ assurance, attente, certitude, confiance, espoir, foi, promesse.

ESPÉRER □ attendre, compter sur, escompter, souhaiter.

ESPIÈGLE □ éveillé, gai, malicieux, malin, mutin, turbulent.

ESPION □ agent, délateur, indicateur, mouchard.

ESPIONNER □ épier, observer, surveiller.

ESPRIT □ conception, conscience, génie, imagination, intelligence, pensée, raison, sens.

● causticité, critique, finesse, humour, intelligence, ironie, raillerie, satire, vivacité.

● âme, démon, Dieu, fantôme, revenant, spectre.

ESQUISSE □ bâti, canevas, croquis, ébauche, dessin, projet, schéma, synopsis.

ESSAI □ contrôle, démarche, épreuve, étude, expérimentation, tentative, test, vérification.

● étude, mémoire, traité, thèse.

ESSAIM □ foule, multitude, nuée.

ESSAYER □ contrôler, étudier, expérimenter, tester, vérifier.

● chercher à, s'efforcer de, tâcher, tenter de .

ESSENCE □ caractère, définition, nature, qualité, substance.

● espèce (*arbre*).

● extrait, quintessence.

ESSENTIEL □ capital, décisif, fondamental, primordial, principal, vital.

ESSIEU □ arbre, axe, pivot.

ESSOR □ élan, envol, envolée, impulsion, vol.

ESSOUFFLER (S') □ haleter, panteler, suffoquer.

ESSUYER □ dépoussiérer, éponger, épousseter, frotter, nettoyer.

● éprouver, endurer, recevoir, subir.

EST □ levant, orient.

ESTAFETTE □ courrier, messager, porteur.

ESTAFILADE □ balafre, cicatrice, coupure, égratignure, entaille.

ESTAMPE □ gravure, image, vignette.

ESTAMPILLE □ cachet, empreinte, marque, oblitération.

ESTHÉTIQUE □ beauté, grâce, harmonie, perfection, sens artistique.

ESTIMABLE □ appréciable, honnête, louable, recommandable, respectable.

ESTIMATION □ appréciation, calcul, évaluation, expertise, mesure.

ESTIME □ considération, déférence, respect, sympathie, vénération.

ESTIMER □ apprécier, calculer, compter, considérer, estimer, évaluer, jauger, supputer.

● aimer, apprécier, honorer, penser, priser, vénérer.

ESTOMPER □ atténuer, diminuer, gommer, voiler.

ESTRADE □ chaire, échafaud, podium, scène, tribune.

ESTROPIER □ amputer, défigurer, mutiler, dénaturer.

ESTUAIRE □ aber, embouchure.

ÉTABLE □ bergerie, crèche, écurie, soue.

ÉTABLIR □ bâtir, édifier, ériger, fonder, implanter, instaurer, instituer, poser.

● démontrer, dresser, expliquer, prouver.

ÉTABLISSEMENT □ comptoir, entreprise, maison, société, usine.

● constitution, fondation, institution.

ÉTAGE □ niveau, palier, plate-forme.

ÉTAI □ appui, béquille, soutien.

ÉTALAGE □ éventaire, devanture, vitrine.

● démonstration, déploiement.

ÉTALER □ déballer, déplier, dérouler, étendre, exposer, montrer.

● échelonner, espacer.

ÉTALER (S') □ chuter, glisser, tomber.

ÉTALON □ mâle, reproducteur.

● archétype, calibre, exemple, modèle.

ÉTANCHE □ hermétique, impénétrable, imperméable.

ÉTANG □ bassin, lac, lagune, marais, mare.

ÉTAPE □ degré, escale, halte, période, phase.

ÉTAT □ condition, destin, existence, mentalité, position, profession, situation, sort.
● énumération, description, liste.
● administration, gouvernement, nation.

ÉTAYER □ appuyer, renforcer, soutenir.

ÉTÉ □ canicule, chaleur, sécheresse.

ÉTEINDRE □ affaiblir, détruire, étouffer.

ÉTEINDRE (S') □ agoniser, mourir, succomber.

ÉTENDRE □ agrandir, ajouter, allonger, augmenter, délayer, déplier, déployer, étaler, étirer.

ÉTENDRE (S') □ s'allonger, se coucher, croître, se développer.

ÉTENDU □ ample, déployé, spacieux, vaste.

ÉTENDUE □ dimension, espace, horizon, superficie, surface, volume.

ÉTERNEL □ continuel, durable, immortel, impérissable, infini, interminable, sempiternel.

ÉTERNITÉ □ avenir, immortalité, infini, perpétuité.

ÉTHIQUE □ déontologie, morale, vertu.

ÉTHYLIQUE □ alcoolique, ivrogne.

ÉTINCELER □ briller, flamboyer, pétiller, scintiller.

ÉTINCELLE □ escarbille, flammèche.

ÉTIQUETTE □ écriteau, label, marque.
● cérémonial, protocole, usages.

ÉTIRER □ allonger, augmenter, délayer, déployer, étaler, étendre.

ÉTOFFE □ textile, tissage, tissu, toile.

ÉTOILE □ astre, comète, constellation, planète.
● destin, destinée, horoscope.

ÉTONNANT □ admirable, anormal, beau, bizarre, curieux, déconcertant, étrange, extraordinaire, formidable, inattendu, incroyable, inouï, insolite, invraisemblable, magique, magnifique, merveilleux, original, prodigieux, rare, surprenant, troublant.

ÉTONNER □ abasourdir, abrutir, choquer, ébahir, étourdir, hébéter, méduser, sidérer, surprendre, troubler.

ÉTOUFFER □ asphyxier, suffoquer.
● cacher, enrayer, maîtriser, réprimer.

ÉTOURDERIE □ bévue, dissipation, distraction, erreur, inattention.

ÉTOURDI □ distrait, écervelé, évaporé, frivole, imprudent, inconséquent, irréfléchi, léger.

ÉTOURDIR □ abasourdir, choquer, distraire, ébahir, étonner, hébéter, méduser, sidérer, soûler.

ÉTRANGE □ baroque, bizarre, capricieux, étonnant, extravagant, fantasque, inquiétant, insolite, original, singulier.

ÉTRANGER □ (adj) autre, cosmopolite, distinct, exotique, inconnu.

ÉTRANGER □ (nom) immigrant, réfugié, touriste.

ÉTRANGETÉ □ bizarrerie, excentricité, originalité.

ÉTRANGLER ☐ assassiner, asphyxier, étouffer, garrotter, tuer.

ÊTRE ☐ exister, subsister, vivre.

ÊTRE ☐ créature, homme, individu, personne.

ÉTREINDRE ☐ embrasser, enlacer, étouffer, prendre, saisir, serrer.

ÉTREINTE ☐ embrassade, enlacement.

ÉTRIQUÉ ☐ étroit.

ÉTROIT ☐ austère, borné, étriqué, intransigeant, petit, mesquin, rétréci, rigoureux, strict.

ÉTUDE ☐ article, essai, mémoire, recherche, traité, travail.
● apprentissage, école, enseignement, instruction, savoir, science.

ÉTUDIANT ☐ disciple, élève, universitaire.

ÉTUDIÉ ☐ affecté, arrangé, guindé, maniéré, précieux, recherché.

ÉTUDIER ☐ apprendre, s'instruire, travailler.
● analyser, considérer, examiner, expertiser, rechercher, scruter.

ÉTUI ☐ écrin, enveloppe, fourreau, housse.

EUPHÉMISME ☐ antiphrase, atténuation, contrevérité, litote.

EUPHORIE ☐ aise, bien-être, bonheur, confort, détente, gaieté, joie, optimisme, quiétude.

ÉVACUATION ☐ abandon, départ, exode, fuite, repli.
● écoulement, élimination, expulsion, rejet.

ÉVACUER ☐ abandonner, laisser, quitter, se replier, se retirer, se séparer de, vider.
● éliminer, expulser, rejeter.

ÉVADER (S') ☐ disparaître, s'échapper, s'éclipser, s'enfuir, fuir, partir.

ÉVALUER ☐ apprécier, estimer, expertiser, inventorier, mesurer.

ÉVANOUIR (S') ☐ se dissiper, disparaître, s'éclipser, s'éteindre, se fondre, partir, se volatiliser.
● s'abandonner, défaillir, perdre connaissance.

ÉVANOUISSEMENT ☐ absence, coma, défaillance, faiblesse, pâmoison, syncope.
● anéantissement, disparition, dissipation, envol, fuite.

ÉVAPORÉ ☐ envolé, éventé, disparu, vaporisé.
● dissipé, distrait, étourdi, folâtre, frivole, léger, primesautier.

ÉVASION ☐ disparition, échappée, escapade, fuite.
● amusement, détente, distraction, divertissement, jeu.

ÉVEIL ☐ alarme, avertissement, méfiance, réveil.

ÉVEILLÉ ☐ agile, débrouillard, dégourdi, déluré, espiègle, malicieux, vif.

ÉVEILLER ☐ réveiller.
● avertir, développer, exciter, provoquer, stimuler.

ÉVÉNEMENT ☐ action, accident, affaire, aventure, calamité, circonstance, dénouement, désastre, drame, épisode, fin, incident, issue, nouvelle, résultat, situation.

ÉVENTAIRE ☐ devanture, étal, vitrine.

ÉVENTER ☐ découvrir, divulguer, exposer, percer, révéler, trouver.

ÉVENTUALITÉ ☐ cas, conjoncture, hasard, hypothèse, occasion, possibilité.

ÉVENTUEL ☐ hasardeux, hypothétique, incertain, occasionnel, possible, probable, vraisemblable.

ÉVERTUER (S') □ essayer, s'obstiner, tenter.

ÉVIDEMMENT □ assurément, certainement, incontestablement, sûrement.

ÉVIDENCE □ certitude, réalité, truisme, vérité.

ÉVIDENT □ authentique, clair, convainquant, flagrant, formel, incontestable, limpide, manifeste, patent, visible, vrai.

ÉVINCER □ chasser, déposséder, écarter, éliminer, exclure, repousser, spolier.

ÉVITER □ contourner, éluder, esquiver, détourner, fuir, parer, prévenir, se soustraire.

ÉVOCATION □ rappel.

ÉVOLUER □ changer, progresser.

ÉVOLUTION □ avancement, changement, métamorphose, mouvement, mutation, progression, transformation.

ÉVOQUER □ décrire, imaginer, interpeller, invoquer, rappeler, suggérer, susciter.

EXACERBER □ accentuer, exaspérer, irriter, porter au paroxysme, redoubler.

EXACT □ authentique, certain, correct, fidèle, juste, minutieux, ponctuel, précis, réel, scrupuleux, sincère, vrai.

EXACTION □ concussion, déprédation, extorsion, malversation, prévarication, vol.

EXACTITUDE □ authenticité, justesse, ponctualité, précision, régularité, soin, vérité.

EXAGÉRÉ □ abusif, démesuré, excessif, exorbitant, extrême, outrancier.

EXAGÉRER □ abuser, dramatiser, forcer, grossir, mentir, rajouter.

EXALTATION □ emballement, engouement, enthousiasme, excitation, ferveur, ivresse, lyrisme, passion, ravissement, transport, zèle.

EXALTÉ □ ardent, enthousiaste, lyrique, passionné, surexcité, transporté.

EXALTER □ glorifier, grandir, louer, magnifier, vanter.

EXAMEN □ concours, épreuve, interrogation, test.
● analyse, essai, étude, expérimentation, expertise, recherche.

EXAMINER □ analyser, étudier, explorer, inspecter, regarder, scruter, sonder, vérifier.

EXASPÉRER □ agacer, aggraver, aviver, énerver, ennuyer, envenimer, exacerber, excéder, fâcher, irriter.

EXAUCER □ accorder, combler, contenter, satisfaire.

EXCAVATION □ creux, tranchée.

EXCÉDENT □ excès, supplément, surplus.

EXCÉDER □ agacer, énerver, ennuyer, exacerber, exaspérer, fâcher, irriter, lasser.

EXCELLENT □ admirable, bon, convenable, délicieux, exemplaire, meilleur, parfait, remarquable, savoureux, succulent, supérieur.

EXCENTRIQUE □ bizarre, étrange, extravagant, fantasque, insolite, original, singulier.
● externe, périphérique.

EXCEPTÉ □ hors, hormis, sauf.

EXCEPTION □ anomalie, particularité, rareté, singularité.

EXCEPTIONNEL □ extraordinaire, inaccoutumé, inhabituel, remarquable, rare, supérieur.

EXCÈS □ excédent, profusion, supplément, surabondance, surplus.

● abus, débauche, exagération, injustice, outrance.

EXCESSIF □ abusif, exagéré, exorbitant, extrême, immodéré, outrancier.

EXCITANT □ affriolant, émouvant, enivrant, piquant, provoquant, séduisant, troublant.

EXCITER □ agacer, aguicher, attiser, déclencher, émoustiller, encourager, enflammer, enthousiasmer, exacerber, irriter, piquer, provoquer, stimuler, troubler.

EXCLAMATION □ cri, gémissement, hurlement, interjection, plainte, rugissement, vocifération.

EXCLURE □ bannir, chasser, évincer, éliminer, exiler, refuser, rejeter, repousser.

EXCLUSION □ élimination, expulsion, interdiction, ostracisme, rejet, révocation, renvoi.

EXCLUSIVEMENT □ seulement, uniquement.

EXCLUSIVITÉ □ monopole, préférence, privilège.

EXCOMMUNICATION □ anathème, exclusion, révocation.

EXCRÉMENT □ crotte, déjections, ordure.

EXCURSION □ balade, course, promenade, randonnée.

EXCUSER □ absoudre, acquitter, blanchir, défendre, disculper, innocenter, justifier, pardonner, tolérer.

EXÉCRABLE □ abominable, affreux, détestable, horrible, monstrueux, odieux, repoussant.

EXÉCUTER □ accomplir, confectionner, effectuer, faire, obéir, procéder à, réaliser.

● assassiner, mettre à mort, tuer.

EXÉCUTION □ accomplissement, confection, interprétation, réalisation.

● assassinat, éreintement, mise à mort, supplice.

EXÉGÈSE □ commentaire, critique, explication.

EXEMPLAIRE □ (adj) édifiant, parfait, représentatif.

EXEMPLAIRE □ (nom) copie, modèle, prototype, spécimen.

EXEMPLE □ aperçu, échantillon, image, modèle, spécimen.

EXEMPTER □ dégager, dispenser, exonérer, libérer.

EXERCER □ cultiver, employer, faire, pratiquer, travailler.

● dresser, entraîner, former.

EXHIBER □ déployer, étaler, exposer, montrer, présenter.

EXHORTER □ appeler, encourager, enflammer, exciter, inciter, inviter à, stimuler.

EXHUMER □ arracher, déterrer, ressortir.

EXIGEANT □ difficile, envahissant, maniaque, pointilleux, sévère, tatillon, tyrannique.

EXIGER □ demander, prétendre, réclamer, revendiquer, vouloir.

EXIGU □ dérisoire, étriqué, étroit, menu, minuscule, petit, resserré, restreint.

EXILER □ bannir, chasser, déporter, éloigner, expulser, proscrire, rejeter.

EXISTANT □ actuel, contemporain, présent, réel.

EXISTENCE □ destinée, jours, présence, réalité, vie.

EXISTER □ être, durer, naître, subsister, vivre.

EXODE □ abandon, désertion, émigration, fuite.

EXORCISME □ adjuration, conjuration.

EXOTIQUE □ étranger, lointain.

EXPANSIF □ communicatif, démonstratif, exubérant, gai, ouvert.

EXPANSION □ développement, dissémination, épanouissement, extension, impérialisme, multiplication, propagation, rayonnement.

EXPECTATIVE □ attente, espérance, espoir.

EXPÉDIER □ accélérer, bâcler, finir.
● adresser, envoyer, porter.

EXPÉDITIF □ actif, diligent, prompt, rapide.

EXPÉDITION □ envoi, exportation, transport.
● campagne militaire, exploration, opération, voyage.

EXPÉRIENCE □ analyse, épreuve, essai, expérimentation, observation, pratique, tentative, test, usage.
● acquis, connaissance, habitude, routine, sagesse, usage.

EXPÉRIMENTATION □ démarche, épreuve, essai, étude, tentative, test.

EXPÉRIMENTÉ □ adroit, capable, chevronné, compétent, habile, qualifié, sage.

EXPIATION □ châtiment, punition, repentir.

EXPIRER □ exhaler, respirer, souffler.
● agoniser, s'éteindre, mourir.

EXPLICATION □ commentaire, exégèse, interprétation, précision, renseignement.

EXPLICITE □ affirmatif, catégorique, clair, formel, indiscutable, net.

EXPLIQUER □ apprendre, commenter, développer, éclairer, énoncer, enseigner, interpréter, traduire.

EXPLOIT □ haut fait, performance, prouesse, record.

EXPLOITER □ cultiver, mettre en valeur, rentabiliser, utiliser.
● abuser, duper, profiter de, rouler, tromper, voler.

EXPLORATION □ découverte, expédition, prospection, voyage.

EXPLOSER □ se désintégrer, éclater, sauter.

EXPORTER □ envoyer, expédier, vendre.

EXPOSÉ □ conférence, description, énoncé, historique, leçon, récit, relation.

EXPOSER □ annoncer, décrire, démontrer, montrer, tracer.
● déballer, déplier, dérouler, étaler, étendre, exposer, montrer.

EXPOSER (S') □ affronter, oser, se risquer.

EXPOSITION □ démonstration, étalage, exhibition, festival, présentation, salon, vernissage.
● argument, description, exposé, récit.

EXPRESSION □ construction, formule, locution, maxime, mot, sentence, style, terme, tournure.
● attitude, caractère, comportement, physionomie.

EXPRIMER □ énoncer, expliquer, manifester, monter, peindre, traduire.
● broyer, extraire, fouler, presser.

EXPRIMER (S') □ parler.

EXPULSER □ bannir, chasser, exiler, renvoyer.

EXQUIS □ agréable, charmant, délectable, délicieux, gracieux, plaisant, raffiné, ravissant, suave, succulent.

EXTASE □ béatitude, contemplation,

émerveillement, félicité, ivresse, ravissement.

EXTENSION □ agrandissement, augmentation, élargissement, déploiement, essor, expansion.

EXTÉNUER □ accabler, affaiblir, anéantir, briser, épuiser, éreinter, fatiguer.

EXTÉRIEUR □ dehors, externe, visible.

EXTÉRIORISER □ dire, exprimer, manifester, montrer.

EXTERMINER □ anéantir, détruire, massacrer, ravager, supprimer, tuer.

EXTRACTION □ arrachage, arrachement, déracinement, extirpation.

● descendance, lignée, naissance, origine.

EXTRAIRE □ arracher, dégager, déraciner, enlever, exprimer, ôter, prélever, recueillir, sortir, tirer.

EXTRAIT □ abrégé, abréviation, aperçu, citation, condensé, passage, résumé, sommaire.

EXTRAORDINAIRE □ admirable, bizarre, colossal, curieux, étonnant, exceptionnel, fantastiquenl, formidable,

inouï, insolite, irrationnel, magnifique, merveilleux, phénoménal, rare, stupéfiant, surprenant.

EXTRAVAGANT □ absurde, bizarre, déraisonnable, excentrique, incohérent, invraisemblable, saugrenu.

EXTRAVAGANCE □ aberration, absurdité, erreur, imbécillité, stupidité.

EXTRÊME □ dernier, excessif, immense, intense, passionné, ultime, violent.

EXTRÊMEMENT □ très.

EXTRÉMISTE □ anarchiste, enragé, révolutionnaire, subversif.

EXTRÉMITÉ □ aboutissement, bout, confins, fin, limite, terme, terminaison.

● abois, agonie, derniers instants.

EXUBÉRANCE □ abondance, luxuriance, plénitude, profusion, richesse.

EXUBÉRANT □ communicatif, démonstratif, enjoué, jovial.

EXULTER □ jubiler, être ravi, se réjouir.

EXUTOIRE □ changement, dérivatif, diversion.

f

FABLE ☐ allégorie, conte, fiction, histoire, invention, légende, mensonge, parabole.

FABRICANT ☐ artisan, industriel, manufacturier.

FABRICATION ☐ confection création, exécution, façon, réalisation.

FABRIQUE ☐ atelier, chantier, laboratoire, manufacture, usine.

FABRIQUER ☐ confectionner, faire, forger, inventer, produire, usiner.

FABULEUX ☐ admirable, chimérique, curieux, épique, étonnant, extraordinaire, fantastique, imaginaire, inouï, légendaire, magnifique, merveilleux, romanesque, surprenant, utopique.

FAÇADE ☐ devant, devanture, extérieur, face, front, frontispice, mur.

FACE ☐ façade, figure, front, physionomie, tête, visage.

FACE-A-FACE ☐ vis-à-vis.

FACÉTIE ☐ bouffonnerie, canular, farce, mystification, plaisanterie.

FÂCHÉ ☐ agacé, contrarié, désolé, ennuyé, irrité, marri, mécontent.

FÂCHER ☐ agacer, attrister, chagriner, contrarier, exaspérer, irriter, mécontenter.

FÂCHER (SE) ☐ bouder, se brouiller, s'emporter, se mettre en colère.

FÂCHEUX ☐ déplaisant, déplorable, désagréable, désobligeant, ennuyeux, gênant, importun, indiscret, insupportable, malencontreux, regrettable.

FACIÈS ☐ apparence, figure, tête, visage.

FACILE ☐ abordable, agréable, aisé, clair, commode, élémentaire, enfantin, faisable, possible, réalisable, simple.
● accommodant, arrangeant, complaisant, conciliant, doux, souple, tolérant.

FACILEMENT ☐ aisément, simplement.

FACILITÉ ☐ adresse, aisance, brio, complaisance, intelligence, laisser-aller, laxisme, mollesse.
● clarté, commodité, simplicité.

FACILITER ☐ aider, aplanir, arranger, assister, favoriser, préparer, soutenir.

FAÇON ☐ confection, coupe, création, fabrication, façonnage, forme, réalisation, style, technique, travail.

FAÇONS □ comportement, manières, minauderie, prétention.

FAÇON (SANS) □ franchement.

FACONDE □ éloquence, facilité, volubilité.

FAÇONNER □ confectionner, élaborer, fabriquer, former, préparer, travailler.

• apprivoiser, éduquer, former, instruire, transformer.

FAC-SIMILÉ □ copie, imitation, reproduction.

FACTEUR □ agent, intermédiaire, mandataire, messager, porteur, préposé.

• agent, cause, coefficient, élément.

FACTICE □ affecté, artificiel, emprunté, fabriqué, faux, feint, postiche, simili.

FACTIEUX □ enragé, extrémiste, rebelle, révolutionnaire, séditieux.

FACTION □ clan, complot, groupe, ligue, parti.

FACTIONNAIRE □ garde, sentinelle, surveillant, vigile.

FACTURE □ addition, bilan, compte, note, relevé, somme, total.

• griffe, manière, style, technique.

FACULTATIF □ éventuel, occasionnel, optionnel.

FACULTÉ □ aptitude, capacité, moyen, possibilité, pouvoir, propriété, puissance, qualité.

• école, campus, institut, université.

FACULTÉS □ connaissance, esprit, intelligence, mémoire, pensée, raisonnement, sens.

FADAISE □ ânerie, bêtise, imbécillité, niaiserie, sottise, stupidité.

FADE □ délavé, douceâtre, ennuyeux, insignifiant, insipide, pâle, plat, terne.

FAIBLE □ affaibli, anémié, anémique, chancelant, chétif, débile, déficient, désarmé, fragile, gringalet, impuissant, indécis, insuffisant, malingre, médiocre, menu, mou, pusillanime, rabougri, veule.

FAIBLESSE □ anémie, déficience, évanouissement, fragilité, impuissance, indécision, médiocrité, mollesse, pâmoison, syncope.

FAILLE □ brisure, défaut, fente, fissure.

FAILLIR □ se dérober, fauter, manquer, pécher.

FAILLITE □ banqueroute, chute, déconfiture, krach, liquidation, ruine.

FAIM □ appétit, besoin, boulimie, convoitise, désir, fringale.

FAINÉANT □ désœuvré, inactif, indolent, nonchalant, oisif, paresseux, vaurien.

FAIRE □ accomplir, composer, confectionner, construire, créer, décider, devenir, écrire, effectuer, engendrer, entreprendre, exécuter, fabriquer, imiter, occasionner, produire, provoquer, réaliser.

FAISABLE □ aisé, facile, possible, réalisable.

FAISCEAU □ botte, bouquet, gerbe, fagot.

• accumulation, coalition, ensemble.

FAIT □ (nom) acte, action, anecdote, aventure, événement, réalité.

FAIT □ (adj) à point, épanoui, mûr, ouvert.

FAÎTE □ apogée, cime, crête, sommet.

FALAISE □ escarpement, muraille, paroi.

FALLACIEUX ☐ faux, fourbe, hypocrite, mensonger, menteur, perfide, trompeur.

FALLOIR ☐ avoir à, devoir, être tenu de.

FALSIFICATION ☐ corruption, fraude, maquillage, truquage.

FALSIFIER ☐ altérer, fausser, frauder, frelater, truquer.

FAMÉLIQUE ☐ affamé, amaigri, efflanqué, étique, hâve, miséreux.

FAMEUX ☐ célèbre, connu, glorieux, illustre, renommé, réputé, supérieur.

FAMILIARITÉ ☐ désinvolture, intimité, liberté, privautés, sans-gêne.

FAMILIER ☐ accessible, commun, courant, domestique, habituel, ordinaire, usuel.
● amical, coutumier, habitué, intime, rassurant.

FAMILLE ☐ ascendance, clan, consanguinité, dynastie, foyer, groupe, ménage, maison, maisonnée, nichée, race, tribu.

FAMINE ☐ disette, indigence, manque, pénurie.

FANATIQUE ☐ aveugle, dévoué, enthousiaste, fervent, furieux, inconditionnel, intolérant, sectaire, surexcité.

FANATISME ☐ exaltation, frénésie, fureur, intolérance.

FANÉ ☐ altéré, décati, déformé, défraîchi, fatigué, flétri, passé, usé.

FANFARON ☐ bravache, hâbleur, vaniteux, vantard.

FANFARONNADE ☐ forfanterie, rodomontade, vantardise.

FANGE ☐ abjection, boue, ignominie, ordure.

FANTAISIE ☐ caprice, désir, extravagance, folie, gré, humeur, imagination, lubie, originalité, toquade.

FANTASME ☐ divagation, imagination, rêverie.

FANTASQUE ☐ bizarre, capricieux, changeant, extravagant, fantaisiste, inconséquent, insolite, lunatique, original, singulier.

FANTASTIQUE ☐ bizarre, étonnant, extraordinaire, fabuleux, formidable, imaginaire, invraisemblable, sensationnel, surprenant.

FANTOCHE ☐ marionnette, pantin, polichinelle.

FANTÔME ☐ apparition, esprit, illusion, revenant, spectre.

FARAMINEUX ☐ étonnant, extraordinaire, fantastique, prodigieux, sensationnel.

FARAUD ☐ fat, fier, immodeste, vantard.

FARCE ☐ attrape, bouffonnerie, canular, facétie, mystification, plaisanterie.
● hachis.

FARCEUR ☐ blagueur, bouffon, coquin, comique, enjoué, malicieux, plaisantin.

FARDEAU ☐ bagage, charge, joug, poids.

FARDER ☐ déguiser, maquiller, masquer, voiler.

FARFELU ☐ bizarre, écervelé, étourdi, irréfléchi, insouciant, rêveur.

FARNIENTE ☐ inaction, oisiveté, paresse, sieste.

FAROUCHE ☐ barbare, indompté, intimidé, méfiant, misanthrope, sauvage.

FASCICULE ☐ brochure, livret, plaquette.

FASCINANT ☐ attachant, captivant, charmant, ensorcelant, ravissant, séduisant, troublant.

FASCINER ☐ captiver, émerveiller, hypnotiser, séduire, stupéfier.

FASTE ☐ (nom) abondance, apparat, éclat, largesse, luxe, richesse, splendeur.

FASTE ☐ (adj) favorable, opportun, propice.

FASTIDIEUX ☐ accablant, ennuyeux, fatigant, insipide, lassant, monotone, pesant.

FAT ☐ altier, arrogant, avantageux, hautain, prétentieux, suffisant, vaniteux.

FATAL ☐ funeste, inévitable, malheureux, mortel, néfaste, nuisible, obligatoire.

FATALISME ☐ abandon, déterminisme, passivité, renoncement.

FATALITÉ ☐ destin, fortune, malédiction, malheur, sort.

FATIGUE ☐ accablement, dépression, déprime, épuisement, lassitude, peine, usure.

FATIGUÉ ☐ avachi, déformé, usagé, usé.
• accablé, brisé, épuisé, éreinté, las, surmené, usé.

FATIGUER ☐ accabler, ennuyer, épuiser, exténuer, forcer, lasser, peiner.

FATRAS ☐ amas, confusion, désordre, entassement, tas.

FATUITÉ ☐ dédain, orgueil, prétention, suffisance, vanité.

FAUBOURG ☐ banlieue, environs, périphérie.

FAUCHER ☐ couper, moissonner, récolter.
• abattre, anéantir, détruire, renverser.

FAUFILER (SE) ☐ se glisser, s'insinuer, s'introduire.

FAUSSER ☐ courber, déformer, falsifier, plier, tordre.

FAUSSETÉ ☐ dissimulation, duplicité, fourberie, hypocrisie, imposture, mensonge, tromperie.

FAUTE ☐ bêtise, délit, erreur, forfait, inexactitude, infraction, lapsus, maladresse, peccadille, péché.
• défaut, manque, pénurie.

FAUTEUIL ☐ siège, trône.

FAUTIF ☐ blâmable, coupable, illicite, répréhensible.

FAUX ☐ factice, dissimulé, feint, fourbe, hypocrite, menteur, perfide, sournois, traître, trompeur.
• contrefait, erroné, falsifié, fallacieux, inexact, mensonger, truqué.

FAVEUR ☐ amitié, appui, bienveillance, crédit, favoritisme, grâce, influence, préférence, protection, service, sympathie.

FAVORABLE ☐ ami, bienveillant, indulgent, propice.

FAVORI ☐ élu, préféré, protégé.

FAVORISER ☐ aider, avantager, faciliter, préférer, privilégier, servir.

FAVORITISME ☐ népotisme, partialité, préférence.

FÉBRILE ☐ excité, fiévreux, malade, nerveux.

FÉBRILITÉ ☐ agitation, angoisse, anxiété, appréhension, émotion, fièvre, inquiétude, nervosité.

FÉCOND ☐ abondant, copieux, fertile, fructueux, luxuriant, généreux, plantureux, prolifique, riche.

FÉCONDITÉ ☐ abondance, fertilité, flot, opulence, productivité, richesse.

FÉDÉRATION ☐ association, coalition, rassemblement, société, union.

FÉDÉRER ☐ allier, liguer, rassembler, unir.

FEINDRE □ affecter, contrefaire, imiter, se piquer de, simuler.

FEINTE □ artifice, comédie, dissimulation, hypocrisie, mensonge, ruse.

FÊLER □ disjoindre, diviser, fendre, fissurer, rompre.

FÉLICITATIONS □ applaudissements, compliment, éloge, louanges.

FÉLICITÉ □ béatitude, bonheur, enchantement, euphorie, extase, joie, plaisir, ravissement, satisfaction.

FÉLICITER □ applaudir, approuver, complimenter, congratuler, louer, vanter.

FÉLON □ déloyal, infidèle, hypocrite, traître.

FÊLURE □ cassure, fente, fracture.

FEMME □ amante, beauté, compagne, concubine, courtisane, dame, demoiselle, égérie, épouse, Eve, favorite, femelle, fille, mégère, ménagère, odalisque, Vénus.

FENDILLER (SE) □ se craqueler, se crevasser, se fêler.

FENDRE □ crevasser, disjoindre, fêler, écarter, ouvrir, rompre.

FENÊTRE □ baie, croisée, lucarne.

FENTE □ crevasse, déchirure, fissure, lézarde.

FER □ acier, métal, minerai.
● épée, lame, pointe.

FERME □ consistant, constant, dense, dur, homogène, palpable, solide.
● assuré, autoritaire, décidé, inflexible, intransigeant, obstiné, résolu, strict, têtu.

FERME □ (nom) domaine, exploitation, mas, métairie.

FERMEMENT □ énergiquement, vigoureusement.

FERMENT □ germe, levain, levure.

FERMENTATION □ agitation, ébullition, effervescence.

FERMER □ barrer, boucler, cadenasser, clore, condamner, interdire, verrouiller.

FERMETÉ □ assurance, énergie, entêtement, intransigeance, résolution.

FERMETURE □ serrure, verrou.
● arrêt, barrage, condamnation, coupure, interdiction, verrouillage.

FERMIER □ agriculteur, colon, cultivateur, métayer, paysan.

FÉROCE □ barbare, brutal, cruel, dur, impitoyable, inhumain, sanguinaire, sauvage, violent.

FÉROCITÉ □ barbarie, brutalité, cruauté, dureté, méchanceté, sadisme, sauvagerie.

FERTILE □ abondant, copieux, fécond, fructueux, luxuriant, généreux, plantureux, riche.

FERTILITÉ □ abondance, fécondité, flot, opulence, richesse.

FÉRU □ fanatique, fervent, passionné.

FÉRULE □ ascendant, autorité, domination, influence, maîtrise, pouvoir, tutelle.

FERVENT □ ardent, enthousiaste, fanatique, intense.

FERVEUR □ ardeur, effusion, élan, enthousiasme, flamme, passion.

FESSÉE □ correction, claque, coup, tape.

FESTIN □ agapes, banquet, bombance, noce, repas, ripaille.

FÊTE □ assemblée, célébration, festival, gala, kermesse, récréation.

FÊTER □ célébrer, commémorer, festoyer.

FÉTICHE □ amulette, mascotte, porte-bonheur, talisman.

FÉTICHISME ☐ idolâtrie, religion, superstition.

FÉTIDE ☐ délétère, écœurant, fécal, infect, insalubre, malodorant, méphitique, nauséabond, pestilentiel, puant, putride, répugnant.

FEU ☐ brasier, bûcher, flamme, foyer, four, incendie, soleil.
● ardeur, chaleur, enthousiasme, excitation, vivacité.
● famille, foyer, maison.

FEU ☐ (adj) décédé, défunt, disparu.

FEUILLAGE ☐ branchage, feuillée, frondaison, ramée, verdure.

FEUILLE ☐ feuillet, fiche, folio, journal, page, pli.

FEUILLETER ☐ compulser, lire, parcourir, tourner.

FEUILLETON ☐ article, conte, roman.

FIABLE ☐ certain, établi, incontestable, solide, sûr, valable.

FIANÇAILLES ☐ accordailles, engagement, promesse.

FIANCÉ ☐ futur, prétendant, promis, soupirant.

FIASCO ☐ défaite, échec, faillite, insuccès.

FICELER ☐ attacher, fixer, lacer, lier, nouer.

FICHE ☐ carte, carton, feuillet.

FICHER ☐ cataloguer, classer, enregistrer, inscrire, recenser.
● clouer, enfoncer, fixer, planter.

FICHIER ☐ casier, classeur, documentation, registre.

FICHU ☐ châle, écharpe, foulard.

FICTION ☐ création, imagination, invention.

FIDÈLE ☐ attaché, bon, dévoué, loyal, sûr, vrai.

FIDÉLITÉ ☐ attachement, constance, dévouement, loyauté.

FIER ☐ altier, arrogant, dédaigneux, hautain, insolent, orgueilleux, satisfait, suffisant, superbe, vaniteux.

FIER (SE) ☐ s'appuyer sur, avoir confiance en, se confier.

FIÈREMENT ☐ dignement.

FIERTÉ ☐ amour-propre, arrogance, hauteur, morgue, orgueil, satisfaction.

FIÈVRE ☐ maladie, malaise, température.
● agitation, angoisse, anxiété, émotion, inquiétude, nervosité.

FIÉVREUX ☐ agité, anxieux, chaud, fébrile, malade, nerveux.

FIGÉ ☐ coagulé, engourdi, gelé, immobile, paralysé, transi.

FIGNOLER ☐ achever, parfaire, polir.

FIGURANT ☐ acteur, comparse, doublure.

FIGURE ☐ face, faciès, frimousse, portrait, tête, visage.
● allégorie, effigie, forme, image, portrait, représentation, statue.

FIGURER ☐ dessiner, modeler, peindre, représenter, sculpter.
● incarner, paraître, participer.

FIGURER (SE) ☐ croire, s'imaginer, s'inventer.

FIL ☐ tranchant.
● brin, fibre.
● cours, déroulement, évolution, processus, suite.

FILANDREUX ☐ confus, fumeux, incompréhensible, obscur.

FILE ☐ défilé, enfilade, procession, queue, rang.

FILER ☐ couler, s'enfuir, partir.
● épier, suivre.

FILIALE ☐ succursale.

FILIATION ☐ consanguinité, descendance, enchaînement, famille, lignée, succession.

FILLE ☐ demoiselle, descendante, enfant, fillette, héritière, mademoiselle.
● courtisane, femme légère, prostituée.

FILON ☐ gisement, mine, veine.

FILOU ☐ aigrefin, escroc, malfaiteur, tricheur, voleur.

FILS ☐ descendant, enfant, garçon, héritier, rejeton.

FILTRER ☐ assainir, clarifier, épurer, tamiser.
● couler, s'infiltrer, passer, pénétrer, se répandre.

FIN ☐ aboutissement, achèvement, accomplissement, bout, but, chute, dénouement, issue, limite, résultat, terme.
● agonie, décès, mort.

FIN ☐ (adj) affiné, agréable, délicat, délité, fragile, léger, mince, perspicace, raffiné, sensible, suave, subtil, ténu.

FINAL ☐ décisif, définitif, dernier, suprême, ultime.

FINALEMENT ☐ définitivement.

FINANCER ☐ entretenir, payer, régler, subventionner, verser.

FINAUD ☐ astucieux, fin, futé, ingénieux, malin, rusé.

FINESSE ☐ clairvoyance, délicatesse, ingéniosité, légèreté, malice, minceur, raffinement, ruse, sensibilité, subtilité.

FINI ☐ accompli, achevé, fignolé, parfait.
● disparu, enfui, perdu, révolu.

FINIR ☐ accomplir, achever, cesser, conclure, liquider, parfaire, terminer.

FIRME ☐ établissement, maison, société.

FISSURE ☐ brèche, cassure, fêlure, lézarde, sillon.

FIXE ☐ immobile, immuable, invariable, persistant, stable.

FIXER ☐ assujettir, attacher, clouer, coller, immobiliser, paralyser, retenir, stabiliser, visser.
● assigner, décider, formuler, préciser.

FLAGELLER ☐ battre, cingler, cravacher, fouetter.

FLAGEOLER ☐ chanceler, tituber, trébucher, trembler.

FLAGORNERIE ☐ courbette, flatterie, hypocrisie, tromperie.

FLAGRANT ☐ certain, évident, incontestable, indiscutable, tangible, vrai.

FLAIR ☐ nez, odorat.
● acuité, clairvoyance, finesse, intuition, lucidité, pénétration, perspicacité, sagacité.

FLAIRER ☐ deviner, pressentir, renifler, sentir, soupçonner.

FLAMBER ☐ brûler, calciner, flamboyer.

FLAMBOYER ☐ briller, éclairer, éclater, étinceler, resplendir, rutiler.

FLAMME ☐ brasier, feu, incendie.
● animation, ardeur, enthousiasme, foi.

FLAMMÈCHE ☐ escarbille, étincelle.

FLANC ☐ aile, bord, côté, entrailles, travers, ventre.

FLANCHER ☐ abandonner, reculer, renoncer.

FLANER ☐ errer, marcher, musarder, se promener, traîner, vagabonder.

FLÂNEUR ☐ badaud, passant, promeneur.

FLAPI □ épuisé, éreinté, fané, fatigué, flétri, las, usé.

FLASQUE □ avachi, cotonneux, mou, spongieux.

FLATTER □ amadouer, bercer, cajoler, caresser, choyer, courtiser, encenser, flagorner.

FLATTER (SE) □ se glorifier, se prévaloir, se targuer, se vanter.

FLÉAU □ calamité, cataclysme, catastrophe, désastre, drame, sinistre.

FLÈCHE □ dard, fléchette, sagaie, trait.

FLÉCHIR □ attendrir, céder, courber, ébranler, obéir, plier, succomber, toucher.

FLEGMATIQUE □ blasé, froid, impassible, lymphatique, serein, tranquille.

FLÉTRI □ décati, déformé, défraîchi, fané, passé, ridé, usé.

FLEUR □ plante, végétal.
● choix, élite, sélection.

FLEURI □ coloré, rubicond, vif.

FLEURIR □ bourgeonner, éclore, s'épanouir.
● se développer, prospérer, réussir.

FLEUVE □ cours d'eau, estuaire, rivière.

FLEXIBLE □ élastique, maniable, mou, pliable, souple.
● docile, influençable, malléable, obéissant, soumis, souple.

FLIRT □ amourette, badinage, passade.

FLORE □ végétation.

FLORILÈGE □ anthologie, morceaux choisis, recueil.

FLORISSANT □ abondant, copieux, fécond, fructueux, heureux, opulent, prospère, riche.

FLOT □ courant, flux, déluge, houle, lame, marée, onde, vague.
● abondance, afflux, débordement, foule, multitude, opulence, richesse.

FLOTTER □ ondoyer, onduler, surnager, voleter, voltiger.
● atermoyer, hésiter, temporiser, tergiverser.

FLOU □ fondu, inconsistant, indistinct, vague, vaporeux.

FLUCTUATION □ balancement, changement, oscillation, variation, vicissitude.

FLUET □ délicat, fragile, grêle, menu, mince.

FLUIDE □ flux, gaz, liquide, onde, radiation.

FLUIDE □ (adj) clair, coulant, dilué, instable, liquide, mouvant.

FLÛTE □ chalumeau, fifre, flageolet, pipeau, traversière.
● baguette, pain.
● vase, verre.

FLUX □ afflux, débit, débordement, écoulement, émission, flot, marée, ressac.

FOI □ conviction, croyance, religion.
● confiance, droiture, fidélité, honneur, promesse, sincérité.

FOIRE □ exposition, fête, marché.

FOIS □ coup, moment, occasion, opportunité.

FOISON (À) □ en abondance, beaucoup.

FOISONNER □ abonder, fourmiller, pulluler.

FOLÂTRE □ allègre, badin, enjoué, espiègle, gai, heureux, joyeux, plaisant, rieur.

FOLÂTRER □ badiner, batifoler, s'ébattre, flirter, marivauder, papillonner.

FOLIE ☐ aliénation, délire, démence, déraison, égarement, extravagance, fureur, idiotie, névrose.

FOLIO ☐ feuille, numérotation, page.

FOLLEMENT ☐ extrêmement.

FOMENTER ☐ comploter, exciter, provoquer, soulever.

FONCÉ ☐ brun, obscur, opaque, sombre.

FONCER ☐ charger, s'élancer, se précipiter.

FONCTION ☐ activité, emploi, état, office, place, poste, profession, tâche.

FONCTIONNAIRE ☐ administrateur, agent, bureaucrate, commis, employé, préposé, salarié.

FONCTIONNER ☐ actionner, agir, faire, manœuvrer, marcher, opérer, travailler.

FOND ☐ base, canevas, champ, creux, cul, décor, profondeur.
● idée, matière, réalité, sujet.

FONDAMENTAL ☐ capital, essentiel, primordial, principal, vital.

FONDEMENT ☐ assise, base, fondation, motif, principe, raison, soubassement.

FONDER ☐ asseoir, bâtir, créer, établir, instituer.

FONDRE ☐ délayer, étendre, liquéfier, mouler.

FONDRE SUR ☐ s'abattre, assaillir, se précipiter.

FONDS ☐ argent, biens, capital, propriété.

FONDU ☐ dégradé, flou, indistinct.

FONTAINE ☐ bassin, réservoir, source.

FONTE ☐ dégel, fusion, liquéfaction.

FORAIN ☐ marchand ambulant, nomade, saltimbanque.

FORCE ☐ ardeur, capacité, courage, détermination, dynamisme, énergie, puissance, résistance, ressort, robustesse, vigueur.
● asservissement, contrainte, pression, violence.

FORCE (À...DE) ☐ beaucoup de.

FORCÉ ☐ inévitable, logique, nécessaire, obligatoire.
● artificiel, contraint, embarrassé, emprunté, hypocrite, faux.

FORCENÉ ☐ dément, enragé, furieux.

FORCER ☐ contraindre, exiger, obliger.
● briser, casser, défoncer, démolir, détruire, fracasser, fracturer, ouvrir.

FORÊT ☐ bois, futaie, sylve.

FORFAIT ☐ crime, délit, faute, infraction, malversation, vol.

FORFAITURE ☐ déloyauté, félonie, trahison.

FORGER ☐ élaborer, fabriquer, imaginer, inventer.
● battre, fondre.

FORMALITÉ ☐ cérémonial, démarches, procédure.

FORMAT ☐ calibre, dimension, mesure.

FORMATION ☐ composition, conception, création, élaboration, fondation, institution, organisation.
● apprentissage, éducation, instruction.

FORME ☐ aspect, configuration, contour, figure, ligne, manière, style, tracé.

FORMELLEMENT ☐ absolument.

FORMER ☐ aménager, assembler, bâtir, façonner, constituer, façonner, modeler, sculpter.
● éduquer, initier, instruire.

FORMIDABLE □ bizarre, cauchemardesque, colossal, considérable, dantesque, effrayant, effroyable, épouvantable, étonnant, exceptionnel, fantastique, hallucinant, inouï, magnifique, menaçant, monstrueux, pétrifiant, phénoménal, surprenant, terrible, terrifiant.

FORMULE □ expression, intitulé, méthode, mode, phrase, procédé, slogan.

FORMULER □ dire, énoncer, exposer, exprimer, formuler, prononcer.

FORT □ athlétique, dru, gros, musclé, puissant, résistant, robuste, solide, vigoureux.

FORTERESSE □ bastille, citadelle, fort, fortin.

FORTIFIANT □ réconfortant, reconstituant, stimulant, tonique.

FORTIFIER □ affermir, armer, consolider, équiper, renforcer.
● encourager, durcir, raffermir, réconforter, tonifier.

FORTUITEMENT □ accidentellement, par hasard.

FORTUNE □ chance, destinée, hasard, sort.
● argent, biens, capital, prospérité, richesse, trésor.

FORTUNÉ □ aisé, chanceux, florissant, heureux, riche.

FOSSE □ cavité, douve, fossé, gouffre, oubliette, trou.

FOSSÉ □ canal, douve, rigole, tranchée.

FOU □ absurde, aliéné, délirant, dément, déraisonnable, déséquilibré, furieux, halluciné, interné, malade, maniaque, névrosé.

FOUCADE □ caprice, fantaisie, gré, humeur, lubie, toquade.

FOUDRE □ éclair, tonnerre.

● tonneau.

FOUDROYANT □ aveuglant, fulgurant, fulminant.
● brutal, immédiat, instantané, prompt, rapide, soudain, subit.

FOUETTER □ battre, cingler, flageller, fustiger.

FOUGUE □ ardeur, élan, emportement, enthousiasme, entrain, impétuosité, véhémence, violence, virulence.

FOUGUEUX □ ardent, bouillant, emporté, impétueux, violent.

FOUILLER □ approfondir, chercher, creuser, enquêter, farfouiller, fouiner, fureter, rechercher, retourner.

FOUILLIS □ confusion, désordre, fatras, incohérence, pagaille.

FOUINER □ fouiller, fureter, rechercher.

FOULE □ affluence, masse, monde, multitude, presse, nuée, rassemblement, troupe, troupeau.

FOULER □ bafouer, humilier, mépriser, opprimer.
● exprimer, extraire, piétiner, presser.

FOUR □ convertisseur, étuve, fournaise, fourneau, gril.
● échec, fiasco, insuccès.

FOURBE □ dissimulé, faux, hypocrite, menteur, sournois, traître, trompeur.

FOURBERIE □ duplicité, fausseté, hypocrisie, traîtrise, tromperie.

FOURBIR □ astiquer, frotter, polir.

FOURBU □ épuisé, éreinté, fatigué, las, moulu, rompu, usé.

FOURCHE □ bifurcation, carrefour, embranchement.
● fourchette, harpon, trident.

FOURMILLER □ abonder, grouiller, proliférer, pulluler.

FOURNIR □ approvisionner, donner, équiper, livrer, munir, nantir, procurer, ravitailler, vendre.

FOURRER □ doubler, enfoncer, introduire, mettre.

FOURRURE □ peau, pelage, poil, toison.

FOURVOYER (SE) □ s'égarer, se perdre, se tromper.

FOYER □ âtre, cheminée, feu.
● demeure, domicile, famille, maison.

FRACAS □ bruit, tapage, tintamarre, vacarme.

FRACASSER □ briser, broyer, casser, disloquer, fracturer, rompre, saccager.

FRACTION □ brisure, cassure, fracture, fragment, morceau, part, partie, scission, tronçon.

FRACTIONNER □ morceler, partager, sectionner.

FRACTURER □ briser, casser, fendre, fracasser, ouvrir.

FRAGILE □ cassant, chétif, délicat, frêle, friable, menu, mièvre, périssable.

FRAGILITÉ □ délicatesse, faiblesse, précarité.

FRAGMENT □ débris, éclat, morceau, partie.

FRAGMENTER □ diviser, morceler, partager, répartir.

FRAGRANCE □ arôme, bouquet, odeur, parfum.

FRAÎCHEUR □ froid, humidité, refroidissement.
● éclat, grâce, innocence, jeunesse, naïveté, naturel, spontanéité.

FRAIS □ froid, gelé, glacé, réfrigéré.

● jeune, neuf, nouveau, récent, sain, vert.
● détendu, dispos, reposé.

FRANC □ carré, cordial, droit, honnête, libre, loyal, ouvert, simple, sincère, vrai.

FRANCHEMENT □ sincèrement.

FRANCHIR □ dépasser, parcourir, passer, traverser.

FRANCHISE □ cordialité, droiture, franc-parler, honnêteté, simplicité, sincérité, véracité.

FRANCO □ direct, gratuit, sans frais.

FRAPPER □ battre, cogner, heurter, marteler, punir, taper, toquer.
● attendrir, attrister, émouvoir, impressionner, toucher.
● glacer, rafraîchir, refroidir.

FRASQUE □ fredaine, équipée, escapade, folie, incartade.

FRATERNEL □ amical, bienveillant, bon, complaisant, cordial, indulgent, solidaire, sympathique.

FRATERNISER □ s'entendre, sympathiser, s'unir.

FRAUDER □ abuser, falsifier, tricher, tromper.

FREDAINE □ frasque, escapade, folie, incartade.

FREDONNER □ chantonner, chanter, psalmodier.

FREINER □ atténuer, contrarier, gêner, modérer, ralentir, retenir.

FRELATÉ □ altéré, dégradé, falsifié, gâté, malsain, truqué, vicié.

FRÊLE □ chancelant, délicat, faible, fragile, grêle, menu, mièvre.

FRÉMIR □ bruire, frissonner, trembler, vibrer.

FRÉNÉSIE □ agitation, délire, égarement, exaltation, fièvre, fureur.

FRÉQUEMMENT □ souvent.

FRÉQUENCE □ cycle, répétition.

FRÉQUENTATION □ connaissance, liaison, relation.

FRÉQUENTER □ aller fréquemment, hanter, pratiquer, visiter.

FRÈRE □ ami, compagnon, double, semblable.

FRÉTILLER □ s'agiter, remuer, se trémousser.

FRIAND □ avide, glouton, gourmand.

FRIANDISE □ confiserie, douceurs, gourmandises, sucreries.

FRICTIONNER □ frotter, masser, oindre, parfumer.

FRIGORIFIER □ congeler, geler, glacer, réfrigérer.

FRIMAS □ brouillard, bruine, brume, crachin, froidure.

FRINGANT □ agile, alerte, brillant, déluré, fougueux, pétillant, primesautier, sémillant.

FRIPER □ bouchonner, chiffonner, froisser.

FRIPOUILLE □ aventurier, canaille, malfaiteur, truand, voleur, vaurien.

FRISER □ boucler, crêper, onduler.

FRISSON □ convulsion, frissonnement, spasme, tremblement, tressaillement.

FRISSONNANT □ gelé, transi, tremblant.

FRIVOLE □ désinvolte, étourdi, folâtre, futile, inconséquent, infidèle, léger, volage.

FROID □ frais, gelé, glacé, glacial, polaire, rafraîchi.
● dédaigneux, distant, dur, impassible, indifférent.

FROISSER □ blesser, choquer, déso-

bliger, fâcher, offenser, mortifier, vexer.
● bouchonner, chiffonner, friper, froncer, plisser.

FRÔLER □ effleurer, friser, raser, toucher.

FRONCER □ froisser, plisser, rider.

FRONDER □ attaquer, critiquer, railler.

FRONDEUR □ contestataire, hâbleur, indiscipliné, moqueur, rebelle.

FRONT □ coalition, ligue, union.
● face, figure, tête, visage.
● devanture, façade, fronton.

FRONTIÈRE □ confins, démarcation, limite, marche.

FROTTER □ astiquer, briquer, essuyer, fourbir, frictionner, lustrer, nettoyer.

FROUSSARD □ lâche, peureux, pleutre, poltron, pusillanime.

FRUCTUEUX □ abondant, copieux, fécond, fertile, luxuriant, opulent, riche.

FRUGALITÉ □ abstinence, modération, sobriété.

FRUIT □ agrume, baie, graine, grappe.
● profit, revenu, usufruit.
● conséquence, effet, résultat.

FRUSTE □ grossier, inculte, lourdaud, rustique, rustre, simple.

FRUSTRER □ démunir, dépouiller, désavantager, priver, spolier.

FUGACE □ changeant, fugitif, passager, rapide, transitoire.

FUGITIF □ (nom) banni, évadé, fuyard, proscrit.

FUGITIF □ fugace, passager, rapide, transitoire.

FUGUE □ équipée, escapade, frasque, fredaine, fuite.

FUIR ☐ abandonner, décamper, disparaître, s'échapper, s'esquiver, s'évader, éviter, partir, se sauver.

FUITE ☐ abandon, débâcle, débandade, défaite, exode, panique, sauve-qui-peut.

FULMINER ☐ crier, déclamer, invectiver, rugir, tempêter.

FUMÉE ☐ buée, exhalaison, gaz, nuage, vapeur.
● chimère, illusion, néant vanité, vide.

FUMEUX ☐ abscons, confus, incompréhensible, obscur.

FUNÈBRE ☐ affligeant, funéraire, macabre, mortuaire, triste.

FUNÉRAILLES ☐ convoi, deuil, enterrement, incinération.

FUNESTE ☐ affligeant, catastrophique, désastreux, fatal, néfaste.

FURETER ☐ chercher, fouiller, fouiner.

FUREUR ☐ acharnement, colère, emportement, frénésie, furie, irritation, passion, rage, violence.

FURIEUX ☐ agité, énergumène, excité, fanatique, forcené, fou, furibond, possédé.

FURONCLE ☐ abcès, clou, enflure, orgelet, pustule, tumeur.

FURTIVEMENT ☐ clandestinement, secrètement, subrepticement.

FUSIL ☐ arquebuse, carabine, escopette, mousqueton.

FUSILLER ☐ exécuter, passer par les armes, supplicier, tuer.

FUSION ☐ fonte, liquéfaction.
● association, liaison, union.

FUSTIGER ☐ battre, blâmer, fouetter, réprimander.

FUTÉ ☐ adroit, astucieux, débrouillard, habile, malin, malicieux, rusé.

FUTILE ☐ creux, désinvolte, étourdi, évaporé, frivole, inconséquent, insouciant, léger, superficiel, vain.

FUTUR ☐ au-delà, avenir, devenir, éternité, lendemain, postérité.

FUYANT ☐ éphémère, fugace, fugitif, passager, transitoire.

FUYARD ☐ déserteur, évadé, fugitif, proscrit.

g

GABARIT □ bâti, canevas, dimension, forme, modèle, patron, tonnage.

GABEGIE □ désordre, gâchis, gaspillage, incohérence.

GÂCHER □ abîmer, bâcler, expédier, galvauder, gaspiller, gâter, saboter.

GÂCHIS □ désordre, dilapidation, gabegie, gaspillage.

GAFFE □ bêtise, bévue, bourde, erreur, impair, maladresse, sottise.
● perche.

GAG □ effet comique.

GAGE □ arrhes, assurance, aval, caution, dépôt, garantie.

GAGES □ appointements, émoluments, paye, rétribution, salaire.

GAGER □ miser, parier, risquer.
● attester, cautionner, garantir.

GAGEURE □ défi, pari, risque.

GAGNANT □ champion, lauréat, triomphateur, vainqueur, victorieux.

GAGNER □ empocher, encaisser, toucher.
● acquérir, bénéficier, mériter, obtenir, récolter, séduire.
● battre, dompter, enlever, surclasser, surmonter, triompher de, vaincre.

GAI □ allègre, comique, content, divertissant, éméché, enjoué, espiègle, gaillard, guilleret, joyeux, jovial, réjoui, réjouissant.

GAIETÉ / GAÎTÉ □ alacrité, allégresse, entrain, hilarité, joie, jubilation, plaisir.

GAILLARD □ alerte, égrillard, enjoué, gai, gaulois, grivois, leste, osé, paillard, rabelaisien.

GAIN □ bénéfice, boni, butin, commission, dividende, lucre, profit, rendement, rétribution, salaire, solde, succès, traitement.

GAINE □ ceinture, corset, guêpière, prothèse.
● enveloppe, étui, fourreau, housse.

GALA □ célébration, cérémonie, festival, fête, réception.

GALANT □ aimable, attentionné, empressé, libertin, poli, voluptueux.

GALANT □ (nom) amoureux, godelureau, soupirant.

GALANTERIE □ civilité, courtoisie, politesse.
● aventure, flirt, fredaine, intrigue, liaison, marivaudage, séduction.

GALERIE □ auditoire, public, spectateurs.

● exposition, musée, salle.

● boyau, passage, rue, souterrain, tunnel.

● couloir, portique, véranda, vestibule.

GALOPER □ courir, détaler, se hâter, se presser.

GALVANISER □ électriser, embraser, enfiévrer, enflammer, électriser, enthousiasmer, exalter, stimuler, survolter, transporter.

GALVAUDER □ errer, divaguer, vagabonder.

● avilir, bâcler, déshonorer, expédier, gaspiller, gâter, saboter.

GAMIN □ adolescent, enfant, galopin, garnement, polisson.

GANDIN □ chic, coquet, dandy, distingué, élégant, fringant, gommeux, pimpant.

GANGRÈNE □ corruption, décomposition, pourriture.

GANGRENER □ abîmer, avarier, corrompre, décomposer, dépraver, détériorer, gâter, pourrir.

GARANTIE □ assurance, caution, gage, signature.

GARANTIR □ affirmer, assurer, attester, cautionner, certifier, confirmer, préserver, protéger.

GARDER □ conserver, économiser, épargner, entreposer, receler, réserver.

● enfermer, observer, protéger, retenir, sauvegarder, séquestrer, surveiller.

GARDIEN □ concierge, garde, geôlier, magasinier, sentinelle, surveillant, vigile.

GARNEMENT □ adolescent, enfant, galopin, gamin, polisson, vaurien.

GARNIR □ doubler, décorer, équiper, emplir, entasser, fourrer, outiller, orner, remplir.

GARNITURE □ assortiment, enveloppe, ornement, parure, protection.

GARROTTER □ attacher, bâillonner, étrangler.

GARS □ fils, garçon, gaillard.

GASPILLER □ bâcler, dépenser, dilapider, dissiper, galvauder, gâter, perdre, saboter.

GASTRONOME □ amateur, fine gueule, gourmand, gourmet.

GÂTER □ abîmer, altérer, avarier, corrompre, dépraver, détériorer, galvauder, gangrener, gaspiller, pervertir, pourrir.

GÂTEUX □ âgé, déliquescent, idiot, malade, radoteur, sénile, vieux.

GAUCHE □ bâbord, senestre.

GAUCHE □ (adj) contraint, embarrassé, emprunté, gêné, maladroit, malhabile, nigaud, raide, timide.

GAUCHIR □ biaiser, dévier, tordre.

GAUDRIOLE □ boutade, gauloiserie, gouaillerie, grivoiserie, plaisanterie.

GAULOIS □ égrillard, gaillard, grivois, leste, osé, paillard.

GAUSSER (SE) □ se moquer, plaisanter, railler, rire de.

GAVÉ □ bourré, engraissé, gorgé.

GAZ □ fluide, vapeur.

● flatulence.

GAZETTE □ bulletin, journal, revue.

GAZOUILLER □ babiller, bruire, chanter, murmurer.

GÉANT □ (nom) cyclope, demi-dieu, génie, ogre, surhomme, titan.

GÉANT □ (adj) colossal, démesuré, énorme, gigantesque, grandiose, immense, imposant, monumental.

GEINDRE ☐ gémir, se lamenter, se plaindre, regretter.

GEL ☐ frimas, givre, glace.

GELÉ ☐ congelé, frappé, frigorifié, glacé, réfrigéré, transi.

GÉMIR ☐ crier, geindre, se lamenter, pleurer, récriminer, reprocher, souffrir.

GÉMISSEMENT ☐ doléances, geignement, jérémiade, lamentation, murmure, plainte, sanglot, soupir.

GÊNANT ☐ déplaisant, désagréable, embarrassant, encombrant, ennuyeux, fâcheux.

GENDRE ☐ beau-fils.

GÊNE ☐ contrainte, dérangement, difficulté, embarras.
● besoin, nécessité, pauvreté.

GÊNÉ ☐ emprunté, entravé, gauche, maladroit, malhabile.
● miséreux, nécessiteux, pauvre.

GÊNER ☐ contraindre, déranger, désavantager, embarrasser, entraver, handicaper, importuner, intimider, nuire, porter préjudice.

GÉNÉRAL ☐ collectif, commun, global, large, ordinaire, universel.

GÉNÉRAL (EN) ☐ ordinairement.

GÉNÉRALEMENT ☐ habituellement.

GÉNÉRALISER ☐ développer, étendre, propager, répandre.

GÉNÉRATION ☐ fécondation, genèse, reproduction.
● âge, postérité, progéniture.

GÉNÉREUX ☐ bienveillant, bon, brave, charitable, courageux, intrépide, magnanime.

GÉNÉROSITÉ ☐ altruisme, bienfaisance, bonté, charité, grandeur d'âme, magnanimité, mansuétude.

GENÈSE ☐ création, élaboration, formation, origine.

GÊNEUR ☐ importun, indésirable, insupportable, intempestif, raseur, parasite.

GÉNIAL ☐ habile, ingénieux, inventif, sagace.

GÉNIE ☐ capacité, disposition, don, penchant, talent.
● ange, démon, divinité, esprit.
● maître, surdoué, virtuose.

GÉNITAL ☐ sexuel.

GÉNITEUR ☐ parent, reproducteur.

GENOU ☐ articulation, jarret, rotule.

GENRE ☐ catégorie, classe, espèce, famille, ordre, race, varié.
● attitude, façon, sorte, tournure.

GENS ☐ êtres, foule, personnes, public.

GENTIL ☐ aimable, accueillant, amène, beau, bon, charmant, délicieux, gracieux, mièvre, plaisant, poli, sensible, tendre.

GENTILHOMME ☐ aristocrate, grand, noble.

GENTILLESSE ☐ amabilité, bienveillance, civilité, courtoisie, douceur, obligeance, politesse, prévenance.

GEÔLE ☐ cachot, cellule, prison.

GÉRANCE ☐ administration, direction, gestion.

GERBE ☐ botte, bouquet, fagot, javelle.

GÉRER ☐ administrer, diriger, gouverner, régir.

GERME ☐ grain, graine, embryon, semence.
● naissance, cause, origine, principe, source.

GESTATION ☐ conception, création, genèse, grossesse.

GESTE ☐ acte, attitude, conduite, exploit, mimique, mime, mouvement, posture.

GIBET ☐ corde, échafaud, estrapade, pilori, potence.

GICLER ☐ apparaître, couler, s'élever, fuser, jaillir, surgir.

GIFLE ☐ claque, coup, soufflet, tape.

GIGANTESQUE ☐ colossal, démesuré, énorme, grandiose, immense, imposant, monumental, titanesque.

GIGOTER ☐ s'agiter, danser, remuer, se trémousser.

GISEMENT ☐ bassin, mine, veine.

GÎTE ☐ abri, foyer, habitation, maison, nid, refuge, repaire, tanière, terrier.

GIVRE ☐ frimas, gelée, glace.

GLABRE ☐ imberbe, lisse, nu.

GLACE ☐ miroir, pare-brise, vitre.
● banquise, gel, givre, iceberg, neige, verglas.
● cassate, crème, sorbet.

GLACER ☐ congeler, engourdir, frapper, geler, pétrifier, refroidir, transir.
● effrayer, impressionner, intimider, pétrifier, terroriser.

GLACIAL ☐ antipathique, froid, glacé, hautain, imperturbable, impressionnant, insensible, intimidant, lointain, sec, sinistre.

GLADIATEUR ☐ belluaire, bestiaire, mirmillon, rétiaire.

GLAISE ☐ argile, kaolin, marne.

GLAIVE ☐ épée, fer.

GLANER ☐ butiner, grappiller, moissonner, récolter, recueillir.

GLAPIR ☐ aboyer, crailler, crier, injurier.

GLAUQUE ☐ inquiétant, trouble, verdâtre.

GLISSANT ☐ dangereux, fuyant, hasardeux, incertain, mouvant.

GLISSEMENT ☐ affaissement, chute, dérapage, glissade.
● changement, évolution, mouvement.

GLISSER ☐ déraper, patiner, riper, skier.

GLISSER (SE) ☐ s'échapper, se faufiler, s'infiltrer, s'insinuer, s'introduire.

GLOIRE ☐ célébrité, éclat, grandeur, honneur, louange, majesté, réputation, splendeur.

GLORIEUX ☐ avantageux, célèbre, éclatant, illustre, magnifique, mémorable, orgueilleux, présomptueux, suffisant, vaniteux.

GLORIFIER ☐ célébrer, chanter, exalter, louer, magnifier.

GLORIOLE ☐ orgueil, ostentation, suffisance, vanité.

GLOSSAIRE ☐ dictionnaire, lexique.

GLOUTON ☐ avide, goinfre, gourmand, goulu, vorace.

GLUANT ☐ collant, épais, poisseux, visqueux.

GOBER ☐ aspirer, attraper, avaler, manger.
● accepter, admettre, croire.

GOGUENARD ☐ ironique, moqueur, narquois, railleur.

GOLFE ☐ anse, baie, calanque, crique, fjord.

GOMMEUX ☐ affecté, coquet, distingué, élégant, fringant, gandin, pimpant, ridicule.

GONFLÉ ☐ ballonné, bouffant, bouffi, boursouflé, dilaté, enflé, soufflé, tuméfié, turgescent.

GONFLEMENT ☐ abcès, dilatation, grosseur, œdème, tuméfaction, turgescence.
● augmentation, exagération, inflation.

GONFLER ☐ augmenter, dilater, enfler, grossir, remplir.

GORGE ☐ col, cluse, défilé, passage.
● buste, poitrine, sein.
● amygdale, gosier, larynx, œsophage, pharynx.

GORGÉ ☐ bourré, comblé, gavé, rassasié, rempli.

GOSSE ☐ enfant, gamin, garnement.

GOUAILLE ☐ faconde, moquerie, raillerie.

GOUAPE ☐ frappe, vaurien, voyou.

GOUFFRE ☐ abîme, abysse, précipice, trou.

GOUJAT ☐ grossier, impoli, impudent, insolent, mufle, rustre, vulgaire.

GOULU ☐ avide, glouton, goinfre, gourmand, vorace.

GOURD ☐ engourdi, paralysé, perclus, transi.

GOURDIN ☐ bâton, canne, matraque, trique.

GOURMAND ☐ avide, friand, gastronome, glouton, gourmet.

GOURMANDER ☐ blâmer, gronder, réprimander, tancer.

GOÛT ☐ attirance, attrait, envie, faible, inclinaison, penchant, préférence.
● bouquet, fumet, saveur.

GOÛTER ☐ aimer, apprécier, déguster, essayer, se plaire à, raffoler de, savourer.

GOUVERNAIL ☐ barre, timon.

GOUVERNANT ☐ dirigeant, monarque, ministre, président, responsable.

GOUVERNANTE ☐ chaperon, duègne, nurse.

GOUVERNEMENT ☐ administration, conduite, direction, pouvoir, régime, système.

GOUVERNER ☐ administrer, conduire, diriger, gérer, régner.

GOUVERNEUR ☐ administrateur, directeur, maître, légat, proconsul, régent.

GRABAT ☐ couche, lit, litière.

GRABUGE ☐ bagarre, dégât, discussion, dispute, dommage, vacarme.

GRÂCE ☐ agrément, amabilité, attrait, beauté, charme, classe, délicatesse, distinction, douceur, esthétique, élégance, gentillesse, harmonie.
● absolution, amnistie, faveur, pardon, rémission, sursis.

GRACIEUSEMENT ☐ gratuitement.

GRACIEUX ☐ agréable, aimable, amène, charmant, délicieux, gentil, plaisant, poli.

GRACILE ☐ délicat, fluet, fragile, grêle, menu, mince.

GRADE ☐ avancement, échelon, promotion.

GRADIN ☐ degré, étage, marche.

GRADUELLEMENT ☐ progressivement.

GRAIN ☐ averse, bourrasque, pluie, tempête, tornade.
● germe, graine, noyau, pépin.

GRAISSER ☐ huiler, lubrifier, oindre.

GRAISSEUX ☐ adipeux, gras, huileux, onctueux.

GRAND ☐ (adj) ample, considérable, élevé, éminent, énorme, fameux, gigantesque, glorieux, haut, illustre, immense, important, imposant, impressionnant, magistral, remarquable.

GRAND ☐ (nom) héros, noble, personnalité.

GRANDEUR ☐ ampleur, dimension, élévation, étendue, force, fortune, gloire, immensité, importance, intensité, largeur, noblesse, puissance, stature, taille, valeur.

GRANDEUR D'ÂME □ bonté, charité, générosité, magnanimité, mansuétude.

GRANDILOQUENT □ ampoulé, déclamatoire, emphatique, pédant, pompeux, ridicule.

GRANDIOSE □ ample, colossal, considérable, démesuré, énorme, gigantesque, grandiose, immense, imposant, impressionnant, monumental, remarquable.

GRANDIR □ s'aggraver, augmenter, croître, se développer, s'étendre, grossir.

GRAPHIQUE □ courbe, dessin, diagramme, tableau.

GRAS □ adipeux, bouffi, charnu, dodu, graisseux, grassouillet, gros, plantureux, potelé, rebondi, replet, rondouillard.

● glissant, graisseux, huileux, lubrifié, onctueux, visqueux.

GRATIFICATION □ aumône, bonification, don, faveur, libéralité, pot-de-vin, pourboire, prime, rétribution.

GRATIFIER □ allouer, attribuer, donner, doter, pourvoir, procurer.

GRATIS □ gratuitement.

GRATITUDE □ reconnaissance.

GRATTER □ racler, ratisser, sarcler.
● économiser, grappiller, grignoter, lésiner.

GRATUIT □ désintéressé, gracieux, injustifié.

GRATUITEMENT □ gracieusement.

GRAVE □ compassé, crucial, décisif, éminent, essentiel, fondamental, important, lourd, majestueux, raide, rigide, sérieux.

● bas, caverneux, profond.

GRAVELEUX □ cru, licencieux, obscène, osé.

GRAVEMENT □ dignement.

GRAVER □ buriner, fixer, imprimer, inscrire, sculpter, tracer.

GRAVIR □ escalader, grimper, monter.

GRAVITÉ □ componction, dignité, importance, majesté, pompe, raideur, sérieux, sévérité, solennité.

● attraction, gravitation, pesanteur.

GRAVURE □ eau-forte, estampe, image, lithographie, reproduction.

GRÉ (DE BON) □ volontairement.

GREFFE □ bouture, ente, scion.
● opération chirurgicale.

GREFFER □ ajouter, enter, insérer.

GRÊLE □ glace, grêlon, grésil.

GRÊLE □ (adj) délicat, filiforme, fluet, fragile, gracile, menu, mince.

GRELOTTER □ frissonner, trembler, tressaillir.

GRENIER □ comble, fenil, galetas, grange, mansarde.

GRÈVE □ arrêt de travail, débrayage, lock-out.

● bord, côte, plage, rivage.

GREVER □ accabler, alourdir, charger, imposer, surcharger.

GRIBOUILLAGE □ barbouillage, brouillon, graffiti.

GRIEF □ accusation, critique, récrimination, reproche, remontrance.

GRIFFE □ empreinte, marque, sigle, symbole.

● ongle, serre.

GRIFFURE □ balafre, écorchure, égratignure, éraflure.

GRIGNOTER □ chipoter, manger, ronger.

GRILLE □ clôture, grillage, herse.

● mots croisés.

GRILLER ☐ brûler, chauffer, rôtir, torréfier.

● désirer, être impatient de, vouloir.

GRIMACE ☐ mimique, moue, rictus, simagrées, singerie.

GRIMER ☐ farder, maquiller.

GRIMPER ☐ escalader, gravir, monter.

GRINCER ☐ crier, crisser, couiner, ricaner.

GRINCHEUX ☐ acariâtre, acrimonieux, bougon, coléreux, hargneux, maussade, morose, revêche.

GRINGALET ☐ chétif, fragile, malingre, menu, rabougri.

GRIS ☐ brumeux, morne, maussade.
● gai, ivre.

GRISER (SE) ☐ s'enivrer, s'étourdir, s'exciter.

GRIVOIS ☐ égrillard, enjoué, gai, gaulois, gaillard, leste, osé, paillard, rabelaisien.

GROGNER ☐ bougonner, grommeler, gronder, pester, protester.

GROGNON ☐ acariâtre, bougon, hargneux, morose, revêche, rouspéteur.

GROMMELER ☐ grogner, gronder, murmurer, protester.

GRONDER ☐ grogner, grommeler, murmurer, protester, ronchonner, tonner.
● blâmer, corriger, disputer, rabrouer, réprimander, tancer.

GROS ☐ corpulent, courtaud, empâté, fort, gras, imposant, obèse, pansu, trapu, ventripotent, ventru.
● charnu, considérable, énorme, épais, grossier, immense, important, opulent, volumineux.

GROSSEUR ☐ corpulence, embonpoint, obésité, volume.
● abcès, dilatation, gonflement, hypertrophie, œdème, tuméfaction, tumeur, turgescence.

GROSSIER ☐ bas, dégoûtant, méprisable, obscène, répugnant, scatologique, vil.
● goujat, grossier, impoli, impudent, insolent, mufle, rustre, vulgaire.

GROSSIÈRETÉ ☐ brutalité, impolitesse, maladresse, muflerie, obscénité, rusticité, vulgarité.

GROSSIR ☐ amplifier, augmenter, dramatiser, enfler, exagérer, gonfler, tuméfier.

GROTESQUE ☐ aberrant, absurde, burlesque, déraisonnable, imbécile, insensé, laid, ridicule, saugrenu.

GROTTE ☐ antre, caverne, refuge.

GROUILLER ☐ abonder, foisonner, infester, proliférer, pulluler, remuer.

GROUPE ☐ association, clan, collectif, espèce, essaim, famille, grappe, peloton, troupe.

GROUPEMENT ☐ association, coalition, disposition, fédération, groupe, rassemblement, réunion.

GROUPER ☐ assembler, classer, coaliser, réunir.

GRUGER ☐ abuser, spolier, tromper, voler.

GUÉ ☐ passage.

GUENILLE ☐ haillon, hardes, loque, oripeau.

GUÈRE ☐ peu.

GUÉRIR ☐ cicatriser, désintoxiquer, se remettre, sauver, se rétablir.

GUÉRISON ☐ cicatrisation, convalescence, cure, rétablissement.

GUÉRISSEUR ☐ charlatan, rebouteux, sorcier.

GUERRE ☐ attaque, bataille, campagne, combat, conflagration, conflit, croisade, expédition, guérilla, hostilité, invasion, offensive, stratégie, tactique.

GUERRIER ☐ (nom) combattant, conquérant, militaire, soldat.

GUERRIER ☐ (adj) belliqueux, combatif, martial.

GUET ☐ affût, faction, garde, veille.

GUETTER ☐ attendre, épier, surveiller.

GUETTEUR ☐ sentinelle, surveillant, veilleur.

GUEUX ☐ clochard, fripon, mendiant, misérable, vagabond.

GUIDE ☐ cicérone, conseiller, directeur, égérie, pilote.
● rêne.

GUIDER ☐ conduire, conseiller, diriger, mener, orienter, piloter.

GUIGNE ☐ déveine, malchance.

GUIGNER ☐ convoiter, désirer, épier, lorgner, vouloir.

GUILLERET ☐ enjoué, frétillant, fringant, gai, gaillard, heureux, satisfait.

GUILLOTINER ☐ décapiter, exécuter, tuer.

GUINDÉ ☐ affecté, ampoulé, apprêté, emphatique, pompeux, précieux.

GUINGOIS (DE) ☐ en biais, en oblique, de travers.

GUINGUETTE ☐ bal, bastringue, bistrot, cabaret.

GUISE ☐ façon, fantaisie, goût, gré, humeur, manière.

GUTTURAL ☐ éraillé, grave, rauque.

GYMNASTIQUE ☐ acrobatie, athlétisme, culturisme, sport.

GYNÉCÉE ☐ harem, sérail.

b

HABILE □ adroit, agile, compétent, diplomate, émérite, expérimenté, ingénieux, leste, preste, prompt, prudent, roué, rusé, subtil.

HABILETÉ □ adresse, capacité, dextérité, doigté, expérience, intelligence, ruse, savoir-faire, souplesse, subtilité.

HABILITER □ autoriser, donner pouvoir à, permettre.

HABILLEMENT □ accoutrement, costume, mise, tenue, vêtement.

HABILLER □ accoutrer, costumer, équiper, parer, travestir, vêtir.

HABIT □ affaires, défroque, effets, guenille, hardes, livrée, oripeaux, robe, tenue, vêtement.

HABITANT □ âme, autochtone, citoyen, hôte, indigène, occupant, résident.

HABITATION □ abri, demeure, domicile, foyer, gîte, immeuble, logement, logis, maison, nid, propriété.

HABITUDE □ accoutumance, coutume, expérience, manie, manière, mœurs, pli, pratique, règle, routine, tradition, us, usage.

HABITUEL □ classique, courant, coutumier, familier, normal, ordinaire, quotidien, routinier, traditionnel.

HABITUER □ accoutumer, adapter, endurcir, entraîner.

HÂBLEUR □ beau parleur, fanfaron, menteur, suffisant, vantard.

HACHÉ □ entrecoupé, intermittent, saccadé.

HACHER □ couper, déchiqueter, diviser, fendre.
● entrecouper.

HAGARD □ délirant, dément, égaré, horrifié, fiévreux, fou, halluciné, terrorisé.

HAINE □ antipathie, exécration, férocité, malveillance, rancœur, rancune, répulsion, ressentiment.

HAÏR □ abhorrer, abominer, exécrer, détester, honnir, maudire.

HAÏSSABLE □ abominable, antipathique, détestable, exécrable, méprisable, odieux, répugnant.

HÂLÉ □ basané, bronzé, bruni, cuivré, doré.

HALEINE □ expiration, respiration, souffle.

● brise, effluve, fumée, odeur parfum, souffle, vent.

HALER □ remorquer, tirer, tracter, traîner.

HALETANT □ essoufflé, à bout de souffle, pantelant, suffoqué.

● angoissant, époustouflant, inquiétant, oppressant.

HALL □ couloir, galerie, salle, vestibule.

HALLUCINANT □ angoissant, cauchemardesque, dantesque, effrayant, effroyable, épouvantable, formidable, horrible, menaçant, monstrueux, pétrifiant, terrible, terrifiant.

HALLUCINATION □ angoisse, apparition, cauchemar, délire, effroi, épouvante, folie, horreur, illusion, peur, rêve, terreur, vision.

HALLUCINÉ □ angoissé, délirant, dément, effrayé, épouvanté, hagard, horrifié, terrorisé, visionnaire.

HALTE □ arrêt, escale, étape, interruption, pause, repos.

HANDICAPER □ contraindre, désavantager, embarrasser, entraver, gêner, nuire, porter préjudice.

HANTER □ fréquenter, pratiquer, visiter.

● habiter, obséder, tourmenter.

HANTISE □ crainte, obsession.

HAPPER □ attraper, s'emparer de, saisir.

HARANGUE □ allocution, discours, plaidoyer, sermon, tirade.

HARASSÉ □ anéanti, épuisé, éreinté, exténué, fatigué, las.

HARCELER □ agacer, ennuyer, exciter, gêner, presser, provoquer, tourmenter.

HARDES □ guenille, haillon, vêtement.

HARDI □ audacieux, brave, courageux, décidé, déterminé, effronté, entreprenant, impudique, intrépide, osé, provocant, résolu, téméraire.

HARDIESSE □ aplomb, arrogance, assurance, audace, courage, détermination, effronterie, insolence, intrépidité, résolution, témérité, vaillance.

HAREM □ gynécée, sérail.

HARGNEUX □ acariâtre, acrimonieux, bougon, coléreux, maussade, méchant, morose, revêche.

HARMONIE □ accord, affinité, cadence, cohérence, concorde, ensemble, entente, harmonisation, homogénéité, paix, rythme, unité.

● chœur, concert, fanfare, musique, orphéon.

HARMONISER □ accorder, agencer, assortir, combiner, composer, concilier, coordonner, équilibrer, lier, organiser, unifier.

HARNACHER □ déguiser, ficeler, habiller, vêtir.

HARPONNER □ crocheter, prendre, saisir.

HASARD □ aléa, aventure, chance, circonstance, danger, destin, fortune, impondérable, sort.

HASARD (PAR) □ accidentellement, fortuitement.

HASARDER □ aventurer, commettre, essayer, exposer, jouer, risquer, tenter.

HÂTE □ promptitude, rapidité, vitesse.

HÂTER □ accélérer, brusquer, précipiter.

HÂTER (SE) □ s'activer, courir, se dépêcher.

HÂTIF □ avancé, bâclé, immédiat, précipité, précoce, prématuré.

HAUSSE □ accroissement, augmentation, croissance, élévation, flambée, majoration, montée, poussée, revalorisation.

HAUSSER □ accroître, augmenter, élever, exhausser, majorer, relever.

HAUT □ culminant, dominant, élevé, grand, important, proéminent, supérieur.

HAUTAIN □ arrogant, condescendant, dédaigneux, fier, insolent, méprisant, orgueilleux, suffisant.

HAUTEUR □ altitude, élévation, étage, niveau, taille.
● butte, colline, crête, mont, montagne, monticule, tertre.
● arrogance, dédain, insolence, mépris, suffisance.

HÂVE □ blafard, blême, émacié, maigre, pâle.

HAVRE □ abri, port, refuge.

HÉBERGER □ accueillir, loger, recevoir.

HÉBÉTER □ abasourdir, abêtir, abrutir, choquer, ébahir, étonner, étourdir, méduser, sidérer.

HÉCATOMBE □ boucherie, carnage, extermination, massacre, tuerie.
● immolation, mise à mort, sacrifice.

HÉGÉMONIE □ empire, maîtrise, prééminence, supériorité.

HÉLER □ apostropher, appeler, interpeller.

HÉMIPLÉGIE □ apoplexie, hémorragie cérébrale, paralysie.

HÉMORRAGIE □ écoulement, épanchement, saignement.

HÉMORRAGIE CÉRÉBRALE □ congestion.

HÉRÉDITÉ □ antécédents, ascendance, atavisme, parenté, ressemblance, succession, transmission.

HÉRÉSIE □ dissidence, impiété, reniement, schisme.

HÉRÉTIQUE □ apostat, infidèle, renégat, sacrilège.

HÉRISSÉ □ décoiffé, dépeigné, dressé, ébouriffé, hirsute, horripilé, raide.

HÉRITAGE □ bien, douaire, legs, patrimoine, succession.

HÉRITER □ recevoir.

HERMÉTIQUE □ alchimique, ésotérique, occulte, secret.
● clos, étanche, fermé, obscur.

HÉROÏQUE □ chevaleresque, courageux, élevé, épique, généreux, grand, noble.

HÉROÏSME □ audace, bravoure, courage, générosité, grandeur, hardiesse, vaillance.

HÉSITATION □ atermoiement, désarroi, doute, embarras, flottement, incertitude, indécision, irrésolution, perplexité, réticence, tergiversation.

HÉSITER □ attendre, balancer, osciller, tâtonner.

HEURE □ instant, moment, temps.

HEURE (DERNIÈRE) □ agonie, dernière extrémité, mort.

HEUREUSEMENT □ bien, avec bonheur.

HEUREUX □ béat, calme, comblé, content, enchanté, gai, joyeux, nanti, optimiste, radieux, ravi, réjoui, satisfait.

HEURT □ accrochage, carambolage, choc, collision, contact, impact, percussion, secousse.

HEURTÉ □ abrupt, décousu, discordant, haché, inégal, saccadé.

HEURTER □ accrocher, buter, choquer, cogner, emboutir, frapper, heurter, percuter, tamponner, télescoper.

HEURTER (SE) □ affronter, combattre, défier.

HIDEUX □ abominable, affreux, horrible, informe, laid, monstrueux, repoussant, vilain.

HIER □ antan, autrefois, jadis.

HILARANT □ amusant, burlesque, cocasse, comique, désopilant, drôle, gai, plaisant, risible.

HILARITÉ □ allégresse, entrain, gaieté, joie, jubilation.

HISSER □ dresser, élever, hausser, lever, monter.

HISTOIRE □ chronologie, date, passé.
● annales, archives, chroniques, études, mémoires, souvenir, vie.
● anecdote, biographie, conte, fable, récit, roman.
● affaire, chicane, incident.

HISTORIEN □ annaliste, biographe, chercheur, chroniqueur, mémorialiste.

HISTRION □ acteur, bouffon, comique, clown.

HOBEREAU □ aristocrate, noblaillon, noble.

HOLDING □ cartel, consortium, entente, groupe, société, trust.

HOMÉLIE □ allocution, discours, prêche, sermon.

HOMÉRIQUE □ épique, héroïque, inoubliable, mémorable, valeureux.

HOMICIDE □ assassin, criminel, meurtrier, tueur.
● assassinat, crime, exécution, liquidation, meurtre.

HOMMAGES □ civilités, devoirs, respects.

HOMME □ amant, époux, mari.
● créature, espèce humaine, être, humanité, individu, personne, mortel.

HOMME (DE LETTRES) □ auteur, écrivain, romancier.

HOMME LIGE □ partisan, supporter, vassal.

HOMOGÈNE □ analogue, harmonieux, identique, pareil, semblable, similaire.

HOMOLOGUER □ accepter, agréer, authentifier, autoriser, enregistrer, officialiser, ratifier, valider.

HONNÊTE □ brave, consciencieux, décent, digne, intègre, loyal, probe, scrupuleux, sérieux, vertueux.

HONNÊTETÉ □ conscience, droiture, fidélité, franchise, intégrité, loyauté.

HONNEUR □ dignité, estime, fierté.
● considération, gloire, réputation.

HONNIR □ conspuer, détester, huer, mépriser, vilipender.

HONORABLE □ digne, distingué, estimable, respectable.

HONORAIRES □ appointements, émoluments, rétribution.

HONORER □ adorer, encenser, glorifier, respecter, révérer, vénérer.

HONTE □ confusion, déshonneur, embarras, gêne, ignominie, infamie, opprobre, pudeur, scandale, turpitude.

HONTEUX □ confus, embarrassé, gauche, gêné, interdit, timide.
● abject, bas, dégradant, déshonorant, humiliant, ignoble, indigne, infâme, méprisable, sale, scandaleux.

HÔPITAL □ asile, clinique, hospice, infirmerie, léproserie, maternité, sanatorium.

HORDE □ peuplade, tribu, troupe.

HORION □ coup, gifle, tape, volée.

HORIZON □ champ, distance, lointain, panorama, perspective.
● avenir, perspectives futures.

HORMIS □ excepté.

HOROSCOPE □ avenir, divination, prédiction, prophétie.

HORREUR □ affres, angoisse, cauchemar, crainte, effroi, épouvante, hallucination, inquiétude, peur, terreur.

HORRIBLE □ abominable, affreux, angoissant, cauchemardesque, dantesque, effrayant, épouvantable, hallucinant, inquiétant, insupportable, laid, monstrueux, pétrifiant.

HORRIFIER □ effrayer, scandaliser, terroriser.

HORRIPILER □ agacer, énerver, exaspérer, hérisser, irriter.

HORS □ excepté.

● dehors.

HORS-LA-LOI □ bandit, banni, exilé, réprouvé.

HOSPICE □ asile, clinique, hôpital.

HOSPITALITÉ □ accueil, asile, réception, refuge.

HOSTILE □ adverse, défavorable, inamical, néfaste, nuisible, opposé.

HOSTILITÉ □ affrontement, combat, conflit, guerre.

● antipathie, exécration, haine, malveillance, rancœur, répulsion, ressentiment.

HÔTE □ amphitryon, hôtelier, maître de maison.

● convive, invité, pique-assiette.

HÔTEL □ auberge, meublé, motel, palace, pension.

HOULE □ flot, ressac, vague.

HOUSPILLER □ gronder, malmener, maltraiter, réprimander, secouer.

HOUSSE □ enveloppe, étui, fourreau, gaine.

HUER □ conspuer, insulter, malmener, railler, siffler, vilipender.

HUILEUX □ adipeux, graisseux, gras, visqueux.

HUISSIER □ appariteur, garçon de bureau, gardien, portier, surveillant.

HUMAIN □ altruiste, bon, bienveillant, charitable, compatissant, généreux, magnanime, sensible.

HUMANISME □ classicisme, civilisation, culture, savoir.

HUMANISTE □ penseur, philosophe, sage.

HUMANITÉ □ bienveillance, bonté, charité, clémence, mansuétude.

● espèce humaine.

HUMBLE □ discret, effacé, étriqué, modeste, petit, pudique, réservé.

HUMECTER □ arroser, humidifier, imbiber, imprégner, mouiller.

HUMER □ flairer, renifler, respirer, sentir.

HUMEUR □ bouderie, caprice, contrariété, dépit, envie, fantaisie, goût, irritation, lubie, manie, naturel, passade, volonté.

● écoulement, flux, sécrétion.

HUMILIATION □ abaissement, abjection, avilissement, bassesse, déchéance, déclin, dégénérescence, honte.

● affront, camouflet, outrage, vexation.

HUMILIER □ abaisser, avilir, mortifier, opprimer, rabaisser, ravaler, vexer.

HUMILITÉ □ bassesse, modestie, obséquiosité, servitude, soumission, timidité.

HUMOUR □ esprit, fantaisie, ironie, plaisanterie.

HUPPÉ □ fortuné, nanti, opulent, prospère, riche, richissime.

HURLER □ aboyer, brailler, crier, japper, protester, vociférer.

HURLUBERLU ☐ étourdi, évaporé, fantasque, frivole, inconséquent, léger.

HYBRIDE ☐ mâtiné, mélangé, métis.

HYGIÈNE ☐ diététique, propreté, salubrité, santé, soin.

HYMEN / HYMÉNÉE ☐ alliance, mariage, union.

HYMNE ☐ cantique, chant, psaume.

HYPERBOLIQUE ☐ ampoulé, emphatique, excessif, grandiloquent, pédant, pompeux.

HYPNOTISER ☐ endormir, fasciner, magnétiser, obnubiler.

HYPOCONDRIAQUE ☐ acariâtre, aigri, capricieux, hargneux, maussade, mélancolique, morose, triste.

HYPOCRISIE ☐ dissimulation, duplicité, fausseté, fourberie, mensonge, pudibonderie, tromperie.

HYPOCRITE ☐ bigot, dissimulé, faux, félon, fourbe, imposteur, insidieux, menteur, papelard, sournois, tartuffe, tortueux, trompeur.

HYPOTHÈQUE ☐ gage, garantie, privilège.

HYPOTHÈSE ☐ axiome, convention, postulat, supposition.

HYPOTHÉTIQUE ☐ conditionnel, incertain, problématique.

HYSTÉRIQUE ☐ agité, excité, fébrile, furieux, nerveux, névrosé.

i

ICI ☐ à cet endroit, là, maintenant.

IDÉAL ☐ (nom) absolu, modèle, perfection, type.

IDÉAL ☐ (adj) accompli, exemplaire, parfait, rêvé, théorique, utopique.

IDÉE ☐ concept, conception, notion, pensée, théorie.
● aperçu, plan, projet.

IDENTIFIER ☐ confondre, démasquer, reconnaître.

IDENTIQUE ☐ analogue, commun, équivalent, même, pareil, semblable, symétrique, tel.

IDIOT ☐ arriéré, crétin, inepte, niais, sot, stupide.

IDIOTIE ☐ bêtise, débilité, crétinisme, imbécillité, sottise, stupidité.

IDOINE ☐ approprié, apte, convenable, pertinent.

IDOLÂTRER ☐ adorer, affectionner, aimer, chérir, vénérer.

IDOLÂTRIE ☐ adoration, affection, attachement, ferveur, passion.
● fétichisme, religion, superstition.

IDYLLE ☐ amour, amourette, flirt.

IGNARE ☐ analphabète, arriéré, cancre, ignorant, illettré, incapable, inculte, inexpérimenté, profane, stupide.

IGNOBLE ☐ abject, bas, dégoûtant, grossier, immonde, indigne, infâme, méprisable, obscène, odieux, répugnant, sordide, vil.

IGNOMINIE ☐ déshonneur, honte, infamie, opprobre, turpitude.

IGNORANCE ☐ bêtise, imbécillité, incapacité, incompétence, incompréhension, inconséquence, inexpérience, innocence, insuffisance, naïveté, simplicité, sottise.

IGNORANT ☐ analphabète, arriéré, cancre, ignare, illettré, incapable, inculte, inexpérimenté, profane, stupide.

IGNORÉ ☐ caché, inconnu, inexploré, inouï, méconnu, mystérieux, obscur, secret.

ILLÉGAL ☐ défendu, hors la loi, illégal, interdit, irrégulier.

ILLETTRÉ ☐ analphabète, arriéré, ignorant, inculte, inexpérimenté, profane, stupide.

ILLICITE ☐ défendu, hors la loi, illégitime, interdit, irrégulier.

ILLIMITÉ ☐ démesuré, immense, indéfini, indéterminé, infini.

ILLISIBLE ☐ gribouillé, incompréhensible, indéchiffrable, inintelligible, raturé.

ILLUMINATION ☐ idée, inspiration, invention, révélation.
● éclairage, éclat, lueur, lumière.

ILLUMINÉ ☐ exalté, mystique, visionnaire.

ILLUMINER ☐ briller, éclairer, étinceler, flamboyer, luire.

ILLUSION ☐ chimère, idée, imagination, mirage, rêve, songe, utopie, vision.

ILLUSIONNISTE ☐ escamoteur, magicien, manipulateur, prestidigitateur, truqueur.

ILLUSTRATION ☐ gravure, image, miniature, peinture, portrait, représentation, tableau, vignette.

ILLUSTRE ☐ auguste, brillant, célèbre, consacré, fameux, glorieux, grand, légendaire, renommé.

IMAGE ☐ allégorie, caricature, description, gravure, peinture, photographie, portrait, reflet, représentation, ressemblance, tableau.

IMAGINAIRE ☐ chimérique, fantastique, fictif, illusoire, inventé, irréel, mythique, rêvé, utopique.

IMAGINATION ☐ conception, divagation, esprit, illusion, invention, pensée, rêverie.

IMAGINER ☐ chercher, créer, évoquer, se figurer, improviser, inventer, rêver, supposer.

IMBÉCILE ☐ (nom) abruti, arriéré, crétin, idiot, sot.

IMBÉCILE ☐ (adj) aberrant, absurde, déraisonnable, grotesque, idiot, insensé, ridicule, saugrenu, sot.

IMBÉCILLITÉ ☐ aberration, absurdité, erreur, extravagance, idiotie, sottise, stupidité.

IMBERBE ☐ glabre, lisse, nu.

IMBIBER ☐ arroser, humecter, humidifier, imprégner, mouiller, tremper.

IMBIBER (S') ☐ absorber, boire, s'humecter.

IMBROGLIO ☐ confusion, intrigue, désordre, mélange.

IMBU ☐ infatué, pénétré, plein.

IMITER ☐ contrefaire, copier, démarquer, parodier, pasticher, piller, pirater, plagier, simuler, singer.

IMMANQUABLEMENT ☐ assurément, inévitablement.

IMMATRICULER ☐ enregistrer, inscrire, numéroter.

IMMÉDIATEMENT ☐ aussitôt, instantanément, promptement, sur-le-champ.

IMMENSE ☐ ample, colossal, considérable, démesuré, énorme, gigantesque, grandiose, haut, illimité, important, imposant, impressionnant, infini, monumental, remarquable, titanesque.

IMMENSITÉ ☐ espace, étendue, infini, multitude.

IMMERGER ☐ noyer, plonger, tremper.

IMMEUBLE ☐ bâtiment, building, construction, édifice, habitation.

IMMIGRATION ☐ déplacement, émigration, exode, peuplement.

IMMINENT ☐ immédiat, prochain, proche.

IMMISCER (S') ☐ se couler, s'insinuer, intervenir, se mêler.

IMMOBILE □ arrêté, figé, inerte, interdit, paralysé, pétrifié, stable, statique.

IMMOBILISER □ arrêter, bloquer, enchaîner, figer, fixer, paralyser, retenir, stopper.

IMMODÉRÉ □ abusif, démesuré, exagéré, excessif, extrême, outrancier.

IMMOLER □ massacrer, sacrifier, tuer.

IMMONDE □ abject, bas, dégoûtant, grossier, ignoble, immonde, indigne, infâme, malpropre, méprisable, obscène, répugnant, sordide, vil.

IMMONDICES □ déchets, ordures, rejets.

IMMORAL □ amoral, débauché, dévergondé, intempérant, libertin, licencieux, noceur, paillard, pervers, viveur.

IMMORTEL □ éternel, impérissable, infini, interminable.

IMMUNISER □ inoculer, mithridatiser, protéger, vacciner.

IMMUNITÉ □ dispense, exemption, privilège.

IMPACT □ choc, collision, heurt, percussion, secousse.

IMPARDONNABLE □ inadmissible, inexcusable.

IMPARFAIT □ défectueux, difforme, grossier, imprécis, incomplet, insuffisant, lâche, médiocre, raté, rudimentaire.

IMPARTIAL □ équitable, juste, neutre, raisonnable.

IMPASSE □ cul-de-sac.

IMPASSIBLE □ calme, flegmatique, froid, impavide, imperturbable, indifférent, inflexible, placide, stoïque.

IMPATIENCE □ empressement, exaspération, fougue, hâte, précipitation.

IMPATIENT □ avide, nerveux, pressé.

IMPATIENTER (S') □ s'énerver, s'exaspérer, s'irriter, se mettre en colère, rager.

IMPAVIDE □ audacieux, calme, courageux, déterminé, flegmatique, froid, impassible, imperturbable, intrépide, vaillant, valeureux.

IMPECCABLE □ accompli, excellent, infaillible, irréprochable, magistral, parfait.

IMPÉNÉTRABLE □ caché, hermétique, imperméable, inexplicable, insondable, mystérieux, secret, ténébreux.

IMPÉRATIF □ absolu, catégorique, essentiel, impérieux.

IMPERCEPTIBLE □ impalpable, inaudible, infime, insignifiant, invisible, minuscule, ténu.

IMPERFECTION □ défaut, difformité, insuffisance, malfaçon, tare, vice.

IMPÉRIEUX □ absolu, autoritaire, catégorique, impératif, irrésistible, obligatoire, pressant, urgent.

IMPÉRISSABLE □ éternel, immortel, interminable.

IMPERMÉABLE □ étanche, hermétique, impénétrable, inaccessible, insondable, mystérieux, secret, ténébreux.

IMPERTINENT □ arrogant, cavalier, effronté, grossier, impoli, impudent, insolent, suffisant, vaniteux.

IMPERTURBABLE □ calme, flegmatique, froid, impassible, impavide, indifférent, inflexible, placide, stoïque.

IMPÉTUOSITÉ □ ardeur, élan, emportement, exaltation, fougue, frénésie, hâte, impatience, précipitation, véhémence, vivacité.

IMPIE □ agnostique, apostat, athée, impie, incrédule, incroyant, libertin, libre penseur.

IMPITOYABLE □ cruel, dur, ferme, implacable, inébranlable, inexorable, inflexible, inhumain, insensible, intraitable, sévère.

IMPLANTER □ bâtir, édifier, établir, fixer, fonder, instituer.

IMPLICATION □ conséquence, déroulement, développement, suite.

IMPLORER □ adjurer, prier, réclamer, solliciter, supplier.

IMPOLI □ désinvolte, discourtois, effronté, grossier, impertinent, impudent, injurieux, insolent, irrespectueux, malappris, malhonnête.

IMPORTANCE □ conséquence, étendue, gravité, nécessité, portée, puissance, valeur.

IMPORTANT □ ample, considérable, décisif, élevé, éminent, énorme, essentiel, grave, imposant, intéressant, nécessaire, principal, remarquable, sérieux.

● avantageux, fat, présomptueux, vaniteux.

IMPORTER □ acheter, apporter, commercer, introduire.

IMPORTUN □ désagréable, ennuyeux, fâcheux, gênant, indiscret, intempestif, malséant, pesant.

IMPORTUN □ (nom) gêneur, intrus.

IMPORTUNER □ contrarier, ennuyer, gêner, irriter, tracasser.

IMPOSANT □ auguste, considérable, grandiose, grave, important, impressionnant, majestueux, monumental, solennel.

IMPOSER □ commander, dicter, prescrire, taxer.

IMPOSITION □ contribution, impôt, taxe.

IMPOSSIBLE □ difficile, inapplicable, infaisable, irréalisable, vain.

IMPOSTEUR □ charlatan, hypocrite, mystificateur, usurpateur.

IMPÔT □ charge, contribution, cote, fiscalité, imposition, subvention, taxe, tribut.

IMPOTENT □ handicapé, immobilisé, infirme, invalide, paralysé, paralytique.

IMPRATICABLE □ difficile, impossible, insupportable, inutilisable.

IMPRÉCATION □ anathème, condamnation, exécration, malédiction.

IMPRÉCIS □ approximatif, confus, flou, indéterminé, indistinct, obscur, vague.

IMPRESSION □ édition, empreinte, publication, tirage.

● effet, émotion, illusion, opinion, sensation, sentiment.

IMPRESSIONNABLE □ délicat, émotif, sensible.

IMPRESSIONNANT □ bouleversant, effrayant, émouvant, étonnant, extraordinaire, formidable, incroyable, grandiose, prodigieux, renversant, saisissant, solennel, troublant.

IMPRESSIONNER □ bouleverser, émouvoir, étonner, saisir, toucher, troubler.

IMPRÉVOYANT □ désinvolte, étourdi, évaporé, frivole, futile, imprudent, insouciant, léger, vain.

IMPRÉVU □ inattendu, inespéré, inopiné, soudain.

IMPRIMER □ empreindre, estamper, graver, marquer, publier, tirer.

IMPROBABLE □ aléatoire, discutable, douteux, étonnant, hypothétique, incertain, inimaginable, invraisemblable, surprenant.

IMPROMPTU ☐ improvisé, immédiat, instantané, non préparé, prompt, au pied levé.

IMPROVISER ☐ concevoir, créer, ébaucher, imaginer, inventer.

IMPROVISTE (A L') ☐ subitement.

IMPRUDENT ☐ audacieux, aventureux, écervelé, étourdi, évaporé, frivole, hasardeux, inconséquent, insensé, léger, téméraire.

IMPUDENT ☐ arrogant, audacieux, cynique, effronté, éhonté, grossier, impoli, indécent, indiscret, insolent.

IMPUDIQUE ☐ érotique, graveleux, grossier, impur, indécent, lascif, licencieux, lubrique, luxurieux, obscène, ordurier, pimenté, poivré, pornographique, sale, vicieux.

IMPUISSANCE ☐ frigidité, infécondité, stérilité.
● faiblesse, inaptitude, incapacité, incompétence, insuffisance.

IMPULSIF ☐ coléreux, emporté, fougueux, irritable, spontané, violent.

IMPULSION ☐ élan, entraînement, excitation, influence, mouvement, poussée.

IMPUR ☐ érotique, graveleux, grossier, immonde, immoral, impudique, indécent, licencieux, luxurieux, obscène, ordurier, pornographique, sale, vicieux.

IMPURETÉ ☐ boue, déchet, immondices, ordure, rejet, souillure.
● abjection, avilissement, bassesse, corruption, ignominie, infamie, obscénité, saleté.

IMPUTATION ☐ accusation, délation, dénonciation, inculpation, reproche.
● affectation, assignation, paiement.

IMPUTER ☐ affecter, attribuer, prêter.
● accuser, incriminer, reprocher.

INABORDABLE ☐ cher, exorbitant, onéreux.
● dangereux, distant, inaccessible, lointain.

INACCEPTABLE ☐ inadmissible, irrecevable, intolérable, révoltant.

INACCESSIBLE ☐ distant, impénétrable, inabordable, lointain, secret.

INACHEVÉ ☐ défectueux, difforme, imparfait, imprécis, incomplet, insuffisant, raté, rudimentaire.

INACTIF ☐ immobile, inemployé, inerte, oisif, paresseux.

INACTION ☐ apathie, désœuvrement, inactivité, inertie, loisir, oisiveté, passivité, sieste, torpeur.

INADMISSIBLE ☐ inacceptable, irrecevable, intolérable, révoltant.

INADVERTANCE ☐ bévue, dissipation, distraction, erreur, étourderie, inattention, mégarde, méprise.

INALTÉRABLE ☐ imputrescible, inusable, invariable.

INAMOVIBLE ☐ constant, éternel, fixe, immuable, permanent, perpétuel.

INANIMÉ ☐ évanoui, immobile, inerte, mort.

INAPTE ☐ impropre, incapable, incompétent.

INAPTITUDE ☐ incapacité, insuffisance.

INASSOUVI ☐ exaspéré, insatisfait, mécontent.

INATTENDU ☐ déroutant, fortuit, imprévu, inespéré, inopiné, insoupçonné, soudain.

INATTENTION ☐ étourderie, distraction, frivolité, imprudence, inconséquence, légèreté, négligence.

INAUGURATION □ baptême, début, ouverture, vernissage.

INAVOUABLE □ coupable, embarrassant, honteux, indigne, scandaleux.

INAVOUÉ □ caché, inconnu, mystérieux, secret, tu.

INCALCULABLE □ considérable, élevé, énorme, illimité, immense.

INCANTATION □ charme, évocation, maléfice, sort, sortilège.

INCAPABLE □ impuissant, inapte, incompétent, ignorant, insuffisant, maladroit, médiocre, nul, vain.

INCAPACITÉ □ inaptitude, incompétence, insuffisance, nullité.
● invalidité (*médical*).

INCARCÉRATION □ captivité, détention, emprisonnement, incarcération, internement, prison, réclusion.

INCARCÉRER □ enfermer, emprisonner, interner.

INCARNER □ figurer, jouer, représenter, symboliser.

INCARTADE □ algarade, écart, extravagance, insulte, offense.

INCASSABLE □ inaltérable, indestructible, résistant, solide.

INCENDIE □ brasier, combustion, embrasement, feu, sinistre.

INCERTAIN □ aléatoire, ambigu, confus, douteux, équivoque, éventuel, hasardeux, hypothétique, imprécis, indéfinissable, problématique, vague.

INCERTITUDE □ angoisse, doute, indécision, indétermination, inquiétude, irrésolution, hésitation, perplexité, précarité.

INCESSAMMENT □ sans arrêt, toujours.

INCIDENT □ accroc, aventure, imprévu, obstacle, mésaventure, péripétie.

INCINÉRER □ brûler, calciner, consumer.

INCISIF □ cruel, mordant, péremptoire, tranchant.

INCITER □ aiguillonner, animer, conseiller, encourager, exciter, exhorter, piquer, stimuler, soutenir.

INCLINAISON □ gîte, déclivité, penchant, pente.

INCLINATION □ affection, affinité, attachement, attirance, goût, penchant, préférence, sympathie, tendresse.

INCLINER □ courber fléchir, pencher, plier.

INCLURE □ enfermer, glisser, insérer, introduire.

INCLUS □ compris, contenu, inséré, joint.

INCOHÉRENT □ absurde, décousu, déraisonnable, désordonné, extravagant, incompréhensible, irrationnel, sans queue ni tête.

INCOLORE □ blanc, clair, limpide, transparent, vitreux.

INCOMMENSURABLE □ démesuré, énorme, illimité, incalculable, infini.

INCOMMODÉ □ fatigué, gêné, indisposé, malade, souffrant.

INCOMMODER □ ennuyer, gêner, importuner, indisposer, troubler.

INCOMPARABLE □ admirable, inégalable, parfait, remarquable, unique.

INCOMPATIBLE □ antinomique, contradictoire, exclusif, inconciliable, opposé.

INCOMPÉTENCE □ inaptitude, incapacité, insuffisance, nullité.

INCOMPÉTENT □ inapte, incapable,

ignorant, insuffisant, maladroit, médiocre, nul, vain.

INCOMPLET □ approximatif, fragmentaire, imparfait, inachevé, imprécis, vague.

INCOMPRÉHENSIBLE □ abscons, déconcertant, illisible, inconcevable, inexplicable, inintelligible, mystérieux, obscur, vague.

INCOMPRÉHENSION □ bêtise, imbécillité, ignorance, inconséquence, insuffisance, inexpérience, innocence, insuffisance, méconnaissance, sottise.

INCOMPRIS □ étranger, ignoré, impénétrable, inconnu, méconnu, secret.

INCONCEVABLE □ déconcertant, incompréhensible, incroyable, inexplicable, invraisemblable, opposé, surprenant.

INCONDUITE □ débauche, dévergondage, excès, faute, frasque, libertinage, luxure.

INCONGRU □ cynique, grossier, impertinent, incorrect, insolent, scabreux.

INCONNU □ (nom) étranger, intrus, tiers.

INCONNU □ (adj) caché, dissimulé, énigmatique, étranger, ignoré, inexploré, inouï, méconnu, mystérieux, nouveau, obscur, oublié, secret.

INCONSCIENCE □ absence, indifférence, irresponsabilité, légèreté.
● anesthésie, coma, évanouissement, syncope.

INCONSCIENT □ déraisonnable, farfelu, fou, irréfléchi, téméraire.
● instinctif, intuitif, irréfléchi, machinal.

INCONSÉQUENCE □ étourderie, frivolité, inconscience, imprudence, inattention, légèreté.

INCONSIDÉRÉ □ fou, inconscient, imprudent, léger, téméraire.

INCONSTANT □ capricieux, changeant, désinvolte, étourdi, folâtre, frivole, futile, inconséquent, instable, léger, volage.

INCONTESTABLEMENT □ assurément.

INCONTINENT □ immédiatement.

INCONTRÔLABLE □ indépendant, invérifiable.

INCONVENANT □ choquant, déplacé, grossier, impoli, indécent, licencieux, osé.

INCONVÉNIENT □ aléa, difficulté, ennui, gêne, handicap, incorrection, obstacle, risque.

INCORRECT □ défectueux, erroné, fautif, faux, impropre, inexact, mauvais.
● choquant, déplacé, grossier, impoli, inconvenant, indécent, licencieux, osé.

INCORRECTION □ impolitesse, inconvenance, incongruité.
● barbarisme, faute, impropriété.

INCORRUPTIBLE □ droit, honnête, intègre, probe, vertueux.
● inaltérable, indestructible, résistant, solide.

INCRÉDULE □ dubitatif, incroyant, perplexe, sceptique, soupçonneux.

INCRIMINER □ accuser, attaquer, dénoncer, suspecter.

INCROYABLE □ effarant, étonnant, fabuleux, inimaginable, inouï, invraisemblable, paradoxal, prodigieux, rocambolesque.

INCROYANT □ agnostique, athée, incrédule, irréligieux, mécréant, païen, profane.

INCULPÉ □ accusé, coupable, prévenu, suspect.

INCULPER □ accuser, déférer, dénoncer, incriminer, poursuivre.

INCULTE □ aride, désertique, sec, stérile.

● arriéré, barbare, fruste, grossier, primitif, rustique, sauvage.

INCURABLE □ condamné, inguérissable, irrémédiable, perdu.

INCURIE □ dissipation, distraction, étourderie, faute, inattention, insouciance, légèreté, négligence, omission.

INCURSION □ débarquement, envahissement, irruption, invasion, raid, voyage.

INDÉCENT □ érotique, graveleux, grossier, impudique, impur, indécent, licencieux, luxurieux, obscène, ordurier, pornographique, sale, vicieux.

INDÉCHIFFRABLE □ illisible, incompréhensible, indéchiffrable, obscur.

INDÉCIS □ approximatif, confus, douteux, flou, hasardeux, hypothétique, obscur, vague.

INDÉCISION □ doute, incertitude, indétermination, irrésolution, hésitation, perplexité, scrupule.

INDÉFINI □ approximatif, confus, douteux, flou, hasardeux, hypothétique, illimité, imprécis, indéfini, indéfinissable, indéterminé, indistinct, infini, vague.

INDÉLÉBILE □ inaltérable, indestructible, ineffaçable.

INDÉLICATESSE □ cambriolage, escroquerie, malversation, vol.

● grossièreté, impolitesse, impudence, malhonnêteté.

INDEMNE □ intact, rescapé, sain, sauf, sauvé.

INDEMNITÉ □ compensation, dé-

dommagement, dommages et intérêts, récompense, réparation.

● émolument, rémunération, salaire, traitement.

INDÉNIABLE □ incontestable.

INDÉPENDAMMENT □ outre.

INDÉPENDANCE □ autonomie, émancipation, liberté.

INDÉSIRABLE □ ennuyeux, fâcheux, gênant, importun, indiscret, intempestif, intrus, malséant, pesant.

INDÉTERMINÉ □ flou, hésitant, indécis, perplexe, vague.

INDEX □ classement, classification, table.

INDICATEUR □ délateur, espion, informateur, mouchard.

INDICATION □ directive, indice, piste, précision, renseignement, signe.

INDICE □ indication, marque, signe.

INDICIBLE □ indéfinissable, inexprimable, non dit.

INDIFFÉRENCE □ absence, apathie, flegme, froideur, impassibilité, indolence, insensibilité, mollesse, paresse, résignation, torpeur.

INDIFFÉRENT □ absent, blasé, détaché, égoïste, froid, insensible, résigné.

INDIGENCE □ besoin, misère, pauvreté.

INDIGÈNE □ aborigène, autochtone, natif, naturel.

INDIGNATION □ colère, fureur, irritation, rage, révolte.

INDIGNE □ abject, bas, dégoûtant, grossier, ignoble, immonde, infâme, méprisable, obscène, répugnant, scandaleux, sordide, vil.

INDIGNÉ □ furieux, irrité, outré, révolté.

INDIGNER □ écœurer, irriter, révolter, scandaliser.

INDIGNER (S') □ éclater, s'emporter, maudire.

INDIGNITÉ □ abjection, avilissement, bassesse, grossièreté, ignominie, infamie, obscénité, offense, outrage, saleté.

INDIQUER □ désigner, fournir, marquer, montrer, nommer, préciser, signaler, témoigner.

INDIRECT □ allusif, courbe, détourné, oblique.

INDISCIPLINÉ □ désobéissant, indocile, rebelle, récalcitrant, rétif.

INDISCRET □ curieux, fureteur, importun, intrus.

INDISPENSABLE □ essentiel, important, nécessaire, obligatoire, primordial.

INDISPOSÉ □ fatigué, gêné, incommodé, malade, souffrant.

INDISPOSER □ agacer, déplaire, gêner, importuner, incommoder, irriter.

INDISTINCT □ approximatif, confus, équivoque, flou, imprécis, indéterminé, obscur, vague.

INDIVIDU □ homme, personne, spécimen.

INDIVIDUEL □ distinct, isolé, particulier, personnel, propre, unique.

INDOCILE □ désobéissant, indiscipliné, indomptable, rebelle, récalcitrant, réfractaire, rétif.

INDOLENCE □ indifférence, mollesse, nonchalance, paresse, torpeur.

INDOLORE □ anesthésié, imperceptible, insensible.

INDOMPTABLE □ courageux, fier, indocile, orgueilleux, rebelle, récalcitrant, réfractaire, rétif, superbe.

INDUBITABLEMENT □ assurément.

INDUIRE EN ERREUR □ berner, duper, leurrer, tromper.

INDULGENT □ charitable, clément, conciliant, faible, favorable, généreux, miséricordieux, tolérant.

INDUSTRIE □ ingéniosité, intelligence, invention, savoir-faire, travail.
● entreprise, fabrique, usine.

INDUSTRIEUX □ adroit, compétent, expérimenté, habile, ingénieux.

INÉBRANLABLE □ constant, ferme, fixe, inflexible, invariable, obstiné, permanent, robuste.

INÉDIT □ neuf, nouveau, original.

INÉGALITÉ □ différence, disparité, disproportion, dissemblance, diversité, irrégularité, séparation.

INÉLUCTABLE □ implacable, incontournable, inévitable.

INEPTIE □ absurdité, bêtise, idiotie, sottise.

INÉPUISABLE □ abondant, bavard, copieux, intarissable, opulent.

INERTE □ abattu, absent, atone, évanoui, faible, immobile, inactif, passif.

INERTIE □ apathie, immobilisme, paralysie, résistance.

INESPÉRÉ □ fortuit, imprévu, inattendu, subit.

INÉVITABLE □ fatal, forcé, immanquable, inéluctable, inexorable, obligatoire, obligé.

INEXACT □ erroné, faux, fallacieux, mensonger, trompeur.

INEXCUSABLE □ impardonnable.

INEXPLICABLE □ énigmatique, indéchiffrable, insondable, mystérieux, obscur, secret.

INEXPLORÉ □ inconnu, inculte, vierge.

INEXPRESSIF □ atone, éteint, vide.

INEXPRIMABLE □ indescriptible, indicible, ineffable, inénarrable.

INEXTRICABLE ☐ confus, imprécis, indéfinissable, obscur, problématique, touffu.

INFAILLIBLE ☐ assuré, certain, évident, formel, indubitable, sûr.

INFÂME ☐ abject, bas, dégoûtant, grossier, ignoble, immonde, indigne, méprisable, obscène, répugnant, sordide, vil.

INFAMIE ☐ abjection, avilissement, bassesse, grossièreté, honte, ignominie, indignité, saleté.

INFECT ☐ délétère, écœurant, fétide, infect, insalubre, malodorant, méphitique, nauséabond, pestilentiel, puant, putride, répugnant.

INFECTER ☐ contaminer, corrompre, empester, empoisonner, envenimer, souiller.

INFECTION ☐ contagion, empoisonnement, épidémie, puanteur.

INFÉRIEUR ☐ bas, mineur, subalterne, subordonné.

INFÉRIORITÉ ☐ désavantage, dessous, faiblesse, handicap, servitude.

INFERNAL ☐ démoniaque, diabolique, insupportable, intolérable, satanique, terrible.

INFESTER ☐ abonder, envahir, foisonner, grouiller, proliférer, pulluler, ravager, remuer.

INFIDÈLE ☐ (nom) hérétique, impie, mécréant, païen.

INFIDÈLE ☐ (adj) déloyal, parjure, scélérat, volage.

INFIDÉLITÉ ☐ adultère, trahison, traîtrise.

INFILTRER (S') ☐ se glisser, s'immiscer, s'introduire, traverser.

INFIME ☐ bas, minime, minuscule, modéré, modique, petit, ténu.

INFINI ☐ absolu, éternel, extrême, illimité, immense.

INFIRME ☐ impotent, invalide, maladif, mutilé, paralysé.

INFIRMER ☐ abolir, annuler, démentir, réfuter, rejeter.

INFIRMERIE ☐ clinique, hôpital, poste de secours.

INFLAMMABLE ☐ combustible.
● ardent, emporté, exalté, fougueux, impétueux, frénétique, vif.

INFLEXIBLE ☐ cruel, dur, ferme, impitoyable, implacable, inébranlable, inexorable, inhumain, insensible, invariable, obstiné, sévère.

INFLUENCE ☐ ascendant, autorité, crédit, emprise, mainmise, persuasion, prestige, tyrannie.

INFLUENCER ☐ agir sur, influer, peser sur.

INFLUENT ☐ actif, agissant, efficace.

INFORMATION ☐ enquête, message, recherche, renseignement.
● communication, journal, nouvelle.

INFORMER ☐ annoncer, apprendre, avertir, enseigner, instruire, publier, rapporter, renseigner.

INFORMER (S') ☐ se documenter, s'enquérir, se renseigner.

INFORTUNE ☐ adversité, calamité, fatalité, malchance, malheur.

INFRACTION ☐ faute, transgression, violation.

INFRASTRUCTURE ☐ fondation.
● organisation économique.

INFRUCTUEUX ☐ inefficace, inutile, stérile, vain.

INGÉNIEUX ☐ adroit, astucieux, habile, intelligent, inventif, malin.

INGÉNU ☐ candide, innocent, naïf.

INGRAT ☐ désagréable, égoïste, méchant, oublieux.

● aride, hostile, sec, stérile.

INGRATITUDE □ indifférence, oubli, rejet.

INGUÉRISSABLE □ condamné, incurable, irrémédiable, perdu.

INGURGITER □ absorber, avaler, manger.

INHABITÉ □ abandonné, désert, isolé, sauvage, solitaire.

INHUMAIN □ barbare, cruel, dur, impitoyable, implacable, inflexible, inexorable.

INHUMER □ enfouir, ensevelir, enterrer.

INIMAGINABLE □ étonnant, extraordinaire, incroyable, inouï, invraisemblable, paradoxal, rocambolesque.

INIMITIÉ □ antipathie, aversion, exécration, haine, hostilité, rancœur, répulsion, ressentiment.

INIQUE □ abusif, immérité, injuste, partial.

INITIATION □ admission, affiliation, éducation, enseignement, formation, instruction, leçon, pédagogie, savoir.

INITIER □ apprendre, enseigner, instruire, introduire, révéler.

INJURE □ insulte, invective, offense.

INJURIER □ abreuver, accabler, agonir, crier, fulminer, inonder, insulter, offenser, tempêter.

INJUSTE □ abusif, immérité, inique, partial.

INNÉ □ atavique, congénital, héréditaire, naturel, spontané, viscéral.

INNOCENCE □ candeur, crédulité, ingénuité, naïveté, simplicité.

INNOCENT □ angélique, candide, crédule, inoffensif, ingénu, irresponsable, naïf, niais, sot.

INNOCENTER □ disculper, justifier, pardonner.

INNOMBRABLE □ abondant, considérable, multiple, nombreux.

INNOVATION □ changement, mutation, nouveauté, réforme, transformation.

INOCCUPÉ □ désert, inhabité, vacant.

● désœuvré, inactif, oisif.

INOFFENSIF □ anodin, bénin, désarmé, impuissant, innocent, paisible.

INONDATION □ cataclysme, débordement, déluge.

INONDER □ couvrir, déborder, envahir, noyer, submerger, tremper.

INOPINÉ □ fortuit, imprévu, par hasard, subit.

INOPINÉMENT □ à l'improviste, tout à coup.

INOUBLIABLE □ célèbre, illustre, immortel, ineffaçable, mémorable.

INOUÏ □ étonnant, inconnu, incroyable, inimaginable, invraisemblable, nouveau, paradoxal, prodigieux, rocambolesque.

INQUIET □ agité, apeuré, craintif, effarouché, lâche, peureux, pusillanime, timide, timoré, troublé.

INQUIÉTANT □ angoissant, effrayant, hallucinant, horrible, oppressant, préoccupant, sinistre.

INQUIÉTER □ affoler, angoisser, faire peur, oppresser, tourmenter, troubler.

INQUIÉTUDE □ affolement, affres, angoisse, anxiété, appréhension, crainte, désarroi, effarement, effroi, émotion, hallucination, panique, peur, souci, terreur.

INSALUBRE □ délétère, écœurant, fétide, infect, malodorant, malsain, méphitique, nauséabond, pestilentiel, puant, putride.

INSATISFAIT ☐ exaspéré, furieux, inassouvi, mécontent.

INSCRIPTION ☐ citation, écriteau, épigraphe, épitaphe, graffiti.

INSCRIRE ☐ calligraphier, copier, écrire, enregistrer, indiquer, marquer, mentionner, noter.

INSCRIRE EN FAUX (S') ☐ contredire, démentir, réfuter.

INSENSÉ ☐ aberrant, absurde, déraisonnable, farfelu, fou, grotesque, imbécile, ridicule, saugrenu.

INSENSIBILITÉ ☐ apathie, dureté, fermeté, froideur, inconscience, indifférence, sévérité.

INSENSIBLE ☐ cruel, dur, ferme, impitoyable, indifférent, inébranlable, inhumain, sévère, sourd.
● anesthésié, imperceptible, indolore, ténu.

INSENSIBLEMENT ☐ doucement, lentement, peu à peu.

INSÉPARABLE ☐ attaché, indissociable, indivisible, soudé, uni.

INSÉRER ☐ ajouter, enchâsser, imbriquer, incruster, introduire, sertir.

INSIDIEUX ☐ dissimulé, fourbe, mensonger, sournois, trompeur.

INSIGNIFIANT ☐ anodin, banal, ennuyeux, fade, falot, infime, insipide, léger, négligeable, pâle, plat, quelconque, terne, véniel.

INSINUER ☐ accuser, médire, prétendre, sous-entendre, suggérer.

INSINUER (S') ☐ se glisser, s'ingérer, s'immiscer, s'introduire, se mêler.

INSIPIDE ☐ douceâtre, fade, ennuyeux, plat, terne.

INSISTANT ☐ appuyé, gênant, importun, indiscret, obstiné.

INSISTER ☐ accentuer, appuyer, s'obstiner, ponctuer, répéter, souligner.

INSOLENT ☐ arrogant, cassant, cavalier, cynique, dédaigneux, fier, grossier, hautain, impertinent, impoli, impudent, suffisant, vaniteux.

INSOLITE ☐ anormal, baroque, bizarre, étrange, extraordinaire, extravagant, inhabituel, inusité, original, rare, singulier.

INSOUCIANT ☐ désinvolte, étourdi, futile, frivole, inconséquent, indifférent, indolent, léger, nonchalant.

INSOUMISSION ☐ désertion, désobéissance, rébellion, refus, révolte.

INSOUTENABLE ☐ inadmissible, indéfendable, insupportable.

INSPECTER ☐ analyser, étudier, examiner, regarder, sonder, vérifier.

INSPECTION ☐ enquête, examen, expertise, revue.

INSPIRATION ☐ esprit, illumination, instigation, invention, suggestion, verve.
● aspiration, inhalation, respiration.

INSPIRER ☐ absorber, aspirer, avaler, humer, inhaler, respirer.
● conseiller, dicter, insinuer, persuader, souffler, suggérer.

INSTABLE ☐ changeant, déséquilibré, fluctuant, fragile, inconstant, précaire, variable.

INSTALLER ☐ disposer, établir, mettre, placer, poser.

INSTANT ☐ moment.

INSTANT (À L') ☐ immédiatement.

INSTAURER ☐ bâtir, édifier, établir, fonder, instituer.

INSTINCT ☐ inclinaison, intuition, libido, penchant, sens, tendance.

INSTINCTIF ☐ inconscient, intuitif, irréfléchi, machinal.

INSTITUER ☐ bâtir, édifier, établir, fonder, instaurer.

INSTITUT ☐ collège, cours, école, établissement, pension, université.

INSTITUTEUR ☐ enseignant, maître, pédagogue, précepteur.

INSTRUCTION ☐ consigne, directive, ordre.

● culture, éducation, enseignement, formation, initiation, leçon, pédagogie, savoir.

● enquête, interrogatoire, recherche.

INSTRUIRE ☐ édifier, éduquer, enseigner, former, initier.

● enquêter, examiner, rechercher.

INSTRUIRE (S') ☐ apprendre, se cultiver, étudier.

INSTRUIT ☐ docte, cultivé, érudit, savant.

INSTRUMENT ☐ accessoire, engin, machine, matériel, outil, ustensile.

INSUCCÈS ☐ défaite, échec, faillite, fiasco, revers.

INSUFFISANCE ☐ carence, défaut, déficience, inaptitude, ignorance, manque.

INSULTE ☐ grossièreté, injure, offense.

INSULTER ☐ abreuver, accabler, agonir, crier, fulminer, inonder, injurier, offenser, tempêter.

INSUPPORTABLE ☐ désagréable, haïssable, intolérable, insoutenable, odieux, pénible.

INSURGÉ ☐ rebelle, révolté, révolutionnaire.

INSURRECTION ☐ émeute, fronde, mutinerie, révolte, révolution, soulèvement.

INTACT ☐ complet, entier, intégral, pur, sauf, total.

INTARISSABLE ☐ abondant, bavard, copieux, fécond, inépuisable.

INTÉGRAL ☐ complet, entier, intact, pur, sauf, total.

INTÈGRE ☐ consciencieux, honnête, loyal, probe, scrupuleux, sérieux, vertueux.

INTÉGRER ☐ accueillir, assimiler, naturaliser, recevoir.

INTÉGRITÉ ☐ honnêteté, probité, pureté.

● ensemble, intégralité, totalité.

INTELLIGENCE ☐ conception, entendement, esprit, imagination, pensée, raison, savoir, sens.

● accord, complicité, connivence, harmonie, sympathie, union.

INTELLIGENT ☐ adroit, éveillé, fin, perspicace, sagace, subtil.

INTEMPESTIF ☐ géant, importun, indiscret, inopportun, mal venu.

INTENSE ☐ absolu, excessif, extrême, grand, immense, passionné, ultime, violent.

INTENSIFIER ☐ accélérer, accroître, amplifier, augmenter, développer.

INTENTION ☐ arrière-pensée, but, calcul, dessein, fin, finalité, objectif, préméditation, projet, visées, volonté.

INTERCALER ☐ insérer, interposer, introduire.

INTERDICTION ☐ annulation, défense, fermeture, prohibition, radiation, suspension.

INTERDIRE ☐ défendre, empêcher, fermer, prohiber, proscrire, refuser, suspendre.

INTERDIT ☐ (nom) anathème, excommunication, interdiction.

INTERDIT ☐ (adj) banni, défendu, illicite, prohibé.

● confus, consterné, déconcerté, déconfit, décontenancé, désemparé, embarrassé, pantois, penaud, surpris.

INTÉRESSANT □ alléchant, attractif, attrayant, avantageux, captivant, passionnant, séduisant.

INTÉRESSÉ □ âpre, avare, avide, cupide, vénal.

INTÉRESSER. □ captiver, concerner, importer, passionner, séduire.

INTÉRÊT □ dividende, escompte, rente, revenu, usure.
● attention, bienveillance, curiosité, sollicitude, sympathie.

INTÉRIEUR □ (adj) interne, intime, personnel, privé, secret.

INTÉRIEUR □ (nom) appartement, foyer, maison.

INTÉRIMAIRE □ momentané, passager, provisoire, temporaire, transitoire.

INTERLOQUÉ □ abasourdi, choqué, déconcerté, décontenancé, ébahi, éberlué, estomaqué, étonné, médusé, sidéré, surpris.

INTERMÉDIAIRE □ commissionnaire, courtier, entremetteur, mandataire, représentant.
● biais, moyen, truchement.

INTERMITTENT □ discontinu, épisodique, saccadé, variable.

INTERNATIONAL □ cosmopolite, mondial, universel.

INTERNÉ □ aliéné, dément, fou.
● captif, détenu, prisonnier.

INTERNER □ cloîtrer, emprisonner, enfermer.

INTERPELLER □ apostropher, appeler, héler.

INTERPRÉTATION □ commentaire, exégèse, explication.
● accomplissement, exécution, réalisation.

INTERPRÈTE □ acteur, commentateur, porte-parole, traducteur.

INTERPRÉTER □ exécuter, jouer, représenter.
● commenter, expliquer, traduire.

INTERROGER □ chercher, consulter, demander, questionner.

INTERROMPRE □ arrêter, cesser, couper, déranger, interdire, suspendre.

INTERRUPTION □ arrêt, coupure, intermittence, pause, répit, suspension.

INTERVALLE □ blanc, écart, espace, interstice, périodicité.

INTERVENIR □ s'entremettre, intercéder, secourir.

INTERVERTIR □ déplacer, permuter, transposer.

INTERVIEW □ conversation, dialogue, entretien.

INTESTIN □ boyau, entrailles, viscère.

INTIME □ (adj) intérieur, personnel, privé, secret.

INTIME □ (nom) ami, confident, familier.

INTIMIDER □ affoler, effrayer, menacer, pétrifier, troubler.

INTOLÉRABLE □ désagréable, haïssable, inexcusable, insupportable, insoutenable, odieux, pénible.

INTOLÉRANT □ autoritaire, exclusif, fanatique, intraitable, intransigeant, sectaire, systématique.

INTOXIQUER □ contaminer, empoisonner, infecter.

INTRAITABLE □ intransigeant, ferme, impitoyable, implacable, inébranlable, inexorable, inflexible, inhumain, insensible, sévère.

INTRÉPIDE □ audacieux, brave, courageux, décidé, déterminé, entreprenant, hardi, résolu, téméraire.

INTRIGANT □ arriviste, aventurier, escroc, parvenu.

INTRIGUE □ cabale, complot, conspiration, manœuvre.
● histoire, scénario, synopsis, trame.

INTRODUCTION □ avant-propos, préface, prélude.
● apparition, insertion, installation, recommandation.

INTRODUIRE □ fourrer, glisser, inclure, insérer, intercaler.

INTRODUIRE (S') □ entrer, se glisser, s'immiscer, s'installer.

INTRUS □ gêneur, importun, indésirable.

INTUITION □ flair, instinct, pressentiment, sens.

INUSITÉ □ inhabituel, rare.

INUTILE □ inefficace, infructueux, oiseux, stérile, superflu, vain.

INUTILEMENT □ en vain.

INVALIDER □ abolir, abroger, annuler, casser, dissoudre, révoquer, supprimer.

INVARIABLE □ constant, égal.

INVASION □ attaque, agression, incursion, offensive.

INVECTIVE □ injure, insulte, offense.

INVENTAIRE □ dénombrement, énumération, état, liste, récapitulation.

INVENTER □ créer, découvrir, fabriquer, imaginer, trouver.

INVENTION □ création, découverte, fiction, imagination, trouvaille.
● affabulation, conte, fable, mensonge.

INVERSE □ contraire, opposé, renversé.

INVERSEMENT □ vice versa.

INVESTIR □ assiéger, bloquer, cerner, cercler, entourer, envelopper.
● miser, placer, pourvoir.

INVINCIBLE □ fort, imbattable, indomptable, irrésistible, surdoué.

INVISIBLE □ imperceptible, infime, minuscule, ténu.

INVITÉ □ convive, hôte, pique-assiette.

INVOLONTAIRE □ accidentel, inconscient, instinctif, machinal.

INVRAISEMBLABLE □ anormal, bizarre, étonnant, étrange, extraordinaire, incroyable, inimaginable, inouï, magique, merveilleux, paradoxal, prodigieux, rocambolesque, troublant.

IRASCIBLE □ coléreux, emporté, furieux, irritable, rageur, violent.

IRE □ colère, courroux, emportement, fureur, irritation, mécontentement, rage fureur.

IRONIE □ dérision, moquerie, persiflage, raillerie, sarcasme.

IRRADIER □ diffuser, émettre, propager, rayonner, resplendir.

IRRATIONNEL □ aberrant, absurde, déraisonnable, fou, insensé, saugrenu.

IRRÉDUCTIBLE □ fanatique, ferme, intraitable, inébranlable, inexorable, intraitable, obstiné, rebelle.

IRRÉGULIER □ anormal, bizarre, décousu, désordonné, discontinu, hétéroclite, inégal, saccadé.

IRRÉLIGIEUX □ athée, impie, incrédule, incroyant, libertin, libre penseur.

IRRÉMÉDIABLE □ condamné, incurable, inguérissable, perdu.

IRRÉPROCHABLE □ droit, honnête, impeccable, parfait.

IRRÉSISTIBLE □ fort, imbattable,

indomptable, invincible, persuasif, séduisant.

IRRITABLE ☐ coléreux, emporté, furieux, irascible, ombrageux, rageur, susceptible, violent.

IRRITER ☐ agacer, crisper, enflammer, énerver, ennuyer, exacerber, exaspérer, excéder, exciter, horripiler, tourmenter.

IRRUPTION ☐ attaque, incursion, invasion.

ISOLÉ ☐ désert, écarté, inhabité, lointain, perdu, retiré, seul, solitaire.

ISSUE ☐ passage, porte, sortie.
● aboutissement, but, fin, solution.

ITINÉRAIRE ☐ circuit, parcours, trajet.

IVRE ☐ aviné, éméché, gris, soûl.

IVRESSE ☐ ébriété, enivrement, vertige.

IVROGNE ☐ alcoolique, buveur, éthylique.

j

JADIS ☐ antan, autrefois.

JAILLIR ☐ bondir, se dresser, fuser, gicler, sortir, surgir.

JAILLISSEMENT ☐ débordement, éruption, jet, projection.

JALONNER ☐ borner, délimiter, marquer, ponctuer, tracer.

JALOUSIE ☐ concurrence, convoitise, dépit, désir, émulation, envie, haine, rivalité.
● persienne, store, volet.

JALOUX ☐ avide, cupide, envieux, haineux, ombrageux.

JAMAIS (À) ☐ définitivement, pour toujours.

JAPPEMENT ☐ aboiement, glapissement, hurlement.

JARDIN ☐ clos, enclos, garderie, parc, square, verger, zoo.

JARGON ☐ argot, charabia, galimatias, langage, langue, sabir.

JAUGER ☐ apprécier, estimer, évaluer, inventorier, mesurer.

JAUNE ☐ blond, citron, doré, safran.
● briseur de grève, non-gréviste, traître.

JÉRÉMIADE ☐ gémissement, lamentation, plainte.

JET ☐ dessin, ébauche, esquisse.
● éruption, jaillissement, projection, propulsion.

JETÉE ☐ digue, estacade, levée.

JETER ☐ abandonner, éjecter, lancer, projeter, rejeter, repousser.

JETER À BAS ☐ abattre, briser, détruire, renverser.

JETER SON DÉVOLU SUR ☐ adopter, choisir, opter, préférer.

JEU ☐ amusement, divertissement, jouet, récréation.
● assortiment, ensemble, garniture, parure.
● espace, fonctionnement, marge.

JEUNE ☐ adolescent, benjamin, cadet, juvénile, novice, petit, puîné.

JEÛNE ☐ abstinence, carême, diète, famine.

JEUNESSE ☐ adolescence, fraîcheur, vigueur.

JOBARD ☐ benêt, crédule, innocent, naïf, niais, sot, stupide.

JOIE ☐ allégresse, bonheur, contentement, émotion, enthousiasme, entrain, euphorie, gaieté, jubilation, plaisir, satisfaction.

JOINDRE □ aborder, approcher, contacter, toucher.

● accoupler, ajuster, assembler, grouper, jumeler, lier, raccorder, souder, unir.

JOINTURE □ articulation, attache, charnière, emboîtement, ligament, nœud.

JOLI □ beau, chic, charmant, coquet, délicat, délicieux, élégant, gracieux, harmonieux, mignon, pimpant, ravissant.

JONCHER □ ensevelir, napper, recouvrir.

JONCTION □ ajustement, assemblage, montage, union.

JONGLEUR □ bateleur, ménestrel, saltimbanque, troubadour.

JOUER □ s'amuser, se distraire, se divertir, s'égayer, rire.

● exécuter, interpréter, représenter.

● hasarder, miser, parier, risquer, spéculer, tenter.

JOUG □ asservissement, contrainte, domination, esclavage, oppression, servitude, subordination, tyrannie.

JOUIR □ aimer, apprécier, déguster, goûter, savourer.

JOUISSANCE □ délice, extase, joie, orgasme, plaisir, volupté.

● possession, propriété, usage, usufruit.

JOUR □ aube, crépuscule, diurne, journée.

● éclairage, lumière, ouverture.

JOURS □ existence, vie.

JOURNAL □ bulletin, gazette, feuille, hebdomadaire, mensuel, périodique, quotidien, revue.

JOURNALISTE □ chroniqueur, commentateur, correspondant, localier, rédacteur, reporter.

JOURNÉE □ après-midi, jour, matinée.

JOUVENCEAU □ adolescent, éphèbe, jeune.

JOVIAL □ allègre, comique, content, divertissant, enjoué, espiègle, gai, gaillard, heureux, joyeux, réjoui, réjouissant.

JOYAU □ bague, bijou, collier, diadème, médaillon, orfèvrerie, parure, pendentif, pierre.

JOYEUX □ allègre, amusant, comique, content, divertissant, enjoué, espiègle, gai, gaillard, jovial, réjoui, réjouissant.

JUBILATION □ allégresse, bonheur, contentement, enthousiasme, entrain, euphorie, gaieté, joie, plaisir, satisfaction.

JUCHER (SE) □ escalader, monter, se percher.

JUDICIEUX □ pertinent, sage.

JUGE □ arbitre, justicier, magistrat.

JUGEMENT □ arrêt, décision, ordonnance, sentence, verdict.

● discernement, finesse, intelligence, perspicacité, raison.

● avis, opinion, point de vue.

JUGER □ arbitrer, apprécier, arrêter, conclure, décider, décréter, estimer, évaluer, mesurer, prononcer, régler, résoudre, statuer, trancher.

JUGULER □ arrêter, bloquer, briser, dompter, étouffer, endiguer, enrayer, freiner, neutraliser, réduire, réprimer.

JUMELER □ accoupler, ajuster, assembler, grouper, joindre, lier, raccorder, souder, unir.

JUMENT □ cavale, cheval, haquenée, pouliche.

JURER ☐ affirmer, assurer, confirmer, promettre, témoigner.
● contraster, détonner, trancher.
● blasphémer, injurier, maudire, sacrer.

JURISTE ☐ avocat, légiste.

JURON ☐ blasphème, grossièreté, imprécation, injure, malédiction, outrage, sacrilège.

JUSTE ☐ certain, correct, équitable, exact, fidèle, impartial, légitime, précis, raisonnable, réel, sincère, vrai.
● adapté, approprié, conforme, idoine.

JUSTESSE ☐ authenticité, exactitude, ponctualité, précision, vérité.

JUSTICE ☐ droit, équité, impartialité, légalité, probité.

JUSTIFICATION ☐ apologie, défense, démonstration, éloge, explication, preuve.

JUSTIFIER ☐ absoudre, blanchir, excuser, décharger, dédouaner, disculper, innocenter, prouver.

JUVÉNILE ☐ adolescent, enjoué, jeune, pimpant, sémillant, vif.

k

KERMESSE ☐ fête, récréation, réjouissances.

KIBBOUTZ ☐ ferme collective

KIDNAPPER ☐ arracher, s'emparer, enlever, ravir, voler.

KIOSQUE ☐ abri, pavillon, point de vente.

KRACH ☐ banqueroute, effondrement, faillite.

KYRIELLE ☐ série, succession, suite.

l

LÀ □ à cet endroit, céans, ici.

LABEL □ griffe, marque, sigle, symbole.

LABEUR □ activité, besogne, ouvrage, tâche, travail.

LABORATOIRE □ atelier, officine, usine.

LABORIEUX □ ardu, compliqué, confus, difficile, dur, épineux, malaisé, obscur, pénible, rude.

LABYRINTHE □ dédale, enchevêtrement.

LACER □ attacher, ficeler, lier, nouer.

LACÉRER □ arracher, déchiqueter, déchirer, égratigner, griffer, taillader, tailler.

LÂCHE □ couard, peureux, pleutre, poltron.
● flasque, flottant, mou, vague.

LÂCHER □ abandonner, céder, donner, laisser, libérer, livrer, relâcher, renoncer à.

LÂCHETÉ □ couardise, faiblesse, mollesse, veulerie.

LACONIQUE □ bref, concis, court, résumé, sommaire, succinct, taciturne.

LACUNE □ ignorance, manque, omission, oubli, trou.

LAÏC □ civil, civique, républicain.

LAID □ abominable, affreux, difforme, effroyable, épouvantable, horrible, informe, repoussant, répugnant, vilain.

LAISSER □ abandonner, confier, donner, évacuer, lâcher, quitter, se replier, se retirer, se séparer de.

LAISSER-ALLER □ désinvolture, négligence, paresse.

LAISSEZ-PASSER □ coupe-fil, passeport, permis, sauf-conduit.

LAÏUS □ adresse, allocution, déclaration, discours, harangue, oraison, sermon, tirade.

LAMBEAU □ bout, loque, morceau.

LAME □ baïonnette, couteau, dague, épée, poignard, stylet.
● flot, onde, vague.

LAMENTABLE □ affligeant, déplorable, désastreux, navrant, pitoyable.

LAMENTATION □ gémissement, jérémiade, plainte, sanglot.

LANCEMENT □ parution, publication, sortie.

LANCER □ darder, décocher, éjecter, émettre, envoyer, jeter, projeter.

LANDE □ brousse, étendue, garrigue, maquis.

LANGUE □ dialecte, jargon, idiome, langage, parler, style.

LANGUEUR □ abattement, accablement, anéantissement, apathie, découragement, épuisement, lassitude, prostration.

LANGUIR □ décliner, dépérir, s'étioler, soupirer, végéter.

LANTERNE □ falot, fanal, phare, veilleuse.

LANTERNER □ remettre, repousser, traîner.

LAPALISSADE □ certitude, évidence, truisme, vérité.

LAPER □ s'abreuver, avaler, boire, se désaltérer, ingurgiter.

LAPIDAIRE □ bref, concis, court, laconique, réduit, résumé, sommaire, succinct.

LAPIDER □ jeter des pierres sur, malmener, maltraiter, supplicier, tuer.

LAPSUS □ bévue, confusion, erreur, faute.

LARGE □ ample, considérable, copieux, énorme, épanoui, évasé, grand, immense, important, imposant, impressionnant, remarquable.

LARGEMENT □ abondamment, beaucoup, bien, copieusement, énormément, en abondance, en quantité, à foison, à profusion, à volonté.

LARGESSE □ aumône, bienfait, don, gratification, libéralité, munificence, présent, prodigalité, profusion.

LARGEUR □ ampleur, carrure, diamètre, dimension, envergure.

LARME □ chagrin, pleur, sanglot.

LARMOYER □ se lamenter, pleurer, pleurnicher, sangloter.

LARRON □ aigrefin, escroc, malfaiteur, voleur.

LARVÉ □ caché, discontinu, épisodique, intermittent, latent, manqué, souterrain.

LAS □ brisé, découragé, épuisé, éreinté, faible, fatigué, fourbu, harassé, rompu, usé.

LASCIF □ caressant, charnel, érotique, graveleux, impudique, indécent, licencieux, luxurieux, obscène, polisson, pornographique, vicieux.

LASSER □ agacer, contrarier, ennuyer, fatiguer, importuner.

LASSER (SE) □ abandonner, se décourager, renoncer.

LASSITUDE □ abattement, accablement, anéantissement, découragement, épuisement, langueur, prostration.

LATENT □ caché, discret, larvé, souterrain, secret.

LATRINES □ lieux d'aisances.

LAVAGE □ ablution, bain, lessive, nettoyage, toilette.

LAVER □ baigner, lessiver, nettoyer, purifier, rincer.
● absoudre, blanchir, disculper, innocenter, justifier.

LAZZI □ moquerie, plaisanterie, ricanement, rire.

LEÇON □ classe, conférence, cours, éducation, enseignement, formation, initiation, instruction, pédagogie, précepte, savoir.

LECTURE □ analyse, déchiffrage, décodage, décryptage.

● connaissance, culture, savoir.

LÉGAL □ accepté, admis, autorisé, permis, réglementaire, toléré.

LÉGENDAIRE □ chimérique, épique, extraordinaire, fabuleux, fantastique, imaginaire, magnifique, merveilleux, romanesque.

LÉGENDE □ conte, fable, folklore, histoire, imaginaire, mythe, tradition.

LÉGER □ audacieux, aventureux, écervelé, étourdi, évaporé, frivole, hasardeux, imprudent, inconséquent, insensé, leste, superficiel, téméraire.
● aérien, agile, fin, leste, souple.
● infime, minime, petit, ténu, véniel.

LÉGION □ armée, cohorte, multitude, nuée, troupe.

LÉGISLATION □ droit, loi, règlement.

LÉGISTE □ avocat, conseiller, homme de lois, juriste.

LÉGITIME □ équitable, juste, raisonnable.
● accepté, admissible, autorisé, légal, permis, toléré.

LEGS □ don, donation, héritage, patrimoine, succession.

LEITMOTIV □ refrain, rengaine, répétition.

LENDEMAIN □ avenir, demain, futur, suite.

LÉNIFIANT □ apaisant, calmant, rassurant, reposant.

LÉNIFIER □ adoucir, apaiser, atténuer, calmer, modérer, tempérer.

LENT □ calme, endormi, long, mou, indolent, nonchalant, paisible, paresseux, traînant, traînard, tranquille.

LENTEMENT □ calmement, doucement, progressivement.

LENTEUR □ longueur, prudence, prolongation, remise, retard.

● bêtise, calme, indolence, paresse, sottise, stupidité.

LÉSER □ blesser, écorcher, meurtrir.
● défavoriser, frustrer, nuire.

LÉSION □ blessure, commotion, contusion, coupure, coup, meurtrissure, plaie, traumatisme, tuméfaction.
● dommage, préjudice, tort.

LESSIVER □ blanchir, laver, nettoyer, rincer.

LESTE □ désinvolte, égrillard, gai, gaulois, grivois, léger, osé, paillard, rabelaisien.

LÉTHARGIE □ assoupissement, sommeil, somnolence.

LETTRE □ billet, dépêche, écrit, épître, message, missive, pli.
● caractère, chiffres, consonne, initiale, voyelle.
● capitale, majuscule, minuscule.

LETTRÉ □ cultivé, docte, érudit, savant.

LETTRES □ correspondance, culture, littérature.

LEURRE □ amorce, appât, attrape, illusion, piège.

LEURRER □ abuser, berner, duper, mystifier, tromper.

LEVAIN □ ferment, germe, levure.

LEVANT □ est, orient.

LEVER □ dresser, enlever, hausser, hisser, redresser, soulever.
● percevoir, prendre, recruter.

LEXIQUE □ dictionnaire, index, nomenclature.

LÉZARDE □ crevasse, déchirure, fente, fissure.

LIAISON □ affinité, attache, intrigue, lien, passade, rapport, relation, union.

LIANT □ affable, aimable, civil, courtois, gracieux, poli, sociable.

LIBELLER □ correspondre, écrire, exposer, rédiger.

LIBÉRALITÉ □ aumône, bienfait, don, gratification, largesse, munificence, présent, prodigalité, profusion.

LIBÉRATEUR □ défenseur, émancipateur, sauveur.

LIBÉRATION □ affranchissement, délivrance, émancipation.

LIBÉRER □ affranchir, décharger, dégager, délivrer, émanciper, relâcher, relaxer.

LIBERTAIRE □ anarchiste, nihiliste, rebelle.

LIBERTÉ □ autonomie, délivrance, indépendance.
● autorisation, droit, licence, permission.

LIBERTIN □ athée, impie, incrédule, incroyant, irréligieux, libre penseur.

LIBERTINAGE □ débauche, dévergondage, érotisme, luxure.

LIBIDINEUX □ érotique, excitant, graveleux, impudique, luxurieux, obscène, pornographique, sensuel, vicieux.

LIBRE □ affranchi, autonome, franc, indépendant.
● exempt, libéré, vacant, vide.
● désinvolte, égrillard, gaillard, enjoué, gaulois, grivois, léger, leste, osé, paillard, rabelaisien.

LICENCE □ autorisation, liberté, permis, permission.
● débauche, dévergondage, érotisme, libertinage, luxure.

LICENCIER □ chasser, congédier, destituer, éconduire, remercier, renvoyer.

LICENCIEUX □ égrillard, érotique, gaillard, gaulois, graveleux, grivois, impudique, impur, indécent, lascif, léger, leste, luxurieux, osé, paillard, pornographique, rabelaisien, sensuel, vicieux.

LICITE □ admis, autorisé, légal, permis, toléré.

LIEN □ affinité, analogie, attache, liaison, rapport, relation, union.

LIENS □ chaînes, esclavage, fers.

LIER □ attacher, ficeler, fixer, lacer, ligoter, nouer, rassembler, unir.

LIESSE □ allégresse, bonheur, enthousiasme, entrain, euphorie, fête, gaieté, joie, jubilation.

LIEU □ endroit, place, position.

LIEU COMMUN □ banalité, cliché, poncif.

LIGNE □ contour, droite, tracé, trait.
● axe, route, voie.
● doctrine, dogme, principe, règle.

LIGNÉE □ dynastie, famille, filiation, race.

LIGOTER □ attacher, ficeler, fixer, lacer, lier, nouer.

LIGUE □ alliance, bloc, coalition, fédération, front, phalange, société.

LIGUER □ coaliser, rassembler, réunir.

LIMITE □ borne, démarcation, frontière, terme.

LIMITER □ borner, circonscrire, réduire, restreindre.

LIMITROPHE □ frontalier, proche, voisin.

LIMPIDE □ clair, compréhensible, pur, serein, transparent, évident.

LINCEUL □ drap, suaire.

LIQUIDATION □ partage, rabais, vente.

LIQUIDATION JUDICIAIRE □ banqueroute, chute, déconfiture, faillite.

LIQUIDE □ fluide, flux, humeur, liqueur, solution.

LIQUIDER □ brader, solder, vendre.
● se débarrasser, faire disparaître, tuer.

LIRE □ bouquiner, compulser, déchiffrer, feuilleter, parcourir.

LISIÈRE □ bordure, limite, orée, rive.

LISSE □ calme, égal, glabre, poli, uni.

LISTE □ catalogue, énumération, état, inventaire, nomenclature, palmarès, rôle, tableau.

LIT □ berceau, couche, couchette, divan, grabat, literie, paillasse.
● canal, cours, passage.

LITANIES □ oraison, psalmodies, prière.

LITIGE □ chicane, conflit, contestation, controverse, débat, démêlé, différend, discussion, dispute, procès, querelle.

LITIGIEUX □ ambigu, contesté, douteux, équivoque, incertain, problématique.

LITTÉRAL □ exact, fidèle, précis, textuel.

LITTÉRALEMENT □ à la lettre.

LITTORAL □ berge, bord, bordure, côte, frange, grève, plage, rivage, rive.

LITURGIE □ cérémonial, rite.

LIVIDE □ blafard, blême, décoloré, délavé, exsangue, pâle, terreux.

LIVRE □ bouquin, brochure, catalogue, écrit, ouvrage, registre, tome, volume.

LIVRER □ abandonner, céder, confier, délivrer, lâcher, laisser.

LIVRER (SE) □ s'abandonner, s'adonner, se confier.

LIVRET □ brochure, cahier, carnet.
● opéra.

LOCAL □ (nom) atelier, bâtiment, hangar, logement, pièce, salle.

LOCAL □ (adj) communal, municipal, voisin.

LOCALISER □ borner, circonscrire, déterminer, limiter.

LOCALITÉ □ agglomération, bourgade, cité, commune, village, ville.

LOCATION □ bail, loyer, réservation.

LOCK-OUT □ arrêt, débrayage, grève.

LOCUTION □ expression, formule, maxime, sentence, tournure.

LOGEMENT □ appartement, demeure, domicile, foyer, habitation, hébergement, toit.

LOGER □ demeurer, habiter, occuper, vivre.
● abriter, héberger, installer, placer.

LOGIQUE □ (nom) argumentation, dialectique, dialogue, raisonnement.

LOGIQUE □ (adj) cohérent, exact, judicieux, raisonnable, sensé.

LOGIS □ appartement, demeure, foyer, habitation, logement, toit.

LOI □ amendement, décret, ordonnance, législation, règlement.
● autorité, domination, pouvoir, précepte, puissance, tutelle.

LOINTAIN □ distant, éloigné, espacé, loin, reculé, vague.

LOISIBLE □ autorisé, permis, toléré.

LOISIR □ liberté, permission, possibilité.

LOISIRS □ amusements, distractions, farniente, repos, vacances.

LONG □ allongé, ennuyeux, élancé,

étendu, étiré, grand, interminable, lent, oblong.

LONGER □ border, côtoyer, raser.

LONGÉVITÉ □ durée, longueur, résistance.

LONGTEMPS □ beaucoup, longuement.

LONGUEUR □ distance, durée, étendue, lenteur, mesure.

LOQUACE □ bavard, éloquent.

LOQUE □ chiffon, guenille, haillon, hardes, oripeau.

LORGNER □ convoiter, désirer, épier, regarder.

LORSQUE □ quand.

LOT □ assortiment, garniture, ensemble, stock.
● lotissement, part, partage.
● gain, prime, récompense.

LOUABLE □ bon, méritoire.

LOUANGE □ apologie, compliment, dithyrambe, éloge, félicitations, glorification, panégyrique.

LOUANGER □ encenser, flatter, glorifier.

LOUCHE □ ambigu, étrange, équivoque, incertain, suspect, torve, trouble.

LOUER □ affermer, fréter, prêter.
● complimenter, encenser, féliciter, glorifier, vanter.

LOURD □ accablant, encombrant, écrasant, épais, grossier, indigeste, massif, pénible, pesant.
● bête, fruste, grossier, importun, insistant, lent, maladroit, lourdaud, sot, stupide.

LOURDEMENT □ grossièrement, maladroitement.

LOUVOYER □ atermoyer, biaiser, temporiser, tergiverser.

LOYAL □ bon, dévoué, droit, fidèle, franc, régulier, sûr, vrai.

LOYAUTÉ □ droiture, fidélité.

LUBIE □ caprice, désir, envie, coup de tête, fantaisie, inconstance, légèreté.

LUBRIQUE □ érotique, graveleux, impudique, indécent, lascif, licencieux, luxurieux, obscène, pornographique, vicieux.

LUCIDITÉ □ acuité, clairvoyance, finesse, pénétration, perspicacité, sagacité.

LUCRATIF □ avantageux, fructueux.

LUEUR □ éclair, étincelle, lumière, rayon.

LUGUBRE □ affligeant, funèbre, macabre, mortuaire, sinistre, triste.

LUIRE □ briller, chatoyer, éblouir, éclairer, étinceler, flamboyer, miroiter, rayonner, resplendir.

LUMIÈRE □ clarté, éclairage, éclat, jour, lueur, rayon, reflet, splendeur.

LUMINEUX □ brillant, éblouissant, éclatant, étincelant, flamboyant, radieux, rayonnant, resplendissant.

LUNATIQUE □ bizarre, capricieux, changeant, fantasque, frivole, inconséquent, instable, léger.

LUSTRE □ brillant, éclat, gloire, panache, prestige, rayonnement, réputation.
● lampe, plafonnier, suspension.

LUSTRÉ □ brillant, ciré, poli, satiné.

LUTINER □ agacer, chatouiller, exciter, taquiner.

LUTTE □ affrontement, bagarre, combat, conflit, duel, pugilat, rixe, tournoi.

LUTTER □ batailler, se battre, se mesurer, rivaliser.

LUXE □ abondance, apparat, éclat,

excès, faste, magnificence, ostentation, profusion, somptuosité, splendeur.

LUXUEUX ☐ éclatant, magnifique, riche, splendide, somptueux.

LUXURE ☐ débauche, lubricité, péché de chair, vice.

LUXURIANT ☐ abondant, copieux, fécond, fertile, fructueux, opulent, généreux, plantureux, riche.

LYCÉE ☐ collège, école, institut, pension.

LYCÉEN ☐ élève, étudiant, potache.

LYMPHATIQUE ☐ faible, flegmatique, lent, mou.

LYRISME ☐ enthousiasme, entrain, exaltation, ferveur, fougue, passion, transport.

m

MACABRE ☐ funèbre, lugubre, malsain.

MACHIAVÉLIQUE ☐ cynique, habile, immoral, retors, rusé, subtil.

MACHINAL ☐ automatique, inconscient, instinctif, involontaire, mécanique, réflexe.

MACHINATION ☐ agissements, cabale, complot, conspiration, intrigue.

MACHINE ☐ appareil, engin, mécanique, mécanisme, moteur, outil.

MACULER ☐ barbouiller, salir, souiller, tacher.

MADRÉ ☐ adroit, futé, habile, malin, narquois, retors, roublard, roué, rusé, subtil.

MAESTRIA ☐ adresse, aisance, art, brio, dextérité, habileté, savoir-faire.

MAFFLU ☐ bouffi, gras, joufflu, rebondi, soufflé.

MAFIA ☐ bande, clan, coterie, gang.

MAGASIN ☐ boutique, dépôt, dock, échoppe, entrepôt, réserve, stock, succursale.

MAGAZINE ☐ hebdomadaire, journal, périodique, quotidien, revue.

MAGE ☐ astrologue, devin, sorcier.

MAGICIEN ☐ charlatan, devin, mage, prestidigitateur, sorcier.

MAGIE ☐ alchimie, astrologie, divination, envoûtement, maléfice, occultisme, sorcellerie, sortilège.

MAGIQUE ☐ étonnant, étrange, extraordinaire, incroyable, inimaginable, inouï, invraisemblable, prodigieux merveilleux, surnaturel.

MAGISTRAL ☐ doctoral, péremptoire, souverain.
● accompli, excellent, irréprochable, impeccable, parfait

MAGISTRAT ☐ fonctionnaire, juge, maire, procureur.

MAGNANIME ☐ bienveillant, bon, charitable, clément, généreux, miséricordieux.

MAGNÉTISME ☐ envoûtement, hypnotisme.
● ascendant, autorité, emprise, fascination, influence.

MAGNIFICENCE ☐ abondance, apparat, éclat, excès, faste, générosité, luxe, ostentation, profusion, somptuosité, splendeur.

MAGNIFIER ☐ célébrer, chanter, encenser, exalter, glorifier, idéaliser, louer, vanter.

MAGNIFIQUE ☐ admirable, ample, colossal, considérable, formidable, gigantesque, grand, grandiose, haut, immense, important, imposant, impressionnant, monumental, prodigieux, remarquable.

MAGOT ☐ économies, pécule, trésor.
● macaque, singe.

MAIGRE ☐ décharné, efflanqué, émacié, filiforme, hâve, mince, sec, squelettique, ténu.

MAIN-FORTE ☐ aide, assistance, secours, soutien.

MAINMISE ☐ ascendant, autorité, emprise, influence, tyrannie.
● confiscation, prise, saisie.

MAINT ☐ amplement, beaucoup, plusieurs.

MAINTENANT ☐ actuellement, aujourd'hui, en ce moment.

MAINTENIR ☐ conserver, entretenir, garder, fixer, immobiliser, retenir, soutenir.
● confirmer, prétendre, soutenir.

MAINTIEN ☐ allure, aspect, attitude, comportement, contenance, port, prestance, posture, tenue.
● confirmation, continuité, durée.

MAISON ☐ abri, demeure, domicile, foyer, gîte, habitation, intérieur, ménage, pavillon, toit.
● famille, lignée, race.
● commerce, entreprise, établissement.

MAISONNÉE ☐ clan, famille, nichée, tribu.

MAÎTRE ☐ enseignant, instituteur, pédagogue, précepteur, professeur, surveillant.

● dirigeant, patron, possesseur, propriétaire, seigneur, souverain, tyran.
● génie, maestro, virtuose.

MAÎTRESSE ☐ amante, amie, concubine.

MAÎTRISE ☐ adresse, aisance, art, dextérité, habileté, maestria, savoir-faire.

MAÎTRISER ☐ asservir, contrôler, domestiquer, dompter, soumettre, surmonter, terrasser, vaincre.

MAJESTÉ ☐ dignité, gloire, grandeur, gravité, noblesse.

MAJESTUEUX ☐ digne, grave, imposant, noble, solennel.

MAJORER ☐ accroître, aggraver, amplifier, augmenter, hausser, revaloriser.

MAL ☐ crime, faute, péché.
● affliction, amertume, blessure, chagrin, désolation, difficulté, douleur, ennui, maladie, peine, souffrance, tourment, tristesse.

MALADE ☐ faible, fiévreux, incommodé, indisposé, maladif, souffrant, souffreteux.
● aliéné, dément, fou.

MALADIE ☐ affection, faiblesse, mal, malaise.

MALADRESSE ☐ bêtise, bourde, erreur, étourderie, gaffe, impair.

MALADROIT ☐ contraint, embarrassé, emprunté, gauche, gêné, inapte, lourd, malhabile, nigaud, pataud, raide, timide.

MALAISE ☐ embarras, gêne, indisposition, souffrance.

MALAISÉ ☐ ardu, compliqué, confus, délicat, difficile, dur, épineux, laborieux, obscur, pénible, rude.

MALAXER ☐ mélanger, pétrir, triturer.

MALCHANCE ☐ déveine, guigne, infortune, malheur, mésaventure.

MÂLE ☐ (nom) étalon, géniteur, homme.

MÂLE ☐ (adj) énergique, masculin, vigoureux, viril.

MALÉDICTION ☐ anathème, condamnation, exécration, haine, imprécation.

● fatalité, infortune, malchance.

MALÉFICE ☐ charme, ensorcellement, envoûtement, pouvoir, sort, sortilège.

MALENTENDU ☐ confusion, équivoque, erreur, méprise.

MALFAISANT ☐ détestable, dissimulé, malin, malveillant, mauvais, méchant, nuisible, pervers, teigneux, terrible.

MALFAITEUR ☐ bandit, cambrioleur, criminel, escroc, rôdeur, voleur.

MALGRÉ ☐ en dépit de.

MALHABILE ☐ embarrassé, emprunté, gauche, gêné, inapte, maladroit, pataud, raide.

MALHEUR ☐ adversité, calamité, catastrophe, détresse, disgrâce, épreuve, fléau, infortune, malchance, malédiction, mésaventure, misère, peine, tourment.

MALHEUREUX ☐ (nom) déshérité, gueux, mendiant, minable, misérable, miséreux, paria, pauvre, vagabond.

MALHEUREUX ☐ (adj) attristant, désespérant, désolant, lamentable, pitoyable, triste.

MALHONNÊTE ☐ (adj) discourtois, effronté, grossier, impertinent, impoli, impudent, indélicat, injurieux, insolent, irrespectueux, sournois.

MALHONNÊTE ☐ (nom) canaille, escroc, tricheur.

MALICE ☐ malveillance, méchanceté, plaisanterie, raillerie.

● finesse, habilité, ruse, subtilité.

MALIN ☐ adroit, futé, habile, madré, malicieux, narquois, retors, roublard, roué, rusé, subtil, taquin.

MALINGRE ☐ affaibli, chétif, déficient, faible, fragile, frêle, gringalet, maigre, menu, rabougri.

MALLE ☐ bagage, cantine, coffre, mallette, valise.

MALLÉABLE ☐ flexible, souple.

MALMENER ☐ battre, brutaliser, houspiller, huer, maltraiter, molester, rudoyer, secouer.

MALODORANT ☐ écœurant, fétide, infect, insalubre, méphitique, nauséabond, pestilentiel, puant, putride, répugnant.

MALPROPRE ☐ crasseux, dégoûtant, immonde, inconvenant, repoussant, répugnant, sale, sordide.

MALSAIN ☐ contagieux, insalubre, maladif, morbide, nuisible.

MALTRAITER ☐ battre, brimer, brutaliser, houspiller, huer, malmener, molester, rudoyer, secouer.

MALVEILLANCE ☐ hostilité, malignité, méchanceté, médisance, ressentiment.

MALVEILLANT ☐ agressif, détestable, dissimulé, hostile, malfaisant, mauvais, méchant, nuisible, pervers, teigneux.

MALVERSATION ☐ concussion, détournement, exaction, extorsion, prévarication.

MANDATAIRE ☐ agent, commissionnaire, courtier, déléguer, envoyé, intermédiaire, représentant.

MANDATER ☐ concéder, confier, déléguer, envoyer.

MANDER □ appeler, convoquer, inviter.

MANÈGE □ agissements, intrigue, machination.

MANGER □ avaler, consommer, croquer, dévorer, s'empiffrer, ingurgiter, se nourrir.

MANIABLE □ facile, flexible, ductile, malléable, mou, souple.

MANIAQUE □ névropathe, déséquilibré, obsédé, psychopathe, tourmenté.

MANIE □ caprice, fantaisie, lubie, obsession, tic, toquade.

MANIER □ manipuler, palper, toucher, utiliser.

MANIÈRE □ espèce, façon, méthode, mode, moyen, sorte, style.

MANIÉRÉ □ affecté, apprêté, composé, précieux, snob.

MANIFESTATION □ déclaration, expression, symptôme, témoignage.
● cortège, défilé, rassemblement.

MANIFESTE □ clair, évident, flagrant, incontestable, notoire, patent, public, visible.

MANIFESTER □ afficher, annoncer, déclarer, exprimer, montrer, proclamer, protester.

MANIGANCER □ comploter, conspirer, intriguer, ourdir, tramer.

MANIPULATION □ maniement, manœuvre, utilisation.
● agissements, cabale, complot, intrigue, manœuvre.

MANIPULER □ manier, manœuvrer, utiliser.,

MANŒUVRE □ agissements, cabale, complot, intrigue, manipulation.
● action, déplacement, mouvement, progression, travail, utilisation.
● homme de peine, ouvrier, travailleur.

MANŒUVRER □ déplacer, diriger, gouverner, utiliser.
● comploter, conspirer, intriguer, ourdir tramer.

MANOIR □ château, folie, gentilhommière.

MANQUE □ absence, carence, défaut, insuffisance, oubli, pénurie, privation, rareté.

MANQUER □ échouer, faillir, gâcher, rater.
● s'absenter.

MANSUÉTUDE □ attention, bonté, charité, délicatesse, douceur, générosité, indulgence, patience, pitié.

MANTEAU □ burnous, caban, cape, capote, pardessus, pelisse.

MANUFACTURE □ atelier, fabrique, usine.

MANUSCRIT □ écrit, parchemin, texte.

MAPPEMONDE □ carte, planisphère.

MAQUETTE □ canevas, ébauche, esquisse, modèle.

MAQUILLER □ déguiser, falsifier, tronquer.
● farder, grimer.

MARAIS □ étang, mare, marécage, marigot, saline, tourbière.

MARASME □ crise, stagnation (*économie*).

MARBRER □ barioler, strier, veiner.

MARCHAND □ camelot, commerçant, débitant, fournisseur, négociant, trafiquant, vendeur.

MARCHANDISE □ article, cargaison, comestibles, denrée, produit, vivres.

MARCHE □ degré, escalier, marchepied.
● avance, mouvement, progression.

● allure, démarche, pas, promenade.
● confins, frontière, limite.

MARCHÉ □ braderie, halle, foire, souk.
● affaire, échange, transaction, troc, vente.

MARCHER □ aller, arpenter, cheminer, déambuler, errer, flâner, se promener.

MARGE □ bord, bordure, lisière.
● délai, disponibilité.

MARI □ compagnon, conjoint, époux.

MARIAGE □ alliance, association, hymen, noce, union.

MARIER □ associer, assortir, mêler, unir.

MARIN □ côtier, maritime, nautique, naval.

MARIVAUDER □ badiner, batifoler, flirter, folâtrer.

MARMONNER □ bredouiller, chuchoter, gronder, maugréer, murmurer, protester, rechigner, rouspéter.

MARQUANT □ fameux, inoubliable, mémorable, remarquable.

MARQUE □ cachet, empreinte, estampille, griffe, label, sceau, sigle, symbole, timbre.
● balafre, cicatrice, repère, témoignage, trace.

MARQUER □ baliser, cocher, délimiter, écrire, indiquer, pointer.
● dire, exprimer, manifester, montrer, témoigner.

MARTIAL □ belliqueux, combatif, guerrier.

MARTYR □ mort, souffre-douleur, supplicié, victime.

MARTYRE □ calvaire, mise à mort, sacrifice, supplice, torture.

MASCARADE □ carnaval, déguisement, travestissement.
● duperie, hypocrisie, tromperie.

MASQUER □ cacher, camoufler, déguiser, dissimuler, farder, travestir, voiler.

MASSACRE □ assassinat, boucherie, carnage, extermination, génocide, hécatombe, tuerie.

MASSACRER □ assassiner, exterminer, tuer.

MASSE □ amas, bloc, ensemble, morceau, monceau, totalité.
● abondance, amas, entassement, multitude, nuée, prolifération, pullulement, tas.

MASSER □ amasser, rassembler, regrouper.

MASSIF □ dense, encombrant, écrasant, épais, lourd, pénible, pesant.

MASTODONTE □ colosse, géant.

MASURE □ baraque, bidonville, cabane, ruine, taudis.

MATCH □ affrontement, challenge, compétition, épreuve, rencontre, rivalité.

MATER □ dompter, réprimer.

MATÉRIEL □ (adj) concret, existant, palpable, physique, réel, tangible.

MATÉRIEL □ (nom) armement, équipement, outillage.

MATHÉMATIQUE □ (adj) exact, logique, précis, rigoureux, théorique.

MATIÈRE □ fond, propos, sujet, thème.
● atome, corps, élément, matériau, substance.

MATIN □ aube, aurore, matinée.

MATINAL □ avancé, précoce, tôt.

MATRICULE □ immatriculation, numéro.

MATRIMONIAL ☐ conjugal, nuptial.

MATURITÉ ☐ épanouissement, plénitude, sagesse.

MAUDIRE ☐ abhorrer, abominer, condamner, détester, haïr, rejeter, repousser.

MAUDIT ☐ abominable, détestable, effrayant, effroyable, épouvantable, menaçant, monstrueux, réprouvé, terrible.

MAUGRÉER ☐ chuchoter, gronder, murmurer, protester, rechigner, rouspéter.

MAUSOLÉE ☐ caveau, sépulture, tombeau.

MAUSSADE ☐ acariâtre, acrimonieux, bougon, bourru, chagrin, désabusé, hargneux, mélancolique, morose, pessimiste, renfrogné, revêche, sombre, triste.

MAUVAIS ☐ abominable, affreux, cruel, détestable, exécrable, féroce, laid, malfaisant, malveillant, méchant, nuisible, pervers, teigneux, terrible.

MAXIME ☐ devise, citation, pensée, précepte, règle, sentence.

MAXIMUM ☐ sommet, totalité.

MEA-CULPA ☐ aveu, confession, regret.

MÉCANIQUE ☐ automatique, inconscient, instinctif, involontaire, machinal, réflexe.

MÉCHANCETÉ ☐ dureté, malice, malveillance, perversité, vilenie.

MÉCHANT ☐ cruel, dissimulé, dur, haineux, malin, malveillant, mauvais, médiocre, médisant, pervers, teigneux.

MÉCOMPTE ☐ déception, désillusion, échec, erreur, malentendu.

MÉCONNAISSANCE ☐ inaptitude, ingratitude, légèreté, oubli.

MÉCONNAÎTRE ☐ dédaigner, ignorer, oublier.

MÉCONNU ☐ énigmatique, étranger, incompris, inconnu, mystérieux, obscur, secret.

MÉCONTENTEMENT ☐ amertume, colère, déception, dépit, désagrément, exaspération, fureur, irritation, rage, rancœur.

MÉCRÉANT ☐ athée, impie, incrédule, incroyant, irréligieux, libertin, libre penseur.

MÉDECIN ☐ chirurgien, docteur, externe, interne, praticien, thérapeute.

MÉDIAS ☐ journaux, presse.

MÉDIATION ☐ arbitrage, conciliation, entremise, intermédiaire, truchement.

MÉDICAMENT ☐ drogue, médication, potion, remède.

MÉDIOCRE ☐ modeste, moyen, négligeable, ordinaire, petit, piètre, pitoyable, routinier.

MÉDIRE ☐ calomnier, cancaner, déconsidérer, décrier, dénigrer, déshonorer, diffamer, discréditer.

MÉDITATIF ☐ absorbé, distrait, pensif, réfléchi, rêveur, songeur.

MÉDITATION ☐ attention, concentration, étude, introspection, pensée, recueillement, rêverie.

MÉDUSÉ ☐ abasourdi, déconcerté, ébahi, éberlué, estomaqué, étonné, hébété, interloqué, paralysé, pétrifié, sidéré, surpris.

MÉDUSER ☐ abasourdir, abrutir, choquer, ébahir, étonner, étourdir, hébéter, paralyser, pétrifier, sidérer, surprendre.

MEETING □ manifestation, rassemblement, réunion.

MÉFIANCE □ circonspection, défiance, doute, incrédulité, prudence, scepticisme, soupçon, suspicion.

MÉFIANT □ buté, cauteleux, circonspect, craintif, farouche, ombrageux, renfermé, soupçonneux, sournois, timoré.

MÉGARDE □ distraction, erreur, étourderie, inadvertance, inattention, oubli.

MÉGÈRE □ furie, harpie, poissarde, sorcière.

MEILLEUR □ (nom) choix, élite, excellence.

MEILLEUR □ (adj) éminent, excellent, supérieur.

MÉLANCOLIE □ cafard, chagrin, dépression, morosité, nostalgie, spleen, tristesse.

MÉLANCOLIQUE □ amer, désabusé, douloureux, maussade, morose, neurasthénique, pessimiste, sombre, ténébreux, triste.

MÉLANGE □ alliage, amalgame, brassage, cocktail, combinaison, composition, fusion, métissage, mixture.

MÉLANGER □ brasser, brouiller, combiner, confondre, mêler.

MÊLÉE □ cohue, combat, enchevêtrement.

MÊLER □ brasser, brouiller, confondre, fondre, fusionner, mélanger.

MÊLER (SE) □ s'ingérer, intervenir, participer.

MÉLODIE □ air, chant, complainte, harmonie, lied, mélopée.

MEMBRE □ adhérent, associé, partisan, sociétaire, supporter.

MÊME □ analogue, identique, pareil, semblable.

MÉMOIRE □ réminiscence, souvenance, souvenir.
● essai, récit, traité.

MÉMOIRES □ annale, autobiographie, souvenirs.

MÉMORABLE □ célèbre, illustre, immortel, ineffaçable, inoubliable.

MENAÇANT □ inquiétant, dangereux, effrayant, obsédant, oppressant, préoccupant, sinistre.

MENACER □ braver, défier, narguer, provoquer.

MÉNAGE □ couple, famille, maison

MÉNAGEMENT □ attention, considération, courtoisie, déférence, égards, respect, sollicitude.

MÉNAGER □ économiser, épargner, thésauriser.
● arranger, élaborer, préparer.

MENDIER □ quémander, solliciter.

MENÉES □ agissements, cabale, complot, intrigue, machination, manœuvre.

MENER □ conduire, diriger, emmener, entraîner, gouverner, ramener.

MÉNESTREL □ baladin, musicien, saltimbanque, troubadour.

MENEUR □ agitateur, animateur, chef, dirigeant, révolutionnaire.

MENSONGE □ conte, contrevérité, euphémisme, fable, illusion, invention, tromperie.

MENTAL □ intellectuel, psychique, spirituel.

MENTEUR □ (nom) hâbleur, imposteur, mythomane.

MENTEUR □ (adj) faux, feint, traître, trompeur.

MENTIONNER □ citer, indiquer, mentionner, nommer, rapporter.

MENTOR □ conseiller, guide, inspirateur, protecteur.

MENU ☐ délié, faible, fin, fragile, grêle, mince, rabougri, ténu.

MÉPHITIQUE ☐ écœurant, fétide, infect, malodorant, nauséabond, pestilentiel, puant, répugnant.

MÉPRIS ☐ arrogance, dédain, hauteur, insolence, morgue, orgueil, suffisance.

MÉPRISABLE ☐ abject, bas, dégoûtant, grossier, ignoble, indigne, infâme, obscène, répugnant, sordide, vil.

MÉPRISANT ☐ arrogant, condescendant, dédaigneux, distant, fier, hautain, insolent, orgueilleux, suffisant.

MÉPRISE ☐ confusion, erreur, illusion, imbroglio, quiproquo.

MÉPRISER ☐ dédaigner, honnir, humilier, négliger, repousser.

MERCI ☐ grâce, miséricorde, pitié.
● remerciement.

MÉRITANT ☐ bon, estimable, honnête, méritoire, vertueux.

MÉRITE ☐ qualité, valeur, vertu.

MÉRITER ☐ être digne, valoir.

MERVEILLE ☐ chef-d'œuvre, miracle, prodige.

MERVEILLEUX ☐ admirable, étonnant, étrange, extraordinaire, incroyable, inimaginable, inouï, invraisemblable, magique, prodigieux.

MÉSAVENTURE ☐ accident, déconvenue, épreuve, infortune, malchance, malheur.

MESQUIN ☐ âpre, avare, intéressé, médiocre, petit, rapace, sordide.

MESQUINERIE ☐ avarice, bassesse, lâcheté, parcimonie, petitesse.

MESSAGE ☐ correspondance, courrier, discours, lettre, missive.

MESSAGER ☐ ambassadeur, courrier, émissaire, envoyé, estafette, facteur.

MESURE ☐ dimension, évaluation, mensuration.
● cadence, harmonie, rythme, tempo.
● délicatesse, discrétion, modération, retenue, sobriété.

MESURER ☐ apprécier, arpenter, calculer, évaluer, jauger, sonder, toiser.
● compter, distribuer, répartir.

MÉTAMORPHOSE ☐ changement, modification, transformation.

MÉTAPHORE ☐ allégorie, comparaison, fable, image, tableau.

MÉTAPHYSIQUE ☐ morale, philosophie.

MÉTHODE ☐ procédé, raisonnement, système, technique, théorie.

MÉTHODIQUE ☐ cohérent, logique, réfléchi, réglé.

MÉTICULEUX ☐ consciencieux, maniaque, minutieux, soigneux, scrupuleux, tatillon.

MÉTIER ☐ carrière, fonction, profession, rôle, tâche.

MÉTIS ☐ bâtard, hybride, mulâtre, quarteron, sang-mêlé.

MÉTROPOLE ☐ capitale.

METS ☐ aliment, cuisine, plat, ragoût.

METTRE ☐ déposer, enfoncer, établir, insérer, installer, placer, poser, ranger.

MEURTRIER ☐ assassin, coupable, criminel, homicide, tueur.

MEURTRIR ☐ blesser, contusionner, léser, tuméfier.
● avarier, détériorer, pourrir, taler.

MEURTRISSURE ☐ blessure, bleu, commotion, contusion, lésion, plaie, traumatisme, tuméfaction.

MIASMES □ bouffée, effluve, émanation, miasmes, odeur, remugle.

MICROBE □ bacille, bactérie, virus.

MIDI □ sud, zénith.

MIELLEUX □ collant, douceâtre, doucereux, hypocrite, obséquieux, patelin, sournois, sucré.

MIETTE □ bribe, débris, éclat, fragment, morceau, parcelle.

MIEUX □ plus.

MIÈVRE □ affecté, chétif, délicat, doux, fragile, gentil, gracieux, précieux, sensible.

MIGNON □ charmant, coquet, délicat, espiègle, fragile, gentil, gracieux, joli, mièvre.

MIGRATION □ dispersion, émigration, exode, fuite.

MIJOTER □ cuire, cuisiner, mitonner, préparer.

MILIEU □ ambiance, atmosphère, climat, entourage, monde.
● axe, centre, mitan.

MILITAIRE □ combattant, officier, soldat.

MILITANT □ actif, combattant, partisan.

MIMER □ copier, imiter, parodier, pasticher, simuler, singer.

MIMIQUE □ geste, mouvement, posture.

MINABLE □ étriqué, insignifiant, lamentable, médiocre, mesquin, misérable, petit, piteux, pitoyable, rétréci.

MINCE □ élancé, étroit, fragile, grêle, maigre, menu, svelte, ténu.

MINE □ air, allure, apparence, attitude, expression, manières, physionomie, pose.
● carrière, charbonnage, filon, gisement, houillère, veine.

MINER □ creuser, ronger, saper.

MINIATURE □ enluminure, maquette, modèle réduit.

MINIME □ dérisoire, infime, modique, négligeable, petit, peu important.

MINIMISER □ affaiblir, atténuer, réduire.

MINISTÈRE □ charge, emploi, fonction.
● administration, gouvernement.

MINUSCULE □ dérisoire, étriqué, exigu, infime, nain, négligeable, petit.

MINUTIE □ attention, concentration, exactitude, soin, vigilance.

MINUTIEUX □ consciencieux, méticuleux, soigneux, scrupuleux, tatillon.

MIRACLE □ merveille, prodige, signe.

MIRIFIQUE □ admirable, beau, étonnant, extraordinaire, formidable, inouï, magnifique, merveilleux, surprenant.

MIROBOLANT □ admirable, bizarre, étonnant, extraordinaire, formidable, inouï, magnifique, merveilleux.

MIROIR □ glace, psyché, reflet.

MIROITER □ briller, chatoyer, étinceler, flamboyer, luire, rayonner, resplendir, scintiller.

MISANTHROPE □ acariâtre, bougon, bourru, farouche, renfrogné, sauvage, solitaire, taciturne.

MISER □ gager, jouer, parier.

MISÉRABLE □ (nom) déshérité, gueux, mendiant, minable, miséreux, paria, pauvre, vagabond.

MISÉRABLE □ (adj) attristant, désespérant, désolant, lamentable, minable, miteux, pitoyable, triste.

MISÈRE □ besoin, détresse, disgrâce, infortune, malheur, pauvreté.

MISÉREUX □ besogneux, déshérité, gueux, mendiant, misérable, paria, pauvre.

MISÉRICORDE □ bonté, commisération, pitié.

● absolution, clémence, merci, pardon.

MISSION □ ambassade, délégation, légation.

● destination, fonction, objectif, rôle, tâche.

MISSIVE □ billet, dépêche, courrier, envoi, lettre, message, pli.

MITEUX □ lamentable, misérable, minable, pitoyable.

MITONNER □ cuire, cuisiner, mijoter, préparer, soigner.

MIXTE □ brassé, mélangé, mêlé.

MIXTURE □ amalgame, cocktail, composition, mélange.

MOBILE □ (nom) cause, motif, origine, prétexte, raison.

MOBILE □ (adj) ambulant, amovible, capricieux, changeant, fluctuant, fugitif, instable, mouvant, nomade, variable.

MODALITÉ □ clause, condition, disposition, formalité.

MODE □ façon, forme, genre, habitude, manière.

● engouement, succès, vogue.

MODÈLE □ échantillon, étalon, exemple, gabarit, maquette, patron, prototype, spécimen.

MODÉRATION □ circonspection, mesure, réserve, retenue, sagesse, sobriété, tempérance.

MODÉRER □ adoucir, amortir, apaiser, atténuer, diminuer, freiner, retenir, tempérer.

MODERNE □ contemporain, nouveau, récent.

MODESTE □ discret, effacé, humble, médiocre, réservé, simple, timide.

MODESTIE □ décence, discrétion, humilité, mesure, réserve, retenue, sagesse.

MODIFICATION □ changement, correction, déformation, fluctuation, innovation, métamorphose, réforme, transformation, variation.

MODIFIER □ changer, corriger, rectifier, réviser.

MODIQUE □ dérisoire, minime, modeste, négligeable, petit, sans importance.

MŒURS □ conduite, habitudes, moralité, us.

MOISI □ gâté, humide, ranci.

MOISIR □ attendre, croupir, espérer, languir.

● croupir, se décomposer, se détériorer, pourrir.

MOISSONNER □ cueillir, faucher, mettre en gerbe, récolter.

MOITIÉ □ demi, 50 %.

MOLESTER □ battre, brutaliser, houspiller, importuner, malmener, maltraiter, rudoyer, secouer.

MOLLESSE □ abattement, accablement, apathie, découragement, épuisement, indolence, langueur, lassitude, prostration, veulerie.

MOMENT □ date, époque, instant.

MOMENTANÉ □ bref, court, passager, rapide, temporaire.

MONARQUE □ autocrate, empereur, potentat, roi.

MONASTÈRE □ abbaye, cloître, couvent, prieuré.

MONCEAU □ amas, amoncellement, entassement, fatras, quantité, tas.

MONDE □ entourage, milieu, société.

● globe, nature, terre, univers.

● affluence, foule, multitude.

MONDIAL ☐ cosmopolite, international, universel.

MONITEUR ☐ éducateur, entraîneur, instructeur.

MONNAIE ☐ argent, espèces, liquidités, numéraires.

MONOCORDE ☐ égal, monotone, uniforme.

MONOPOLE ☐ exclusivité, préférence, privilège.

MONOPOLISER ☐ accaparer, concentrer, garder.

MONOTONE ☐ égal, plat, terne, uniforme.

MONSTRE ☐ créature, dragon, ogre, phénomène.

MONSTRUEUX ☐ abominable, angoissant, cauchemardesque, dangereux, dantesque, effrayant, effroyable, épouvantable, hallucinant, horrible, pétrifiant, terrible, terrifiant.

MONT ☐ butte, colline, montagne, pic, sommet.

MONTER ☐ escalader, gravir, grimper.

● amplifier, augmenter, hausser, intensifier, majorer.

MONTRE ☐ chronomètre.

● étalage, parade, présentation.

MONTRER ☐ étaler, exhiber, exposer, présenter.

● désigner, enseigner, indiquer, manifester, préciser, prouver, signaler, souligner.

MONTRER (SE) ☐ s'exhiber, parader, paraître.

MONUMENT ☐ bâtiment, construction, édifice, mausolée, palais.

MONUMENTAL ☐ colossal, démesuré, énorme, gigantesque, grandiose,

immense, imposant, monumental, titanesque.

MOQUER (SE) ☐ narguer, persifler, plaisanter, railler, ridiculiser.

● braver, dédaigner, mépriser, se rire.

MOQUERIE ☐ impertinence, ironie, persiflage, quolibet, raillerie, sarcasme.

MOQUEUR ☐ goguenard, impertinent, ironique, narquois, railleur.

MORALE ☐ déontologie, devoir, éthique, honnêteté, vertu.

MORALITÉ ☐ conscience, mentalité, mérite.

● conclusion, dénouement, enseignement, épilogue.

MORBIDE ☐ dépravé, funeste, immoral, malsain.

MORCEAU ☐ bout, débris, éclat, fragment, lambeau, miette, partie, portion, tranche.

MORCELER ☐ démembrer, lotir, partager.

MORDANT ☐ acéré, acide, blessant, caustique, incisif, ironique, piquant, satirique, vif.

MORDRE ☐ croquer, déchiqueter, ronger.

MORFONDRE (SE) ☐ attendre, espérer, languir.

MORGUE ☐ arrogance, dédain, hauteur, insolence, mépris, orgueil, suffisance.

MORIBOND ☐ agonisant, mourant.

MORIGÉNER ☐ blâmer, chapitrer, gourmander, réprimander.

MORNE ☐ abattu, ennuyeux, fastidieux, lassant, monotone, maussade, morose, pesant, plat, sinistre, sombre, triste.

MOROSE ☐ acariâtre, acrimonieux,

bougon, bourru, chagrin, hargneux, maussade, morne, pessimiste, renfrogné, revêche, triste.

MORT □ agonie, décès, fin, trépas.

MORPHOLOGIE □ structure.

MORT □ cadavre, corps, décédé, défunt, dépouille.

MORTEL □ (adj) fatal, funeste, inévitable.

MORTIFIER □ abaisser, avilir, blesser, humilier, rabaisser, vexer.

MORTUAIRE □ funèbre, funéraire, macabre, triste.

MOT □ expression, locution, terme, vocable.

MOT D'ESPRIT □ plaisanterie, raillerie, saillie.

MOTEUR □ âme, instigateur, moteur.

● appareil, mécanisme.

MOTIF □ cause, explication, fondement, intention, origine, prétexte, raison.

● dessin, ornementation.

MOTION □ proposition.

MOU □ abattu, amorphe, apathique, avachi, cotonneux, endormi, épuisé, faible, flasque, lâche, languide, las, prostré, veule.

MOUCHARD □ espion, indicateur, rapporteur.

MOUDRE □ écraser, piler, pulvériser.

MOUILLER □ arroser, éclabousser, humecter, imbiber, inonder, tremper.

MOULE □ empreinte, forme, matrice.

MOURANT □ agonisant, moribond.

MOURIR □ décéder, disparaître, s'éteindre, expirer, finir, périr, rendre l'âme, succomber, trépasser.

MOUVEMENT □ action, agitation, animation, course, déplacement, geste, marche, progression, trajet, travail.

MOUVEMENTÉ □ animé, exubérant, houleux, orageux, remuant, vivant.

MOUVOIR □ actionner, animer, ébranler, remuer, porter, pousser.

MOYEN □ (adj) médiocre, modéré, modeste, ordinaire.

MOYEN □ (nom) biais, façon, manière, procédé, voie.

● capacité, pouvoir, ressource, truchement.

MOYENS □ capital, fortune, prospérité, ressources, richesse.

MUET □ discret, silencieux, taciturne.

MUFLE □ arrogant, dédaigneux, grossier, impertinent, impoli, insolent.

MULTIPLIER □ amplifier, augmenter, propager.

MULTIPLIER (SE) □ engendrer, peupler, procréer, pulluler, se reproduire.

MULTITUDE □ abondance, affluence, foisonnement, foule, grouillement, masse, nuée, prolifération, quantité.

MUNIFICENCE □ bienfait, don, générosité, gratification, largesse, libéralité, prodigalité, profusion.

MUNIR (SE) □ prendre, se procurer, se saisir.

MUR □ cloison, muraille, paroi.

MÛR □ adulte, posé, raisonnable, réfléchi, sage, sensé.

● à point, épanoui, fait, ouvert.

MURAILLE □ mur, paroi, rempart.

MÛRIR □ étudier, méditer, préméditer, préparer, réfléchir.

● éclater, s'épanouir, grandir.

MURMURER □ bredouiller, bruisser,

chuchoter, gronder, insinuer, maugréer, prétendre, protester, rechigner, rouspéter, susurrer.

MUSARDER □ errer, flâner, marcher, muser, se promener, traîner, vagabonder.

MUSEAU □ groin, mufle, nez.

MUSÉE □ cabinet, conservatoire, galerie, muséum.

MUSICIEN □ compositeur, instrumentiste, maestro, soliste, virtuose.

MUTATION □ changement, conversion, métamorphose, transformation.
● changement, déplacement, promotion.

MUTILATION □ amputation, blessure, castration.
● dégradation, saccage, vandalisme.

MUTILER □ amputer, couper, estropier.

MUTIN □ (nom) émeutier, insurgé, rebelle, révolté.

MUTIN □ (adj) espiègle, éveillé, gai, malicieux, turbulent.

MUTINERIE □ émeute, insurrection, révolte, sédition.

MUTUEL □ commun, partagé, réciproque.

MYSTÈRE □ énigme, magie, secret.

MYSTÉRIEUX □ caché, discret, ésotérique, indéchiffrable, inexplicable, obscur, occulte, secret, sibyllin.

MYSTICISME □ contemplation, dévotion, extase, spiritualité.

MYSTIFICATION □ attrape, canular, duperie, farce, tromperie.

MYSTIFIER □ duper, leurrer, tromper.

MYSTIQUE □ exalté, croyant, dévot, illuminé, pieux, religieux.

MYTHE □ conte, fable, légende, mythologie, tradition, utopie.

MYTHOMANE □ menteur.

n

NABAB □ fortuné, opulent, riche.

NAGER □ baigner, naviguer, voguer.

NAGUÈRE □ autrefois, hier, récemment.

NAÏF □ candide, confiant, crédule, ingénu, innocent, simple.

NAIN □ avorton, gnome, lilliputien, nabot.

NAISSANCE □ aube, commencement, création, début, départ, ouverture, source, venue.

● extraction, lignée, origine, race.

NAÎTRE □ apparaître, arriver, éclore, se former, se manifester, paraître, percer, surgir, venir.

NAÏVETÉ □ bêtise, candeur, confiance, fraîcheur, ignorance, incompétence, inexpérience, innocence, simplicité, sottise.

NAPPER □ couvrir, enrober.

NARGUER □ affronter, braver, dédaigner, défier, menacer, provoquer.

NARQUOIS □ goguenard, ironique, malin, moqueur, persifleur, railleur, sarcastique.

NARRATION □ exposé, récit, rédaction, relation.

NARRER □ conter, décrire, exposer, raconter, relater.

NASSE □ casier, filet, piège.

NATION □ état, patrie, pays, peuple, puissance, territoire.

NATTER □ entrelacer, tisser, tresser.

NATURALISATION □ acclimatation, adoption, assimilation.

NATURALISER □ accueillir, assimiler, intégrer, recevoir.

● conserver, empailler, momifier.

NATURE □ constitution, essence, tempérament.

● biosphère, monde, univers.

NATUREL □ (nom) caractère, humeur, tempérament.

● aborigène, autochtone, indigène, natif.

NATUREL □ (adj) atavique, brut, congénital, héréditaire, inné, normal, pur, simple, spontané, viscéral.

NATURELLEMENT □ évidemment, facilement.

NAUFRAGE □ engloutissement, submersion.

● chute, déconfiture, faillite, fiasco, ruine.

NAUSÉABOND □ écœurant, fétide, infect, insalubre, malodorant, méphitique, pestilentiel, puant, répugnant.

NAUSÉE □ dégoût, haut-le-cœur, répugnance.

NAVIGUER □ bourlinguer, caboter, voguer, voyager.

NAVIRE □ bateau, bâtiment, cargo, paquebot, vaisseau.

NAVRANT □ affligeant, consternant, déplorable, désastreux, lamentable, pitoyable.

NAVRÉ □ affligé, attristé, bouleversé, chagriné, consterné, désolé, peiné.

NÉANMOINS □ cependant, toutefois.

NÉANT □ absence, rien, vide.

NÉBULEUX □ abscons, compliqué, confus, filandreux, hermétique, obscur, incompréhensible, indistinct, sombre, ténébreux, vague.
● brumeux, nuageux, voilé.

NÉCESSAIRE □ (nom) boîte, étui, trousse.

NÉCESSAIRE □ (adj) capital, essentiel, important, indispensable, obligatoire, primordial, utile.

NÉCESSAIREMENT □ obligatoirement.

NÉCESSITÉ □ besoin, dénuement, gêne, indigence, misère, pauvreté.
● besoin, contrainte, obligation.

NÉCESSITER □ demander, impliquer, occasionner, obliger.

NÉCESSITEUX □ besogneux, déshérité, gueux, indigent, mendiant, misérable, miséreux, paria, pauvre.

NÉCROLOGIE □ avis de décès, biographie.

NÉFASTE □ désastreux, dommageable, fatal, funeste, malheureux, mauvais, nuisible.

NÉGATION □ contraire, inexistence, nullité, refus.

NÉGLIGEABLE □ dérisoire, infime, insignifiant, minime, minuscule, petit, ténu.

NÉGLIGENCE □ abandon, étourderie, faute, inattention, incurie, insouciance, laisser-aller, légèreté, omission, oubli.

NÉGLIGENT □ étourdi, distrait, frivole, imprudent, inconséquent, léger.

NÉGLIGER □ délaisser, omettre, oublier.

NÉGOCE □ commerce, échange, trafic, traite.

NÉGOCIANT □ commerçant, exportateur, grossiste, importateur, marchand, revendeur, vendeur.

NÉGOCIATEUR □ agent, ambassadeur, diplomate, émissaire, intermédiaire, messager, représentant.

NÉGOCIER □ commercer, traiter, vendre.
● débattre, discuter, parlementer.

NÈGRE □ Africain, homme de couleur, Noir.
● assistant, associé, collaborateur, correcteur.

NÉOPHYTE □ apprenti, débutant, nouveau, novice.

NÉPOTISME □ clientélisme, favoritisme, partialité, préférence.

NERF □ tendon.
● énergie, force, puissance, ressort, vigueur.

NERVOSITÉ □ agitation, angoisse, anxiété, appréhension, émotion, fébrilité, fièvre, inquiétude.

NET □ blanc, excellent, immaculé, impeccable, limpide, parfait, propre.
● affirmatif, catégorique, clair, explicite, formel, indiscutable, précis.

NETTEMENT ☐ distinctement.

NETTOYAGE ☐ ablution, blanchissage, lavage, lessivage, toilette.

NETTOYER ☐ balayer, curer, débarbouiller, décrasser, laver, lessiver, récurer.

NEUF ☐ moderne, nouveau, original, récent.

NEURASTHÉNIQUE ☐ amer, désabusé, douloureux, hypocondriaque, maussade, mélancolique, morose, pessimiste, sombre, ténébreux, triste.

NEUTRALISER ☐ arrêter, bloquer, briser, enrayer, étouffer, endiguer, freiner, juguler, réprimer.

NEUTRE ☐ équitable, impartial, juste, objectif, raisonnable.

NEZ ☐ narine, appendice nasal.
● clairvoyance, finesse, flair, lucidité, pénétration, perspicacité, sagacité.

NIAIS ☐ benêt, dadais, maladroit, naïf, nigaud, simple, sot, stupide.

NIAISERIE ☐ bêtise, fadaise, imbécillité, ignorance, naïveté, sottise, stupidité.

NICHER ☐ demeurer, enfouir, habiter, rester.

NICHER (SE) ☐ se blottir, se cacher, se pelotonner.

NID ☐ aire.
● foyer, logis, maison, refuge.

NIER ☐ contester, contredire, démentir, dénier, discuter, refuser.

NIGAUD ☐ benêt, dadais, maladroit, naïf, niais, sot.

NIVEAU ☐ échelle, étage, hauteur, plan.

NIVEAU DE VIE ☐ classe, rang, standing.

NIVELER ☐ aplanir, égaliser, araser, unifier.

NOBLE ☐ (nom) aristocrate, hobereau, seigneur.

NOBLE ☐ (adj) aristocratique, distingué, élevé, éminent, généreux, grand, haut, magnanime, raffinée, sublime, transcendant.

NOBLESSE ☐ dignité, distinction, gloire, grandeur, gravité, majesté.

NOCE ☐ épousailles, mariage, union.
● débauche, excès, festin, fête, intempérance, libertinage, orgie.

NOCIF ☐ dangereux, malfaisant, malsain, mauvais, nuisible, pernicieux, préjudiciable, toxique.

NŒUD ☐ attache, boucle, laçage.

NOIR ☐ foncé, funèbre, obscur, opaque, sombre, ténébreux.

NOIRCEUR ☐ cruauté, dureté, malignité, malveillance, méchanceté, perfidie, perversité, vilenie.

NOIRCIR ☐ assombrir, charbonner, maculer, obscurcir.
● calomnier, dénigrer, discréditer, diffamer, médire, salir.

NOM ☐ appellation, dénomination, prénom, patronyme, pseudonyme, sobriquet, surnom.
● célébrité, gloire, réputation.

NOMADE ☐ ambulant, errant, forain, vagabond.

NOMBRE ☐ chiffre, matricule, numéro.
● affluence, foisonnement, foule, grouillement, masse, monde, multitude, nuée, prolifération, quantité.

NOMENCLATURE ☐ catalogue, énumération, inventaire, liste, répertoire.

NOMINATION ☐ désignation, mutation, promotion, titularisation.

NOMMER ☐ appeler, choisir, désigner, élire, mentionner, montrer, titulariser.

NONCHALANCE ☐ apathie, impassibilité, indifférence, indolence, mollesse, paresse, torpeur.

NONOBSTANT ☐ cependant, néanmoins, toutefois.

NON-SENS ☐ absurdité, contresens, hérésie, stupidité.

NORD ☐ arctique, boréal, septentrional.

NORMAL ☐ exact, inné, méthodique, naturel, organisé, rationnel, régulier, simple, spontané, systématique.
● perpendiculaire (*géométrie*).

NORMALEMENT ☐ généralement, habituellement.

NORMALISATION ☐ rationalisation, régularisation, spécialisation, standardisation.

NORME ☐ convention, modèle, principe, règle.

NOSTALGIQUE ☐ amer, désabusé, douloureux, maussade, mélancolique, morose, neurasthénique, pessimiste, sombre, ténébreux, triste.

NOTABLE ☐ (nom) notabilité, personnalité, puissant, sommité, vedette.

NOTABLE ☐ (adj) appréciable, considérable, éminent, estimable, important, imposant, impressionnant, remarquable.

NOTAMMENT ☐ spécialement.

NOTE ☐ annotation, aperçu, appréciation, commentaire, compte-rendu, exposé, introduction, message, observation, rapport.
● addition, facture, relevé.

NOTER ☐ constater, écrire, inscrire, marquer, rédiger, relever, remarquer, souligner.

NOTICE ☐ abrégé, aperçu, condensé, introduction, mode d'emploi, note, préface, résumé, sommaire.

NOTIFIER ☐ annoncer, informer, intimer, signifier.

NOTION ☐ aperçu, connaissance, conscience, intuition, idée, rudiment.

NOTOIRE ☐ clair, évident, flagrant, incontestable, manifeste, patent, public, visible.

NOTORIÉTÉ ☐ renom, réputation.

NOURRIR ☐ alimenter, approvisionner, entretenir, restaurer, sustenter.

NOURRISSANT ☐ copieux, nourricier, nutritif, substantiel.

NOURRITURE ☐ aliment, comestible, denrée, provision.

NOUVEAU ☐ jeune, moderne, neuf, novateur, original, récent.

NOUVEAUTÉ ☐ création, innovation, mode.

NOUVELLE ☐ (nom) bruit, information, message, renseignement, rumeur.
● conte, récit, roman.

NOUVELLEMENT ☐ dernièrement, récemment.

NOVATEUR ☐ (nom) créateur.

NOVATEUR ☐ (adj) audacieux, nouveau.

NOVICE ☐ apprenti, débutant, nouveau, néophyte.

NOYAU ☐ embryon, germe, graine, pépin.
● axe, centre, point de départ.

NOYER ☐ couvrir, engloutir, envahir, inonder, recouvrir, submerger, tremper.

NUAGE ☐ cumulus, nuée, stratus.

NUANCE ☐ couleur, gamme, teinte, ton, tonalité.
● changement, différence, dissemblance, diversité, variété.

NUANCER ☐ assortir, atténuer, colorer, dégrader, modérer, moduler.

NUBILE □ adolescent, formé, pubère.

NUÉE □ nuage, nue.

● foisonnement, fourmillement, grouillement, masse, multitude.

NUIRE □ compromettre, défavoriser, desservir, discréditer, frustrer, léser.

NUISIBLE □ dangereux, détestable, dissimulé, malfaisant, malsain, malveillant, mauvais, nocif, pernicieux, pervers, préjudiciable, toxique.

NUIT □ crépuscule, nuitée, obscurité.

NUL □ aucun, caduc, inexistant, négatif, rien.

● ignorant, incapable, lamentable, minable, pitoyable.

NULLEMENT □ aucunement.

NULLITÉ □ annulation, caducité, inexistence, invalidation.

NUMÉRAIRE □ argent, espèces, liquidités, monnaie.

NUMÉRATION □ calcul, compte, estimation.

NUMÉRO □ chiffre, matricule, nombre.

● représentation, spectacle.

NUMÉROTER □ chiffrer, folioter, paginer.

NUPTIAL □ conjugal, matrimonial.

NUTRITIF □ copieux, nourricier, nourrissant, substantiel.

NUTRITION □ alimentation, assimilation, digestion.

O

OBÉIR ☐ accepter, céder, se courber, écouter, fléchir, obtempérer, se plier, se soumettre, suivre.

OBÉISSANCE ☐ allégeance, dépendance, discipline, servilité, soumission, subordination.

OBÉISSANT ☐ discipliné, docile, doux, malléable, soumis, souple.

OBÈSE ☐ adipeux, corpulent, empâté, fort, gras, gros, imposant, pansu, ventripotent, ventru, volumineux.

OBJECTER ☐ désapprouver, prétexter, répliquer, répondre, rétorquer.

OBJECTIF ☐ (nom) aboutissement, but, dessein, destination, fin, finalité, intention, issue, résultat, visées, vues.

OBJECTIF ☐ (adj) équitable, impartial, juste, neutre, raisonnable.

OBJECTION ☐ contestation, contradiction, critique, protestation, réfutation, réplique, reproche.

OBJECTIVITÉ ☐ équité, impartialité, justice, probité, raison.

OBJET ☐ article, bibelot, chose, instrument, outil, ustensile.

● but, cause, raison, sujet, thème.

OBLIGATION ☐ astreinte, charge, contrainte, corvée, devoir, fonction, office, nécessité, responsabilité, servitude, tâche, travail.

OBLIGATOIRE ☐ essentiel, forcé, immanquable, important, indispensable, inéluctable, inévitable, inexorable, nécessaire, obligé, primordial.

OBLIGEANCE ☐ amabilité, civilité, courtoisie, politesse, prévenance, urbanité.

OBLIGEANT ☐ aimable, charmant, complaisant, courtois, poli, prévenant, serviable.

OBLIGER ☐ astreindre, contraindre, engager, exiger, forcer, imposer, lier, réduire à.

OBLIQUE ☐ courbe, détourné, incliné, indirect.

OBOLE ☐ aumône, don, offrande.

OBSCÈNE ☐ abject, bas, dégoûtant, érotique, graveleux, grossier, ignoble, impudique, impur, indécent, lascif, licencieux, luxurieux, ordurier, pornographique, sale, sordide, vicieux, vil.

OBSCÉNITÉ ☐ abjection, avilissement, bassesse, grossièreté, ignominie, indignité, infamie, saleté.

OBSCUR ☐ approximatif, confus, douteux, flou, imprécis, incertain, inconnu, indéterminé, indistinct, inextricable, nébuleux, sombre, ténébreux, touffu, vague.

OBSCURCIR ☐ assombrir, cacher, éclipser, noircir.

OBSCURITÉ ☐ contre-jour, nuit, ombre, opacité, ténèbres.
● confusion, doute, ignorance, inconnu, mystère, secret.

OBSÉDANT ☐ énervant, insupportable, irritant, lancinant.

OBSÉDÉ ☐ déséquilibré, maniaque, névrosé, psychopathe, tourmenté.

OBSÉDER ☐ hanter, harceler, poursuivre, tourmenter.

OBSÈQUES ☐ enterrement, funérailles, inhumation.

OBSÉQUIEUX ☐ complaisant, flagorneur, flatteur, rampant, servile.

OBSERVATION ☐ analyse, expérience, expérimentation.
● obéissance, respect, soumission.
● blâme, remarque, réprimande, reproche.

OBSERVER ☐ accomplir, se conformer à, obéir, pratiquer, respecter.
● contempler, étudier, examiner, fixer, regarder, surveiller.

OBSESSION ☐ hantise, manie, psychose, souci, tracas.

OBSOLÈTE ☐ archaïque, démodé, désuet, passé, périmé, suranné, vétuste, vieillot.

OBSTACLE ☐ barrage, barrière, complication, contrariété, difficulté, empêchement, ennui, entrave, obstruction, tracas.

OBSTINATION ☐ acharnement, fermeté, insistance, persévérance, ténacité.

OBSTINÉ ☐ acharné, entêté, persévérant, opiniâtre, résolu, tenace, têtu.

OBSTRUER ☐ aveugler, barrer, boucher, calfeutrer, colmater, condamner, obturer.

OBTEMPÉRER ☐ admettre, céder, se courber, fléchir, obéir, se plier, se soumettre.

OBTENIR ☐ acquérir, arracher, avoir, conquérir, enlever, prendre, se procurer, recueillir, soutirer.

OBTUS ☐ balourd, borné, bouché, frustre, grossier, lourd, lourdaud, niais, sot, stupide.

OCCASION ☐ cas, circonstance, conjoncture, événement, éventualité, hasard, hypothèse, occurrence, situation.

OCCASIONNEL ☐ accidentel, éphémère, fortuit, momentané, passager, provisoire, temporaire.

OCCASIONNER ☐ amener, causer, déterminer, entraîner, nécessiter, procurer, produire, provoquer, susciter.

OCCIDENT ☐ couchant, ouest, ponant.

OCCULTE ☐ caché, clandestin, discret, ésotérique, mystérieux, obscur, secret, sibyllin.

OCCULTER ☐ cacher, camoufler, couvrir, dissimuler, éclipser, masquer, recouvrir, voiler.

OCCULTISME ☐ alchimie, ésotérisme, hermétisme, magie, mystère, sorcellerie, spiritisme, télépathie.

OCCUPATION ☐ activité, besogne, carrière, charge, emploi, fonction, profession, tâche, travail.

OCCUPÉ ☐ actif, affairé, employé, indisponible.

OCCUPER ☐ absorber, accaparer, employer, faire travailler.

● annexer, demeurer, habiter, remplir, résider.

● conquérir, envahir.

OCCUPER (S') □ s'employer, se mêler, travailler, vaquer.

OCCURRENCE (EN L') □ dans ce cas.

OCTROYER □ accorder, céder, concéder, donner.

ODALISQUE □ beauté, courtisane, esclave, Eve, femme, Vénus.

ODEUR □ arôme, bouffée, bouquet, effluve, émanation, miasmes, relent.

ODIEUX □ abominable, antipathique, arrogant, désagréable, détestable, exécrable, grossier, haïssable, impoli, impudent, insolent, méchant, suffisant.

ODORANT □ aromatique, capiteux, embaumé, parfumé, suave.

ODORAT □ flair, nez, olfaction.

ŒIL □ globe, regard, vision, yeux.

● bourgeon, pousse.

ŒILLADE □ clin d'œil, coup d'œil, regard.

ŒUF □ cellule, germe, embryon, ovule.

● commencement, création, naissance, origine, source.

ŒUVRE □ activité, création, ouvrage, travail.

ŒUVRER □ agir, effectuer, exécuter, faire, opérer, préparer, travailler.

OFFENSANT □ grossier, injurieux, insultant, outrageant, vexant.

OFFENSE □ affront, avanie, camouflet, honte, humiliation, insulte, outrage, vexation.

OFFENSER □ blesser, froisser, humilier, meurtrir, scandaliser.

OFFENSIF □ agressif, brutal, malveillant, rude, sauvage, violent.

OFFENSIVE □ assaut, attaque, charge, engagement.

OFFICE □ charge, devoir, emploi, mission, responsabilité.

● culte, messe, prières.

● administration, agence, bureau, établissement, organisation, organisme, service.

OFFICIEL □ administratif, authentique, autorisé, notoire, public.

OFFICIEUX □ incognito, intime, particulier, privé.

OFFRANDE □ aumône, cadeau, don, donation, présent.

OFFRE □ démarche, enchère, proposition, soumission.

OFFRIR □ apporter, donner, fournir, léguer, procurer, proposer, soumettre, soumissionner.

OFFRIR (S') □ acheter, acquérir, obtenir.

OFFUSQUER □ blesser, froisser, déplaire, offenser, scandaliser.

OISEAU □ volaille, volatile.

OISEUX □ inefficace, inutile, stérile, superflu, vain.

OISIF □ désœuvré, fainéant, inactif, indolent, nonchalant, paresseux.

OISIVETÉ □ apathie, désœuvrement, inaction, paresse, passivité, torpeur.

OMBRAGEUX □ chatouilleux, envieux, farouche, hypersensible, irritable, inquiet, jaloux, méfiant, nerveux, susceptible.

OMBRE □ couvert, ombrage, opacité, pénombre.

● esprit, fantôme, revenant.

OMETTRE □ abandonner, laisser, négliger, oublier.

OMISSION □ abandon, faute, inattention, lacune, manque, négligence, oubli.

OMNIPOTENT ☐ absolu, arbitraire, autoritaire, despotique, puissant, tyrannique.

OMNISCIENCE ☐ érudition, savoir, science.

ONCTION ☐ bonté, douceur, délicatesse, gentillesse, indulgence, mansuétude, patience.

ONCTUEUX ☐ coulant, graisseux, gras, huileux, moelleux.

ONDE ☐ eau, flot, fluide, radio, son, vague, vibration.

ONDOYANT ☐ capricieux, changeant, flottant, mouvant, sinueux, souple.

ONDOYER ☐ flotter, onduler, nager.
● baptiser, bénir, consacrer.

ONDULÉ ☐ courbe, flottant, mouvant, ondoyant, onduleux, sinueux.

ONDULER ☐ boucler, crêper, friser.
● flotter, nager, ondoyer.

ONÉREUX ☐ cher, coûteux, inabordable, ruineux.

ONIRIQUE ☐ chimérique, fantastique, fictif, illusoire, imaginaire, irréel, rêvé, utopique.

OPACITÉ ☐ nuit, obscurité, ombre, pénombre, ténèbres.

OPAQUE ☐ confus, dense, épais, impénétrable, indistinct, nébuleux, obscur, sombre, ténébreux.

OPÉRATION ☐ action, entreprise, exécution, mouvement, œuvre, projet, tentative.
● addition, division, multiplication, soustraction.
● amputation, greffe, intervention.
● bataille, campagne, combat, invasion.
● achat, spéculation, vente (*Bourse*).

OPÉRER ☐ agir, exécuter, faire, intervenir, procéder, réaliser, travailler.

OPINIÂTRE ☐ acharné, entêté, obstiné, persévérant, résolu, tenace, têtu.

OPINION ☐ avis, conviction, croyance, foi, idée, jugement, point de vue, sentiment, thèse.

OPPORTUN ☐ approprié, favorable, pertinent, propice, utile.

OPPORTUNITÉ ☐ à propos.

OPPOSÉ ☐ (adj) adverse, antagoniste, contradictoire, contraire, incompatible, inverse.

OPPOSÉ (À L') ☐ au contraire.

OPPOSER ☐ dresser l'un contre l'autre, objecter, prétexter.

OPPOSER (S') ☐ braver, empêcher, refuser, résister.

OPPOSITION ☐ antagonisme, antithèse, conflit, contradiction, contraste, désaccord, différence, difficulté, dissemblance, incompatibilité, refus, résistance, réticence, rivalité, veto.

OPPRESSER ☐ accabler, angoisser, écraser, étouffer.

OPPRESSION ☐ contrainte, dictature, domination, esclavage, tutelle, tyrannie.

OPPRIMER ☐ accabler, asservir, assujettir, dominer, écraser, oppresser, soumettre, tyranniser.

OPPROBRE ☐ confusion, déshonneur, honte, ignominie, infamie, scandale.

OPTER ☐ adopter, choisir, élire, jeter son dévolu sur, préférer, retenir.

OPTIMISME ☐ désinvolture, gaieté, insouciance, irresponsabilité, nonchalance.

OPTION ☐ choix, décision, dilemme, élection, retenue.

OPULENCE ☐ abondance, aisance, fertilité, flot, fortune, richesse.

OPULENT ☐ abondant, ample, copieux, fécond, fertile, fructueux, généreux, luxuriant, plantureux, riche.

OPUSCULE ☐ brochure, cahier, carnet, livret.

OR ☐ désormais.

OR ☐ fortune, magot, monnaie, richesse.

ORAGE ☐ grain, ouragan, rafale, tempête, tourbillon, tourmente, trombe.

ORAGEUX ☐ agité, effervescent, tempétueux, troublé, violent.

ORAISON ☐ allocution, discours, harangue, prière, sermon, tirade.

ORAL ☐ buccal, parlé, verbal.

ORATEUR ☐ conférencier, prédicateur, rhéteur, tribun.

ORDINAIRE ☐ classique, commun, courant, familier, habituel, moyen, normal, routinier, traditionnel.

ORDINAIREMENT ☐ à l'accoutumée.

ORDONNANCE ☐ agencement, arrangement, disposition, organisation, ordre, rangement.
● arrêt, décision, jugement, règlement.

ORDONNÉ ☐ agencé, arrangé, classé, rangé.

ORDONNER ☐ agencer, arranger, classer, ranger.
● commander, diriger, donner l'ordre, exiger, obliger, prescrire.

ORDRE ☐ commandement, consigne, directive, instruction, ordonnance, prescription.
● discipline, hiérarchie, police, tranquillité.
● alignement, classement, disposition, plan, rang, rangement.
● catégorie, classe, corporation, groupe, secte.

ORDURE ☐ déchet, détritus, fange, immondices, saleté.
● abjection, avilissement, bassesse, débauche, grossièreté, ignominie, indignité, infamie, obscénité.

ORDURIER ☐ dégoûtant, graveleux, grossier, ignoble, indécent, licencieux, luxurieux, obscène, pornographique, sale, sordide, vicieux, vil.

ORÉE ☐ bord, bordure, lisière.

ORFÈVRERIE ☐ bague, bijou, collier, diadème, joyau, médaillon, parure, pendentif, pierre.

ORGANE ☐ bulletin, journal, revue.
● instrument, mécanisme, moyen.

ORGANISATION ☐ aménagement, arrangement, disposition, ordre, planning, structure.
● assemblée, bureau, organisme, société.

ORGANISER ☐ agencer, aménager, arranger, préparer, réglementer.

ORGANISME ☐ administration, bureau, établissement, office, organisation, service.

ORGASME ☐ érotisme, excitation, plaisir, sensualité, volupté.

ORGIE ☐ beuverie, débauche, débordement, intempérance, libertinage, luxure, stupre.

ORGUEIL ☐ amour-propre, fatuité, fierté, gloire, morgue, ostentation, outrecuidance, prétention, suffisance, superbe, vanité.

ORGUEILLEUX ☐ arrogant, dédaigneux, fat, fier, hautain, outrecuidant, présomptueux, prétentieux, suffisant, susceptible, superbe, vaniteux.

ORIENT ☐ est, levant.

ORIENTATION ☐ direction, exposition, emplacement, position, situation.

ORIENTER ☐ conduire, conseiller, diriger, guider, mener, piloter.

ORIFICE ☐ ouverture, méat, trou.

ORIGINAIRE ☐ indigène, issu de, naturel, natif, né.

ORIGINAL ☐ inédit, moderne, nouveau, originel, premier, récent.
● amusant, baroque, bizarre, curieux, étrange, excentrique, extravagant, fantasque, singulier.

ORIGINALITÉ ☐ drôlerie, fraîcheur, nouveauté, personnalité, pittoresque.

ORIGINE ☐ commencement, création, début, départ, embryon, naissance, racine, source.

ORNEMENT ☐ accessoire, bijou, broderie, décoration, garniture, motif, parement, parure.

ORNER ☐ agrémenter, décorer, égayer, embellir, enjoliver, fleurir, garnir, parer, peindre.

OS ☐ ossements, restes, squelette.

OSCILLATION ☐ balancement, battement, fluctuation, tangage, vibration.

OSCILLER ☐ attendre, balancer, dodeliner, hésiter, tâtonner.

OSÉ ☐ égrillard, gaillard, gaulois, grivois, impudique, leste, libertin, paillard, provocant, rabelaisien.
● audacieux, brave, courageux, décidé, déterminé, effronté, entreprenant, hardi, intrépide, résolu, téméraire.

OSER ☐ entreprendre, se lancer, risquer.

OSSATURE ☐ carcasse, charpente, squelette.

OSSEMENTS ☐ cendres, os, reliques, restes.

OSTENSIBLE ☐ évident, flagrant, formel, manifeste, patent, visible, voyant.

OSTENTATION ☐ fatuité, gloire, gloriole, morgue, orgueil, outrecuidance, prétention, suffisance, superbe, vanité.

OSTRACISME ☐ exclusion, refus, rejet, renvoi.

OTAGE ☐ caution, gage, prisonnier.

OTER ☐ déduire, déplacer, enlever, faire disparaître, prendre, retirer, retrancher, soustraire, supprimer.

OUBLI ☐ anonymat, indifférence, ingratitude.
● absence, amnésie, distraction, étourderie, lacune, omission.

OUBLIÉ ☐ abandonné, délaissé, ignoré, inconnu, passé, rejeté.

OUBLIER ☐ abandonner, laisser, manquer, négliger, omettre, rejeter.

OUBLIETTES ☐ basse-fosse, cachot, cellule.

OUBLIEUX ☐ désagréable, égoïste, inconséquent, ingrat, léger, négligent.

OUEST ☐ couchant, occident, ponant.

OUÏR ☐ écouter, entendre, percevoir.

OURAGAN ☐ bourrasque, cyclone, tempête, tourmente.

OURDIR ☐ comploter, conspirer, intriguer, manigancer, nouer, tisser, tramer.

OUTIL ☐ appareil, engin, instrument, ustensile.

OUTILLER ☐ armer, équiper, fréter, installer, munir, pourvoir.

OUTRAGE ☐ affront, avanie, camouflet, honte, injure, insulte, offense, vexation.

OUTRAGEANT ☐ grossier, injurieux, insultant, offensant, vexant.

OUTRANCE ☐ abus, démesure, dramatisation, exagération, excès.

OUTRE (EN) □ d'ailleurs.

OUTRÉ □ écœuré, furieux, indigné, révolté, scandalisé.

● exagéré, excessif, exorbitant, outrancier.

OUTREPASSER □ déborder, dépasser, excéder, surpasser.

OUVERT □ béant, évasé, large.

● cordial, démonstratif, droit, enjoué, expansif, franc, honnête, libre, loyal, simple, sincère, vrai.

OUVERTURE □ méat, orifice, pore, trou.

● baie, embrasure, entrée, fente, issue, orifice, passage, percée, porte, sortie, trouée.

● début, inauguration, prélude.

OUVRAGE □ création, entreprise, essai, labeur, livre, œuvre, production, tâche, travail.

OUVRAGER □ agrémenter, décorer, égayer, embellir, orner, parer, travailler.

OUVRIER □ artisan, manœuvre, prolétaire, travailleur.

OUVRIR □ déboucher, dégager, écarter, élargir, évaser, forcer, percer, trouer.

● amorcer, attaquer, commencer, débuter, entamer, entreprendre, fonder.

OUVRIR (S') □ se confier, s'épanouir, révéler.

OVALE □ courbe, oblong, ové, oviforme, ovoïde.

OVATION □ acclamation, applaudissements, clameur, cris.

p

PACIFIER ☐ apaiser, calmer, éteindre, étouffer.

PACIFIQUE ☐ calme, doux, débonnaire, flegmatique, pacifiste, paisible, placide, serein, tranquille.

PACOTILLE ☐ camelote, riens, verroterie.

PACTE ☐ alliance, arrangement, contrat, convention, entente, marché, protocole, traité, transaction.

PAGAILLE ☐ anarchie, confusion, dérangement, désordre, fouillis, incohérence, perturbation, tumulte.

PAGE ☐ feuille, folio, recto, verso.
● écuyer.

PAGE (À LA) ☐ à la mode.

PAGINER ☐ classer, folioter, numéroter.

PAIEMENT ☐ acquittement, liquidation, remboursement.

PAÏEN ☐ athée, idolâtre, impie, incrédule, incroyant, irréligieux, libertin, libre penseur, mécréant.

PAILLARD ☐ égrillard, enjoué, gai, gaillard, gaulois, grivois, leste, luxurieux, osé, polisson, rabelaisien.

PAIN ☐ baguette, miche.

● aliment, nourriture, provision.

PAIR ☐ égal, équivalent, identique, semblable.

PAIRE ☐ couple, duo, ménage.

PAISIBLE ☐ calme, doux, débonnaire, flegmatique, pacifique, placide, serein, tranquille.

PAISIBLEMENT ☐ calmement.

PAIX ☐ accord, entente, neutralité, trêve.
● calme, quiétude, repos, silence, tranquillité.

PALABRE ☐ chicane, contestation, controverse, débat, discussion, délibération, dispute, échange, polémique, querelle.

PALABRER ☐ débattre, discourir, disserter, parler, pérorer, polémiquer.

PALAIS ☐ château, demeure, monument, palace.
● bouche.

PÂLE ☐ blafard, blême, cadavérique, décoloré, exsangue, hâve, livide, terreux.

PALIER ☐ étage, niveau, plate-forme.
● degré, échelon, étape, phase, période, stade.

PÂLIR □ blêmir, se décolorer, se décomposer, passer.

PALLIER □ cacher, camoufler, déguiser, dissimuler, farder, maquiller, masquer, taire, travestir.
● pourvoir à.

PALPABLE □ concret, manifeste, réel, sensible, tangible.

PALPER □ caresser, examiner, tâter, toucher.

PALPITER □ battre, frémir, frissonner, trembler, vibrer.

PÂMOISON □ absence, défaillance, évanouissement, faiblesse, syncope.

PAMPHLET □ brochure, libelle, satire.

PAMPHLÉTAIRE □ journaliste, polémiste.

PANACÉE □ drogue, médicament, médication, potion, remède.

PANACHE □ aigrette, plumet.
● allure, éclat, gloire, prestige.

PANACHER □ barioler, brasser, brouiller, combiner, confondre, mélanger, mêler.

PANARIS □ enflure, furoncle, gonflement, inflammation, pustule.

PANCARTE □ affiche, écriteau, enseigne, plaque.

PANÉGYRIQUE □ apologie, compliment, dithyrambe, éloge, glorification, louange.

PANIER □ cabas, corbeille, hotte.

PANIQUE □ angoisse, crainte, effroi, épouvante, frayeur, horreur, inquiétude, peur, terreur.

PANORAMA □ paysage, site, vue.

PANSE □ bedaine, estomac, ventre.

PANSU □ bedonnant, corpulent, empâté, fort, gras, gros, imposant, obèse, ventripotent, ventru.

PANTELANT □ ému, essoufflé, haletant, suffoqué.

PANTIN □ guignol, marionnette, polichinelle, poupée.

PANTOIS □ confus, consterné, déconfit, déconcerté, décontenancé, ébahi, embarrassé, interdit, intimidé, penaud, surpris.

PANTOUFLARD □ bourru, calme, casanier, doux, flegmatique, pacifique, paisible, placide, sédentaire, serein, tranquille.

PAPE □ souverain pontife.

PAPELARD □ doucereux, faux, hypocrite, mielleux, obséquieux, patelin, sournois, sucré.

PAPERASSE □ feuille, liasse, papier.

PAPIER □ article, chronique, éditorial, reportage.
● feuille, feuillet, note.

PAPIER-MONNAIE □ argent, billet, espèces.

PAPILLONNER □ badiner, batifoler, s'ébattre, flirter, folâtrer, marivauder.

PAPOTER □ babiller, bavarder, discuter, palabrer, parler.

PAQUEBOT □ bateau, bâtiment, navire.

PAQUET □ ballot, colis, liasse.

PARABOLE □ allégorie, conte, fable, histoire, légende.
● courbe, trajectoire.

PARACHEVER □ achever, ciseler, fignoler, finir, parfaire, polir, réviser, revoir.

PARADE □ affectation, étalage, gloire, gloriole, orgueil, ostentation.

PARADER □ s'afficher, s'étaler, s'exhiber, s'exposer, se montrer, plastronner.

PARADIS □ ciel, éden, Walhalla.

PARADOXAL □ bizarre, étonnant, étrange, extraordinaire, incroyable, inimaginable, inouï, invraisemblable, merveilleux, prodigieux, rocambolesque, troublant.

PARADOXE □ bizarrerie, contradiction, contresens, singularité.

PARAGES □ environs, pays, voisinage.

PARAGRAPHE □ alinéa, division, fractionnement, section.

PARAÎTRE □ apparaître, arriver, éclore, se manifester, se montrer, naître, pointer, sortir, survenir.
● s'avérer, avoir l'air, sembler.

PARALLÈLEMENT □ simultanément.

PARALYSER □ asphyxier, figer, glacer, immobiliser, méduser, neutraliser, stupéfier.

PARASITE □ convive, écornifleur, gêneur, importun, pique-assiette, profiteur.

PARC □ champ, clos, enclos, garage, jardin, pâturage, square.

PARCELLE □ bout, fragment, miette, morceau, part, partie, portion.

PARCE QUE □ car, en effet.

PARCHEMIN □ papyrus, peau, vélin.
● brevet, certificat, diplôme, peau d'âne, titre.

PARCIMONIE □ avarice, économie, épargne, frugalité, lésine.

PARCIMONIEUX □ avare, chiche, économe, ladre, mesquin, pingre, prudent, sordide.

PARCOURIR □ bouquiner, compulser, feuilleter, lire.
● errer, sillonner, traverser, visiter, voyager.

PARCOURS □ circuit, itinéraire, trajet.

PARDON □ absolution, amnistie, grâce, indulgence, miséricorde, rémission.
● fête, pèlerinage, procession.

PARDONNER □ absoudre, acquitter, amnistier, blanchir, excuser, gracier, innocenter, oublier.

PAREIL □ analogue, équivalent, identique, même, semblable, similaire, symétrique, tel.

PARENT □ aïeul, apparenté, ascendant, collatéral, cousin, descendant, famille, frère, mère, père, postérité, proche, sœur.

PARENTÉ □ ascendance, consanguinité, cousinage, descendance, lignage, parentèle.
● analogie, équivalence, identité, ressemblance, similitude.

PARER □ agrémenter, arranger, égayer, embellir, enjoliver, fleurir, garnir, orner, peindre.
● éluder, esquiver, éviter, détourner, prévenir, se soustraire.

PARESSE □ fainéantise, indolence, mollesse, nonchalance, oisiveté.

PARESSEUX □ désœuvré, fainéant, inactif, indolent, mou, nonchalant, oisif, vaurien.

PARFAIRE □ achever, ciseler, fignoler, finir, parachever, polir, réviser, revoir.

PARFAIT □ accompli, achevé, exceptionnel, exemplaire, idéal, impeccable, remarquable, rêvé.

PARFAITEMENT □ absolument.

PARFOIS □ quelquefois.

PARFUM □ arôme, bouffée, bouquet, effluve, émanation, fumet, miasmes, odeur, relent, remugle.

PARFUMER □ aromatiser, embaumer, imprégner, sentir.

PARIA □ esclave, déshérité, gueux,

intouchable, mendiant, misérable, miséreux, pauvre, serf.

PARIER ☐ gager, jouer, miser.

PARITÉ ☐ comparaison, égalité, ressemblance, similitude.

PARJURE ☐ infidélité, traîtrise.

PARLEMENTAIRE ☐ délégué, député, élu, émissaire, envoyé, messager, représentant.

PARLEMENTER ☐ contester, débattre, délibérer, discuter, négocier, traiter.

PARLER ☐ articuler, émettre, prononcer.
● bavarder, causer, conférer, consulter, converser, discuter, s'entretenir, monologuer, palabrer, papoter, polémiquer.

PARLER ☐ (nom) dialecte, jargon, idiome, langage, langue, patois.

PARMI ☐ au milieu de.

PARODIE ☐ caricature, copie, imitation, pastiche.

PARODIER ☐ caricaturer, contrefaire, copier, démarquer, imiter, pasticher, simuler, singer.

PAROI ☐ cloison, mur, muraille.

PAROISSE ☐ commune, église, village.

PAROLE ☐ articulation, débit, diction, élocution, éloquence, expression, langage, mot, prononciation.
● engagement, promesse, serment.

PAROLE (DONNER SA) ☐ affirmer, assurer, certifier, garantir, promettre.

PAROXYSME ☐ crise, exacerbation, exaspération, maximum, summum.

PARQUER ☐ boucler, cerner, enfermer, entasser, entourer.

PARQUET ☐ plancher.
● Ministère public, tribunal.

PARSEMER ☐ disperser, recouvrir, répandre, saupoudrer, semer.

PART ☐ bout, contingent, division, fragment, lot, morceau, parcelle, partage, partie, pièce, portion.
● aide, contribution, quote-part.

PART (D'AUTRE) ☐ d'ailleurs.

PARTAGE ☐ attribution, distribution, morcellement, répartition.

PARTAGER ☐ attribuer, distribuer, diviser, fragmenter, morceler, répartir, séparer.

PARTENAIRE ☐ allié, associé, compère.

PARTI ☐ camp, clan, faction, groupe, rassemblement, secte.

PARTI (TIRER) ☐ bénéficier, profiter, utiliser.

PARTIAL ☐ abusif, immérité, inique, injuste.

PARTICIPATION ☐ aide, collaboration, complicité, concours, connivence, contribution, don.

PARTICIPER ☐ aider, collaborer, coopérer, contribuer, se joindre, mêler, partager, prendre part.

PARTICULARITÉ ☐ caractéristique, modalité, propriété, singularité, spécificité.

PARTICULIER ☐ (adj) caractéristique, distinctif, extraordinaire, original, remarquable, singulier, spécial.
● individuel, intime, personnel, privé.

PARTICULIER ☐ (nom) individu, personne, quidam.

PARTIE ☐ bout, division, éclat, élément, fragment, lambeau, lot, morceau, parcelle, partage, part, particule, pièce, portion.
● branche, métier, profession, rôle, spécialité.

PARTI PRIS □ à priori, défiance, préjugé, prévention.

PARTIR □ abandonner, s'en aller, déguerpir, disparaître, filer, fuir, quitter, se retirer.

● commencer, débuter, entreprendre.

PARTISAN □ adepte, adhérent, disciple, fidèle, membre, militant, supporter, suppôt.

PARVENIR □ accéder, arriver, atteindre, réussir.

PARVENU □ (nom) ambitieux, arriviste, nouveau riche.

PAS □ (nom) allure, démarche, enjambée, foulée, train.

● col, défilé, détroit, isthme, passage.

PAS (FAUX) □ écart, erreur, faiblesse, faute.

PASSABLE □ acceptable, médiocre, modeste, moyen, ordinaire, piètre, potable, suffisant.

PASSADE □ aventure, caprice, coup de tête, désir, fantaisie, flirt.

PASSAGE □ canal, couloir, corridor, galerie, passe, rue.

● changement, migration, mutation, transition, traversée, voyage.

PASSAGER □ (adj) bref, court, éphémère, fugace, fugitif, intérimaire, momentané, précaire, provisoire, temporaire, transitoire.

PASSAGER □ (nom) passant, promeneur, voyageur.

PASSANT □ (nom) passager, promeneur, voyageur.

PASSE □ chenal.

PASSÉ □ (adj) altéré, avachi, décati, déformé, défraîchi, délavé, fané, fatigué, flétri, usagé, usé.

PASSÉ □ antan, autrefois, hier, jadis, naguère.

PASSÉ □ (nom) antiquité, histoire, tradition.

PASSER □ déborder, devancer, dépasser, devenir, distancer, donner, doubler, franchir, longer, remettre, surpasser, transmettre, traverser.

● agoniser, s'éteindre, mourir.

● filtrer, sasser, tamiser.

PASSER PAR LES ARMES □ exécuter, fusiller, tuer.

PASSEUR □ batelier, contrebandier.

PASSIF □ abattu, absent, atone, faible, inactif, indifférent, inerte.

PASSION □ adoration, affection, amour, émotion, exaltation, feu, flamme, frénésie, fureur, sentiment, violence.

PASSIONNANT □ captivant, émouvant, intéressant, prenant, séduisant.

PASSIONNÉ □ ardent, enthousiaste, fanatique, fervent, inconditionnel, intense, surexcité.

PASSIONNÉMENT □ follement.

PASSIVITÉ □ apathie, immobilisme, inaction, inertie, oisiveté, paralysie, torpeur.

PASTEUR □ berger, gardien, pâtre.

● prêtre.

PASTICHE □ copie, imitation, parodie, plagiat.

PASTICHER □ contrefaire, copier, imiter, plagier, parodier, singer.

PASTORAL □ agreste, bucolique, champêtre, rural, rustique.

PATAUD □ embarrassé, emprunté, gauche, gêné, lourd, maladroit, malhabile, raide, timide.

PATAUGER □ barboter, s'empêtrer.

PATELIN □ doucereux, faux, hypocrite, mielleux, obséquieux, papelard, sournois, sucré.

PATENT □ clair, évident, flagrant,

formel, incontestable, limpide, manifeste, visible, vrai.

PÂTEUX □ dense, épais, flasque, visqueux.

PATHÉTIQUE □ attendrissant, attristant, bouleversant, déchirant, dramatique, émouvant, touchant.

PATIBULAIRE □ angoissant, effrayant, impressionnant, inquiétant, menaçant, puissant, sinistre.

PATIENCE □ attente, constance, continuité, persévérance, résignation, ténacité.

PATIENT □ conciliant, endurant, indulgent, inlassable, passif, persévérant.

PATIENT □ (nom) client, consultant, malade.

PÂTIR □ endurer, souffrir, subir.

PATRIARCHE □ aïeul, ancêtre, vieillard.

PATRICIEN □ aristocrate, noble, seigneur.

PATRIE □ nation, pays, peuple, terre natale, territoire.

PATRIMOINE □ avoir, bien, domaine, héritage, possession, propriété, succession.

PATRIOTE □ chauvin, cocardier, nationaliste.

PATRIOTISME □ civisme, nationalisme.

PATRON □ chef, directeur, employeur, maître, organisateur, professeur de médecine, protecteur, tenancier.
● dessin, forme, modèle.

PATRONAGE □ auspices, parrainage, protection.

PAUSE □ arrêt, halte, récréation, répit, repos, stagnation, station, suspension.

PAUVRE □ aride, désertique, ingrat, maigre, misérable, stérile.
● impécunieux, indigent, misérable, nécessiteux, ruiné.

PAUVRETÉ □ besoin, dénuement, gêne, indigence, misère, nécessité, paupérisme, pénurie.

PAYE □ appointements, émoluments, gages, honoraires, rétribution, salaire, solde, traitement.

PAYER □ acquitter, appointer, défrayer, financer, indemniser, liquider, récompenser, régler, rétribuer, satisfaire, solder, verser.

PAYER (SE) □ acheter, acquérir, s'offrir.

PAYS □ État, lieu, nation, peuple, province, région.

PAYSAGE □ décor, panorama, site, vue.

PAYSAN □ (nom) agriculteur, campagnard, cultivateur, éleveur, fermier, métayer.
● manant, serf, vilain. (*histoire*)

PAYSAN □ (adj) agricole, campagnard, rural, rustique.

PEAU □ cuir, écorce, épiderme.

PECCADILLE □ bêtise, erreur, faute, maladresse, péché véniel.

PÉCHÉ □ crime, erreur, faute, forfait, manquement, offense, sacrilège, scandale, vice. (*Péchés capitaux* : avarice, colère, envie, gourmandise, luxure, orgueil, paresse.)

PÉCULE □ bas de laine, économie, épargne, tirelire.

PÉDAGOGIE □ apprentissage, éducation, enseignement, formation, initiation, instruction, leçon, savoir.

PÉDAGOGUE □ enseignant, instituteur, maître, professeur, précepteur, répétiteur.

PÉDANT □ avantageux, cuistre, docte, fat, ridicule, savant, suffisant, vaniteux.

PÈGRE □ canaille, lie, milieu, populace, racaille.

PEIGNER □ brosser, coiffer, lisser, natter, ordonner, tresser.

PEINDRE □ badigeonner, barbouiller, brosser, colorer, dessiner, exposer, laquer, portraiturer, représenter, tracer, vernir.

● conter, décrire, détailler, narrer, raconter.

PEINE □ affliction, amertume, blessure, chagrin, désolation, difficulté, douleur, ennui, mal, malheur, souffrance, tourment, tristesse.

● condamnation, châtiment, punition, sanction, sentence, supplice.

PEINER □ attrister, chagriner, contrarier, désoler, ennuyer, fâcher, meurtrir.

● avoir du mal, besogner, s'essouffler, se fatiguer, souffrir, suer.

PEINTRE □ aquarelliste, artiste, enlumineur, paysagiste, rapin.

PEINTURE □ aquarelle, description, enluminure, huile, image, portrait, tableau, toile.

PÉJORATIF □ défavorable, désavantageux, hostile, méprisant.

PELAGE □ fourrure, laine, livrée, poil, robe, toison.

PELÉ □ chauve, dégarni, épilé, nu, râpé, tondu, usé.

PÊLE-MÊLE □ brassé, confondu, désordonné, emmêlé, enchevêtré, mélangé, mêlé.

PELER □ décortiquer, dépouiller, éplucher, raser, tondre.

PÈLERINAGE □ défilé, pardon, procession, voyage.

PELLICULE □ bande, couche, enveloppe, film.

PELOTONNER (SE) □ se blottir, se cacher, se lover, se tapir.

PÉNALITÉ □ peine, punition, sanction.

PENAUD □ confus, embarrassé.

PENCHANT □ affinité, aptitude, attachement, attirance, disposition, faible, goût, inclinaison, prédisposition, préférence, propension, sympathie, vocation.

● déclivité, inclinaison, pente, versant.

PENCHER □ courber, fléchir, incliner, plier.

PENDANT □ durant.

PENDANT QUE □ tandis que.

PENDENTIF □ bijou, collier, joyau, médaillon, orfèvrerie, pierre, sautoir.

PENDRE □ accrocher, attacher, suspendre.

● retomber, tomber, traîner.

● étrangler, stranguler, tuer.

PÉNÉTRANT □ acéré, aigu, clairvoyant, fin, intelligent, lucide, perspicace, pointu, sagace.

PÉNÉTRATION □ envahissement, infiltration, invasion.

● acuité, clairvoyance, finesse, flair, lucidité, perspicacité, sagacité.

PÉNÉTRER □ s'enfoncer, entrer, envahir, s'introduire, surgir, transpercer, traverser, venir.

PÉNIBLE □ accablant, ardu, compliqué, contrariant, embarrassant, délicat, déplaisant, difficile, dur, laborieux, obscur, rude, triste.

PÉNITENCE □ confession, contrition, expiation, regret, repentir.

● châtiment, peine, punition, sanction.

PÉNITENCIER □ bagne, centrale, prison.

PÉNOMBRE □ clair-obscur, couvert, demi-jour, ombrage, ombre, opacité.

PENSÉE □ esprit, intelligence, philosophie, raison.

● idée, illusion, imagination, rêverie, spéculation.

● adage, aphorisme, avis, devise, maxime, opinion, proverbe, sentence.

PENSÉES □ considérations, observations, propos, réflexions, remarques, souvenirs.

PENSER □ comprendre, croire, imaginer, juger, méditer, raisonner, réfléchir, rêver, songer.

PENSIF □ absent, absorbé, méditatif, réfléchi, rêveur, soucieux.

PENSION □ institution, internat, pensionnat.

● allocation, retraite, revenu.

PENTE □ côte, déclivité, descente, inclinaison, raidillon.

PÉNURIE □ besoin, disette, épuisement, famine, manque, misère, pauvreté.

PERÇANT □ aigu, criard, déchirant, strident.

● acéré, clairvoyant, fin, intelligent, lucide, perspicace, pointu, sagace.

PERCÉE □ brèche, chemin, orifice, ouverture, passage, trou, trouée.

PERCEPTIBLE □ audible, sensible, visible.

PERCEPTION □ idée, image, impression, sens, sensation, sentiment.

● collecte, recouvrement, rentrée.

PERCER □ creuser, crever, cribler, forer, perforer, piquer, transpercer, traverser, trouer.

● déceler, découvrir, deviner, éventer, pénétrer, réussir, trouver.

PERCEVOIR □ discerner, distinguer, entendre, entrevoir, saisir, voir.

● empocher, recevoir, toucher.

PERCUSSION □ choc, collision, contact, heurt, secousse.

PERCUTER □ accrocher, cogner, frapper, heurter, tamponner.

PERDANT □ battu, dominé, surclassé, vaincu.

PERDRE □ détruire, égarer, gaspiller, oublier.

● corrompre, déconsidérer, déshonorer, dévoyer, égarer.

PERDU □ désert, disparu, égaré, éloigné, isolé, lointain.

● condamné, fini, irrécupérable.

PÈRE □ auteur, créateur, fondateur, géniteur, papa.

PÉRÉGRINATION □ errance, pèlerinage, voyage.

PÉREMPTOIRE □ décisif, définitif, énergique, sec, tranchant.

PÉRENNITÉ □ éternité, immortalité, perpétuité.

PERFECTION □ absolu, beau, idéal, summum.

● achèvement, couronnement, épanouissement, maturité.

PERFECTIONNER □ améliorer, aménager, amender, arranger, bonifier, embellir, restaurer.

PERFIDE □ déloyal, fourbe, infidèle, malhonnête, menteur, rusé, sournois, traître, trompeur.

PERFIDIE □ calcul, fourberie, ruse, trahison, traîtrise.

PERFORER □ cribler, percer, piquer, transpercer, trouer.

PERFORMANCE □ exploit, prouesse, record.

PÉRICLITER □ baisser, décliner, décroître, dépérir, diminuer, vieillir.

PÉRIL ☐ alarme, danger, menace, risque.

PÉRILLEUX ☐ dangereux, difficile, hasardeux, inquiétant, menaçant, redoutable, risqué.

PÉRIODE ☐ cycle, durée, époque, ère, phase.

PÉRIODIQUE ☐ (nom) journal, magazine, revue.

PÉRIODIQUE ☐ (adj) alternatif, épisodique, réglé, systématique.

PÉRIPÉTIE ☐ accident, aventure, événement, imprévu, incident.

PÉRIPHÉRIE ☐ banlieue, bord, ceinture, environs, faubourg, périmètre, tour.

PÉRIPLE ☐ tour, tournée, voyage.

PÉRIR ☐ décéder, disparaître, s'éteindre, expirer, finir, mourir, rendre l'âme, succomber, trépasser.

PERMANENT ☐ constant, continu, durable, éternel, immortel, incessant, indélébile, perpétuel, persistant, sempiternel, stable, tenace.

PERMETTRE ☐ accepter, admettre, approuver, autoriser, consentir, tolérer.

PERMIS ☐ admis, autorisé, légal, légitime, licite, réglementaire, toléré.

PERMISSION ☐ accord, approbation, autorisation, congé, consentement, licence, permis, tolérance.

PERMUTATION ☐ change, échange, inversion.

PERNICIEUX ☐ dangereux, détestable, diabolique, dissimulé, malfaisant, malsain, malveillant, mauvais, nocif, nuisible, pervers.

PÉRORAISON ☐ conclusion, dénouement, épilogue, fin, morale.

PÉRORER ☐ discourir, disserter, parler, pontifier.

PERPENDICULAIRE ☐ droit, normal, orthogonal, vertical.

PERPÉTRER ☐ commettre, consommer, entreprendre, exécuter.

PERPÉTUEL ☐ constant, continu, durable, éternel, immortel, incessant, infini, permanent, persistant, sempiternel.

PERPÉTUER (SE) ☐ continuer, demeurer, durer, s'éterniser, se maintenir, persévérer, rester, subsister, tenir.

PERPÉTUITÉ ☐ continuité, éternité, pérennité.

PERPLEXE ☐ embarrassé, hésitant, incertain, indécis, inquiet, irrésolu.

PERPLEXITÉ ☐ doute, embarras, incertitude, indécision, irrésolution, hésitation, scrupule.

PERQUISITIONNER ☐ chercher, enquêter, fouiller, fureter, rechercher.

PERSÉCUTER ☐ martyriser, opprimer, supplicier, torturer, tourmenter.

PERSÉVÉRANCE ☐ attente, constance, continuité, courage, entêtement, fermeté, obstination, opiniâtreté, patience, ténacité.

PERSÉVÉRANT ☐ constant, courageux, entêté, obstiné, opiniâtre, patient, tenace, têtu.

PERSÉVÉRER ☐ s'acharner, continuer, durer, persister, poursuivre, tenir.

PERSIENNE ☐ jalousie, volet.

PERSIFLAGE ☐ impertinence, ironie, moquerie, raillerie, sarcasme.

PERSIFLER ☐ ironiser, se moquer, railler.

PERSISTANCE ☐ constance, entêtement, fermeté, obstination, opiniâtreté, patience, ténacité.

● continuation, continuité, durée, survivance.

PERSISTER ☐ continuer, demeurer, durer, s'éterniser, s'obstiner, persévérer, rester, subsister, tenir.

PERSONNAGE ☐ dignitaire, notable, personnalité.,, personne.
● héros, rôle.

PERSONNALITÉ ☐ caractère, originalité, tempérament.
● être, individualité, nature.

PERSONNE ☐ (nom) créature, être, individu, mortel, particulier, personnage, quidam.

PERSONNE ☐ aucun, nul, quiconque.

PERSONNEL ☐ (adj) égocentrique, égoïste, individualiste, individuel, intime, particulier, privé.

PERSONNEL ☐ (nom) domesticité, main-d'œuvre, service.

PERSPECTIVE ☐ panorama, vision, vue.
● apparence, chances, éventualité, probabilité, vraisemblance.

PERSPICACE ☐ acéré, clairvoyant, fin, intelligent, lucide, perçant, pointu, sagace.

PERSPICACITÉ ☐ acuité, clairvoyance, finesse, flair, lucidité, pénétration, sagacité.

PERSUADER ☐ convaincre, démontrer, entraîner, expliquer, inspirer, prouver.

PERSUASION ☐ assurance, certitude, conviction, croyance.

PERTE ☐ décès, déficit, dégât, dommage, gaspillage, malheur, préjudice, sinistre.

PERTINENT ☐ approprié, apte, conforme, idoine, judicieux.

PERTURBATION ☐ bouleversement, confusion, dérangement, dérègle-ment, désorganisation, désordre, tracas, trouble.

PERTURBER ☐ bouleverser, ennuyer, gêner, troubler.

PERVERS ☐ avili, corrompu, cruel, dépravé, dissimulé, dur, haineux, licencieux, malveillant, mauvais, méchant, vicieux.

PERVERSION ☐ anomalie, corruption, dépravation.

PERVERSITÉ ☐ cruauté, malveillance, méchanceté, perfidie.

PERVERTIR ☐ avilir, corrompre, dépraver, gangrener, gâter, pourrir, souiller.

PESANT ☐ dense, encombrant, écrasant, épais, lourd, massif, pénible.

PESANTEUR ☐ attraction, gravité, inertie, lenteur, lourdeur, poids.

PESER ☐ comparer, considérer, estimer, jauger, juger, soupeser.
● accabler, ennuyer, gêner, importuner.

PESSIMISME ☐ abattement, hypocondrie, morosité, tristesse.

PESSIMISTE ☐ alarmiste, amer, consterné, déçu, défaitiste, désabusé, maussade, mélancolique.

PESTER ☐ fulminer, grogner, injurier, insulter, invectiver.

PESTILENCE ☐ fétidité, infection, puanteur.

PESTILENTIEL ☐ écœurant, fétide, infect, insalubre, malodorant, méphitique, nauséabond, puant, putride.

PÉTILLER ☐ briller, crépiter, étinceler, scintiller.

PETIT ☐ (adj) dérisoire, étroit, étriqué, exigu, faible, infime, maigre, médiocre, mesquin, mince, minuscule, rabougri, ténu.

PETIT □ (nom) bambin, bébé, enfant.

PETIT À PETIT □ progressivement.

PETITESSE □ avarice, bassesse, étroitesse, ladrerie, mesquinerie, modicité, parcimonie.

PÉTITION □ réclamation, revendication, requête.

PÉTRIFIANT □ abominable, angoissant, cauchemardesque, dantesque, effrayant, effroyable, épouvantable, hallucinant, horrible, menaçant, monstrueux, paralysant, terrifiant.

PÉTRIFIÉ □ abasourdi, choqué, déconcerté, ébahi, éberlué, estomaqué, étonné, hébété, interdit, interloqué, médusé, paralysé, sidéré, surpris.

PÉTRIR □ brasser, malaxer, mélanger, modeler, triturer.

PÉTULANT □ ardent, enthousiaste, fougueux, impétueux, turbulent, vif.

PEU À PEU □ progressivement.

PEUPLADE □ horde, peuple, tribu.

PEUPLE □ citoyens, habitants, nation, population.

PEUPLÉ □ habité, populaire, populeux, surpeuplé.

PEUR □ alarme, angoisse, appréhension, crainte, effarement, effroi, épouvante, frayeur, inquiétude, phobie, terreur.

PEUREUX □ angoissé, anxieux, craintif, effarouché, inquiet, lâche, pleutre, poltron, pusillanime, timide, timoré.

PHARAMINEUX □ admirable, énorme, étonnant, extraordinaire, formidable, incroyable, inouï, invraisemblable, magnifique, merveilleux, phénoménal, prodigieux, surprenant, troublant.

PHASE □ degré, échelon, étape, palier, période, stade.

PHÉNOMÉNAL □ admirable, anormal, bizarre, énorme, étonnant, étrange, extraordinaire, formidable, incroyable, inimaginable, inouï, invraisemblable, magnifique, merveilleux, monstrueux, pharamineux, prodigieux, surprenant, troublant.

PHÉNOMÈNE □ merveille, monstre, prodige.

● apparence, fait, manifestation.

PHILANTHROPIE □ altruisme, bienfaisance, bonté, charité, générosité, humanité, mansuétude, pitié.

PHILOSOPHE □ penseur, raisonneur, sage.

PHILOSOPHIE □ doctrine, humanisme, système, théorie.

● calme, pondération, raison, résignation, sagesse.

PHOBIE □ angoisse, appréhension, crainte, effarement, effroi, épouvante, frayeur, haine, horreur, inquiétude, névrose, peur, terreur.

PHRASEUR □ bavard, beau parleur, raseur.

PHYSIONOMIE □ air, allure, apparence, aspect, attitude, expression, figure, mine.

PIAFFER □ s'énerver, s'impatienter, piétiner, rager, trépigner.

PIÈCE □ chambre, cuisine, salle, salon.

● comédie, drame, saynète, scénario, tragédie.

● bout, éclat, fragment, lambeau, lot, morceau, parcelle, part, partie, portion.

● espèce, monnaie.

● acte, certificat, document.

PIED □ bas, base, cep, socle.

PIÈGE □ appât, collet, embûche,

embuscade, guêpier, nasse, ruse, trappe, traquenard.

PIERRE □ caillou, galet, roche, rocher.

PIÉTÉ □ adulation, culte, dévotion, religion, vénération.

PIÉTINER □ s'énerver, s'impatienter, piaffer, rager, trépigner.

PIÈTRE □ attristant, désolant, lamentable, minable, misérable, miteux, pitoyable, triste.

PIEU □ échalas, pal, piquet, poteau.

PIEUX □ croyant, dévot, édifiant, mystique, religieux.

PILE □ batterie.
● amas, entassement, fatras, tas.

PILER □ broyer, concasser, écraser, moudre, pulvériser.

PILLAGE □ exaction, rapine, ravage, sac, saccage.

PILLER □ contrefaire, copier, démarquer, imiter, reproduire.
● détruire, ravager, ruiner, saccager, voler.

PILOTE □ chef, guide, meneur, timonier.

PILOTER □ conduire, conseiller, diriger, guider, mener, orienter.

PINACLE □ cime, sommet, summum.

PINGRE □ avare, chiche, économe, ladre, mesquin, parcimonieux, sordide.

PINGRERIE □ avarice, économie, épargne, frugalité, lésine, parcimonie.

PIPE □ bouffarde, brûle-gueule, calumet, narguilé.

PIQUANT □ acéré, acide, aigre, caustique, incisif, ironique, mordant, pointu, stimulant, vif.

PIQUER □ enfoncer, éperonner, percer, picoter.

● aiguillonner, encourager, exciter, fâcher, froisser, offenser, stimuler, vexer.

PIRATE □ corsaire, escroc, flibustier, voleur.

PIRATER □ contrefaire, copier, imiter, reproduire, spolier.

PIRE □ plus mal.

PISTE □ chemin, sente, sentier, trace.

PISTER □ filer, suivre, surveiller.

PITANCE □ aliment, nourriture, pâtée.

PITEUX □ attristant, désolant, lamentable, minable, misérable, miteux, piètre, pitoyable.

PITIÉ □ bonté, charité, commisération, compassion, mansuétude, miséricorde.

PITON □ clou, crochet, pointe.
● cime, pic, sommet.

PITOYABLE □ attristant, désolant, lamentable, minable, misérable, miteux, piètre, piteux.

PITRE □ amuseur, clown, comique, histrion.

PITTORESQUE □ amusant, cocasse, fantasque, original, singulier, truculent.

PIVOT □ axe, base, centre.

PIVOTER □ pirouetter, tourner, virer.

PLACE □ emplacement, endroit, lieu, position, site.
● attribution, classement, emploi, fonction, poste, profession.

PLACER □ caser, déposer, disposer, installer, mettre, nicher, poser, situer.

PLACIDE □ calme, doux, flegmatique, imperturbable, pacifique, paisible, serein, tranquille.

PLACIDITÉ □ calme, flegme, sérénité, tranquillité.

PLAGE □ berge, bord, côte, grève, rivage, rive.

PLAGIER □ contrefaire, copier, démarquer, imiter, piller.

PLAIDER □ défendre, expliquer, justifier, soutenir.

PLAIDOIRIE □ apologie, défense, plaidoyer.

PLAIDOYER □ apologie, défense, justification, plaidoirie.

PLAIE □ balafre, blessure, brûlure, contusion, coupure, coup, déchirure, écorchure, entaille, lésion, meurtrissure, traumatisme, tuméfaction.

PLAIGNANT □ accusateur, délateur, demandeur, dénonciateur, indicateur.

PLAINDRE (SE) □ s'apitoyer, s'attendrir, s'émouvoir, geindre, gémir, se lamenter, pleurer, récriminer, reprocher, regretter.

PLAINTE □ complainte, gémissement, jérémiade, lamentation, pleurs, reproche, sanglot, soupir.

PLAINTE (PORTER...) □ accuser, attaquer en justice, poursuivre.

PLAIRE □ aller, agréer, captiver, charmer, convenir, enchanter, fasciner, satisfaire, séduire.

PLAISANT □ agréable, aimable, attrayant, charmant, délicieux, enchanteur, fascinant, gai, impertinent, mutin, ravissant, séduisant.

PLAISANTER □ badiner, blaguer, se moquer, railler.

PLAISANTERIE □ boutade, calembour, humour, ironie, jeu de mots, lazzi, moquerie, raillerie, rire.

PLAISIR □ agrément, caresse, débauche, délectation, délice, érotisme, joie, jouissance, orgasme, régal, sensualité, volupté.

PLAN □ coupe, croquis, dessin, ébauche, esquisse.

● combinaison, conception, dessein, machination, objectif, programme, projet.

PLAN (SUR LE MÊME...) □ à égalité.

PLANÈTE □ astre, comète, étoile, zodiaque.

PLANIFICATION □ organisation.

PLANIFIER □ préparer, organiser, réglementer.

PLANISPHÈRE □ globe, mappemonde.

PLANTER □ boiser, élever, enfoncer, enfouir, ensemencer, ficher, peupler, repiquer, semer.

PLANTER LÀ □ abandonner, laisser, renoncer à.

PLANTUREUX □ abondant, copieux, fécond, fertile, généreux, luxuriant, opulent, riche.

PLAQUER □ aplatir, appliquer, apposer, coller, placer, poser.

PLASTRONNER □ parader, se pavaner, poser.

PLAT □ anodin, banal, éculé, égal, fade, falot, ennuyeux, insignifiant, insipide, médiocre, négligeable, neutre, quelconque, terne.

● étale, lisse, uni.

PLATEAU □ causse (*plateau calcaire*), haut-fond (*mer*).

● estrade, plancher, plate-forme.

● planches, scène, tréteaux.

PLATE-FORME □ estrade, planches, plateau, terrasse.

● base, programme, plan, projet.

PLATITUDE □ banalité, fadaise, fadeur, médiocrité, stupidité.

PLAUSIBLE □ admissible, crédible, possible, probable, vraisemblable.

PLÈBE ☐ foule, peuple, populace, prolétariat.

PLÉBISCITE ☐ consultation, référendum, vote.

PLEIN ☐ (adj) bondé, comble, complet, débordant, gros, massif, rebondi, rempli.
● imbu, pénétré, satisfait.

PLEINEMENT ☐ entièrement.

PLÉNITUDE ☐ abondance, ampleur, épanouissement, fertilité, largesse, opulence, richesse.

PLÉTHORE ☐ abondance, flot, opulence, richesse, surabondance.

PLEURER ☐ s'apitoyer, s'attendrir, s'émouvoir, gémir, se lamenter, larmoyer, récriminer, regretter, sangloter.

PLEURS ☐ chagrin, gémissements, lamentations, larmes, plainte, sanglots.

PLEUTRE ☐ angoissé, anxieux, craintif, effarouché, inquiet, lâche, peureux, poltron, pusillanime, timide, timoré.

PLI ☐ courrier, envoi, lettre, message.
● fronce, plissement, pliure, ride.

PLIER ☐ arquer, corner, couder, courber, fléchir, ployer, tordre.

PLIER (SE) ☐ accepter, céder, obéir, se soumettre.

PLISSER ☐ chiffonner, froisser, froncer, rider.

PLONGER ☐ enfoncer, immerger, introduire, noyer, précipiter, tremper.

PLOYER ☐ couder, courber, fléchir, plier, tordre, voûter.

PLUIE ☐ averse, brouillard, bruine, crachin, déluge, giboulée, grain, ondée.

PLUME ☐ auteur, écrivain, nègre, styliste.
● écriture, style, talent.

PLUMER ☐ déposséder, dépouiller, évincer, priver, spolier, voler.

PLUPART (LA) ☐ le plus grand nombre.

PLUS ☐ davantage, mieux.

PLUS (DE...) ☐ d'ailleurs, en outre, de surcroît.

PLUSIEURS ☐ beaucoup, certains, maint, quelques.

POCHADE ☐ aquarelle, huile, peinture, tableau, toile.

POÈME ☐ ballade, chanson, épopée, fable, ode, lai, madrigal, poésie, rondel, sonnet, stance.

POÉSIE ☐ beauté, charme, lyrisme, muse.

POÈTE ☐ aède, barde, chantre, ménestrel, troubadour, trouvère, versificateur.

POIDS ☐ charge, fardeau, gravité, lenteur, lourdeur, masse, pesanteur, pression.

POIGNARD ☐ baïonnette, couteau, dague, lame, stylet.

POIGNE ☐ autorité, dynamisme, énergie, fermeté, force, résolution, volonté.

POIL ☐ barbe, cheveux, fourrure, laine, pelage, robe, toison.

POILU ☐ barbu, chevelu, moustachu, velu.

POINDRE ☐ apparaître, arriver, éclore, se manifester, se montrer, naître, pointer, sortir, survenir.

POINTE ☐ châle, foulard, fichu.
● humour, ironie, pique.
● cap, cime, pic, sommet.
● clou, poinçon, piton.

POINTILLEUX ☐ difficile, exigeant, maniaque, sévère, tatillon.

POINTU □ acéré, acide, caustique, incisif, ironique, mordant, piquant, vif.

POISON □ intoxication, toxine, venin.

POISSEUX □ collant, épais, gluant, pâteux, visqueux.

POITRINE □ buste, poitrail, sein, thorax.

POLÉMIQUE □ chicane, contestation, controverse, débat, différend, discussion, dispute, querelle.

POLÉMISTE □ pamphlétaire.

POLI □ affable, aimable, civil, complaisant, courtois, galant, gracieux, urbain.

POLICÉ □ agréable, civilisé, courtois, délicat, fin, raffiné.

POLICIER □ agent, détective, enquêteur, sbire.

POLIR □ adoucir, araser, éroder, limer, lisser, parfaire, poncer, unir.

POLISSON □ égrillard, enjoué, gai, gaillard, gaulois, grivois, leste, osé, paillard, rabelaisien.

POLITESSE □ affabilité, bienséance, courtoisie, éducation, savoir-vivre.

POLITICIEN □ homme politique.

POLITIQUE □ façon de gouverner.

POLLUER □ infecter, salir, souiller.

POLTRON □ angoissé, anxieux, craintif, effarouché, inquiet, lâche, peureux, pleutre, pusillanime, timoré.

POMPE □ apparat, éclat, gloire, majesté, splendeur.

POMPER □ absorber, aspirer, boire, éponger, puiser, résorber, sucer.

POMPEUX □ ampoulé, imposant, majestueux, pédant, pontifiant, solennel.

PONCIF □ banalité, cliché, lieu commun.

PONCTUALITÉ □ assiduité, exactitude, justesse, précision, régularité, soin.

PONDÉRER □ compenser, contrebalancer, équilibrer, répartir.

PONT □ intermédiaire, passerelle.

PONTIFIANT □ doctoral, érudit, pédant, pompeux.

POPULACE □ masse, pègre, peuple, plèbe, vulgaire.

POPULAIRE □ peuple, plébéien, populeux, prolétarien, vulgaire.

POPULATION □ citoyens, habitants, peuple.

PORCHE □ péristyle, porte, portique.

PORNOGRAPHIQUE □ érotique, graveleux, grossier, impudique, indécent, lascif, licencieux, luxurieux, obscène, ordurier, sale, salé, vicieux.

PORT □ havre, rade, refuge.
● allure, aspect, attitude, comportement, maintien, prestance, posture, tenue.

PORTAIL □ portail, porte, poterne, portique.

PORTE-BONHEUR □ amulette, fétiche, mascotte, talisman.

PORTER □ apporter, charrier, convoyer, emporter, envoyer, soutenir, supporter, transférer, transporter.

PORTION □ bout, division, éclat, fragment, lambeau, lot, morceau, parcelle, partage, part, particule, partie, pièce, ration.

PORTRAIT □ caricature, effigie, image, peinture, photographie, tableau.

POSE □ allure, attitude, comportement, contenance, maintien, posture.
● affectation, prétention, recherche.

POSÉ ☐ calme, doux, flegmatique, impassible, paisible, placide, raisonnable, réfléchi, serein.

POSER ☐ affecter, se pavaner, plastronner.

● appliquer, apposer, disposer, étaler, étendre, installer, mettre, placer, reposer.

POSITIF ☐ certain, convaincant, évident, réel, sûr.

POSITION ☐ assiette, attitude, disposition, emplacement, état, place, posture, situation.

POSSÉDÉ ☐ agité, démoniaque, déraisonnable, énergumène, excité, forcené, fou, furibond, furieux, halluciné, névrosé.

POSSÉDER ☐ avoir, connaître, détenir, disposer de, être propriétaire de.

POSSESSEUR ☐ dépositaire, détenteur, propriétaire.

POSSESSION ☐ avoir, bien, détention, usufruit.

● débauche, délice, délectation, joie, jouissance, orgasme, plaisir, régal, sensualité, volupté.

POSSIBLE ☐ accessible, concevable, éventuel, facile, faisable, permis, réalisable, vraisemblable.

POSTE ☐ attribution, emploi, état, fonction, observatoire, office, place, profession, sinécure.

POSTÉRIEUR ☐ futur, suivant, ultérieur.

POSTÉRITÉ ☐ descendance, enfant, futur, lignée, progéniture.

POSTICHE ☐ (adj) artificiel, fabriqué, factice, faux, rapporté.

POSTICHE ☐ (nom) déguisement, perruque.

POSTULANT ☐ aspirant, candidat, demandeur, prétendant, solliciteur.

POSTULER ☐ demander, être candidat, s'inscrire, solliciter.

POSTURE ☐ allure, aspect, attitude, comportement, maintien, prestance, pose, situation, tenue.

POTABLE ☐ acceptable, consommable, moyen, ordinaire, passable, sain, suffisant.

POT-DE-VIN ☐ don, faveur, gratification, prime, rétribution.

POTELÉ ☐ charnu, dodu, enveloppé, gras, grassouillet, moelleux.

POTENTAT ☐ dictateur, dirigeant, monarque, roi, souverain, tyran.

POTION ☐ drogue, médicament, médication, purge, remède.

POUFFER ☐ s'esclaffer, se réjouir, rire.

POUILLEUX ☐ dégoûtant, désolant, lamentable, minable, misérable, miteux, pitoyable, repoussant, sale.

POUR ☐ afin de.

POURBOIRE ☐ don, gratification, prime, rétribution.

POURCHASSER ☐ cerner, poursuivre, traquer.

POURPARLERS ☐ conversation, débat, discussion, entretien, négociation.

POURPRE ☐ cramoisi, écarlate, rouge, rubicond, vermeil.

POURRI ☐ corrompu, décomposé, faisandé, fétide, gâté, infect, insalubre, malodorant, moisi, nauséabond, pestilentiel, puant, putréfié, putride, répugnant.

POURRIR ☐ se corrompre, croupir, se décomposer, se faisander, se gâter, moisir, se putréfier, tourner.

POURRISSEMENT ☐ décrépitude, putréfaction, vieillissement.

POURSUIVRE ☐ continuer, durer,

s'éterniser, persévérer, persister, re- chercher, tenir.

● cerner, pourchasser, tourmenter, traquer.

POURTANT ☐ cependant, néan- moins, toutefois.

POURTOUR ☐ circonférence, circuit, périphérie, tour.

POURVOIR À ☐ assurer, remédier à, subvenir.

POUSSÉE ☐ attaque, bourrade, im- pulsion, ruée.

POUSSER ☐ chasser, presser, refou- ler, repousser.

● apparaître, pointer, sortir.

● aiguillonner, encourager, exciter, exhorter, inciter, soutenir, stimuler.

POUSSIÈRE ☐ cendre, débris, pou- dre.

POUVOIR ☐ être apte à, être capable de, savoir.

POUVOIR ☐ (nom) ascendant, auto- rité, crédit, domination, emprise, fa- culté, influence, possibilité, prestige, puissance, tyrannie.

PRATIQUE ☐ (nom) acheteurs, cha- lands, clientèle.

● coutume, expérience, habitude, routine, tradition.

PRATIQUE ☐ (adj) abordable, aisé, commode, facile, ingénieux, pragma- tique, réaliste, simple, utile.

PRATIQUER ☐ appliquer, exercer, faire, observer, opérer, travailler.

PRATIQUES ☐ agissements, métho- des, procédés.

PRÉALABLEMENT ☐ auparavant.

PRÉAMBULE ☐ avant-propos, aver- tissement, commencement, début, in- troduction, notice, préface, prélimi- naire, prélude, prologue.

PRÉCAIRE ☐ bref, court, éphémère,

fugace, fugitif, incertain, instable, in- térimaire, momentané, passager, pro- visoire, temporaire, transitoire.

PRÉCAUTION ☐ garantie, mesure, prévoyance.

PRÉCAUTIONNEUX ☐ avisé, cir- conspect, discret, méfiant, mesuré, prévoyant, prudent, réfléchi, sage.

PRÉCÉDEMMENT ☐ avant.

PRÉCÉDENT ☐ (adj) antécédent, an- térieur, précurseur.

PRÉCÉDENT ☐ (nom) analogie, exemple, référence.

PRÉCÉDER ☐ anticiper, dépasser, devancer, distancer, prévenir, surpas- ser.

PRÉCEPTE ☐ commandement, leçon, principe.

PRÉCEPTEUR ☐ enseignant, maître, pédagogue, professeur, répétiteur.

PRÊCHE ☐ discours, homélie, ser- mon.

PRÊCHER ☐ enseigner, instruire, re- commander, vanter.

PRÉCIEUX ☐ adulé, aimé, apprécié, cher, inestimable, irremplaçable, par- fait, rare.

● affecté, apprêté, composé, recher- ché.

PRÉCIPICE ☐ abîme, abysse, cavité, crevasse, gouffre.

PRÉCIPITATION ☐ affolement, brus- querie, frénésie, impatience, vitesse.

● brouillard, grêle, neige, pluie.

PRÉCIPITÉ ☐ avancé, hâtif, précoce, prématuré.

PRÉCIPITER ☐ accélérer, activer, brusquer, hâter.

PRÉCIPITER (SE) ☐ s'abattre, fondre sur, se ruer.

PRÉCIS ☐ (adj) bref, catégorique, concis, correct, dense, exact, lapidaire, mathématique, minutieux, ramassé, rigoureux, scrupuleux, succinct.

PRÉCISER □ déterminer, établir, fixer, spécifier.

PRÉCISION □ exactitude, justesse, ponctualité, régularité, soin, vérité. ● communication, information, renseignement.

PRÉCOCE □ avancé, hâtif, précipité, prématuré.

PRÉCONISER □ prôner, recommander, vanter.

PRÉCURSEUR □ avant-coureur.

PRÉDESTINER □ destiner, élire, réserver, vouer.

PRÉDICATEUR □ orateur, prêcheur.

PRÉDICTION □ annonce, horoscope, présage, prophétie, signe.

PRÉDILECTION □ attirance, faible, goût, inclinaison, penchant, préférence, sympathie.

PRÉDIRE □ annoncer, entrevoir, pronostiquer, prophétiser.

PRÉDISPOSITION □ aptitude, capacité, goût, propension, penchant, qualité, talent, vocation.

PRÉÉMINENCE □ primauté, supériorité, suprématie.

PRÉFACE □ avant-propos, avertissement, commencement, début, introduction, notice, préambule, préliminaire, prélude, prologue.

PRÉFÉRÉ □ choisi, élu, favori.

PRÉFÉRENCE □ affinité, attachement, attirance, goût, faible, inclinaison, penchant, prédisposition, propension, sympathie, tendresse, vocation.

PRÉFÉRER □ adopter, avantager, choisir, faciliter, favoriser, privilégier, servir.

PRÉJUDICE □ désavantage, détriment, dommage, perte, tort.

PRÉJUDICIABLE □ fâcheux, gênant, nocif, nuisible.

PRÉJUGÉ □ croyance, défiance, parti pris, prévention.

PRÉLASSER (SE) □ s'abandonner, paresser, se reposer.

PRÉLIMINAIRE □ avant-propos, avertissement, commencement, début, introduction, préambule, préface, prélude, prologue.

PRÉLUDE □ commencement, début, introduction, préambule, préliminaire, prologue.

PRÉMATURÉ □ avancé, hâtif, précipité, précoce.

PRÉMÉDITER □ envisager, imaginer, prévoir, projeter.

PRÉMICES □ commencement, départ, début, origine, ouverture.

PREMIER □ dominant, initial, meilleur, primitif, primordial, principal.

PRÉMONITION □ flair, instinct, intuition, pressentiment, sens.

PRÉMONITOIRE □ annonciateur, précurseur, prophétique.

PRÉMUNIR □ couvrir, défendre, immuniser, préserver, protéger, soutenir, vacciner.

PRENDRE □ s'approprier, attraper, s'attribuer, avaler, capturer, s'emparer, employer, empoigner, happer, saisir, se saisir, utiliser, voler.

PRÉOCCUPATION □ contrariété, ennui, gêne, irritation, mécontentement, obsession, souci, tourment, tracas.

PRÉOCCUPÉ □ absorbé, agressif, anxieux, contrarié, ennuyé, irritable, irrité, insatisfait, mécontent, soucieux, tourmenté, tracassé.

PRÉOCCUPER □ absorber, contrarier, ennuyer, hanter, harceler, obséder, poursuivre, tourmenter, tracasser.

PRÉPARER ☐ apprêter, arranger, combiner, concevoir, disposer, doser, élaborer, organiser, placer.

PRÉPONDÉRANCE ☐ domination, hégémonie, supériorité.

PRÉROGATIVE ☐ avantage, honneur, passe-droit, privilège, supériorité.

PRÈS ☐ imminent, proche, voisin.

PRÉSAGE ☐ annonce, augure, prédiction, prophétie, signe.

PRÉSAGER ☐ annoncer, augurer, prédire, prévoir, prophétiser.

PRESCIENCE ☐ pressentiment.

PRESCRIPTION ☐ commandement, instruction, ordonnance.

PRESCRIRE ☐ recommander.

PRÉSENCE ☐ assiduité, régularité.
● existence, réalité.

PRÉSENT ☐ (nom) actualité, aujourd'hui, réalité.
● aumône, bienfait, don, gratification, largesse, libéralité.

PRÉSENT (À) ☐ actuellement.

PRÉSENTER ☐ apporter, donner, étaler, exhiber, exposer, fournir, montrer, offrir, procurer, remettre.

PRÉSENTER (SE) ☐ apparaître, comparaître, passer.

PRÉSERVER ☐ abriter, aider, couvrir, défendre, immuniser, préserver, protéger, secourir, soutenir, vacciner.

PRÉSIDENCE ☐ autorité, direction, gestion, tutelle.

PRÉSOMPTION ☐ arrogance, fierté, orgueil, morgue, ostentation, prétention, suffisance, vanité.

PRÉSOMPTUEUX ☐ arrogant, avantageux, fat, fier, orgueilleux, prétentieux, suffisant, vaniteux.

PRESQUE ☐ à peu près, approximativement.

PRESSANT ☐ contraignant, impérieux, pressé, urgent.

PRESSE ☐ affluence, foule, masse, multitude, nuée, rassemblement.
● journaux.

PRESSÉ ☐ diligent, impatient, prompt, rapide, vif.

PRESSENTIMENT ☐ appréhension, espérance, flair, instinct, intuition, prémonition, sens.

PRESSENTIR ☐ flairer, deviner, se douter, redouter, sentir, soupçonner, subodorer.

PRESSER ☐ appuyer, broyer, comprimer, écraser, fouler, pressurer, serrer, tasser.
● accélérer, hâter, précipiter, stimuler.

PRESSION ☐ compression, contrainte, exigence, force, poussée, violence, volonté.

PRESSURER ☐ broyer, comprimer, écraser, fouler, presser, serrer, tasser.

PRESTANCE ☐ allure, apparence, aspect, maintien, mine, port.

PRESTE ☐ adroit, agile, alerte, habile, rapide, souple, véloce, vif.

PRESTIDIGITATEUR ☐ illusionniste, jongleur, manipulateur.

PRESTIGE ☐ ascendant, autorité, charme, illusion, influence, séduction.

PRESTIGIEUX ☐ admirable, étonnant, extraordinaire, fascinant, prodigieux.

PRÉSUMER ☐ s'attendre à, augurer, présager, pressentir, supposer.

PRÊT ☐ avance, crédit, emprunt, subvention.

PRÉTENDANT □ amoureux, fiancé, soupirant.

● aspirant, candidat, demandeur, postulant.

PRÉTENDRE □ affirmer, ambitionner, assurer, avancer, réclamer, revendiquer, soutenir.

PRÉTENDU □ présumé, soi-disant, supposé.

PRÉTENTIEUX □ affecté, arrogant, avantageux, fat, fier, hautain, orgueilleux, suffisant, vaniteux.

PRÉTENTION □ ambition, arrogance, désir, fierté, orgueil, morgue, ostentation, outrecuidance, présomption, suffisance, vanité, visée.

PRÊTER □ affecter, allouer, attribuer, confier, imputer.

PRÉTEXTE □ argument, cause, mobile, motif, origine, raison.

PRÉTEXTER □ alléguer, avancer, invoquer, opposer, supposer.

PRÊTRE □ abbé, aumônier, curé, ecclésiastique, pasteur, vicaire.

PREUVE □ argument, critère, conviction, démonstration, évidence, illustration, témoignage.

PRÉVALOIR □ dominer, prédominer, supplanter, triompher.

PRÉVARICATION □ détournement, exaction, extorsion, malversation, trahison.

PRÉVENANT □ agréable, attentif, complaisant, courtois, empressé, galant, serviable.

PRÉVENIR □ alerter, anticiper, avertir, devancer, éviter, informer, précéder.

PRÉVENTION □ à priori, défiance, préjugé.

● mesure, précaution, protection.

PRÉVENU □ accusé, inculpé.

PRÉVISION □ anticipation, calcul, hypothèse, prescience, pressentiment, prévoyance, probabilité.

PRÉVOIR □ s'attendre à, calculer, envisager, imaginer, organiser, préméditer, pressentir, prophétiser.

PRÉVOYANT □ avisé, circonspect, précautionneux, prudent, réfléchi, sage.

PRIER □ adjurer, demander, implorer, invoquer, réclamer, solliciter, supplier.

PRIÈRE □ appel, demande, litanies, méditation, oraison, requête, supplication, supplique.

PRIEURÉ □ abbaye, cloître, couvent, monastère.

PRIMAUTÉ □ dessus, prépondérance, privilège, supériorité, suprématie.

PRIME □ bonification, faveur, gratification, pot-de-vin, récompense, rétribution.

PRIMITIF □ archaïque, élémentaire, grossier, originaire, originel, premier, primaire, rustique.

PRIMORDIAL □ capital, essentiel, fondamental, important, indispensable, nécessaire, obligatoire, principal.

PRINCE □ altesse, chef, monarque, roi, seigneur.

PRINCIPAL □ capital, décisif, dominant, essentiel, fondamental, important, indispensable, nécessaire, obligatoire, primordial, vital.

PRINCIPALEMENT □ essentiellement, particulièrement.

PRINCIPE □ doctrine, dogme, élément, essence, facteur, loi, origine, règle, rudiment, théorie.

PRISE □ butin, capture, enlèvement, proie.

PRISER ☐ apprécier, avoir de la considération pour, estimer.

PRISON ☐ cachot, cellule, centrale, emprisonnement, maison d'arrêt, pénitencier.

PRISONNIER ☐ captif, détenu, interné.

PRIVATION ☐ défaut, dépouillement, manque, pauvreté, pénurie, restriction, suppression.

PRIVAUTÉS ☐ désinvolture, familiarité, intimité, liberté, sans-gêne.

PRIVÉ ☐ individuel, intime, particulier, personnel.

PRIVER ☐ appauvrir, démunir, déposséder, dépouiller, déshériter, frustrer, sevrer, spolier, voler.

PRIVILÈGE ☐ avantage, bénéfice, monopole, passe-droit, prérogative, supériorité.

PRIVILÉGIER ☐ aider, avantager, faciliter, favoriser, préférer.

PRIX ☐ coût, estimation, montant, taux, valeur.
● addition, facture, somme, tarif.
● mise, récompense, rétribution.

PROBABILITÉ ☐ apparence, chances, éventualité, perspectives, vraisemblance.

PROBABLE ☐ apparent, plausible, vraisemblable.

PROBANT ☐ capital, crucial, décisif, essentiel, important, principal.

PROBE ☐ consciencieux, digne, droit, honnête, intègre, loyal, scrupuleux, vertueux.

PROBLÉMATIQUE ☐ aléatoire, ambigu, confus, douteux, équivoque, éventuel, hasardeux, hypothétique, imprécis, incertain, indéfinissable, obscur, vague.

PROCÉDÉ ☐ méthode, moyen, pratique, recette, style.

PROCÉDER ☐ accomplir, agir, conduire, effectuer, exécuter.

PROCÈS ☐ affaire, cause, débats, litige.

PROCESSION ☐ cortège, défilé, file, marche, queue, théorie.

PROCESSUS ☐ avancement, évolution, métamorphose, mutation, progression, transformation.

PROCHAIN ☐ (adj) avoisinant, environnant, immédiat, imminent, proche, voisin.

PROCHAIN ☐ (nom) autrui.

PROCHE ☐ adjacent, attenant, avoisinant, contigu, immédiat, imminent, proche, voisin.

PROCHE ☐ auprès, près.

PROCHES ☐ (nom) entourage, famille, parents.

PROCLAMATION ☐ annonce, avis, communication, déclaration, manifeste, placard, programme.

PROCLAMER ☐ annoncer, communiquer, crier, déclarer, dénoncer, divulguer, prédire, publier, révéler.

PROCRÉER ☐ créer, engendrer, mettre au monde.

PROCURER ☐ approvisionner, donner, fournir, munir, nantir, pourvoir, prêter.

PRODIGALITÉ ☐ abondance, aumône, bienfait, don, excès, gaspillage, gratification, largesse, libéralité, luxe, munificence, présent, profusion.

PRODIGE ☐ chef-d'œuvre, merveille, miracle, phénomène, signe.
● artiste, génie, virtuose.

PRODIGIEUX ☐ admirable, anormal, bizarre, énorme, étonnant, étrange, extraordinaire, formidable, génial, incroyable, inimaginable, inouï, invraisemblable, magique, magnifique, merveilleux, phénoménal, rocambolesque, surprenant, troublant.

PRODIGUE ☐ dépensier, gaspilleur, généreux, large.

PRODIGUER ☐ dépenser, dilapider, distribuer, donner, verser.

PRODUCTION ☐ fabrication, œuvre, ouvrage, productivité, produit, rendement, travail.

PRODUIRE ☐ composer, confectionner, créer, élaborer, engendrer, écrire, fabriquer, faire, rapporter, travailler.

PRODUIRE (SE) ☐ s'accomplir, arriver, se passer, survenir.

● s'exhiber, s'exposer, se montrer.

PRODUIT ☐ bénéfice, gain, production, rapport, recette, résultat.

● denrée, marchandise, récolte.

PROÉMINENT ☐ apparent, gros, protubérant, saillant.

PROFANER ☐ avilir, dégrader, déshonorer, salir, souiller, violer.

PROFÉRER ☐ articuler, blasphémer, déclarer, dire, prononcer.

PROFESSER ☐ apprendre, déclarer, enseigner, initier, instruire, montrer, soutenir.

PROFESSEUR ☐ enseignant, maître, pédagogue.

PROFESSION ☐ carrière, emploi, état, fonction, métier, rôle, situation, tâche.

PROFIT ☐ avantage, bénéfice, enrichissement, gain, intérêt.

PROFITABLE ☐ avantageux, économique, enrichissant, instructif, fructueux, intéressant, lucratif, payant, productif, rémunérateur, rentable.

PROFITER ☐ bénéficier, exploiter, jouir de, se servir de, utiliser.

● s'accroître, engraisser, grandir, grossir, progresser.

PROFOND ☐ creux, encaissé, enfoncé, enfoui.

● abstrait, difficile, pénétrant, obscur, réfléchi.

PROFONDEUR ☐ épaisseur, fond, longueur, mesure, perspective.

● intelligence, intensité, pénétration, perspicacité, puissance, secret.

PROFUSION ☐ abondance, démesure, don, fécondité, flot, munificence, opulence, prodigalité, richesse.

PROGÉNITURE ☐ descendance, enfants, famille, postérité, race.

PROGRAMME ☐ dessein, emploi du temps, objectif, plan, projet.

PROGRÈS ☐ amélioration, avance, avancement, développement, essor, évolution, progression, transformation.

● civilisation, modernisme, nouveauté.

PROGRESSER ☐ s'améliorer, avancer, se développer, marcher.

PROGRESSION ☐ avance, avancement, croissance, évolution, métamorphose, mouvement, mutation, progression, transformation.

PROGRESSIVEMENT ☐ graduellement, peu à peu.

PROHIBÉ ☐ défendu, illicite, interdit.

PROIE ☐ butin, prise, victime.

PROJET ☐ calcul, étude, plan, préméditation, programme, recherche.

PROJETER ☐ envisager, imaginer, préméditer, prévoir.

● éjecter, expulser, lancer, pousser.

PROLÉTAIRE ☐ pauvre, salarié, travailleur.

PROLIFÉRER ☐ abonder, envahir,

foisonner, grouiller, infester, multiplier, pulluler.

PROLIFIQUE ☐ abondant, copieux, envahissant, fécond, fertile, fructueux, généreux, riche.

PROLOGUE ☐ avant-propos, avertissement, commencement, début, introduction, notice, préambule, préface, préliminaire, prélude.

PROLONGATION ☐ allongement, continuation, prolongement, poursuite, suite.

PROLONGER ☐ ajouter, allonger, augmenter, poursuivre.

PROMENADE ☐ balade, course, excursion, randonnée, tournée, voyage.
● avenue, cours, promenoir.

PROMENER (SE) ☐ aller, cheminer, circuler, déambuler, flâner, marcher.

PROMENEUR ☐ badaud, flâneur, marcheur, passant.

PROMESSE ☐ engagement, serment, vœu.

PROMETTRE ☐ affirmer, assurer, certifier, donner sa parole, garantir, prétendre, soutenir.

PROMOTEUR ☐ créateur, instigateur, organisateur.

PROMOTION ☐ avancement, mutation, nomination.
● publicité.

PROMOUVOIR ☐ soutenir.

PROMPT ☐ actif, agile, diligent, empressé, leste, rapide, zélé.

PROMPTEMENT ☐ rapidement, vite.

PROMPTITUDE ☐ diligence, empressement, rapidité, vivacité, vitesse.

PROMULGUER ☐ décréter, édicter, publier.

PRÔNER ☐ célébrer, louer, proclamer, vanter.

PRONONCÉ ☐ accentué, accusé, marqué, souligné.

PRONONCER ☐ articuler, débiter, dire, énoncer, formuler, proférer, réciter.

PRONONCIATION ☐ accent, débit, élocution.

PRONOSTIQUER ☐ annoncer, présager, prédire, prévoir, prophétiser.

PROPAGANDE ☐ campagne, endoctrinement, publicité.

PROPAGATION ☐ avancement, expansion, diffusion, rayonnement, vulgarisation.

PROPAGER ☐ diffuser, divulguer, émettre, répandre, vulgariser.

PROPENSION ☐ disposition, faiblesse, inclinaison, penchant, préférence, tendance.

PROPHÉTIE ☐ annonce, prédiction, présage, prévision, signe.

PROPHÉTISER ☐ annoncer, augurer, prédire, présager, prévoir.

PROPICE ☐ à propos, favorable, opportun, utile.

PROPORTION ☐ comparaison, dimension, harmonie, rapport, symétrie.

PROPORTIONNER ☐ assortir, doser, équilibrer, mesurer, répartir.

PROPOS ☐ commentaire, conversation, discours, sujet, thème.

PROPOSER ☐ avancer, offrir, projeter, soumettre.

PROPOSITION ☐ initiative, motion, offre, projet.

PROPRE ☐ exclusif, individuel, personnel, privé.
● frais, impeccable, lessivé, limpide, net, soigné, parfait.
● adéquat, approprié, apte, capable, convenable.

PROPRIÉTAIRE ☐ capitaliste, logeur, possesseur, titulaire.

PROPRIÉTÉ ☐ bien, jouissance, possession, usage.

● caractère, faculté, particularité, possibilité, pouvoir, qualité.

PRORATA ☐ proportion, quote-part.

PROSAÏQUE ☐ banal, commun, ordinaire, vulgaire.

PROSCRIRE ☐ bannir, condamner, éliminer, exiler, interdire, repousser.

PROSPECTUS ☐ affiche, brochure, feuille, programme, publicité, tract.

PROSPÈRE ☐ abondant, copieux, favorable, florissant, fructueux, opulent, riche.

PROSPÉRER ☐ avancer, se développer, grandir, grossir, réussir.

PROSPÉRITÉ ☐ abondance, bonheur, réussite, richesse, satisfaction.

PROSTERNER (SE) ☐ s'agenouiller, se courber, s'incliner.

PROSTITUÉE ☐ catin, courtisane, fille de joie, hétaïre, putain.

PROSTRATION ☐ abattement, accablement, anéantissement, découragement, dépression, épuisement, langueur, lassitude, torpeur.

PROSTRÉ ☐ abattu, accablé, effondré, terrassé.

PROTAGONISTE ☐ acteur, animateur, instigateur, meneur.

PROTECTEUR ☐ (nom) défenseur, gardien, mécène, mentor, patron, père, soutien, tuteur.

● proxénète, souteneur.

PROTECTEUR ☐ (adj) arrogant, condescendant, dédaigneux, hautain, méprisant.

● bienfaisant, providentiel, serviable, tutélaire.

PROTECTION ☐ abri, asile, bouclier, couverture, garde, refuge, repaire, sécurité, sûreté, toit.

● appui, patronage, sauvegarde, soutien, tutelle.

PROTÉGÉ ☐ client, créature, favori, préféré.

PROTÉGER ☐ abriter, appuyer, blinder, aider, couvrir, défendre, fortifier, immuniser, préserver, secourir, soutenir.

PROTESTANT ☐ calviniste, huguenot, luthérien, parpaillot, réformé.

PROTESTATION ☐ appel, objection, réclamation, refus.

PROTESTER ☐ s'élever contre, nier, se rebeller, réclamer, se récrier, refuser, résister.

PROTOCOLE ☐ accord, résolution, traité.

● cérémonial, étiquette, rite.

PROTOTYPE ☐ étalon, modèle, original.

PROTUBÉRANCE ☐ bosse, enflure, grosseur, renflement, saillie.

PROU ☐ beaucoup.

PROUESSE ☐ exploit, haut fait, performance, record.

PROUVER ☐ démontrer, établir, justifier, montrer, révéler, témoigner.

PROVENANCE ☐ fondement, origine, racine, source.

PROVENIR ☐ découler, émaner, résulter, venir de.

PROVERBE ☐ adage, maxime, pensée.

PROVIDENCE ☐ destin, dieu, protecteur.

PROVISION ☐ aliment, approvisionnement, fournitures, munitions, nourriture, réserve, stock, victuailles.

● arrhes, acompte, avance.

PROVISOIRE ☐ bref, court, éphémère, fugace, fugitif, intérimaire, momentané, passager, précaire, temporaire, transitoire.

PROVOQUER ☐ agacer, amener, attaquer, braver, causer, exciter, harceler, occasionner, produire, susciter.

PROXIMITÉ ☐ alentours, environs, imminence, voisinage.

PRUDE ☐ chaste, pudibond, pudique, pur, puritain, vertueux.

PRUDENCE ☐ circonspection, précaution, réflexion, sagesse.

PRUDENT ☐ avisé, circonspect, discret, méfiant, mesuré, précautionneux, prévoyant, réfléchi, réservé, sage.

PSALMODIER ☐ chanter, murmurer, prier, prononcer, réciter.

PSEUDONYME ☐ surnom.

PSYCHIQUE ☐ intellectuel, mental, moral, psychologique.

PSYCHOLOGIE ☐ compréhension, intuition, mentalité, pénétration.

PSYCHOSE ☐ délire, hantise, manie, obsession, paranoïa, schizophrénie.

PUANT ☐ délétère, écœurant, fétide, infect, insalubre, malodorant, méphitique, nauséabond, pestilentiel, putride, répugnant.

PUANTEUR ☐ infection, fétidité, pestilence.

PUBÈRE ☐ adolescent, nubile.

PUBLIC ☐ (nom) assemblée, assistance, audience, auditoire, galerie, salle, spectateurs.

PUBLIC ☐ (adj) célébré, évident, manifeste, notoire, patent, reconnu.
● accessible, collectif, communautaire, ouvert, populaire.

PUBLICATION ☐ annonce, divulgation, édition, lancement, parution, sortie.

PUBLICITÉ ☐ battage, bruit, propagande, réclame.

PUBLIER ☐ éditer, lancer, faire paraître.

PUDEUR ☐ chasteté, décence, délicatesse, pruderie, réserve, retenue, vertu.

PUDIBOND ☐ bigot, chaste, hypocrite, papelard, prude, pudique, puritain, tartuffe, vertueux.

PUDIQUE ☐ chaste, prude, pudibond, pur, puritain, vertueux.

PUER ☐ empester, empuantir, infecter, sentir mauvais.

PUÉRIL ☐ enfantin, futile, mièvre, sot.

PUGILAT ☐ affrontement, bagarre, combat, lutte, rixe.

PUGNACE ☐ accrocheur, agressif, combatif, querelleur.

PUIS ☐ alors, après, ensuite.

PUISER ☐ pomper, prendre, soutirer, tirer.

PUISQUE ☐ parce que.

PUISSANCE ☐ autorité, capacité, domination, emprise, faculté, force, influence, intensité, prestige, pouvoir, tyrannie, vigueur.
● État, nation, pays.

PUISSANT ☐ athlétique, capable, dominateur, fort, gros, intense, musclé, résistant, robuste, solide, vigoureux, viril.

PULLULER ☐ abonder, foisonner, grouiller, infester, multiplier, proliférer, remuer.

PULPE ☐ chair, tissu.

PULPEUX ☐ charnu, moelleux, savoureux.

PULVÉRISER ☐ broyer, concasser, détruire, écraser, moudre, piler, vaporiser.

PUNIR □ battre, châtier, condamner, corriger, sanctionner, sévir.

PUNITION □ châtiment, correction, peine, pénalité, pénitence, pensum, sanction.

PUPILLE □ œil, prunelle.
● orphelin.

PUR □ authentique, chaste, honnête, immaculé, inaltéré, intact, intègre, limpide, pudique, transparent, vertueux, vierge.

PUREMENT □ uniquement.

PURETÉ □ authenticité, blancheur, candeur, clarté, intégrité, netteté, virginité.

PURIFICATION □ assainissement, désinfection, épuration, lessive, nettoyage, purge.
● baptême.

PURIFIER □ assainir, clarifier, épurer, laver, nettoyer, purger, raffiner.

PURITAIN □ austère, chaste, intransigeant, prude, pudique, pur, puritain, sectaire, vertueux.

PUS □ humeur, sanie, sécrétion.

PUSILLANIME □ angoissé, anxieux, apeuré, craintif, effarouché, faible, inquiet, lâche, peureux, poltron, timide, timoré.

PUSTULE □ bouton, bubon, chancre, furoncle, phlegmon, tumeur.

PUTRÉFIER (SE) □ se corrompre, croupir, se décomposer, se faisander, se gâter, moisir, pourrir, tourner.

PUTRIDE □ décomposé, délétère, écœurant, fétide, infect, insalubre, malodorant, méphitique, nauséabond, pestilentiel, pourri, puant, répugnant.

q

QUAI ☐ appontement, débarcadère, embarcadère, trottoir.

QUALIFIÉ ☐ apte, capable, compétent, expérimenté.

QUALIFIER ☐ appeler, définir, dénommer, intituler.

QUALITÉ ☐ attribut, caractère, essence, faculté, mode, nature, propriété, pouvoir, spécificité, vertu.
● aptitude, classe, don, mérite, valeur.

QUAND ☐ comme, lorsque.

QUANT-À-SOI ☐ circonspection, discrétion, méfiance, prudence, réserve, retenue.

QUANTITÉ ☐ abondance, affluence, foisonnement, foule, grouillement, masse, multitude, nombre, nuée, prolifération.

QUARANTAINE (METTRE EN) ☐ dédaigner, écarter, isoler, repousser.

QUARTIER ☐ morceau, partie, portion, tranche.
● camp, campement, caserne.
● arrondissement, faubourg, îlot.

QUASI / QUASIMENT ☐ presque.

QUELCONQUE ☐ banal, commun, insignifiant, médiocre, ordinaire, plat.

QUELQUEFOIS ☐ parfois.

QUELQUES ☐ plusieurs.

QUÉMANDER ☐ demander, importuner, mendier, réclamer, solliciter.

QUÉMANDEUR ☐ mendiant, quêteur, solliciteur.

QUERELLE ☐ altercation, chicane, conflit, différent, discussion, dispute, esclandre.

QUERELLEUR ☐ acariâtre, agressif, batailleur, coléreux, hargneux, méchant, pugnace, revêche, teigneux.

QUESTION ☐ demande, examen, interrogation, problème.
● interrogatoire, supplice, torture.

QUESTIONNER ☐ consulter, demander, enquêter, interroger, sonder.

QUÊTE ☐ collecte, cueillette, ramassage.

QUÊTER ☐ chercher, mendier, quémander, réclamer, solliciter.

QUEUE ☐ attente, défilé, file.
● pédoncule, tige.

QUIDAM ☐ homme, individu, personne.

QUIÉTUDE □ bien-être, calme, paix, repos, silence, tranquillité.

QUIPROQUO □ chassé-croisé, confusion, erreur, malentendu, méprise.

QUITTANCE □ acquit, quitus, récépissé, reçu.

QUITTER □ abandonner, abdiquer, se débarrasser, se défaire, démissionner, déserter, évacuer, enlever, laisser, ôter, renoncer, se replier, se retirer, rompre avec, se séparer.

QUOIQUE □ bien que, encore que.

QUOLIBET □ impertinence, ironie, moquerie, persiflage, plaisanterie, raillerie, sarcasme.

QUORUM □ nombre, minimum.

QUOTA □ contingent.

QUOTE-PART □ apport, contribution, cotisation, écot, répartition.

QUOTIDIEN □ (adj) banal, habituel, journalier, ordinaire, routinier.

QUOTIDIEN □ (nom) journal.

v

RABAIS ☐ abaissement, baisse, dévalorisation, diminution, réduction, remise, ristourne.

RABAISSER ☐ abaisser, avilir, humilier, rabattre, ravaler à.
● chuter, décliner, descendre, dévaluer, diminuer, réduire.

RABELAISIEN ☐ égrillard, enjoué, gai, gaillard, gaulois, grivois, leste, osé, paillard.

RÂBLÉ ☐ court, courtaud, massif, ramassé, trapu.

RABOUGRI ☐ décalcifié, difforme, faible, fragile, menu, rachitique.

RACCOMMODER ☐ rapiécer, ravauder, repriser, stopper.
● accorder, réconcilier, réunir.

RACCORD ☐ assemblage, liaison, transition.

RACCORDER ☐ ajuster, assembler, joindre, jumeler, lier, souder, unir.

RACCOURCI ☐ (adj) abrégé, bref, concis, court, diminué, étêté, réduit, resserré, résumé, simplifié, sommaire, succinct.

RACCOURCIR ☐ abréger, condenser, diminuer, écourter, réduire, résumer.

RACE ☐ dynastie, famille, filiation, lignée, maison, naissance, racines, sang, souche.

RACHAT ☐ pardon, rédemption, salut.
● perception, recouvrement, remboursement.

RACHITIQUE ☐ décalcifié, faible, fragile, malingre, menu, rabougri.

RACIAL ☐ ethnique.

RACINE ☐ bulbe, oignon, radicelle, rhizome, souche, tubercule.
● ascendance, origine, race, souche.
● commencement, début, embryon, naissance, origine, source.

RACLER ☐ curer, gratter, ratisser, sarcler.

RACONTER ☐ conter, décrire, expliquer, narrer, peindre, rapporter, relater, rendre compte, retracer.

RACORNI ☐ desséché, ratatiné, sec.

RADICAL ☐ absolu, complet, entier, fondamental.

RADIER ☐ abolir, effacer, exclure, rayer, renvoyer, supprimer.

RADIEUX ☐ éclatant, épanoui, heureux, illuminé, joyeux, rayonnant.

RADOTAGE □ rabâchage, répétition, sermon.

RADOTER □ déraisonner, rabâcher, répéter.

RAFALE □ bourrasque, risée, tourbillon, trombe.
● décharge, fusillade, tir.

RAFFINÉ □ affecté, délicat, élégant, précieux, sophistiqué, snob, subtil.

RAFFINEMENT □ affectation, délicatesse, élégance, finesse, sensibilité, subtilité.

RAFFOLER □ aimer, apprécier, goûter.

RAFISTOLER □ arranger, recoudre, réparer.

RAFLER □ accaparer, s'approprier, dérober, s'emparer de, enlever, voler.

RAFRAÎCHIR □ ranimer, raviver, réveiller.
● fraîchir, frapper, glacer, refroidir.

RAGAILLARDIR □ ranimer, réconforter, remonter, revigorer.

RAGE □ colère, emportement, folie, frénésie, fureur, ire, irritation, violence.

RAGER □ écumer, enrager, fulminer, tempêter.

RAGEUR □ coléreux, emporté, furieux, irritable, violent.

RAIDE □ austère, dur, rigide, rigoureux, rude, sévère, sobre, tendu.
● abrupt, escarpé, pentu.

RAIDIR □ bander, contracter, durcir, tendre.

RAIE □ bande, barre, ligne, trait, rayure, zébrure.

RAILLER □ brocarder, ironiser, se moquer, persifler, plaisanter, rire de.

RAILLERIE □ impertinence, ironie, lazzi, moquerie, persiflage, plaisanterie, quolibet, rire, sarcasme, satire.

RAISON □ bon sens, discernement, entendement, esprit, logique, raisonnement.
● cause, fondement, mobile, motif, origine, prétexte.

RAISONNABLE □ calme, doux, équitable, judicieux, juste, légitime, logique, posé, réfléchi, sensé.

RAISONNEMENT □ analyse, argument, conclusion, dialectique, raison, système.

RAISONNER □ argumenter, calculer, échafauder, penser, philosopher.

RÂLE □ cri, gémissement, plainte.

RALENTIR □ apaiser, freiner, modérer, retenir.

RALLIEMENT □ rassemblement, regroupement, réunion.

RALLIER □ assembler, convoquer, regrouper, réunir.
● atteindre, parvenir à, rejoindre.

RALLONGER □ accroître, allonger, augmenter, développer, étendre, étirer, prolonger.

RAMASSÉ □ court, courtaud, massif, ramassé, trapu.
● recroquevillé, replié, resserré, tapi.

RAMASSER □ amasser, prendre, recueillir, récolter, récupérer.

RAME □ aviron, godille, pagaie.
● convoi, train.

RAMENER □ amener, apporter, rapporter, rétablir, réduire, remettre, replacer, restaurer, restreindre.

RAMIFICATION □ branche, division, élément, partie, pièce, rameau, secteur.

RAMOLLI □ amorphe, avachi, endormi, flasque, mou, prostré, sot, veule.

RAMPANT □ complaisant, flagorneur, obséquieux, servile.

RANCUNE ☐ amertume, haine, hostilité, rancœur, ressentiment, vindicte.

RANCUNIER ☐ haineux, hostile, malveillant, vindicatif.

RANDONNÉE ☐ promenade, tour, voyage.

RANG ☐ file, ligne, rangée.
● caste, catégorie, classe, condition, ordre.

RANGER ☐ aligner, arranger, classer, cloisonner, ordonner, organiser, serrer.

RANIMER ☐ raviver, réchauffer, réconforter, réveiller, revigorer, vivifier.

RAPACITÉ ☐ ambition, appétit, avarice, avidité, convoitise, cupidité, désir, envie, gloutonnerie.

RAPATRIER ☐ faire revenir.

RÂPÉ ☐ élimé, usagé, usé.

RAPETISSER ☐ amenuiser, diminuer, raccourcir, réduire.

RÂPEUX ☐ âpre, dur, raboteux, rêche, rude, rugueux, sec.

RAPIDE ☐ actif, diligent, empressé, expéditif, hâtif, pressé, prompt, vif, zélé.

RAPIDEMENT ☐ vite.

RAPIDITÉ ☐ agilité, célérité, hâte, précipitation, promptitude, vitesse.

RAPINE ☐ capture, déprédation, pillage, sac, saccage, vol.

RAPPEL ☐ anniversaire, commémoration, évocation, mention, souvenir.
● acclamation, applaudissements, ovation.

RAPPELER ☐ commémorer, évoquer, mentionner, raconter, retracer.

RAPPELER (SE) ☐ garder, se remémorer, retenir, revivre, revoir, se souvenir.

RAPPORT ☐ accord, analogie, corrélation, correspondance, liaison, lien, relation, similitude.
● bénéfice, produit, profit, rendement.
● analyse, compte rendu, résumé.

RAPPORTER ☐ citer, dénoncer, raconter, répéter, retranscrire.
● fructifier, profiter, valoir.

RAPPORTS ☐ accouplement, fréquentations, relations.

RAPPROCHEMENT ☐ accord, alliance, entente, réconciliation.
● comparaison, confrontation, similitude.

RAPPROCHER ☐ comparer, confronter, raccommoder, réconcilier.

RARE ☐ bizarre, curieux, étrange, exceptionnel, extraordinaire, incroyable, inhabituel, inouï, prodigieux, remarquable, unique.

RARÉFIER (SE) ☐ s'appauvrir, diminuer, s'épuiser, se réduire, se tarir.

RARETÉ ☐ absence, manque.

RAS ☐ égal, plat, rasé.

RASER ☐ peler, tondre, tonsurer.
● abattre, anéantir, briser, démolir, détruire, renverser, ruiner, tuer.

RASSASIÉ ☐ assouvi, comblé, gavé, plein, repu, satisfait, saturé.

RASSEMBLEMENT ☐ attroupement, manifestation, masse, multitude, regroupement, rencontre, réunion.

RASSEMBLER ☐ assembler, regrouper, réunir.

RASSÉRÉNER ☐ apaiser, calmer, rassurer, tranquilliser.

RASSURER ☐ apaiser, calmer, détendre, rasséréner, soulager, tranquilliser.

RATATINÉ ☐ desséché, écrasé, rabougri, racorni, tassé.

RATER □ chuter, échouer, manquer.

RATIFIER □ approuver, confirmer, entériner, garantir, sanctionner.

RATION □ dose, morceau, part, portion, tranche.

RATIONNEL □ cartésien, cohérent, judicieux, logique, raisonnable, sensé.

RATTACHER □ annexer, joindre, réunir.

RATTRAPER □ atteindre, joindre, rallier, rejoindre, retrouver.

RAUQUE □ enroué, éraillé, guttural.

RAVAGE □ dégâts, dégradation, pillage, razzia, saccage, sinistre.

RAVAGÉ □ creusé, raviné, ridé, tourmenté.

RAVAGER □ anéantir, démolir, dévaster, détruire, piller, ruiner, saccager.

RAVALER □ curer, lessiver, nettoyer, récurer, repeindre.

RAVALER À □ abaisser, avilir, humilier, rabaisser.

RAVI □ béat, content, enchanté, gai, heureux, joyeux, satisfait.

RAVIR □ s'approprier, enlever, prendre, subtiliser, voler.
● charmer, conquérir, envoûter, plaire, séduire.

RAVISSANT □ attrayant, charmant, délicieux, enchanteur, fascinant, gracieux, séduisant.

RAVITAILLER □ alimenter, approvisionner, pourvoir, subvenir.

RAVIVER □ rafraîchir, ranimer, réchauffer, réconforter, réveiller, revigorer.

RAYER □ détruire, effacer, radier.
● abîmer, érafler, griffer, raturer.

RAYON □ clarté, éclair, éclat, lueur, lumière, rai, reflet.

RAYONNANT □ éblouissant, éclatant, épanoui, heureux, illuminé, joyeux, radieux.

RAYONNEMENT □ diffusion, propagation, transmission, vulgarisation.
● éclat, gloire, lustre, prestige, réputation.

RAYONNER □ briller, éclater, étinceler, flamboyer, irradier, luire, resplendir, rutiler.

RÉACTION □ automatisme, premier mouvement, réflexe.

RÉACTIONNAIRE □ conservateur, fasciste, rétrograde.

RÉAGIR □ s'opposer, répondre, résister.

RÉALISABLE □ concevable, facile, faisable, possible.

RÉALISATION □ accomplissement, effet, exécution, production.

RÉALISER □ accomplir, achever, concevoir, effectuer, exécuter, pratiquer, terminer.
● comprendre, prendre conscience, saisir, trouver.

RÉALISME □ naturalisme, positivisme, vérisme.
● opportunisme, pertinence, pragmatisme, sens pratique.

RÉALISTE □ concret, matérialiste, opportuniste, positif, pragmatique, pratique, sensé.

RÉALITÉ □ authenticité, certitude, exactitude, réalisme, vérité.

RÉALITÉ (EN) □ réellement.

RÉAPPARITION □ recommencement, retour, réveil.

RÉBARBATIF □ acariâtre, acrimonieux, aigre, désagréable, hargneux, maussade, repoussant, revêche.

REBATTU □ banal, commun, habituel, plat, routinier, usé, vulgaire.

REBELLE ☐ désobéissant, indocile, indomptable, insoumis, récalcitrant, réfractaire, rétif, révolté.

REBELLER (SE) ☐ se rebiffer, résister, se révolter.

RÉBELLION ☐ émeute, jacquerie, mutinerie, révolte, soulèvement, sédition.

REBONDI ☐ adipeux, charnu, dodu, gras, grassouillet, pansu, plantureux, potelé, replet, rondouillard, ventru.

REBUFFADE ☐ refus, rejet, renvoi.

REBUT ☐ déchet, lie, ordure, résidus.

RÉCALCITRANT ☐ désobéissant, indiscipliné, indocile, rebelle, réfractaire, rétif.

RÉCAPITULER ☐ analyser, condenser, écourter, faire la synthèse, préciser, ramasser, réduire, reprendre, résumer.

RECELER ☐ cacher, camoufler, comporter, contenir, dissimuler, renfermer.

RÉCEMMENT ☐ depuis peu.

RECENSEMENT ☐ dénombrement, état, inventaire, statistique.

RÉCENT ☐ jeune, moderne, neuf, nouveau, original.

RÉCEPTION ☐ accueil, entrée, hall.
● admission, affiliation, initiation, intronisation.
● cérémonie, cocktail, soirée.

RECETTE ☐ fruit, gain, produit, profit, revenu.
● façon, méthode, procédé, système, technique.

RECEVOIR ☐ accepter, accueillir, agréer, empocher, héberger, loger, traiter.

RÉCHAUFFER ☐ ragaillardir, ranimer, raviver, réconforter, remonter, réveiller, revigorer.

RÊCHE ☐ âpre, dur, raboteux, râpeux, rude, rugueux, sec.

RECHERCHE ☐ enquête, étude, fouille, instruction, investigation, perquisition, poursuite, quête.
● affectation, raffinement, singularité, snobisme.

RECHERCHÉ ☐ affecté, ampoulé, apprêté, compliqué, raffiné, singulier, tortueux.

RECHERCHER ☐ chercher, s'enquérir, enquêter, fouiller, perquisitionner.

RECHIGNER À ☐ détester, refuser, renâcler, repousser, répugner à.

RECHUTE ☐ recommencement, récidive, reprise.

RÉCIDIVER ☐ recommencer, refaire, réitérer, renouveler, reprendre.

RÉCIPIENT ☐ boite, bouteille, emballage, pot, réceptacle, vase.

RÉCIPROQUE ☐ bilatéral, mutuel, partagé.

RÉCIT ☐ compte rendu, exposé, exposition, histoire, narration, roman.

RÉCITAL ☐ aubade, audition, concert.

RÉCITER ☐ déclamer, dire, exprimer, prononcer, raconter.

RÉCLAMATION ☐ contestation, exigence, plainte, protestation, requête, revendication.

RÉCLAMER ☐ demander, exiger, invoquer, prier, protester, revendiquer, solliciter, vouloir.

RÉCLUSION ☐ détention, emprisonnement, incarcération, internement.

RÉCOLTER ☐ amasser, cueillir, moissonner, ramasser, recueillir.

RECOMMANDATION ☐ appui, pa-

tronage, protection, soutien, tutelle.
● avis, conseil, proposition, suggestion.

RECOMMANDER ☐ appuyer, conseiller, louer, parrainer, préconiser, suggérer.

RECOMMENCER ☐ récidiver, redoubler, refaire, réitérer, renaître, renouveler, repartir, reprendre, revenir.

RÉCOMPENSE ☐ paiement, prime, prix, rémunération, rétribution.

RÉCOMPENSER ☐ couronner, féliciter, payer, primer.

RÉCONCILIATION ☐ accord, rapprochement, retrouvailles.

RÉCONCILIER ☐ accorder, concilier, raccommoder, rapprocher, réunir.

RÉCONCILIER (SE) ☐ se pardonner, renouer, revenir.

RÉCONFORTANT ☐ fortifiant, reconstituant, stimulant, tonique.

RÉCONFORTER ☐ ragaillardir, ranimer, raviver, réchauffer, remonter, réveiller, revigorer.

RECONNAISSANCE ☐ gratitude.
● examen, exploration, recherche.

RECONNAÎTRE ☐ distinguer, étudier, examiner, identifier, retrouver.
● accepter, convenir, se soumettre.

RECONSIDÉRER ☐ corriger, étudier, rectifier, réviser, revoir.

RECONSTITUANT ☐ fortifiant, réconfortant, stimulant, tonique.

RECONSTITUER ☐ reconstruire, refaire, réparer, restaurer, rétablir.

RECONSTRUIRE ☐ rebâtir, reconstituer, refaire, relever, réparer, restaurer, rétablir.

RECORD ☐ exploit, haut fait, performance, prouesse.

RECOUPER (SE) ☐ s'accorder, concorder, convenir, correspondre, se ressembler.

RECOURS ☐ appel, pourvoi, requête.

RECOURS (AVOIR ... À) ☐ disposer de, user, utiliser.

RECOUVRER ☐ reconquérir, reprendre, retrouver.
● encaisser, percevoir, recevoir, toucher.

RECOUVRIR ☐ ensevelir, joncher, parsemer, submerger, tapisser.

RÉCRÉATION ☐ halte, pause, répit, repos.
● amusement, distraction, divertissement, jeu, passe-temps.

RÉCRIER (SE) ☐ crier, s'élever contre, nier, protester, refuser.

RÉCRIMINATION ☐ grief, observation, remontrance, réprimande, reproche.

RECROQUEVILLÉ ☐ ramassé, replié, resserré, tapi.

RECRU ☐ brisé, fatigué, harassé, las, moulu, rompu, usé.

RECRUDESCENCE ☐ augmentation, exacerbation, regain, renouveau, reprise.

RECRUE ☐ adhérent, engagé, membre, partisan, soldat.

RECRUTER ☐ embaucher, engager, enrôler.

RECTIFIER ☐ améliorer, corriger, redresser.

RECTITUDE ☐ droiture, franchise, honnêteté, loyauté, sincérité.

REÇU ☐ acquit, décharge, quittance, récépissé, reconnaissance.

RECUEIL ☐ anthologie, catalogue, collection, florilège, sélection.

RECUEILLIR ☐ cueillir, moissonner,

prendre, ramasser, récolter, récupérer.
● collecter, rassembler, réunir.

RECUEILLIR (SE) □ méditer, penser, prier, réfléchir.

RECUL □ marche arrière, récession, régression, repli, retrait.

RECULÉ □ ancien, immémorial.
● à l'écart, éloigné, isolé.

RECULER □ abandonner, céder, faire marche arrière, plier, refluer, se replier, renoncer, repousser.

RÉCUPÉRER □ se remettre, se ressaisir, se rétablir.
● reconquérir, recouvrer, reprendre, retrouver.

RÉCUSER □ écarter, exclure, nier, rejeter, refuser, repousser.

RÉDACTEUR □ employé, journaliste, secrétaire.

RÉDACTION □ composition, dissertation, écriture, narration, récit.

REDDITION □ abdication, capitulation, renonciation.

RÉDEMPTION □ expiation, rachat, salut.

REDEVABLE □ débiteur, obligé, tributaire.

REDEVANCE □ charge, dette, impôt.

RÉDIGER □ disserter, écrire, formuler.

REDIRE □ rabâcher, répéter, ressasser.

REDOUBLER □ augmenter, croître, s'exacerber, recommencer, reprendre.

REDOUTABLE □ angoissant, dangereux, difficile, hasardeux, impressionnant, inquiétant, menaçant, périlleux, risqué, terrible.

REDOUTER □ appréhender, avoir peur de, craindre.

REDRESSER □ améliorer, corriger, lever, rectifier, relever.

RÉDUCTION □ abaissement, baisse, dévaluation, dévalorisation, diminution, rabais, rationnement, remise, resserrement, ristourne.

RÉDUIRE □ abaisser, affaisser, affaiblir, amenuiser, baisser, comprimer, dévaluer, diminuer, modérer, rationner, restreindre.
● abréger, condenser, diminuer, écourter, faire la synthèse, préciser, raccourcir, rapetisser, résumer.

RÉDUIT □ (adj) bref, concis, court, diminué, laconique, lapidaire, raccourci, resserré, résumé, simplifié, sommaire, succinct.

RÉDUIT □ (nom) cabine, cellule, mansarde, niche, placard, souillarde.

RÉELLEMENT □ effectivement, en fait, vraiment.

REFAIRE □ récidiver, recommencer, reconstituer, reconstruire, redoubler, refondre, réitérer, renouveler, repartir, reprendre, rétablir, revenir.

RÉFÉRENCE □ attestation, certificat, garantie.

RÉFÉRENDUM □ consultation, plébiscite, vote.

RÉFLÉCHI □ attentif, calme, flegmatique, posé, prudent, raisonnable, soigneux.

RÉFLÉCHIR □ méditer, penser, raisonner, songer.
● refléter, renvoyer, répercuter.

REFLET □ chatoiement, étincellement, lueur, moire, réflexion, scintillement.
● caricature, image, imitation, portrait, représentation.

REFLÉTER □ réfléchir, renvoyer, répercuter.

● montrer, représenter, reproduire, symboliser.

RÉFLEXE □ automatisme, mouvement, réaction, sang-froid.

RÉFLEXION □ diffusion, étincellement, reflet, réverbération.

● méditation, pensée, raisonnement.

REFLUER □ céder, faire marche arrière, plier, reculer, se replier.

REFLUX □ flot, jusant, marée basse.

RÉFORME □ changement, innovation, métamorphose, modification, mutation, révolution, transformation.

RÉFORMER □ changer, corriger, innover, modifier, transformer.

REFOULER □ chasser, congédier, expulser, pousser hors de, repousser.

RÉFRACTAIRE □ désobéissant, indiscipliné, indocile, rebelle, récalcitrant, rétif.

REFRAIN □ chanson, leit-motiv, rengaine, ritournelle, scie.

REFRÉNER □ contenir, étouffer, maîtriser, réprimer.

REFROIDIR □ congeler, frapper, frigorifier, glacer, rafraîchir.

● calmer, décourager, démoraliser, rebuter, tranquilliser.

REFUGE □ abri, asile, couverture, protection, repaire, sécurité, sûreté, toit.

REFUS □ négation, rebuffade, rejet, renvoi, veto.

REFUSER □ décliner, rejeter, renvoyer, repousser.

RÉFUTER □ contester, contredire, démentir, nier.

REGAIN □ recrudescence, renouveau, reprise.

RÉGAL □ agrément, délice, délectation, joie, jouissance, plaisir, régal, sensualité, volupté.

REGARD □ clin d'œil, œillade, vue, yeux.

REGARDER □ admirer, considérer, contempler, dévisager, épier, examiner, fixer, observer, surveiller, viser, voir.

● concerner, se rapporter à, toucher.

RÉGENTER □ administrer, conduire, diriger, gouverner.

RÉGIE □ administration, direction, gérance.

REGIMBER □ s'indigner, protester, résister, ruer.

RÉGIME □ administration, conduite, direction, gouvernement, système.

● abstinence, cure, diète, jeûne.

RÉGIMENT □ bataillon, légion, troupe.

● foule, multitude, nuée.

RÉGION □ contrée, pays, province, terre, terroir, zone.

RÉGIR □ diriger, gérer, gouverner, régenter.

REGISTRE □ carnet, écritures, livre répertoire.

RÈGLE □ code, dogme, loi, norme, principe, règlement, système.

RÉGLÉ □ casanier, exact, méthodique, normal, ordonné, organisé, périodique, ponctuel, précis, régulier, systématique.

● acquitté, payé, remboursé.

RÈGLEMENT □ arrêté, code, décret, loi, règle, statuts.

● acquittement, liquidation, paiement, remboursement, solde.

RÉGLER □ arrêter, conclure, décider, déterminer, résoudre, trancher.

● acquitter, payer, rembourser.

RÈGNE □ dynastie, époque, monarchie, souveraineté.

RÉGRESSION ☐ marche arrière, recul, repli, retrait.

REGRET ☐ amertume, mélancolie, nostalgie, plainte, remords, repentir, tristesse.

REGRETTABLE ☐ déplaisant, déplorable, désagréable, ennuyeux, fâcheux, gênant, importun, malencontreux, pitoyable.

REGRETTER ☐ déplorer, se plaindre, se repentir.

RÉGULARITÉ ☐ exactitude, justesse, légalité, ponctualité, précision.

RÉGULIER ☐ exact, habituel, juste, méthodique, ordonné, ponctuel, précis, réglé, systématique.

RÉITÉRER ☐ récidiver, recommencer, redoubler, refaire, renouveler, repartir, reprendre, revenir.

REJAILLIR ☐ rebondir, retomber, ricocher.

REJETER ☐ décliner, refuser, renvoyer, repousser.

REJETON ☐ descendance, fils, postérité.
● bouture, germe, pousse, rejet, surgeon.

REJOINDRE ☐ rallier, rattraper, retrouver.

RÉJOUI ☐ content, épanoui, heureux, joyeux, plaisant, radieux, rieur, satisfait.

RÉJOUIR (SE) ☐ exulter, se féliciter, jubiler.

RÉJOUISSANCE ☐ agapes, amusement, distraction, divertissement, fête, kermesse, liesse, spectacle.

RÉJOUISSANT ☐ agréable, allègre, content, divertissant, gai, heureux, joyeux, jovial, plaisant, satisfaisant.

RELÂCHE (SANS) ☐ continuellement, toujours.

RELÂCHEMENT ☐ décontraction, laisser-aller, légèreté, négligence, repos.

RELÂCHER ☐ affranchir, élargir, libérer, relaxer.

RELÂCHER (SE) ☐ s'abandonner, faiblir, se laisser aller, se négliger.

RELATER ☐ exposer, narrer, raconter, transcrire.

RELATION ☐ compte rendu, exposé, rapport, récit, version.
● liaison, lien, rapport.
● ami, connaissance, flirt, fréquentation.

RELAXER ☐ élargir, libérer, relâcher.

RELÉGUER ☐ assigner à résidence, confiner, déporter, interner.

RELENT ☐ arôme, bouffée, bouquet, effluve, émanation, miasmes, odeur, remugle.

RELÈVEMENT ☐ augmentation, hausse, majoration, revalorisation.

RELEVER ☐ augmenter, hausser, majorer, rehausser, remonter, soulever.
● relayer, remplacer, suppléer.
● distinguer, noter, percevoir, remarquer, souligner.

RELEVER (SE) ☐ guérir, se remettre, se rétablir.

RELIER ☐ assembler, grouper, joindre, raccorder, réunir, unir.

RELIGIEUSE ☐ abbesse, bonne sœur, mère, nonne, novice, supérieure.

RELIGIEUX ☐ (nom) abbé, aumônier, chanoine, frère, moine, père, prieur, révérend.

RELIGIEUX ☐ (adj) croyant, dévot, mystique, pieux, pratiquant.

RELIGION ☐ croyance, culte, dévotion, mysticisme, spiritualité.

RELUISANT ☐ brillant, éblouissant,

éclatant, étincelant, rayonnant, resplendissant, rutilant, scintillant.

REMANIER ☐ changer, corriger, modifier, revoir.

REMARQUABLE ☐ ample, considérable, élevé, éminent, énorme, gigantesque, grandiose, haut, immense, important, imposant, impressionnant, monumental, titanesque.

REMARQUE ☐ appréciation, commentaire, note, observation, réflexion.

REMARQUER ☐ apercevoir, distinguer, noter, percevoir, souligner.

REMBOURRER ☐ capitonner, garnir, matelasser.

REMBOURSER ☐ indemniser, payer, rendre, reverser.

REMBRUNI ☐ chagrin, désabusé, maussade, morose, renfrogné, revêche, triste.

REMÈDE ☐ antidote, drogue, médicament, onguent, panacée, pommade, potion.

REMÉMORER (SE) ☐ se rappeler, revoir, se souvenir.

REMERCIER ☐ congédier, renvoyer, exclure.
● dédommager, louer, rendre grâce.

REMETTRE ☐ apporter, délivrer, donner, fournir, laisser, livrer, offrir, rendre, rétablir, verser.
● reporter, repousser, retarder.

REMETTRE (SE) ☐ guérir, se relever, se rétablir.

RÉMINISCENCE ☐ souvenir.

REMISE ☐ délivrance, livraison, versement.
● commission, rabais, ristourne.
● délai, report, sursis.
● entrepôt, garage, hangar.

RÉMISSION ☐ absolution, amnistie, grâce, pardon.
● accalmie, apaisement, délai, repos, répit, sursis.

REMONTANT ☐ fortifiant, stimulant, tonique.

REMONTER ☐ ragaillardir, ranimer, raviver, réchauffer, réconforter, réveiller, revigorer.

REMONTER À ☐ découler, être issu de, venir de.

REMONTRANCE ☐ admonestation, critique, observation, récrimination, réprimande, reproche.

REMORDS ☐ contrition, regret, repentir, reproche.

REMOUS ☐ frisson, houle, mouvement, tourbillon, vibration.
● agitation, crise, désordre, trouble.

REMPLAÇANT ☐ aide, auxiliaire, intérimaire, substitut, suppléant.

REMPLACEMENT ☐ intérim, relais, relève, substitution, suppléance.

REMPLACER ☐ changer, relayer, relever, renouveler, succéder à, suppléer.

REMPLIR ☐ charger, compléter, emplir, garnir, peupler, saturer.

REMPORTER ☐ arracher, décrocher, enlever, gagner, obtenir.

REMUANT ☐ agité, fébrile, instable, nerveux, rapide, turbulent, vif.

REMUER ☐ agiter, bouger, brandir, déplacer, frétiller, gesticuler, secouer.

RÉMUNÉRATION ☐ paye, récompense, rétribution, salaire.

RENAISSANCE ☐ réapparition, résurrection, réveil.

RENAÎTRE ☐ réapparaître, ressusciter, revivre.

RENCHÉRIR ☐ hausser, poursuivre, relancer.

RENCONTRE ☐ coïncidence, combat, duel, entretien, entrevue, partie.

RENCONTRER ☐ contacter, croiser, trouver.

RENDEMENT ☐ production, productivité, récolte.

RENDRE ☐ redistribuer, redonner, rembourser, restituer.
● évacuer, rejeter, vomir.

RENDRE (SE) ☐ aller, se diriger vers, partir à.
● abandonner, abdiquer, céder, démissionner.

RENDRE COMPTE ☐ commenter, raconter, rapporter.

RENDRE L'ÂME ☐ agoniser, mourir, s'éteindre.

RENFERMÉ ☐ discret, énigmatique, obscur, secret, taciturne, ténébreux.

RENFERMER ☐ calfeutrer, cloîtrer, contenir, englober, receler, retenir, séquestrer, verrouiller.

RENFORCER ☐ affermir, consolider, étayer, fortifier, solidifier.

RENFROGNÉ ☐ acariâtre, boudeur, bougon, bourru, grincheux, hargneux, maussade, sec.

RENGAINE ☐ chanson, refrain, ritournelle, scie.

RENIEMENT ☐ abandon, abjuration, apostasie, démission, désistement, renonciation.

RENIER ☐ abjurer, faire son autocritique, renoncer à, se rétracter.

RENOM ☐ considération, célébrité, gloire, popularité, renommée, réputation.

RENOMMÉ ☐ auguste, brillant, célèbre, consacré, fameux, glorieux, illustre, légendaire.

RENONCER ☐ abandonner, abdiquer, cesser, se démettre, démissionner, quitter, se résigner.

RENONCIATION ☐ abandon, abjuration, apostasie, démission, désistement, reniement.

RENOUVEAU ☐ recrudescence, regain, renaissance, reprise.

RENOUVELER ☐ changer, modifier, rajeunir, ranimer, recommencer, refaire, réitérer, rénover, reprendre.

RÉNOVATION ☐ restauration.

RENSEIGNEMENT ☐ communication, indication, information, précision, révélation.

RENSEIGNER ☐ apprendre, expliquer, informer, révéler.

RENVERSER ☐ inverser, invertir, retourner.
● abattre, bouleverser, briser, démolir, détruire, raser, ruiner, saccager, tuer.

RENVOI ☐ ajournement, annulation, remise, report, sursis.
● congé, destitution, expulsion, licenciement, révocation.
● avertissement, note, précision.

RENVOYER ☐ réfléchir, refléter, répercuter, reproduire.
● décliner, exclure, licencier, refuser, rejeter, remercier, repousser.

REPAIRE ☐ abri, asile, couverture, protection, refuge, sécurité, sûreté, toit.

RÉPANDRE ☐ diffuser, distribuer, joncher, populariser, propager, semer.

RÉPARATION ☐ dédommagement, expiation, rachat,
● réfection, remise en état, restauration.

RÉPARER ☐ arranger, refaire, restaurer.

● expier, payer, racheter.

REPARTIR □ récidiver, recommencer, redoubler, refaire, réitérer, renouveler, reprendre.

● rentrer, retourner, revenir.

RÉPARTIR □ attribuer, contingenter, distribuer, donner, lotir, octroyer, partager.

REPAS □ collation, déjeuner, dîner, en-cas, festin, pique-nique, souper.

REPENTIR □ confession, contrition, regret, remords.

RÉPERCUSSION □ conséquence, incidence, résultat, suite.

RÉPERCUTER □ réfléchir, refléter, renvoyer, transmettre.

REPÉRER □ apercevoir, discerner, distinguer, remarquer, voir.

RÉPÉTER □ rabâcher, rapporter, redire, ressasser.

RÉPÉTER (SE) □ récidiver, recommencer, redoubler, refaire, réitérer, renouveler, reprendre, revenir.

RÉPIT □ délai, rémission, repos, sursis.

REPLET □ adipeux, charnu, dodu, gras, grassouillet, pansu, plantureux, potelé, rebondi, rondouillard, ventru.

REPLIÉ □ ramassé, recroquevillé, resserré, tapi.

REPLIER (SE) □ s'accroupir, se blottir, se ramasser, se recroqueviller, se tasser.

● abandonner, évacuer, céder, faire retraite, laisser, quitter, reculer, se retirer.

RÉPLIQUE □ objection, protestation, repartie, réponse, riposte.

● déclamation, développement, tirade.

● copie, imitation, reproduction.

RÉPLIQUER □ objecter, raisonner,

répartir, répondre, rétorquer, riposter.

RÉPONDRE □ affirmer, objecter, répartir, répliquer, rétorquer, riposter.

RÉPONDRE (SE) □ s'accorder, concorder, correspondre.

RÉPONDRE DE □ couvrir, garantir, assumer.

RÉPONSE □ objection, réplique, repartie, riposte.

REPORTER □ déplacer, remettre, transférer.

REPOS □ détente, farniente, halte, pause, récréation, rémission, silence, trêve.

REPOSER (SE) □ se calmer, se délasser, se détendre.

REPOUSSANT □ effrayant, effroyable, horrible, laid, rebutant, répugnant.

REPOUSSER □ décliner, écarter, éconduire, refuser, rejeter, renvoyer.

RÉPRÉHENSIBLE □ blâmable, condamnable, critiquable.

REPRENDRE □ continuer, persévérer, recommencer, recouvrer, récupérer, redoubler, refaire, renouveler, retirer.

● analyser, condenser, corriger, écourter, faire la synthèse, préciser, ramasser, récapituler, réduire, résumer.

REPRÉSENTATION □ image, portrait, reflet, reproduction.

● attraction, séance, spectacle.

REPRÉSENTER □ dessiner, montrer, refléter, reproduire.

RÉPRIMANDE □ critique, observation, récrimination, remontrance, reproche.

RÉPRIMANDER □ blâmer, chapitrer,

disputer, gronder, fustiger, houspiller.

RÉPRIMER □ contenir, étouffer, maîtriser, punir, refréner.

REPRISE □ augmentation, recommencement, recrudescence, regain, renouveau.
● échange, rachat, remboursement.

REPROCHE □ admonestation, avertissement, blâme, critique, observation, récrimination, remontrance, réprimande.

REPROCHER □ accuser de, blâmer, condamner, critiquer, désapprouver, taxer.

REPRODUCTION □ copie, double, image, réplique.
● fécondation, multiplication, prolifération.

REPRODUIRE □ copier, dupliquer, imiter, représenter.

REPRODUIRE (SE) □ engendrer, se multiplier, se perpétuer.

REPU □ comblé, plein, rassasié, saturé.

RÉPUGNANT □ abject, affreux, dégoûtant, écœurant, grossier, ignoble, indigne, infâme, infect, informe, laid, malpropre, méprisable, monstrueux, nauséabond, obscène, puant, repoussant, sordide, vil.

RÉPUGNER À □ détester, s'opposer à, rechigner à, refuser, renâcler, repousser.

RÉPUTATION □ considération, célébrité, gloire, popularité, renommée.

REQUÊTE □ demande, pétition, prière, supplique.

RESCOUSSE □ aide, appui, assistance, main-forte, secours, soutien.

RÉSERVE □ magasin, provision, réservoir, stock.

● décence, discrétion, modestie, retenue.

RÉSERVER □ conserver, destiner, retenir, vouer.

RÉSIDENCE □ demeure, habitation, séjour, villégiature.

RÉSIDU □ détritus, ordure, reste, scorie, sédiment.

RÉSIGNATION □ abandon, abdication, capitulation, démission, renonciation, soumission.

RÉSILIER □ abolir, abroger, annuler, casser, invalider, supprimer.

RÉSISTANCE □ dureté, force, solidité, ténacité, vigueur.
● entêtement, inertie, opposition, refus, réticence.

RÉSISTANT □ athlétique, fort, gros, musclé, puissant, robuste, solide, vigoureux.

RÉSISTER □ se défendre, s'opposer, refuser, supporter, tenir.

RÉSOLU □ assuré, décidé, déterminé, hardi, opiniâtre, osé, volontaire.

RÉSOLUMENT □ fermement.

RÉSOLUTION □ choix, décision, détermination, fermeté, volonté.

RÉSONNER □ éclater, exploser, retentir.

RÉSOUDRE □ achever, arrêter, clore, conclure, décider, déduire, terminer, trancher, trouver.

RESPECT □ culte, estime, hommage, piété, révérence, vénération.

RESPECTER □ adorer, encenser, honorer, vénérer.

RESPIRER □ aspirer, s'ébrouer, exhaler, haleter, souffler.

RESPLENDIR □ briller, éclater, étinceler, flamboyer, irradier, luire, rayonner, rutiler.

RESPONSABLE □ (adj) blâmable, coupable, fautif.

RESPONSABLE □ (nom) délégué, garant, parrain, tuteur.

RESSEMBLANCE □ analogie, copie, identité, similitude.

RESSEMBLANT □ analogue, identique, semblable, similaire.

RESSENTIMENT □ amertume, haine, hostilité, rancœur, rancune, vindicte.

RESSENTIR □ connaître, éprouver, percevoir, sentir.

RESSERRER □ contracter, crisper, ramasser, réduire, résumer, rétrécir.

RESSORT □ autorité, compétence, domaine, pouvoir.
● ardeur, courage, énergie, force, vaillance, volonté.

RESSORTIR □ dépasser, pointer, saillir.
● apparaître, s'avérer, résulter, se révéler.

RESSOURCE □ moyen, possibilité, recours.

RESSOURCES □ argent, économies, fonds, fortune, pension, salaire.

RESSUSCITER □ réapparaître, renaître, revivre.

RESTE □ différence, reliquat, restant, résidu, solde.

RESTER □ demeurer, habiter, résider, vivre.
● s'attarder, durer, se fixer, persister, subsister.

RESTES □ cendres, débris, ossements.

RESTITUER □ redonner, rembourser, rendre, rétablir.

RÉSULTAT □ aboutissement, but, fin, issue, solution.

RÉSUMÉ □ (nom) abrégé, abréviation, aperçu, extrait, récapitulation, sommaire.

RÉSUMÉ □ (adj) bref, concis, court, laconique, lapidaire, raccourci, réduit, resserré, simplifié, sommaire, succinct.

RÉSUMER □ abréger, analyser, conclure, condenser, diminuer, écourter, faire la synthèse, préciser, raccourcir, ramasser, récapituler, réduire.

RÉTABLIR □ reconstituer, reconstruire, refaire, réintégrer, relever, restaurer, restituer.

RÉTABLIR (SE) □ guérir, se relever, se remettre.

RÉTABLISSEMENT □ cicatrisation, convalescence, guérison.

RETARD □ ajournement, délai, lenteur, ralentissement, temporisation.

RETARDÉ □ arriéré, attardé, débile, handicapé, idiot, immature, taré.
● freiné, ralenti, retenu.

RETARDER □ ajourner, différer, reculer, remettre, surseoir, temporiser.

RETENIR □ apprendre, mémoriser, savoir.
● brider, conserver, emprisonner, freiner, garder, modérer, ralentir.

RETENTIR □ éclater, exploser, résonner, vibrer.

RETENTISSANT □ bruyant, éclatant, sonore, tonitruant.

RETENUE □ décence, discrétion, mesure, modestie, réserve, sobriété.

RÉTICENCE □ désaccord, incompatibilité, opposition, refus, résistance, restriction.

RÉTIF □ désobéissant, indiscipliné, indocile, rebelle, récalcitrant, réfractaire, réticent.

RETIRÉ □ à l'écart, inhabité, isolé, lointain.

RETIRER □ enlever, extraire, ôter, prendre, reprendre, retrancher, soustraire, supprimer.

RETIRER (SE) □ abandonner, évacuer, laisser, quitter, se replier, se séparer de.

RÉTORQUER □ objecter, répartir, répliquer, répondre, riposter.

RETORS □ adroit, fourbe, habile, madré, roublard, roué, rusé, subtil.

RETOUR □ réapparition, réciprocité, renaissance, renouvellement, rentrée, réveil.

RETOURNER □ réexpédier, rendre, renvoyer.

● regagner, rentrer, repartir, revenir.

RETRACER □ conter, décrire, évoquer, narrer, raconter, rappeler.

RÉTRACTER (SE) □ se dédire, se désavouer, nier, se raviser, revenir sur.

● se blottir, se ramasser, se recroqueviller, se resserrer.

RETRAITE □ abandon, recul, retrait.

● abri, asile, refuge, repaire.

● désert, ermitage, solitude.

● pension, rente, revenu.

RETRANCHER □ couper, enlever, ôter, prélever, prendre, retirer, soustraire, supprimer.

RÉTRÉCIR □ contracter, étrangler, ramasser, réduire, resserrer, résumer.

RÉTRIBUTION □ appointements, cachet, émoluments, gain, gages, indemnité, paye, rémunération, revenu, salaire, solde, traitement.

RETROUVER □ rallier, rattraper, recouvrer, reconquérir, récupérer, rejoindre, reprendre.

RÉUNION □ assemblée, congrès, meeting, rassemblement, séance.

● amas, assemblage, ensemble, masse, mélange, synthèse.

RÉUNIR □ accumuler, ajuster, assembler, coller, lier, mêler, souder.

● associer, collectionner, convoquer, grouper, rassembler.

RÉUSSIR □ aboutir, arriver à, gagner, parvenir, percer, prospérer.

RÉUSSITE □ apothéose, bonheur, gloire, succès, triomphe, victoire.

REVALORISATION □ augmentation, hausse, majoration, réévaluation.

REVANCHE □ représailles, rétorsion, riposte, vengeance.

RÊVE □ cauchemar, désir, onirisme, rêverie, songe, souhait, vœu.

REVÊCHE □ acariâtre, bougon, bourru, grincheux, maussade, rebutant, renfrogné, rigide, rogue, rude, sec, sévère.

RÉVEIL □ regain, renaissance, résurrection.

● horloge, montre, réveille-matin.

RÉVEILLER □ ragaillardir, ranimer, raviver, réchauffer, réconforter, revigorer.

REVENANT □ apparition, esprit, fantôme, spectre.

REVENDIQUER □ demander, exiger, insister, protester, réclamer, solliciter, sommer, vouloir.

REVENIR □ refluer, réintégrer, rentrer, repasser.

REVENU □ pension, rente, retraite, rétribution, rémunération, salaire, traitement.

RÊVER □ désirer, divaguer, imaginer, penser, songer, souhaiter.

RÉVÉRENCE □ considération, culte, hommage, piété, respect, vénération.

REVERS ☐ défaite, échec, faillite, fiasco, insuccès, malheur.
● dos, doublure, pile, verso.

RÊVEUR ☐ absorbé, distrait, lointain, méditatif, pensif, songeur.

REVIGORER ☐ ragaillardir, ranimer, raviver, réchauffer, réconforter, remonter, réveiller.

REVIVRE ☐ réapparaître, renaître, ressusciter.
● évoquer, se rappeler, se remémorer, revoir, se souvenir.

REVOIR ☐ corriger, relire, rectifier, réviser.
● évoquer, se rappeler, se remémorer, revivre, se souvenir.

RÉVOLTANT ☐ inacceptable, inadmissible, indigne, intolérable.

RÉVOLTE ☐ émeute, jacquerie, mutinerie, rébellion, soulèvement, sédition.

RÉVOLU ☐ accompli, achevé, terminé.

RÉVOLUTION ☐ bouleversement, changement, tourmente.
● circuit, cycle, rotation, tour.
● insurrection, renversement, révolte, soulèvement.

RÉVOQUER ☐ démettre, déposer, destituer, limoger.

REVUE ☐ défilé, parade, spectacle.
● contrôle, examen, inspection.
● brochure, journal, magazine.

RIANT ☐ aimable, gai, gracieux, heureux, joyeux, plaisant.

RICHE ☐ abondant, ample, copieux, fécond, fertile, fructueux, généreux, luxuriant, opulent, plantureux, substantiel.
● aisé, fortuné, huppé, nanti.

RICHESSE ☐ abondance, aisance, fertilité, flot, générosité, opulence.

RIDÉ ☐ fripé, froissé, froncé, plissé.

RIDICULE ☐ aberrant, absurde, déraisonnable, farfelu, grotesque, imbécile, insensé, risible, saugrenu.

RIEN ☐ néant, nul, zéro.
● babiole, bagatelle, broutille, colifichet, fantaisie, futilité.

RIEUR ☐ content, épanoui, heureux, joyeux, plaisant, radieux, réjoui, satisfait.

RIGIDE ☐ dur, raide, solide.
● austère, dur, exigeant, inflexible, obtus, rigoureux, sévère, strict.

RIGOUREUX ☐ âpre, défavorable, froid, glacial, insupportable, rude, violent.
● concis, exact, implacable, méticuleux, minutieux, précis.
● austère, dur, exigeant, inflexible, obtus, rigide, sévère, strict.

RIGUEUR ☐ âpreté, austérité, dureté, rigidité, rudesse, sévérité, sobriété.
● application, concision, conscience, exactitude, précision.

RINCER ☐ laver, mouiller, tremper.

RIPOSTE ☐ réponse, représailles, rétorsion, revanche, vengeance.

RIPOSTER ☐ objecter, répartir, répliquer, répondre, rétorquer.

RIRE ☐ s'esclaffer, exulter, se féliciter, jubiler, pouffer, se réjouir, ricaner.

RIRE ☐ (nom) éclat, hilarité, ricanement, sourire.

RISIBLE ☐ amusant, burlesque, cocasse, comique, déraisonnable, drôle, grotesque, hilarant, imbécile, plaisant, ridicule, saugrenu, stupide.

RISQUÉ ☐ audacieux, dangereux, hasardeux, inquiétant, périlleux, redoutable, traître.

RISQUER ☐ entreprendre, hasarder, se lancer, oser, tenter.

RISTOURNE ☐ abattement, déduction, escompte, prime, réduction.

RITE ☐ cérémonial, habitude, liturgie, office, protocole, usage.

RITOURNELLE ☐ chanson, refrain, rengaine, scie.

RITUEL ☐ coutumier, habituel, ordinaire, routinier, traditionnel.

RIVAGE ☐ bord, côte, grève, littoral, plage, rive.

RIVAL ☐ adversaire, antagoniste, concurrent, émule, ennemi, opposant.

RIVALITÉ ☐ antagonisme, concurrence, émulation, jalousie, lutte, opposition.

RIVE ☐ berge, bord, bordure.

ROBUSTE ☐ athlétique, fort, gros, musclé, puissant, résistant, robuste, solide, vigoureux.

ROCAMBOLESQUE ☐ bizarre, étonnant, étrange, extraordinaire, incroyable, inimaginable, inouï, invraisemblable, merveilleux, paradoxal, prodigieux.

ROCHE ☐ galet, minéral, pierre, roc.

RODER ☐ égaliser, limer, lisser, parachever, parfaire, perfectionner, polir, raboter.

RÔDER ☐ divaguer, errer, traîner, vagabonder.

RODOMONTADE ☐ fanfaronnade, forfanterie, vantardise.

ROGUE ☐ acariâtre, arrogant, bougon, bourru, dédaigneux, grincheux, maussade, rebutant, renfrogné, revêche, rude, sec.

ROI ☐ empereur, gouvernant, monarque, prince, seigneur, souverain.

RÔLE ☐ état, inventaire, liste.

● distribution, emploi, figuration, personnage.

● charge, devoir, mission, vocation.

ROMAN ☐ création, feuilleton, histoire, invention, nouvelle, récit.

ROMANESQUE ☐ affectueux, chaleureux, passionné, romantique, sensible, sentimental, tendre.

● chimérique, fantastique, fictif, imaginaire, inventé, irréel, mythique, utopique.

ROMANTIQUE ☐ ardent, fervent, intense, passionné, romanesque, sensible, sentimental, tendre.

ROMPRE ☐ briser, broyer, casser, disloquer, fracasser, fracturer.

● abandonner, divorcer, laisser, se libérer, quitter.

ROMPRE (SE) ☐ craquer, crever, se déchirer, éclater, se fêler, se fendre.

ROMPU ☐ anéanti, épuisé, exténué, fatigué, las, usé.

● brisé, broyé, cassé, déchiré, disloqué, fendu, fracturé.

ROND ☐ (nom) cercle, circonférence, orbite.

ROND ☐ (adj) circulaire, cylindrique, sphérique.

RONDE (À LA) ☐ alentour, autour, dans le voisinage.

RONDEMENT ☐ prestement, rapidement, vite.

RONDEUR ☐ embonpoint, grosseur, rotondité.

● bonhomie, doigté, franchise, gentillesse, habileté, simplicité.

RONFLANT ☐ bruyant, sonore, retentissant, tonitruant.

● ampoulé, boursouflé, emphatique, grandiloquent, pompeux.

RONGER ☐ attaquer, corroder, grignoter, racler, user.

● angoisser, inquiéter, oppresser, tourmenter.

RÔTIR ☐ brûler, griller, rissoler, torréfier.

ROTURIER ☐ ordinaire, populaire, simple, vulgaire.

ROUBLARD ☐ adroit, fourbe, habile, madré, malin, retors, roué, rusé, subtil.

ROUCOULER ☐ chanter, moduler, susurrer.

● badiner, flirter, folâtrer, marivauder.

ROUGE ☐ cramoisi, écarlate, garance, grenat, pourpre, rubicond, vermeil, vermillon.

ROULER ☐ déplacer, enrouler, glisser, pivoter sur, tourner.

● abuser, leurrer, tromper, vaincre.

ROUTE ☐ chaussée, chemin, itinéraire, parcours, trajet, voie.

ROUTINE ☐ expérience, habitude, ordinaire, tradition.

ROUTINIER ☐ casanier, coutumier, habituel, ordinaire, rituel, traditionnel.

ROUX ☐ auburn, blond vénitien, rouge, rouquin.

ROYALISTE ☐ légitimiste, monarchiste, orléaniste, ultra.

RUBICOND ☐ cramoisi, écarlate, pourpre, rouge, vermeil.

RUDE ☐ âpre, austère, bougon, bourru, brutal, dur, fruste, grincheux, maussade, raboteux, râpeux, rebutant, renfrogné, rogue, rugueux, rustique, sec, sévère.

RUDIMENT ☐ base, essentiel, notion, principe.

RUDIMENTAIRE ☐ austère, dépouillé, élémentaire, naïf, primaire, rustique, simple, sobre.

RUDOYER ☐ battre, brimer, brutaliser, houspiller, malmener, maltraiter, molester, secouer.

RUE ☐ allée, avenue, boulevard, cours.

RUGIR ☐ crier, hurler, tonner, vociférer.

RUGUEUX ☐ âpre, bourru, dur, raboteux, râpeux, revêche, rude.

RUINE ☐ anéantissement, débâcle, déroute, destruction, fiasco, naufrage, perte.

● épave, loque, misérable.

RUINER ☐ abattre, briser, démolir, dépouiller, détruire, raser, tuer.

RUINES ☐ cendres, décombres, restes, vestiges.

RUMEUR ☐ bourdonnement, bruit, calomnie, médisance, murmure, potin, ragot.

RUSE ☐ artifice, astuce, fourberie, habileté, malice, perfidie, stratagème.

RUSÉ ☐ adroit, fourbe, habile, madré, malicieux, perfide, retors, roublard, roué, subtil.

RUSTIQUE ☐ dépouillé, élémentaire, naïf, primaire, résistant, rudimentaire, simple, sobre.

● agreste, campagnard, champêtre, rural.

RYTHME ☐ cadence, mesure, mouvement.

S

SABOTER □ abîmer, casser, dégrader, endommager, gâcher, saccager.

SAC □ bagage, bourse, sacoche, gibecière, musette, poche, sachet.
● pillage, rapine, ravage, saccage.

SACCADE □ à-coup, convulsion, choc, secousse, soubresaut, spasme, trépidation.

SACCADÉ □ convulsif, haché, heurté, intermittent, sautillant, spasmodique, trépidant.

SACCAGER □ abîmer, casser, dégrader, endommager, gâcher, ravager, ruiner, saboter.

SACERDOCE □ apostolat, charge, ministère, mission, prêtrise.

SACRÉ □ béni, divin, inviolable, saint, tabou, vénérable.

SACRER □ bénir, couronner, oindre.
● blasphémer, injurier, jurer, maudire.

SACRIFICE □ désintéressement, dévouement, offrande, résignation.

SACRIFIER □ immoler, mettre à mort, offrir.

SACRIFIER (SE) □ abandonner, se dévouer, renoncer.

SADISME □ barbarie, cruauté, lubricité, perversité, vice.

SAGACE □ clairvoyant, éveillé, fin, intelligent, pénétrant, perspicace, subtil.

SAGE □ (nom) penseur, philosophe, savant.

SAGE □ (adj) avisé, convenable, correct, décent, modeste, posé, prévoyant, prudent, pudique, raisonnable, réfléchi, réservé, serein, tranquille.

SAGESSE □ bon sens, modération, philosophie, prudence, raison, sérénité, tranquillité.

SAIGNANT □ ensanglanté, sanglant, sanguinolent, souillé.

SAIGNER □ avoir une hémorragie.
● égorger, tuer, vider de son sang.

SAILLIE □ bosse, bourrelet, corniche, pointe, proéminence, protubérance, surplomb.
● boutade, mot, plaisanterie.

SAIN □ hygiénique, pur, salubre, tonique, valide.

SAINT □ bienheureux, élu, vénérable, vertueux.

SAISI ☐ ébranlé, ému, étonné, impressionné, remué, secoué, stupéfait, surpris, touché, troublé.

● grillé, rissolé, rôti.

SAISIE ☐ confiscation, embargo, mainmise, prise, saisine.

SAISIR ☐ attraper, s'attribuer, capter, capturer, s'emparer, empoigner, happer, prendre.

● deviner, entendre, percevoir.

SAISON ☐ époque, période, temps.

● printemps, été, automne, hiver.

SALACE ☐ graveleux, grossier, impudique, impur, indécent, licencieux, luxurieux, obscène, ordurier, pimenté, pornographique, vicieux.

SALAIRE ☐ appointements, cachet, émoluments, gain, gages, honoraires, indemnité, paye, rémunération, rétribution, revenu, solde, traitement.

SALE ☐ crasseux, dégoûtant, immonde, repoussant, répugnant, sordide, souillé.

● graveleux, grossier, impudique, impur, indécent, licencieux, luxurieux, obscène, ordurier, pornographique, vicieux.

SALETÉ ☐ crasse, impureté, ordure, rebut, souillure.

● abjection, avilissement, bassesse, grossièreté, ignominie, indignité, infamie, obscénité.

SALIR ☐ barbouiller, crotter, encrasser, graisser, maculer, polluer, souiller, tacher.

● calomnier, diffamer, flétrir, ternir.

SALLE ☐ antichambre, enceinte, galerie, hall, pièce.

● auditoire, public, spectateurs.

SALON ☐ boudoir, fumoir, pièce.

● exposition, festival, présentation.

SALUBRE ☐ hygiénique, pur, sain, tonique.

SALUT ☐ adieu, au revoir, bonjour, bonsoir, révérence, salutation.

● félicité, rachat, rédemption.

SALUTAIRE ☐ enrichissant, fructueux, instructif, profitable, sain, utile.

SANCTION ☐ châtiment, peine, pénalité, pénitence, punition.

● confirmation, consécration, entérinement, validation.

SANCTIONNER ☐ confirmer, entériner, valider.

SANG ☐ hémoglobine, plasma, sérum.

● famille, lignée, maison, race.

SANG-FROID ☐ assurance, calme, courage, fermeté, flegme, impassibilité, maîtrise.

SANGLANT ☐ ensanglanté, saignant, sanguinolent, souillé.

SANGLOT ☐ hoquet, larme, pleur, spasme.

SANGUINAIRE ☐ barbare, bestial, cruel, dur, féroce, inhumain, méchant, sauvage, tyrannique, violent.

SANGUINOLENT ☐ ensanglanté, saignant, sanglant.

SANTÉ ☐ naturel, tempérament, vitalité.

SARCASME ☐ impertinence, ironie, moquerie, persiflage, plaisanterie, quolibet, raillerie.

SARCASTIQUE ☐ caustique, démoniaque, ironique, moqueur, railleur, sardonique, satanique.

SARCOPHAGE ☐ bière, cercueil, tombeau.

SARDONIQUE ☐ caustique, démoniaque, ironique, moqueur, railleur, sarcastique, satanique.

SATANIQUE ☐ démoniaque, diabolique, infernal, pervers, sardonique.

SATINÉ ☐ doux, lisse, lustré, moelleux, soyeux, velouté.

SATIRE ☐ critique, diatribe, épigramme, moquerie, pamphlet, raillerie.

SATIRIQUE ☐ acéré, acide, caustique, incisif, ironique, mordant, piquant.

SATISFACTION ☐ bonheur, contentement, euphorie, joie, plénitude, plaisir.

SATISFAIRE ☐ apaiser, assouvir, calmer, combler, contenter, convenir, exaucer, rassasier.

SATISFAIRE À ☐ accomplir, exécuter, faire face à, répondre à.

SATISFAISANT ☐ convenable, correct, honorable, passable, suffisant.

SATISFAIT ☐ allègre, béat, content, épanoui, gai, heureux, joyeux, jovial, plaisant, réjoui.

SATURÉ ☐ comblé, gavé, plein, rassasié.

SAUF ☐ épargné, indemne, intact, sauvé.

SAUF ☐ excepté.

SAUGRENU ☐ aberrant, absurde, déraisonnable, étrange, grotesque, imbécile, insensé, ridicule.

SAUT ☐ bond, cabriole, culbute, sautillement, soubresaut, sursaut.

SAUTER ☐ bondir, s'élancer, franchir, sautiller.

● se désintégrer, éclater, exploser.

● laisser, omettre, oublier.

SAUTILLANT ☐ convulsif, haché, heurté, intermittent, saccadé, spasmodique, tressautant, trépidant.

SAUVAGE ☐ (nom) barbare, fauve, misanthrope, primitif.

SAUVAGE ☐ (adj) barbare, bestial, cruel, dur, féroce, fruste, grossier, indomptable, inhumain, méchant, sanguinaire, violent.

● farouche, fier, timide.

SAUVETAGE ☐ aide, secours.

SAVANT ☐ (adj) cultivé, docte, érudit, instruit, lettré.

SAVANT ☐ (nom) chercheur, érudit, expert, philosophe, sage, scientifique.

SAVEUR ☐ bouquet, charme, goût, parfum.

SAVOIR ☐ acquis, bagage, compétence, connaissance, culture, érudition, instruction, science.

SAVOIR ☐ apprendre, connaître, être capable, pouvoir.

SAVOIR (FAIRE) ☐ annoncer, avertir, informer.

SAVOIR-FAIRE ☐ art, habileté, maîtrise.

SAVOIR-VIVRE ☐ courtoisie, éducation, politesse, tact.

SAVOURER ☐ apprécier, déguster, goûter, jouir de, se régaler.

SAVOUREUX ☐ bon, délectable, délicat, excellent, exquis, plaisant, délicieux, suave, succulent.

SCABREUX ☐ ardu, compliqué, difficile, grossier, licencieux, osé, risqué.

SCANDALE ☐ désordre, éclat, esclandre, tapage.

● colère, honte, indignation.

SCANDALISER ☐ choquer, offenser, provoquer.

SCELLER ☐ affermir, cimenter, consolider, fixer, souder, unir.

SCÈNE ☐ music-hall, spectacle, tréteaux, théâtre.

● acte, séquence, tableau.

● discussion, dispute, empoignade, querelle.

SCEPTIQUE ☐ dubitatif, incrédule, incroyant, perplexe, soupçonneux.

SCHÉMA □ canevas, ébauche, esquisse, projet.

SCIEMMENT □ délibérément, intentionnellement, volontairement.

SCIENCE □ acquis, bagage, compétence, culture, érudition, instruction, savoir.
● art, habileté, maîtrise, savoir-faire.

SCINTILLER □ briller, clignoter, étinceler, luire.

SCISSION □ dissidence, division, partage, schisme, sécession, séparation.

SCLÉROSÉ □ figé, paralysé.

SCRUPULE □ désarroi, embarras, hésitation, réticence.
● délicatesse, exactitude, soin.

SCRUPULEUX □ consciencieux, délicat, soigneux.

SÉANCE □ assises, débat, délibération, réunion, session.
● projection, représentation, spectacle.

SÉANT □ (nom) derrière, fesses, postérieur.

SÉANT □ (adj) convenable, correct, décent, honnête, poli.

SEC □ aride, austère, décharné, désert, desséché, dur, maigre, osseux, pauvre, rude, sobre.

SÉCHER □ assécher, drainer, éponger, essorer, essuyer, tarir, vider.

SÉCHERESSE □ aridité, chaleur, canicule.
● austérité, dureté, rigueur, rudesse.

SECONDAIRE □ accessoire, épisodique, marginal, mineur, subalterne.

SECONDER □ aider, assister, épauler.

SECOUER □ ballotter, battre, brimer, brutaliser, houspiller, malmener, maltraiter, molester, rudoyer.

SECOURS □ aide, allocation, assistance, aumône, charité, concours, protection, providence, rescousse, subside, subvention.

SECOURIR □ aider.

SECOUSSE □ à-coup, cahot, convulsion, choc, ébranlement, saccade, soubresaut, spasme, trépidation.

SECRET □ (nom) dessous, énigme, mystère, ténèbres.

SECRET □ (adj) caché, clandestin, confidentiel, dissimulé, ésotérique, hermétique, ignoré, inconnu, intime, invisible, mystérieux.
● discret, énigmatique, impénétrable, mystérieux, renfermé, réservé, sournois.

SECRÉTAIRE □ dactylo, employé, rédacteur.
● bahut, bureau, écritoire.

SECRÉTARIAT □ administration, bureau, services.

SECRÈTEMENT □ furtivement.

SECTAIRE □ fanatique, inconditionnel, intolérant.

SECTE □ cabale, clan, école, faction, groupe, parti, société secrète.

SECTEUR □ emplacement, section, partie, zone.

SECTIONNER □ couper, diviser, fractionner, morceler, segmenter, subdiviser.

SÉCURITÉ □ assurance, confiance, couverture, protection, refuge, sûreté, tranquillité.

SÉDENTAIRE □ casanier, fixe, permanent, stable.

SÉDITIEUX □ activiste, agitateur, contestataire, insurgé, provocateur, terroriste.

SÉDUIRE □ appâter, attirer, circonvenir, convaincre, corrompre, débaucher, déshonorer, éblouir, égarer, ensorceler, persuader, plaire, soudoyer, suborner.

SÉDUISANT ☐ attachant, attirant, attrayant, captivant, charmant, désirable, envoûtant, tentateur.

SEIGNEUR ☐ châtelain, noble, roi, sire, suzerain.

SEIGNEUR (LE) ☐ Dieu.

SEIN ☐ buste, giron, gorge, poitrine.
● centre, cœur, foyer, noyau..

SÉISME ☐ bouleversement, catastrophe, cataclysme, ébranlement, secousse, tremblement de terre.

SÉJOURNER ☐ habiter, loger, résider, rester.

SÉLECTION ☐ assortiment, choix, collection, tri.

SÉLECTIONNER ☐ adopter, choisir, opter pour, trier.

SELON ☐ d'après, conformément, suivant.

SEMBLABLE ☐ analogue, conforme, équivalent, identique, pareil, ressemblant, similaire, tel.

SEMBLANT (FAIRE) ☐ feindre, prétendre, simuler.

SEMBLER ☐ apparaître, paraître, passer pour.

SEMER ☐ ensemencer, éparpiller, jeter, joncher, parsemer, répandre, revêtir.

SEMI ☐ demi.

SÉMILLANT ☐ alerte, animé, chaleureux, décontracté, éveillé, fringant, léger, leste, pétillant, rapide, vif.

SÉMINAIRE ☐ communauté, école, pépinière.
● colloque, réunion, table ronde.

SEMPITERNEL ☐ continuel, éternel, immuable, incessant, perpétuel.

SÉNILE ☐ âgé, décrépit, gâteux, impotent, usé, vieux.

SENS ☐ goût, odorat, ouïe, toucher, vue.
● amour, chair, concupiscence, instinct, jouissance, plaisir, sensualité, volupté.
● acception, esprit, signification, valeur.
● avis, intuition, jugement, opinion, raison, sagesse.
● destination, direction, orientation.

SENSATION ☐ impression, perception, sentiment.

SENSATIONNEL ☐ curieux, énorme, époustouflant, étonnant, fantastique, formidable, gigantesque, impressionnant, incroyable, inouï, magnifique, phénoménal, prodigieux, saisissant, stupéfiant, surprenant, troublant.

SENSIBILITÉ ☐ affectivité, émotivité, sensiblerie, sentimentalité.

SENSIBLE ☐ compatissant, délicat, émotif, fragile, généreux, intuitif, romanesque, romantique, sensitif, sentimental, tendre, vulnérable.
● apparent, clair, distinct, évident, matériel, notable, palpable, perceptible, tangible, visible.

SENSUALITÉ ☐ chair, désir, érotisme, jouissance, libertinage, luxure, plaisir, satisfaction, sens, volupté.

SENSUEL ☐ charnel, érotique, lascif, paillard, voluptueux.

SENTENCE ☐ adage, aphorisme, maxime, proverbe.
● arrêt, condamnation, jugement, verdict.

SENTENCIEUX ☐ affecté, cérémonieux, grave, pompeux, solennel.

SENTEUR ☐ arôme, bouquet, odeur, parfum, relent.

SENTIMENT ☐ affection, attachement, émoi, émotion, impression, passion, perception, sensation, sensibilité.

● avis, jugement, opinion.

SENTIMENTAL ☐ compatissant, délicat, émotif, fragile, généreux, intuitif, romanesque, romantique, sensible, sensitif, tendre, vulnérable.

SENTIR ☐ comprendre, deviner, discerner, éprouver, flairer, humer, percevoir, pressentir, prévoir, respirer, ressentir.

● embaumer, empester, empuantir, exhaler.

SÉPARATION ☐ détachement, dissidence, division, divorce, indépendance, partage, schisme, scission, sécession.

● barrière, cloison, fossé, frontière, mur.

SÉPARER ☐ couper, détacher, dissocier, diviser, partager, rompre.

SÉPARER DE (SE) ☐ abandonner, laisser, quitter, se replier, se retirer.

SEPTENTRIONAL ☐ arctique, boréal, nordique, polaire.

SÉPULCRAL ☐ funèbre, grave, lugubre, maussade, morne, sinistre, sombre.

SÉPULTURE ☐ caveau, enterrement, tombe.

SÉQUELLE ☐ conséquence, reste, suite.

SÉQUESTRER ☐ cloîtrer, emprisonner, enfermer, retenir.

SEREIN ☐ calme, doux, modéré, paisible, pondéré, quiet, raisonnable, sage, tranquille.

SÉRÉNITÉ ☐ bon sens, calme, douceur, modération, philosophie, prudence, quiétude, raison, sagesse, tranquillité.

SÉRIE ☐ continuité, cortège, énumération, liste, ordre, suite.

SÉRIEUSEMENT ☐ gravement, grièvement.

SÉRIEUX ☐ austère, consciencieux, grave, posé, raisonnable, réfléchi, respectable, sévère, solennel, solide, sûr.

● critique, dramatique, grave, inquiétant, réel, vrai.

SERMENT ☐ engagement, promesse, vœu.

SERMON ☐ discours, homélie, morale, prêche, remontrance, réprimande.

SERRER ☐ contracter, crisper, embrasser, empoigner, enlacer, étrangler, étreindre, oppresser, pincer, presser, tenir.

● cacher, économiser, enfermer, épargner, mettre de côté.

SERRER (SE) ☐ s'agglutiner, se blottir, se masser, se pelotonner.

SERTIR ☐ assembler, emboîter, insérer, monter.

SERVIABLE ☐ attentionné, courtois, déférent, empressé, galant, obligeant, poli, prévenant.

SERVICE ☐ aide, amitié, appui, assistance, charité, complaisance, concours, faveur, grâce, renfort, secours, soutien.

● cérémonie, culte, office.

● administration, organisation, organisme, secrétariat.

SERVILE ☐ complaisant, flagorneur, flatteur, obséquieux, rampant.

SERVIR ☐ aider, assister, contribuer à, exécuter, favoriser, offrir, seconder, secourir.

SERVIR DE ☐ équivaloir, remplacer, représenter, substituer.

SERVIR (SE) ☐ employer, prendre, utiliser.

SERVITUDE □ asservissement, contrainte, dépendance, esclavage, obéissance, subordination, sujétion.

SESSION □ assises, débat, délibération, réunion, séance, séminaire.

SEUL □ délaissé, dernier, esseulé, indépendant, isolé, singulier, solitaire, unique.

SEULEMENT □ exclusivement, uniquement.

SÉVÈRE □ dur, ferme, impitoyable, implacable, inébranlable, inexorable, inflexible, insensible, intraitable, strict, rigide, rigoureux.

SÉVÉRITÉ □ austérité, dureté, rigidité, rigueur, sobriété.

SEXE □ membre, pénis, verge. (*homme*)
● mont-de-Vénus, pubis, vagin. (*femme*)

SEXUEL □ charnel, érotique, génital.

SIDÉRÉ □ abasourdi, abêti, abruti, choqué, ébahi, étonné, étourdi, hébété, médusé, stupéfié.

SIÈGE □ banquette, canapé, chaise, fauteuil, tabouret.
● centre, direction, secrétariat général.
● blocus, encerclement, isolement.

SIFFLER □ chanter, pépier, siffloter.
● conspuer, huer, vilipender.

SIGNALER □ alerter, désigner, dire, indiquer, mentionner, montrer, souligner.

SIGNALER (SE) □ se distinguer, s'illustrer, se montrer, paraître.

SIGNE □ annonce, indice, message, prédiction, présage, signal.
● chiffre, emblème, image, insigne, symbole.

SIGNIFICATIF □ caractéristique, éloquent, incontestable, notoire.

SILENCE □ interruption, pause, repos.
● mutisme, mystère, secret.

SILENCIEUX □ aphone, calme, discret, placide, secret, taciturne, tranquille.

SILHOUETTE □ aspect, contour, forme, ombre, profil.

SIMILAIRE □ analogue, conforme, équivalent, identique, pareil, ressemblant, semblable, tel.

SIMILITUDE □ analogie, équivalence, identité, parenté, ressemblance.

SIMPLE □ candide, crédule, faible, familier, humble, inculte, ingénu, innocent, modeste, naïf, naturel, niais, primaire, simple, stupide.
● classique, court, dépouillé, élémentaire, facile, ordinaire, rudimentaire, sommaire, uni.

SIMPLICITÉ □ candeur, crédulité, élégance, harmonie, ingénuité, innocence, insuffisance, naïveté, pureté, sobriété.

SIMPLIFIÉ □ bref, concis, court, raccourci, réduit, resserré, résumé, sommaire.

SIMULER □ copier, feindre, imiter, mimer, parodier, reproduire.

SIMULTANÉMENT □ à l'unisson, en même temps.

SINCÈRE □ droit, fidèle, franc, honnête, loyal, ouvert, vrai.

SINCÉRITÉ □ bonne foi, droiture, fidélité, loyauté, sérieux, véracité, vérité.

SINGULARISER (SE) □ se distinguer, se faire remarquer, s'illustrer.

SINGULIER □ amusant, baroque, bizarre, curieux, drôle, étonnant, étrange, extraordinaire, nouveau, original, particulier, pittoresque, rare.

SINISTRE ☐ (nom) dégâts, dommage, feu, incendie, perte, préjudice, ravage.

SINISTRE ☐ (adj) angoissant, détestable, effrayant, inquiétant, oppressant, malfaisant, malveillant, mauvais.

SINUEUX ☐ courbe, ondoyant, tortueux, tourmenté.

SIRUPEUX ☐ collant, doucereux, gluant, pâteux, poisseux, visqueux.

SITE ☐ emplacement, endroit, lieu, panorama, paysage, vue.

SITUATION ☐ emploi, fonction, métier, poste.
● emplacement, endroit, lieu, place, position, site.

SITUÉ ☐ localisé, placé, sis.

SITUER ☐ disposer, fixer, mettre, placer.

SLOGAN ☐ devise, formule, mot d'ordre.

SNOB ☐ affecté, délicat, emprunté, hautain, mondain, précieux, raffiné, sophistiqué.

SOBRE ☐ austère, dépouillé, frugal, modéré, pondéré, simple, sommaire, tempérant.

SOBRIÉTÉ ☐ abstinence, ascétisme, austérité, frugalité, rigueur.

SOCIABLE ☐ accommodant, aimable, civil, courtois, poli.

SOCIALISME ☐ collectivisme, communisme, dirigisme, marxisme.

SOCIÉTAIRE ☐ associé, confrère, membre.

SOCIÉTÉ ☐ civilisation, collectivité, communauté, monde, peuplade, tribu.
● culture, Etat, nation.
● assemblée, association, club, corps, parti, syndicat.

● affaire compagnie, entreprise, raison sociale, S.A., S.A.R.L., trust.

SOIF ☐ altération, pépie.
● ambition, aspiration, convoitise, désir, envie, espérance, impatience, recherche, tentation, vœu, volonté.

SOIGNÉ ☐ entretenu, étudié, lisse, net, propre.

SOIGNER ☐ choyer, cultiver, entretenir, nourrir, panser, traiter.

SOIGNEUX ☐ appliqué, consciencieux, méticuleux, minutieux, ordonné, propre, scrupuleux.

SOIN ☐ attention, conscience, minutie, précaution, prudence, scrupule, sollicitude, souci.

SOINS ☐ égards, douceur, hygiène, ménagement, prévenance, traitement.

SOIR ☐ crépuscule, soirée, veillée.

SOIRÉE ☐ fête, réception, spectacle.

SOLDAT ☐ combattant, guerrier, légionnaire, mercenaire, militaire, reître.

SOLDE ☐ indemnité, paye, rétribution, salaire.

SOLDER ☐ acquitter, liquider, payer, régler.
● brader, écouler, sacrifier, vendre.

SOLENNEL ☐ grandiose, grave, important, imposant, impressionnant, majestueux, pompeux, sérieux.

SOLENNITÉ ☐ componction, dignité, gravité, importance, majesté, pompe, raideur, sérieux, sévérité.
● apparat, célébration, cérémonial, cérémonie, commémoration.

SOLIDARITÉ ☐ association, coopération, entraide, fraternité.

SOLIDE ☐ (adj) athlétique, dur, fort, gros, incassable, musclé, puissant, résistant, robuste, sérieux, tenace, vaillant, vigoureux.

SOLIDE ☐ (nom) corps, matière, objet.

SOLIDITÉ ☐ assurance, caractère, consistance, courage, dureté, fermeté, résistance, robustesse, stabilité, vigueur.

SOLITAIRE ☐ (adj) délaissé, esseulé, indépendant, isolé, seul, singulier, unique.
● abandonné, désert, désolé, lointain, sauvage, vide.

SOLITAIRE ☐ (nom) anachorète, ascète, ermite, misanthrope.

SOLITUDE ☐ claustration, éloignement, isolation, méditation, quarantaine, retraite.

SOLLICITER ☐ convier, demander, inviter, mendier, postuler, provoquer, revendiquer, supplier, tenter.

SOLLICITUDE ☐ attention, égards, ménagement, précaution, prévenance, scrupule, souci.

SOLUTION ☐ aboutissement, clef, dénouement, épilogue, fin, issue, résultat.

SOLVABLE (ÊTRE) ☐ pouvoir payer.

SOMBRE ☐ couvert, foncé, funèbre, maussade, noir, obscur, opaque, sinistre, ténébreux, voilé.
● amer, chagrin, maussade, mélancolique, morose, pessimiste, renfrogné, sinistre, triste.

SOMBRER ☐ couler, chavirer, s'engloutir.
● s'abandonner à, s'adonner à, s'enfoncer dans, succomber.

SOMMAIRE ☐ (nom) abrégé, abréviation, aperçu, extrait, résumé.

SOMMAIRE ☐ (adj) bref, concis, court, laconique, lapidaire, raccourci, réduit, résumé, simplifié, succinct, taciturne.

SOMMAIREMENT ☐ brièvement.

SOMMATION ☐ assignation, injonction, mise en demeure, ultimatum.

SOMME ☐ addition, ensemble, montant, quantité, total.
● repos, sieste, sommeil, somnolence.

SOMMEIL ☐ assoupissement, léthargie, repos, sieste, somme, somnolence, torpeur.

SOMMEILLER ☐ s'assoupir, dormir, se reposer, somnoler.

SOMMER ☐ assigner, enjoindre, exiger, interpeller, menacer, ordonner, signifier.

SOMMET ☐ apogée, cime, crête, faîte, summum, zénith.

SOMNIFÈRE ☐ calmant, hypnotique, narcotique, soporifique.

SOMNOLENCE ☐ assoupissement, léthargie, sieste, sommeil, torpeur.

SOMPTUEUX ☐ éclatant, fastueux, magnifique, luxueux, majestueux, opulent, riche, solennel, splendide.

SON ☐ accord, bruit, intonation, modulation, musique, timbre, tonalité.

SONDER ☐ ausculter, demander, interroger, pressentir, prospecter, questionner.

SONGE ☐ chimère, illusion, mirage, rêve, utopie, vision.

SONGER ☐ imaginer, penser, rêver.

SONGEUR ☐ absorbé, distrait, lointain, méditatif, pensif, rêveur.

SONNER ☐ bourdonner, carillonner, tinter, tintinnabuler.

SONORE ☐ bruyant, retentissant, ronflant, sonnant, tonitruant, tonnant, vibrant.

SONORITÉ ☐ ampleur, harmonie, résonance.

SOPHISTIQUÉ ☐ affecté, délicat, élégant, précieux, raffiné, snob, subtil.

SORCELLERIE ☐ alchimie, ésotérisme, hermétisme, magie, mystère, occultisme.

SORCIER ☐ alchimiste, astrologue, devin, mage.

SORDIDE ☐ abject, bas, dégoûtant, grossier, ignoble, indigne, infâme, méprisable, répugnant, vil.

SORT ☐ avenir, destin, fatalité, hasard, providence.
• enchantement, magie, maléfice, sortilège.

SORTE ☐ catégorie, classe, division, espèce, forme, nature.

SORTIE ☐ évacuation, issue, porte.
• escapade, promenade, tour.
• édition, lancement, publication.
• algarade, querelle, reproche, scène.

SORTILÈGE ☐ enchantement, magie, maléfice, sort.

SORTIR ☐ apparaître, s'en aller, émerger, jaillir, partir, percer, quitter, saillir, sourdre.
• éditer, lancer, publier.

SOT ☐ bête, borné, imbécile, incohérent, ignorant, impertinent, incapable, niais, prétentieux, satisfait, stupide, suffisant.

SOTTISE ☐ bêtise, fatuité, imbécillité, ignorance, incapacité, incompétence, incompréhension, inconséquence, niaiserie, suffisance.

SOUBRESAUT ☐ à-coup, convulsion, choc, saccade, secousse, spasme, trépidation.

SOUCI ☐ alarme, angoisse, contrariété, crainte, ennui, inquiétude, peine, préoccupation, tracas.

SOUCIEUX ☐ angoissé, attentif, con-trarié, inquiet, préoccupé, tracassé.

SOUDAIN ☐ brusquement.

SOUDAIN ☐ brusque, fulgurant, immédiat, imprévu, prompt, rapide, subit.

SOUDER ☐ affermir, cimenter, consolider, fixer, sceller, unir.

SOUDOYER ☐ acheter, corrompre, payer, stipendier.

SOUFFLER ☐ exhaler, haleter, respirer.
• insinuer, inspirer, murmurer, suggérer.
• dérober, enlever, voler.

SOUFFRANCE ☐ affliction, amertume, blessure, chagrin, désolation, difficulté, douleur, ennui, mal, malheur, peine, tourment, tristesse.

SOUFFRANT ☐ fatigué, fiévreux, indisposé, malade.

SOUFFRIR ☐ endurer, éprouver, ressentir, subir, supporter.

SOUHAIT ☐ ambition, caprice, désir, envie, vœu.

SOUHAITER ☐ convoiter, désirer, espérer, vouloir.

SOULAGEMENT ☐ allégement, amélioration, apaisement, consolation, rémission, secours, soutien.

SOULAGER ☐ adoucir, aider, alléger, apaiser, calmer, consoler, décharger, délester, secourir.

SOULÈVEMENT ☐ insurrection, émeute, mutinerie, rébellion, révolte.

SOULEVER ☐ dresser, hausser, hisser, lever, monter, redresser.
• ameuter, déclencher, entraîner, exciter, provoquer.

SOULIGNER ☐ accentuer, appuyer, marquer, préciser, signaler.

SOUMETTRE ☐ accabler, asservir, assujettir, conquérir, dompter, enchaîner, faire plier, subjuguer, vaincre.

● avancer, offrir, proposer.

SOUMETTRE (SE) ☐ accepter, s'accommoder, reconnaître, se résigner.

SOUMIS ☐ discipliné, docile, fidèle, humble, obéissant, résigné, souple.

SOUMISSION ☐ allégeance, dépendance, docilité, obéissance, résignation.

SOUPÇON ☐ crainte, doute, méfiance, suspicion.

SOUPÇONNER ☐ se défier, entrevoir, se méfier de, pressentir, redouter, suspecter.

SOUPÇONNEUX ☐ dubitatif, incrédule, jaloux, méfiant, perplexe, sceptique.

SOUPIR ☐ gémissement, lamentation, plainte.

SOUPLE ☐ agile, adroit, diplomate, docile, habile, leste, obéissant, subtil.

● ductile, élastique, maniable, mou.

SOURCE ☐ fontaine, puits, ruisselet.

● cause, départ, naissance, origine, racine.

SOURCILLEUX ☐ chatouilleux, irritable, ombrageux, pointilleux, susceptible.

SOURD ☐ (adj) assourdi, amorti, caverneux, étouffé, indistinct, voilé.

SOURDEMENT ☐ secrètement.

SOURNOIS ☐ dissimulé, faux, fourbe, hypocrite, menteur, perfide, rusé, trompeur.

SOUSCRIRE ☐ accepter, acquiescer, consentir, se ranger à.

● acheter, payer, régler, verser.

SOUS-ENTENDU ☐ (nom) allusion, insinuation, réticence.

SOUS-ESTIMER ☐ critiquer, dépré-

cier, diminuer, méconnaître, mépriser.

SOUSTRACTION ☐ diminution, réduction, retrait.

SOUSTRAIRE ☐ enlever, ôter, prélever, retirer, retrancher.

● dérober, subtiliser, voler.

SOUTENIR ☐ étayer, maintenir, porter, supporter, tenir.

● aider, défendre, financer, parrainer, protéger, secourir.

● affirmer, assurer, prétendre.

SOUTENU ☐ aidé, défendu, protégé, secondé.

● constant, continu, incessant, opiniâtre, persévérant.

SOUTIEN ☐ adossement, base, charpente, pilier, support.

● aide, assistance, concours, patronage, secours, support.

● défenseur, garant, partisan, supporter, tuteur.

SOUVENIR ☐ commémoration, mémoire, pensée, témoignage.

● relique, reste, tombeau.

SOUVENIRS ☐ annales, autobiographie, Mémoires.

SOUVENIR (SE) ☐ évoquer, se rappeler, se remémorer, revivre.

SOUVENT ☐ fréquemment.

SOUVERAIN ☐ (nom) empereur, potentat, roi, seigneur.

SOUVERAIN ☐ (adj) final, grand, parfait, ultime.

SOUVERAINETÉ ☐ autorité, domination, puissance, suprématie.

SOYEUX ☐ doux, lisse, lustré, moelleux, satiné, velouté.

SPACIEUX ☐ étendu, grand, immense, large, vaste.

SPARTIATE ☐ (adj) ascète, austère, dur, rigoureux, rude, sévère, sobre.

SPASME □ convulsion, frisson, saccade, sanglot, secousse, soubresaut.

SPASMODIQUE □ convulsif, haché, heurté, intermittent, saccadé, sautillant, trépidant.

SPÉCIAL □ extraordinaire, original, particulier, remarquable.

SPÉCIALISTE □ médecin, professeur, savant, technicien.

SPÉCIALITÉ □ branche, domaine, partie.

SPÉCIFIER □ caractériser, indiquer, préciser.

SPÉCIFIQUE □ caractéristique, distinct, particulier, propre, typique.

SPÉCIMEN □ échantillon, exemple, modèle, prototype.

SPECTACLE □ attraction, divertissement, numéro, représentation, revue, scène, tableau, vue.

SPECTACULAIRE □ admirable, curieux, étonnant, exceptionnel, extraordinaire, fantastique, formidable, insolite, magnifique, rare, stupéfiant.

SPECTATEUR □ auditeur, observateur, public, témoin.

SPECTRE □ apparition, esprit, fantôme, hallucination, revenant, vision.

SPÉCULATION □ calcul, étude, idée, recherche, théorie.
● agiotage, calculs, combinaisons, opération financière, transaction.

SPÉCULER □ agioter, boursicoter, jouer, miser, trafiquer.

SPHÈRE □ boule, globe, mappemonde, terre.
● cercle, compétence, domaine, orbite, univers.

SPIRITISME □ ésotérisme, hermétisme, magie, mystère, occultisme, télépathie.

SPIRITUEL □ intellectuel, intérieur, mental, mystique.
● amusant, brillant, enlevé, fin, humoristique, ingénieux, intelligent, léger, plaisant, vif.

SPLEEN □ cafard, ennui, hypocondrie, mélancolie, tristesse.

SPLENDEUR □ apparat, éclat, faste, gloire, lumière, luxe, magnificence, somptuosité, panache.

SPLENDIDE □ brillant, éblouissant, éclatant, fastueux, glorieux, magnifique, somptueux, superbe.

SPOLIATION □ éviction, extorsion, fraude, vol.

SPONGIEUX □ imbibé, mou.

SPONTANÉ □ étourdi, immédiat, impulsif, irréfléchi, naïf, naturel, primesautier, sincère.

SPORADIQUE □ clairsemé, discontinu, dispersé, épars, intermittent, saccadé.

SQUELETTE □ carcasse, charpente, ossature.

SQUELETTIQUE □ décharné, émacié, étique, maigre, sec.

STABILISER □ attacher, immobiliser, fixer, retenir.

STABILITÉ □ assise, constance, équilibre, fermeté, solidité.

STABLE □ durable, ferme, fixe, immuable, inamovible, permanent, persistant, sûr.

STADE □ degré, échelon, niveau, phase.
● enceinte, gradins, piste, terrain.

STAGNATION □ arrêt, immobilisme, inertie, langueur, paralysie.

STAGNER □ croupir, languir, séjourner, végéter.

STANDARD □ courant, normaliser, ordinaire.

STANDING □ classe, position, prestige, rang.

STATIONNAIRE □ fixe, immobile, stable.

STATIONNER □ s'arrêter, s'installer, rester.

STATUE □ bronze, marbre, monument, sculpture.

STATUER □ arrêter, décider, établir, juger, ordonner.

STATUT □ arrêté, code, loi, ordonnance, prescription, règlement.

STÉRILE □ aride, désert, improductif, ingrat, maigre, pauvre.
● aseptique, pasteurisé, stérilisé.

STÉRILISER □ aseptiser, pasteuriser, stériliser.
● castrer, châtrer, émasculer.

STIMULER □ encourager, exciter, piquer.

STIPULER □ énoncer, exposer, formuler, notifier, préciser.

STOCK □ entrepôt, magasin, provision, réserve.

STOÏQUE □ ascète, austère, courageux, dur, énergique, ferme, héroïque, résolu, rigoureux, rude, sobre, sévère, strict.

STOPPER □ arrêter, immobiliser, paralyser.

STRATAGÈME □ artifice, malice, perfidie, ruse.

STRATÉGIE □ manière, méthode, plan, ruse, tactique.

STRESS □ angoisse, anxiété, appréhension, inquiétude, souci, tension.

STRICT □ dur, ferme, impitoyable, implacable, inébranlable, inexorable, inflexible, intraitable, rigide, rigoureux, sévère.

STRIDENT □ aigu, criard, perçant.

STRUCTURE □ composition, construction, disposition, organisation.

STUDIEUX □ appliqué, soigneux, travailleur.

STUPÉFACTION □ étonnement, saisissement, stupeur, surprise.

STUPÉFIANT □ étonnant, extraordinaire, incroyable, inouï, invraisemblable, sidérant, troublant.

STUPIDE □ abruti, bête, crétin, hébété, imbécile, niais, simple, sot.

STUPIDITÉ □ aberration, absurdité, erreur, extravagance, imbécillité, ineptie, niaiserie, sottise.

STYLE □ écriture, forme, genre, manière, ton.

STYLET □ couteau, dague, lame, poignard.

SUAVE □ bon, délectable, délicat, délicieux, excellent, exquis, plaisant, savoureux, succulent.

SUBALTERNE □ employé, inférieur, subordonné.

SUBIR □ endurer, éprouver, essuyer, ressentir, souffrir, supporter, tolérer.

SUBORDINATION □ assujettissement, dépendance, servitude, soumission.

SUBORDONNÉ □ employé, inférieur, subalterne.

SUBORNATION □ corruption, intimidation, malversation, séduction.

SUBREPTICEMENT □ discrètement, secrètement.

SUBSISTER □ durer, exister, se maintenir, persister, survivre, tenir, vivre.

SUBSTANCE □ élément, essence, fond, matière.

SUBSTANTIEL □ copieux, nourrissant, riche, succulent.

SUBSTITUER □ changer, commuer, remplacer.

SUBTERFUGE □ artifice, échappatoire, fuite, ruse.

SUBTIL □ adroit, astucieux, délicat, fin, habile, intelligent, pénétrant, perspicace, raffiné.

SUBTILISER □ dérober, soustraire, voler.

SUBTILITÉ □ délicatesse, finesse, raffinement.

SUBVERSION □ contestation, mutinerie, révolution.

SUCCÉDER □ continuer, relayer, remplacer.

SUCCÈS □ apothéose, gloire, réussite, succès, triompher, victoire.

SUCCESSION □ héritage, legs, testament.

● enchaînement, déroulement, énumération, série, suite.

SUCCESSIVEMENT □ alternativement.

SUCCINCT □ bref, concis, court, laconique, lapidaire, réduit, résumé, sommaire, taciturne.

SUCCOMBER □ capituler, céder, mourir.

SUCCULENT □ bon, délectable, délicat, excellent, exquis, plaisant, délicieux, savoureux, suave.

SUCCURSALE ☑ agence, bureau, comptoir, filiale.

SUCRÉ □ doux, mielleux, sirupeux.

SUD □ antarctique, austral, méridional, midi.

SUFFISAMMENT □ assez.

SUFFISANCE □ arrogance, dédain, insolence, orgueil, vanité.

SUFFISANT □ arrogant, cassant, dédaigneux, fier, hautain, impertinent, impudent, insolent, vaniteux.

● convenable, correct, honorable, passable, satisfaisant.

SUFFOCANT □ asphyxiant, chaud, étouffant.

SUFFRAGE □ accord, vote.

SUGGÉRER □ conseiller, dicter, inspirer, persuader, souffler.

SUICIDER (SE) □ se détruire, mettre fin à ses jours, se tuer.

SUITE □ continuité, cortège, cours, énumération, liste, ordre, série.

● conséquence, implication, résultat, retombée, séquelle.

SUIVANT □ (nom) futur, prochain, successeur.

SUIVANT □ d'après, conformément, selon.

SUIVRE □ accompagner, escorter, filer, pister, poursuivre.

● écouter, obéir, obtempérer, respecter, se soumettre à.

● longer, parcourir, prendre.

SUJET □ cause, idée, motif, objet, question, raison, thème.

● homme, malade, patient, personne.

SUMMUM □ apogée, sommet, zénith.

SUPERBE □ (adj) brillant, éblouissant, éclatant, fastueux, glorieux, magnifique, somptueux, splendide.

● arrogant, dédaigneux, fier, hautain, impertinent, impoli, impudent, insolent, suffisant, vaniteux.

SUPERBE □ (nom) fierté, gloire, magnificence, orgueil, ostentation, prétention, vanité.

SUPERFICIEL □ écervelé, étourdi, évaporé, frivole, hasardeux, inconséquent, insensé, léger.

SUPERFLU ☐ excessif, inutile, oiseux, redondant, vain.

SUPÉRIEUR ☐ arrogant, dominateur, éminent, excellent, fier, génial, transcendant.

● dominant, élevé, haut, prééminent.

SUPÉRIORITÉ ☐ dessus, prépondérance, primauté, privilège, suprématie.

SUPERPOSER ☐ accumuler, empiler, entasser, rajouter.

SUPPLÉMENT ☐ appoint, complément, surcroît, surplus.

SUPPLÉMENTAIRE ☐ accessoire, additionnel, auxiliaire, complémentaire, subsidiaire.

SUPPLICATION ☐ appel, prière, requête, supplique.

SUPPLICE ☐ calvaire, exécution, souffrance, torture, tourment.

SUPPLIER ☐ appeler, implorer, prier, réclamer, solliciter.

SUPPORTER ☐ étayer, maintenir, porter, supporter, soutenir, tenir.

● endurer, éprouver, ressentir, souffrir, subir.

SUPPOSÉ ☐ apocryphe, incertain, présumé, prétendu.

SUPPOSER ☐ admettre, imaginer, penser, présumer.

SUPPOSITION ☐ condition, hypothèse, présomption.

SUPPRESSION ☐ abolition, abrogation, annulation, destruction, élimination, liquidation.

SUPPRIMER ☐ abolir, abroger, anéantir, détruire, effacer, enlever, faire disparaître, ôter.

SUPRÉMATIE ☐ avantage, dessus, prépondérance, primauté, privilège, supériorité.

SÛR ☐ assuré, certain, effectif, évident, indiscutable, reconnu, réel, solide, tangible, vrai.

SURANNÉ ☐ ancien, archaïque, démodé, désuet, périmé, vieux.

SÛREMENT ☐ absolument, certainement, évidemment.

SÛRETÉ ☐ assurance, confiance, exactitude, fermeté, justesse, précision, sécurité, tranquillité.

SURFACE ☐ aire, étendue, plan, superficie.

SURMENÉ ☐ déprimé, épuisé, éreinté, fatigué, las, stressé, usé.

SURMONTER ☐ dominer, surpasser, triompher, vaincre.

SURNATUREL ☐ extraordinaire, fantastique, féerique, magique, métaphysique, miraculeux, prodigieux.

SURPASSER ☐ dépasser, devancer, doubler, surclasser, triompher.

SURPRENANT ☐ curieux, énorme, époustouflant, étonnant, fantastique, formidable, gigantesque, impressionnant, incroyable, inouï, magnifique, phénoménal, prodigieux, saisissant, sensationnel, stupéfiant, troublant.

SURPRENDRE ☐ apercevoir, confondre, ébahir, étonner, saisir, stupéfier.

SURPRIS ☐ consterné, ébahi, embarrassé, honteux, saisi, stupide.

SURPRISE ☐ coup de théâtre, étonnement, embarras, stupéfaction.

SURSAUTER ☐ bondir, frissonner, jaillir, tressaillir.

SURSEOIR ☐ différer, reculer, remettre, repousser, retarder.

SURSIS ☐ délai, remise, répit.

SURTOUT ☐ particulièrement.

SURVEILLANCE ☐ attention, contrôle, guet, veille.

SUSCEPTIBLE ☐ chatouilleux, irritable, jaloux, ombrageux, pointilleux, sourcilleux.

SUSCITER ☐ attirer, causer, occasionner, provoquer, produire.

SUSPECT ☐ ambigu, discutable, douteux, équivoque, hypothétique, incertain, louche, problématique.

SUSPECTER ☐ se défier, entrevoir, flairer, se méfier de, pressentir, redouter, soupçonner.

SUSPENDRE ☐ accrocher, attacher, pendre.
● arrêter, cesser, couper, interdire, interrompre.
● démettre, destituer, déposer, limoger, révoquer.

SUSPENS (EN) ☐ en attente.

SUSPENSION ☐ arrêt, délai, fermeture, interruption, sursis, trêve.

SUSPICION ☐ crainte, doute, méfiance, soupçon.

SVELTE ☐ allongé, délié, élancé, élégant, fragile, mince, souple.

SYMBOLE ☐ allégorie, chiffre, emblème, griffe, image, insigne, signe.

SYMBOLISER ☐ figurer, incarner, matérialiser, représenter.

SYMÉTRIE ☐ harmonie, équilibre, identité.

SYMPATHIE ☐ affinité, amitié, attirance, cordialité, estime, fraternité.

SYMPATHIQUE ☐ agréable, aimable, amène, charmant, gentil, gracieux, plaisant, sociable.

SYMPTÔME ☐ indice, manifestation, signe.

SYNDICAT ☐ association, fédération, groupement, mutuelle, union.

SYSTÉMATIQUE ☐ exact, habituel, méthodique, ordonné, ponctuel, précis, réglé, régulier.

SYSTÈME ☐ doctrine, dogme, idéologie, méthode, théorie.

t

TABLE ☐ bureau, établi, étal, guéridon, pupitre.
● index, nomenclature, répertoire.

TABLEAU ☐ aquarelle, huile, pastel, paysage, peinture, portrait.

TACHE ☐ bavure, éclaboussure, pâté, saleté.
● déshonneur, honte, tare.

TÂCHE ☐ besogne, labeur, peine, travail.

TACHER ☐ barbouiller, crotter, encrasser, graisser, maculer, salir, souiller.

TÂCHER ☐ chercher à, s'efforcer de, essayer, tenter de.

TACITE ☐ convenu, entendu, sous-entendu.

TACITURNE ☐ concis, laconique, lapidaire, maussade, morose, silencieux, sombre.

TACT ☐ délicatesse, finesse, politesse, savoir-vivre.

TACTIQUE ☐ manière, méthode, plan, ruse, stratégie.

TAILLE ☐ ceinture, dimension, hauteur, longueur, mesure, stature.
● coupe, élagage, émondage.

TAILLER ☐ couper, découper, élaguer, sectionner, taillader, trancher.

TAIRE ☐ cacher, couvrir, dissimuler, mentir, omettre.

TALENT ☐ aptitude, brio, esprit, génie, goût, prédisposition, virtuosité.

TALISMAN ☐ amulette, fétiche, porte-bonheur.

TALONNER ☐ filer, pister, pourchasser, poursuivre, suivre, traquer.

TALUS ☐ glacis, levée, remblai.

TAMIS ☐ crible, passoire, sas.

TAMISER ☐ cribler, filtrer, passer, sasser, trier.

TANDIS QUE ☐ alors que, comme, pendant que.

TANGIBLE ☐ authentique, certain, clair, distinct, évident, incontestable, palpable, perceptible, réel, sensible, visible.

TANIÈRE ☐ antre, cachette, gîte, refuge, repaire, terrier.

TANTINET (UN) ☐ un peu.

TANTÔT ☐ bientôt, après-midi.

TAPAGE ☐ bruit, charivari, désordre, fracas, tintamarre, vacarme.

TAPAGEUR ☐ criard, éclatant, violent, voyant.

TAPE ☐ claque, coup, gifle, soufflet.

TAPER ☐ asséner, battre, cogner, corriger, frapper, heurter, marteler.

TAPINOIS (EN) ☐ furtivement, secrètement.

TAPIR (SE) ☐ s'accroupir, se blottir, se cacher, se lover, se pelotonner, se terrer.

TAPIS ☐ carpette, moquette, natte, tenture.

TAPISSER ☐ couvrir, enduire, joncher, recouvrir, tendre.

TAQUIN ☐ agaçant, espiègle, facétieux, malicieux, moqueur, narquois, railleur.

TAQUINERIE ☐ agacerie, facétie, moquerie, plaisanterie, raillerie.

TARAUDER ☐ creuser, forer, percer, trouer.
● ennuyer, hanter, harceler, importuner, inquiéter, obséder, poursuivre, ronger, torturer, tourmenter.

TARDER ☐ durer, s'éterniser, se prolonger, traîner.

TARDIF ☐ lent, nonchalant, retardataire, retardé.

TARE ☐ défaut, honte, imperfection, malfaçon, vice.
● charge, contrepoids, masse, poids.

TARER ☐ abîmer, altérer, avarier, corrompre, gangrener, gâter, pervertir, pourrir.

TARGUER (SE) ☐ s'enorgueillir, se flatter, se prévaloir.

TARIF ☐ barème, montant, prix.

TARIR ☐ assécher, épuiser, sécher, vider.

TAS ☐ abondance, affluence, amas, amoncellement, entassement, foisonnement, foule, grouillement, masse, monceau, multitude, nuée, prolifération, quantité.

TASSEMENT ☐ affaiblissement, affaissement, diminution, réduction.

TÂTER ☐ manier, palper, peser, toucher.
● essayer, interroger, pressentir, sonder.

TÂTER (SE) ☐ balancer, douter, hésiter, tâtonner, tergiverser.

TATILLON ☐ appliqué, consciencieux, exigeant, maniaque, minutieux, scrupuleux, vétilleux.

TÂTONNEMENT ☐ doute, hésitation, indécision, perplexité, tergiversation.

TÂTONS (À) ☐ à l'aveugle.

TAUX ☐ cours, intérêt, montant, pourcentage.

TAXE ☐ charge, contribution, impôt, tarif, taxation.

TECHNICIEN ☐ ingénieur, professionnel, spécialiste.

TECHNIQUE ☐ adresse, art, dextérité, habileté, maîtrise, méthode, métier, procédé, savoir-faire, système.

TEINDRE ☐ colorer, colorier, farder, peindre, teinter.

TEINTE ☐ coloris, couleur, nuance, ton.

TEINTER ☐ colorer, colorier, farder, peindre, teindre.

TEL ☐ identique, semblable, pareil.

TÉLÉPATHIE ☐ ésotérisme, mystère, occultisme, spiritisme.

TÉMÉRAIRE ☐ audacieux, aventureux, écervelé, étourdi, évaporé, frivole, hasardeux, imprudent, inconséquent, insensé, léger.

TÉMOIGNAGE ☐ attestation, certificat, déposition, manifestation, marque, signe.

TÉMOIGNER ☐ affirmer, assurer, certifier, confirmer, déposer, jurer, proclamer, prouver, rapporter, transmettre.

TÉMOIN ☐ auditeur, garant, observateur, spectateur.

TEMPÉRAMENT ☐ disposition, caractère, nature, personnalité, santé.

TEMPÉRANCE ☐ abstinence, chasteté, frugalité, sobriété.

TEMPÉRATURE ☐ atmosphère, ambiance, chaleur, climat, temps.

TEMPÉRÉ ☐ calme, équilibré, modéré, moyen, ordinaire, posé, simple.

TEMPÉRER ☐ adoucir, amortir, apaiser, atténuer, diminuer, freiner, modérer, ralentir, retenir.

TEMPÊTE ☐ bourrasque, cyclone, orage, ouragan, tourmente.

TEMPORAIRE ☐ bref, court, éphémère, fugace, fugitif, intérimaire, momentané, passager, provisoire, transitoire.

TEMPORISER ☐ ajourner, différer, freiner, remettre, reporter, retarder.

TEMPS ☐ âge, année, époque, ère, heure, millénaire, minute, période, saison, seconde, siècle.
● délai, durée, instant, moment.
● avenir, futur, jadis, passé, présent.
● chaleur, climat, météo, pluie, soleil, température, vent.

TEMPS EN TEMPS (DE) ☐ quelquefois.

TEMPS (EN MÊME) ☐ ensemble, simultanément.

TEMPS (LA PLUPART DU) ☐ souvent.

TENACE ☐ acharné, entêté, obstiné, opiniâtre, têtu.

TÉNACITÉ ☐ acharnement, obstination, opiniâtreté, entêtement, volonté.

TENAILLER ☐ ennuyer, hanter, harceler, importuner, inquiéter, obséder, poursuivre, ronger, torturer, tourmenter, tracasser.

TENDANCE ☐ aptitude, disposition, instinct, propension, pulsion.
● direction, opinion, orientation, parti, philosophie.

TENDRE ☐ bander, contracter, durcir, raidir.
● allonger, étirer, offrir, tirer.
● contribuer à, s'efforcer de, essayer, tenter, viser à.

TENDRE ☐ affectueux, amical, caressant, chaleureux, délicat, doux, émotif, fragile, romantique, sensible, sentimental, touchant.

TENDREMENT ☐ affectueusement.

TENDRESSE ☐ affection, amitié, amour, bonté, émotivité, sensibilité, sentiment.

TENDU ☐ dur, raide, rigide.
● ardu, compliqué, délicat, difficile, dur, embarrassant, pénible.

TÉNÈBRES ☐ nuit, obscurité, ombre.

TÉNÉBREUX ☐ inquiétant, impénétrable, mystérieux, obscur, opaque, secret, triste, trouble.

TENIR ☐ avoir, détenir, éteindre, garder, maintenir, posséder, retenir, serrer.
● durer, occuper, résister, subsister, supporter.

TENIR À ☐ aimer, insister, vouloir.
● découler de, provenir, résulter.

TENIR DE ☐ se rapporter à, se réclamer de, ressembler à.

TENIR LIEU ☐ remplacer, représenter, servir de.

TENIR POUR ☐ considérer, croire, regarder comme.

TENSION ☐ désaccord, désunion,

discorde, divergence, irritation, mésentente.

● attention, concentration, crainte, inquiétude, peur, réflexion.

TENTANT □ aguichant, attirant, provocant, séduisant.

TENTATION □ appel, attrait, désir, envie.

TENTATIVE □ démarche, essai, expérience, recherche.

TENTER □ chercher à, s'efforcer de, entreprendre, essayer, hasarder, se lancer, oser, risquer, tâcher.

● aguicher, allécher, attirer, provoquer, séduire.

TÉNU □ délicat, discret, fragile, frêle, léger, maigre, menu, mince, petit, subtil.

TENUE □ allure, comportement, maintien, présentation.

● convenance, décence, honnêteté, modestie, pudeur, réserve, tact, vertu.

● costume, effets, habillement, toilette, vêtement.

TERGIVERSATION □ doute, hésitation, indécision, perplexité.

TERGIVERSER □ balancer, hésiter, se tâter, tâtonner.

TERME □ achèvement, borne, but, fin, limite.

● expression, mot, tournure.

TERMINAISON □ bout, chute, extrémité, fin, queue.

● désinence, finale, rime, suffixe.

TERMINER □ accomplir, achever, cesser, conclure, finir, liquider, parfaire.

TERNE □ anodin, effacé, fade, insignifiant, maussade, morne, morose, terni.

● décoloré, fade, gris, mat, maussade, passé, terni.

TERNIR □ altérer, défraîchir, faner, flétrir, passer.

● abaisser, diffamer, humilier, salir.

TERRAIN □ champ, clos, espace, terre.

TERRASSÉ □ abattu, accablé, prostré, renversé.

TERRASSER □ abattre, briser, détruire, dominer, écraser, maîtriser, renverser, triompher de, tuer, vaincre.

TERRE □ champ, sol, terrain, terroir, pays.

● globe, monde, planète.

TERRER (SE) □ se blottir, se cacher, se camoufler, se pelotonner, se tapir.

TERREUR □ affres, angoisse, effroi, épouvante, hallucination, horreur, peur.

TERRIBLE □ abominable, affreux, angoissant, atroce, cruel, dangereux, difficile, épouvantable, féroce, furieux, hasardeux, horrible, impressionnant, inquiétant, insupportable, mauvais, menaçant, périlleux, redoutable, risqué, tragique, violent.

TERRIBLEMENT □ excessivement, très.

TERRIFIANT □ abominable, angoissant, cauchemardesque, dantesque, effrayant, effroyable, épouvantable, formidable, hallucinant, horrible, menaçant, monstrueux, pétrifiant, terrible.

TERRORISER □ affoler, angoisser, apeurer, effarer, effrayer, épouvanter, horrifier, terrifier.

TEST □ essai, étude, expérience, recherche, tentative.

TÊTE □ crâne, figure, front, visage.

● cerveau, chef, meneur, organisateur.

● esprit, intelligence, mémoire, raison, réflexion, sang-froid.

TÊTE-À-TÊTE ☐ face à face, nez à nez, vis-à-vis.

TÊTU ☐ acharné, entêté, obstiné, opiniâtre, tenace.

TEXTE ☐ citation, contexte, copie, document, énoncé, leçon, manuscrit, rédaction.

TEXTILE ☐ étoffe, tissage, tissu, toile.

TEXTUEL ☐ authentique, écrit, exact, littéral.

TEXTURE ☐ agencement, composition, construction, organisation, structure.

THÉÂTRAL ☐ affecté, dramatique, forcé, pompeux, spectaculaire, tragique.

THÉÂTRE ☐ planches, plateau, scène, tréteaux.
● comédie, drame, œuvre, tragédie, tragi-comédie.

THÈME ☐ idée, motif, sujet, trame.

THÉORICIEN ☐ chercheur, doctrinaire, penseur, philosophe.

THÉORÈME ☐ démonstration, déduction, proposition, théorie.

THÉORIE ☐ base, définition, hypothèse, morale, philosophie, principe, règle, système, thèse, cortège, défilé, file, procession.

THÉORIQUE ☐ abstrait, doctrinal, hypothétique, idéal, imaginaire.

THÉSAURISER ☐ amasser, économiser, épargner, entasser, placer.

THÈSE ☐ démonstration, doctrine, opinion, principe, témoignage.

THURIFÉRAIRE ☐ flagorneur, flatteur, louangeur.

TIC ☐ crispation, grimace, habitude, manie, spasme.

TIÈDE ☐ blasé, calme, détaché, doux, indifférent, mélancolique, modéré, mou, nonchalant, réservé.

TIÉDEUR ☐ attiédissement, calme, douceur, indolence, lenteur, moiteur, mollesse.

TIERS ☐ (nom) étranger, inconnu, intrus.

TIMBRE ☐ son, sonorité, sonnette.
● marque, tampon, vignette.

TIMIDE ☐ angoissé, anxieux, apeuré, craintif, effarouché, inquiet, lâche, peureux, poltron, pusillanime, timoré.

TIMIDITÉ ☐ appréhension, confusion, crainte, gaucherie, gêne, modestie, peur, réserve.

TIMORÉ ☐ angoissé, anxieux, apeuré, craintif, effarouché, inquiet, lâche, peureux, poltron, pusillanime, timide.

TINTAMARRE ☐ bruit, charivari, cacophonie, désordre, fracas, tapage, vacarme.

TINTER ☐ carillonner, sonner.

TIR ☐ coup, salve, rafale, trajectoire.

TIRADE ☐ développement, discours, réplique.

TIRAGE ☐ édition, émission, gravure, impression, publication.

TIRAILLEMENT ☐ conflit, désaccord, difficulté, ennui.

TIRÉ ☐ allongé, amaigri, fatigué, hâve.

TIRE-D'AILE (À) ☐ rapidement, vite.

TIRER ☐ attirer, conduire, emmener, haler, remorquer, traîner.
● allonger, étendre, étirer, tendre.
● arracher, dégager, enlever, extraire, ôter, pomper, puiser, retirer, sortir.
● faire feu, mitrailler, tirailler.
● éditer, graver, imprimer.

TIRER DE (SE) □ échapper à, se sauver de, se sortir de.

TISSER □ brocher, broder, entrelacer, tramer, tresser.

● combiner, comploter, conspirer, intriguer, nouer, ourdir, tramer.

TISSU □ cotonnade, étoffe, lainage, soierie, textile, tissage, toile.

TITANESQUE □ colossal, démesuré, énorme, géant, gigantesque, grandiose, herculéen, immense, imposant, monumental.

TITRE □ appellation, désignation, fonction, intitulé, nom, qualification, qualité.

● en-tête, manchette, rubrique (*presse*).

● brevet, certificat, diplôme.

TITRES □ action, obligation, reconnaissance, valeur (*Bourse*).

TITUBER □ balancer, chanceler, osciller, vaciller.

TITULARISER □ affecter, intégrer, nommer, promouvoir.

TOCSIN □ alarme, alerte, signal.

TOHU-BOHU □ animation, désordre, mouvement, turbulence.

TOILE □ étoffe, textile, tissage, tissu.
● huile, peinture, tableau.

TOILETTE □ ablution, lavage, nettoyage.

● costume, habillement, tenue, vêtement.

TOISON □ chevelure, fourrure, lainage, poil.

TOIT □ abri, asile, couverture, protection, refuge, repaire.

TOLÉRABLE □ excusable, passable, supportable.

TOLÉRANCE □ charité, clémence, compréhension, générosité, indulgence, patience, respect.

TOLÉRANT □ compréhensif, indulgent, patient, respectueux.

TOLÉRER □ accepter, admettre, autoriser, consentir, endurer, permettre, souffrir, subir, supporter.

TOMBE □ caveau, fosse, mausolée, tombeau.

TOMBER □ s'abattre, s'affaisser, chuter, dégringoler, descendre, s'écrouler, s'effondrer, se renverser.

TOMBER SUR □ accabler, attaquer, fondre sur, se précipiter, se ruer sur.

TON □ accent, intonation, son, timbre, tonalité.

● forme, genre, manière, style.

● coloris, couleur, nuance, teinte.

TONDRE □ couper, raser, tonsurer.

● escroquer, déposséder, dépouiller, voler.

TONIFIER □ affermir, armer, raffermir, reconstituer, renforcer, stimuler.

TONIQUE □ corroborant, fortifiant, réconfortant, reconstituant, stimulant.

TONITRUANT □ bruyant, éclatant, haut, retentissant, sonore, tonnant.

TONNERRE □ éclair, foudre, orage, tempête.

TOPOGRAPHIE □ cartographie, configuration, relief.

TOQUADE □ caprice, envie, extravagance, lubie, manie.

TORDRE □ courber, déformer, entortiller, gauchir, plier, serrer, torsader, tortiller, tourner.

TORNADE □ bourrasque, ouragan, tempête, tourbillon, tourmente.

TORPEUR □ apathie, assoupissement, engourdissement, indolence, léthargie, sommeil, somnolence.

TORRENTIEL □ déchaîné, diluvien, violent.

TORRIDE ☐ brûlant, caniculaire, chaud.

TORSE ☐ buste, poitrine, thorax, tronc.

TORT ☐ atteinte, culpabilité, désavantage, détriment, faute, injustice, offense, préjudice.

TORTILLER ☐ balancer, onduler, remuer, tordre.

TORTIONNAIRE ☐ bourreau, meurtrier, sadique.

TORTUEUX ☐ courbe, ondoyant, sinueux, tourmenté.
● dissimulé, fourbe, hypocrite, menteur, sournois, roublard, trompeur.

TORTURE ☐ calvaire, douleur, martyre, persécution, question, souffrance, supplice, tourment.

TORTURER ☐ crucifier, hanter, martyriser, persécuter, ronger, tenailler, tourmenter.

TORVE ☐ hypocrite, malveillant, méchant, menaçant, oblique, tordu.

TÔT ☐ de bonne heure, vite.

TOTAL ☐ (nom) addition, ensemble, montant, somme, totalité.

TOTAL ☐ (adj) complet, entier, intégral, parfait, plein.

TOTALEMENT ☐ absolument, complètement, entièrement.

TOTALISER ☐ additionner, grouper, rassembler.

TOTALITAIRE ☐ absolu, arbitraire, autoritaire, dictatorial, despotique.

TOTALITÉ ☐ ensemble, intégrité, masse, total.

TOUCHANT ☐ attendrissant, attristant, bouleversant, déchirant, dramatique, émouvant, pathétique, tendre.

TOUCHER ☐ effleurer, heurter, palper, tâter.

● aborder, accoster, atteindre, atterrir.
● atteindre, blesser, émouvoir, frapper, pénétrer, toucher.
● émarger, encaisser, percevoir, recueillir.

TOUFFU ☐ dense, dru, épais, exubérant, fourni, luxuriant, serré.

TOUJOURS ☐ constamment, indéfiniment, perpétuellement.

TOUR ☐ beffroi, campanile, clocher, donjon.
● bordure, circonférence, contour, révolution, rotation.
● circuit, excursion, promenade, voyage.
● artifice, malice, ruse, stratagème, truc.

TOUR DE MAIN ☐ adresse, dextérité, habileté, métier, savoir-faire.

TOURBILLON ☐ bourrasque, cyclone, maelström, ouragan, remous, tempête, tornade, tourmente.

TOURBILLONNER ☐ pivoter, tourner, tournoyer, virer.

TOURMENT ☐ affliction, amertume, blessure, chagrin, désolation, difficulté, douleur, ennui, mal, malheur, souffrance, peine, tristesse.

TOURMENTE ☐ bourrasque, cyclone, orage, ouragan, tempête, tornade, tourbillon.

TOURMENTÉ ☐ angoissé, anxieux, douloureux, inquiet, soucieux, torturé.
● accidenté, bouleversé, dantesque, escarpé, montagneux, ravagé.

TOURMENTER ☐ crucifier, ennuyer, hanter, harceler, importuner, inquiéter, martyriser, obséder, persécuter, poursuivre, ronger, tenailler, torturer.

TOURNANT ☐ angle, coude, courbe, virage.

TOURNER □ graviter, pivoter, rouler, tordre, tourbillonner, tournoyer, virevolter, virer.
● façonner, modifier, transformer.

TOURNOI □ carrousel, compétition, concours, lutte.

TOUTEFOIS □ cependant, néanmoins, pourtant.

TOUT-PUISSANT □ absolu, arbitraire, despotique, omnipotent, tyrannique.

TRAC □ angoisse, appréhension, crainte, peur.

TRACAS □ contrariété, inquiétude, persécution, préoccupation, souci, tracasserie.

TRACASSER □ ennuyer, hanter, harceler, importuner, inquiéter, obséder, persécuter, poursuivre, ronger, tenailler, torturer, tourmenter.

TRACE □ empreinte, marque, piste, reste, sillage, traînée, vestige.

TRACER □ décrire, dessiner, écrire, jalonner, ouvrir.

TRACTATIONS □ discussion, entretien, manœuvres, marchandage, négociation, pourparlers.

TRACTER □ remorquer, tirer.

TRADITION □ coutume, expérience, habitude, mœurs, routine, us, usage.

TRADITIONNEL □ classique, conventionnel, habituel, institutionnel, orthodoxe, usuel.

TRADUCTION □ adaptation, interprétation, thème, version.

TRADUIRE □ adapter, interpréter, rendre, transposer.
● exprimer, manifester, montrer.

TRAFIQUER □ frauder, négocier, profiter, spéculer sur, vendre.

TRAGIQUE □ abominable, affreux, atroce, bouleversant, cruel, dramatique, émouvant, effroyable, épouvantable, touchant, terrible, violent.

TRAHIR □ abuser, duper, leurrer, tromper.
● dénoncer, dévoiler, livrer, révéler, vendre.

TRAHISON □ délation, dénonciation, forfaiture, perfidie, révélation, traîtrise.

TRAIN □ chemin de fer, convoi, file, rame.
● allure, marche, vitesse.

TRAÎNANT □ endormi, indolent, lent, long, monotone, nonchalant.

TRAÎNÉE □ empreinte, reste, sillage, trace, vestige.

TRAÎNER □ durer, errer, s'éterniser, se prolonger, tarder, vagabonder.
● conduire, emmener, haler, remorquer, tirer.

TRAIT □ contour, dessin, graphisme, ligne.
● ironie, moquerie, mot, persiflage, plaisanterie, quolibet, raillerie, saillie, sarcasme.

TRAITS □ apparence, expression, physionomie, visage.

TRAITE □ chemin, parcours, route, trajet, traversée.
● commerce, négoce, transport.

TRAITÉ □ cours, dissertation, essai, étude, exposé, manuel, mémoire.
● accord, concordat, convention, pacte, protocole.

TRAITEMENT □ appointements, émoluments, gages, honoraires, paye, rémunération, salaire, solde.
● cure, régime, remède, soins.

TRAITER □ agir, se comporter, considérer, maltraiter, mener, user de.
● accueillir, fêter, inviter, recevoir, régaler, soigner.

● appeler, désigner, nommer, qualifier.

● aborder, développer, disserter, étudier, exposer.

● conclure, négocier, parlementer, résoudre.

TRAÎTRE □ (nom) délateur, dénonciateur, parjure, renégat, transfuge.

TRAÎTRE □ (adj) déloyal, fourbe, infidèle, perfide, rusé, sournois, trompeur.

TRAÎTRISE □ délation, dénonciation, forfaiture, perfidie, révélation, trahison, tricherie, tromperie.

TRAJECTOIRE □ courbe, ligne.

TRAJET □ chemin, distance, itinéraire, parcours, route, traversée.

TRAME □ corde, fil, réseau, structure, texture.

● complot, conspiration, intrigue, machination, menées.

TRAMER □ comploter, conspirer, intriguer, nouer, ourdir, tisser.

TRANCHANT □ acéré, affûté, aigu, coupant.

● affirmatif, catégorique, impérieux, net, péremptoire, sans réplique, sec, sévère.

TRANCHE □ coupe, morceau, part, quartier.

● bord, chant, côté.

TRANCHÉ □ clair, détaché, différent, franc, net, séparé.

TRANCHER □ couper, découper, sectionner, taillader, tailler.

● arrêter, conclure, décider, résoudre.

● contraster, détonner, jurer, s'opposer.

TRANQUILLE □ calme, convenable, modeste, posé, prudent, raisonnable, réfléchi, réservé, sage, serein.

TRANQUILLITÉ □ calme, modération, prudence, raison, sagesse, sérénité.

TRANSACTION □ accord, arrangement, entente.

TRANSACTIONS □ affaires, commerce, échanges, négoce.

TRANSCENDANT □ émérite, éminent, génial, sublime, supérieur.

TRANSCRIPTION □ copie, duplicata, relevé, report.

TRANSCRIRE □ copier, noter, reporter, reproduire.

TRANSE □ anxiété, angoisse, crainte, crise, délire, excitation, hypnose.

TRANSFÉRER □ convoyer, déplacer, mener, transporter.

TRANSFERT □ déménagement, déplacement, mouvement, mutation, transmission, transport.

TRANSFIGURER □ embellir, illuminer, métamorphoser, transformer.

TRANSFORMATION □ changement, conversion, évolution, métamorphose, modification, réforme, rénovation, transfiguration.

TRANSFORMER □ changer, convertir, déformer, évoluer, métamorphoser, modifier, muer, réformer, transfigurer, truquer.

TRANSFUGE □ déserteur, renégat, traître.

TRANSGRESSER □ désobéir, enfreindre, passer outre, violer.

TRANSI □ gelé, glacé, grelottant, paralysé, pétrifié.

TRANSIGER □ s'accorder, s'entendre, négocier, traiter.

TRANSITION □ changement, degré, évolution, intermédiaire, liaison, passage.

TRANSITOIRE □ bref, court, éphémère, fugace, fugitif, intérimaire, momentané, passager, provisoire, temporaire.

TRANSLUCIDE ☐ clair, limpide, opalescent, transparent.

TRANSMETTRE ☐ communiquer, déléguer, fournir, laisser, propager, transférer.

TRANSMISSION ☐ circulation, communication, contagion, épidémie, hérédité, multiplication, succession.

TRANSMUER ☐ changer, convertir, métamorphoser, muer, transformer.

TRANSPARENCE ☐ clarté, évidence, limpidité, netteté, pureté.

TRANSPARENT ☐ clair, limpide, net, opalescent, translucide.

TRANSPERCER ☐ crever, cribler, enfoncer, éventrer, ouvrir, pénétrer, percer, piquer, trouer, vriller.

TRANSPIRER ☐ goutter, perler, ruisseler, suer.

TRANSPORT ☐ convoyage, déménagement, déplacement, livraison, mouvement.
● agitation, enthousiasme, exaltation, fièvre, fougue, ivresse.

TRANSPORTER ☐ charrier, convoyer, déplacer, livrer, mener, transférer, transmettre, véhiculer.
● bouleverser, enthousiasmer, passionner, ravir.

TRANSPOSER ☐ adapter, convertir, modifier, permuter, transporter, traduire.

TRAPU ☐ court, courtaud, large, massif, puissant, râblé, ramassé.

TRAQUENARD ☐ embuscade, nasse, piège, ruse.

TRAQUER ☐ cerner, pourchasser, poursuivre, tourmenter.

TRAUMATISER ☐ choquer, frapper, hébéter.

TRAUMATISME ☐ blessure, bouleversement, choc, commotion, émotion, trouble.

TRAVAIL ☐ besogne, emploi, fonction, labeur, métier, peine, profession, tâche.

TRAVAILLÉ ☐ ciselé, ouvragé, soigné.

TRAVAILLER ☐ apprendre, besogner, ciseler, élaborer, étudier, façonner, s'instruire, œuvrer, produire.

TRAVAILLEUR ☐ (nom) employé, manœuvre, ouvrier, prolétaire.

TRAVAILLEUR ☐ (adj) appliqué, assidu, consciencieux, courageux, laborieux, studieux.

TRAVERS ☐ biais, bord, côté, flanc.
● défaut, faiblesse, tare, vice.

TRAVERS (DE) ☐ dévié, oblique, tordu.

TRAVERS (EN) ☐ transversalement.

TRAVERSÉE ☐ franchissement, passage, trajet, voyage.

TRAVESTIR ☐ déguiser, falsifier, maquiller, masquer, modifier, transformer.

TRÉBUCHER ☐ buter, chanceler, tituber, vaciller.

TREMBLANT ☐ apeuré, chevrotant, effrayé, ému, tremblotant, vacillant.

TREMBLEMENT ☐ frémissement, frisson, saccade, secousse, soubresaut, spasme, trépidation.

TREMBLER ☐ frémir, frissonner, tressaillir, vaciller, vibrer.
● appréhender, avoir peur, craindre, redouter.

TRÉMOUSSER (SE) ☐ se balancer, onduler, remuer, se tortiller.

TREMPER □ humecter, imprégner, mouiller.
● affermir, endurcir, fortifier.

TRÉPIDANT □ convulsif, haché, heurté, intermittent, saccadé, sautillant, spasmodique.

TRÉPIDATION □ à-coup, choc, saccade, secousse, soubresaut, spasme, tremblement, tressautement.

TRÈS □ assez, beaucoup, énormément, excessivement.

TRÉSOR □ biens, fortune, magot, richesse.

TRÉSORIER □ caissier, comptable.

TRESSAILLIR □ tressauter.

TRESSAUTER □ frémir, frissonner, sursauter.

TRESSER □ broder, entrelacer, natter, tramer.

TRÊVE □ armistice, arrêt, cessez-le-feu, pause, suspension.

TRI □ choix, élection, préférence, sélection, triage.

TRIBU □ clan, famille, groupe, peuplade.

TRIBUNAL □ chambre, cour, juridiction, prétoire, parquet.

TRIBUNE □ chaire, estrade, podium, scène.

TRIBUT □ contribution, hommage, impôt, prime, récompense.

TRIBUTAIRE □ contraint, dépendant, dominé, obligé, redevable, soumis, subordonné.

TRICHER □ duper, enfreindre, frauder, leurrer, mentir, posséder, trahir, tromper.

TRICHEUR □ déloyal, fourbe, illusoire, mensonger, menteur, perfide, rusé, sournois, trompeur, truqueur, voleur.

TRIER □ choisir, classer, démêler, nettoyer, sélectionner.

TRIMER □ s'échiner à, peiner, travailler.

TRIOMPHAL □ radieux, triomphant.

TRIOMPHANT □ brillant, éclatant, flamboyant, magnifique, radieux, rayonnant, resplendissant, victorieux.

TRIOMPHE □ apothéose, consécration, gloire, réussite, succès, victoire.

TRIOMPHER □ abattre, briser, conquérir, dominer, écraser, gagner, maîtriser, renverser, rosser, surclasser, terrasser, vaincre.

TRISTE □ chagrin, funèbre, lamentable, lugubre, maussade, mélancolique, misérable, morose, morne, nostalgique, pitoyable, sinistre.

TRISTESSE □ affliction, amertume, chagrin, désolation, difficulté, douleur, ennui, malheur, mélancolie, morosité, nostalgie, souffrance, spleen, peine, tourment.

TRITURER □ broyer, malaxer, pétrir, piler, pulvériser, travailler.

TRIVIAL □ bas, commun, dégoûtant, éculé, grossier, méprisable, rebattu, sale, vil, vulgaire.

TROC □ contrepartie, échange, permutation.

TROMBE □ bourrasque, cyclone, rafale, tempête, tornade.

TROMPER □ abuser, duper, égarer, escroquer, leurrer, mentir, mystifier, posséder, séduire, trahir.

TROMPER (SE) □ s'abuser, se fourvoyer, se méprendre.

TROMPEUR □ déloyal, équivoque, fallacieux, faux, fourbe, illusoire, insidieux, mensonger, menteur, perfide, rusé, sournois, traître.

TRONC □ buste, thorax, torse.

TRONÇON □ fragment, morceau, parcelle, partie, pièce, portion.

TRONÇONNER □ couper, débiter, sectionner, trancher.

TRONQUER □ amputer, couper, dénaturer, mutiler, raccourcir.

TROP □ à l'excès, beaucoup, très.

TROQUER □ changer, convertir, échanger, permuter.

TROU □ fosse, orifice, puits, trouée, vide.

TROUBADOUR □ jongleur, ménestrel, poète, trouvère.

TROUBLANT □ anormal, attendrissant, bizarre, bouleversant, curieux, désarmant, émouvant, époustouflant, étonnant, étrange, extraordinaire, fantastique, impressionnant, incroyable, inouï, inquiétant, intimidant, mystérieux, paradoxal, phénoménal, prodigieux, saisissant, stupéfiant, surprenant.

TROUBLE □ (nom) agitation, bouleversement, confusion, désordre, insurrection, perturbation, révolte, tumulte.

● bouleversement, désarroi, émoi, émotion, fièvre, inquiétude, vertige.

TROUBLE □ (adj) complexe, inquiétant, impénétrable, mystérieux, obscur, opaque, secret, suspect, ténébreux.

TROUBLÉ □ agité, affolé, attendri, confus, ému, impressionné, inquiet, intimidé, perturbé, touché.

● brouillé, houleux, mouvementé, orageux, tourmenté, tumultueux.

TROUBLER □ agiter, bouleverser, égarer, déranger, désorganiser, embarrasser, émouvoir, gêner, impressionner, inquiéter, perturber.

TROUER □ forer, percer, perforer, transpercer.

TROUPE □ bande, bataillon, compagnie, détachement, équipe, formation, gang, groupe, meute, milice, multitude, nuée, parti.

TROUPEAU □ cheptel, harde, manade, meute.

● affluence, foule, masse, rassemblement.

TROUVAILLE □ création, découverte, idée, invention.

TROUVER □ concevoir, déceler, découvrir, détecter, deviner, imaginer, inventer, percer, surprendre.

TROUVER (SE) □ être, figurer, se juger, se rencontrer.

TRUAND □ aventurier, canaille, clochard, dévoyé, fripouille, gouape, mendiant, voleur, voyou.

TRUC □ astuce, combine, procédé, ruse.

● bricole, chose, gadget, objet.

TRUCHEMENT (PAR LE) □ par l'intermédiaire.

TRUCULENT □ amusant, cocasse, fantasque, original, pittoresque, singulier.

TRUISME □ banalité, évidence, lapalissade, vérité.

TRUQUER □ altérer, duper, falsifier, maquiller, tromper.

TRUQUEUR □ menteur, tricheur, trompeur, voleur.

TRUST □ cartel, consortium, holding, syndicat.

TUER □ abattre, achever, anéantir, assassiner, briser, détruire, égorger, exterminer, liquider, massacrer, occire, supplicier, supprimer.

TUERIE □ abattoir, boucherie, carnage, hécatombe, massacre.

TUEUR □ assassin, criminel, homicide, meurtrier.

TUMÉFIÉ ☐ boursouflé, distendu, enflé, gonflé.

TUMEUR ☐ abcès, bubon, cancer, chancre, furoncle, gonflement, kyste.

TUMULTE ☐ agitation, brouhaha, bruit, confusion, désordre, fièvre, fracas, perturbation, trouble, vacarme.

TUMULTUEUX ☐ brouillé, houleux, mouvementé, orageux, tourmenté, troublé.

TURBULENT ☐ agité, excité, fébrile, instable, nerveux, remuant, vif.

TUTELLE ☐ aide, assistance, contrainte, dépendance, patronage, protection, support, surveillance.

TUTEUR ☐ garant, parrain, représentant, responsable.

TUYAU ☐ buse, canalisation, conduite, tube.
● information, révélation, renseignement.

TYPE ☐ étalon, genre, idéal, modèle, prototype, silhouette, sorte, style, symbole.
● bonhomme, individu, personne.

TYPIQUE ☐ caractéristique, distinctif, original, propre, significatif, symbolique.

TYRANNIE ☐ absolutisme, cruauté, dépendance, dictature, emprise, intolérance, oppression, servitude.

TYRANNIQUE ☐ absolu, arbitraire, autoritaire, despotique, impérieux, oppressif.

TYRANNISER ☐ accabler, asservir, écraser, opprimer.

u

ULCÉRER ☐ blesser, choquer, exaspérer, excéder, irriter.

ULTÉRIEUR ☐ futur, postérieur, suivant.

ULTIMATUM ☐ assignation, injonction, mise en demeure, sommation.

ULTIME ☐ décisif, dernier, extrême, final, suprême.

ULTRA ☐ enragé, extrémiste, fanatique, intolérant, subversif.

UN ☐ distinct, exclusif, isolé, simple, unique.

UN À UN ☐ alternativement.

UNANIME ☐ complet, entier, total, universel.

UNANIMEMENT ☐ ensemble.

UNI ☐ calme, égal, homogène, lisse, simple, uniforme.

UNIFORME ☐ (adj) égal, identique, monotone, pareil, plat, semblable, terne.

UNIFORME ☐ (nom) costume, tenue, vêtement.

UNIFORMITÉ ☐ égalité, monotonie, platitude, régularité.

UNION ☐ alliance, association, coalition, entente, fédération, fusion, harmonie, jonction, liaison, mariage.

UNIQUE ☐ distinct, exceptionnel, exclusif, extraordinaire, incomparable, irremplaçable, original, rare, spécial.

UNIQUEMENT ☐ exclusivement, seulement, strictement.

UNIR ☐ assembler, coaliser, fédérer, fondre, fusionner, liguer, lier, marier, rassembler, relier, réunir, souder.

UNITÉ ☐ cohésion, ensemble, identité, harmonie.
● élément, monnaie, nombre.
● bâtiment, formation, troupe (*armée*).

UNIVERS ☐ ciel, cosmos, création, monde, nature, planète, terre.

UNIVERSEL ☐ complet, entier, international, mondial, œcuménique, planétaire, total, unanime.

UNIVERSITÉ ☐ académie, campus, faculté.

URBAIN ☐ citadin, communal, municipal.
● affable, aimable, civil, courtois, gracieux, poli.

URBI ET ORBI ☐ partout.

URGENCE (D') ☐ immédiatement.

URGENT ☐ impérieux, important, pressant, pressé.

USAGE ☐ emploi, fonction, service, utilisation.

● coutume, habitude, pratique, tradition.

USAGER ☐ client, consommateur, utilisateur.

USÉ ☐ détérioré, éculé, élimé, émoussé, épuisé, fatigué, las, râpé, usagé, vieux.

● banal, commun, rabâché, rabattu, ressassé.

USER ☐ amoindrir, diminuer, effriter, épuiser, laminer, miner, ronger, ruiner.

USER DE ☐ consommer, employer, faire usage de, manier, avoir recours à, se servir de, utiliser.

USER (S') ☐ s'échiner, s'épuiser, s'éreinter, se fatiguer.

USINE ☐ centrale, fabrique, industrie, manufacture.

USITÉ ☐ commun, consacré, courant, employé, familier, ordinaire, traditionnel, usuel, utilisé.

USTENSILE ☐ accessoire, instrument, machine, matériel, outil.

USUEL ☐ commun, consacré, courant, employé, familier, orrdinaire, traditionnel, usité, utilisé.

USUFRUIT ☐ jouissance, possession, produit, revenu.

USURE ☐ corrosion, dégradation, érosion.

● agio, gain, intérêt, profit.

USURPER ☐ s'approprier, s'emparer de, prendre, se saisir, voler.

UTILE ☐ efficace, indispensable, nécessaire, précieux, profitable.

UTILISER ☐ employer, faire usage de, profiter de, avoir recours à, se servir de, user.

UTILITÉ ☐ avantage, fonction, intérêt, profit.

UTOPIE ☐ chimère, idéal, illusion, mirage, rêve.

UTOPIQUE ☐ chimérique, fictif, illusoire, imaginaire, inventé, irréaliste, rêvé.

v

VACANCE ☐ disponibilité, interruption, suspension.

VACANCES ☐ congé, détente, repos.

VACANT ☐ disponible, inoccupé, libre, vide.

VACARME ☐ brouhaha, bruit, chahut, charivari, désordre, fracas, tapage, tintamarre, tumulte.

VACCINER ☐ immuniser, inoculer, mithridatiser.

VACILLER ☐ balancer, chanceler, clignoter, hésiter, osciller, tituber, trembloter.

VA-ET-VIENT ☐ allée et venue, navette, passage.

VAGABOND ☐ clochard, errant, nomade, rôdeur, trimardeur.

VAGABONDER ☐ déambuler, divaguer, errer, flâner, rôder, traîner.

VAGUE ☐ (adj) aléatoire, ambigu, approximatif, confus, douteux, équivoque, éventuel, flou, hasardeux, hypothétique, imprécis, incertain, indéfinissable, indéterminé, indistinct, obscur, problématique.

VAGUE ☐ flot, houle, lame, onde.

● doute, équivoque, imprécision, obscur, vide.

VAGUEMENT ☐ confusément.

VAILLANCE ☐ assurance, audace, bravoure, courage, cran, hardiesse.

VAIN ☐ creux, dérisoire, faux, frivole, inutile, stérile.

VAIN (EN) ☐ inutilement.

VAINCRE ☐ abattre, battre, briser, conquérir, détruire, dominer, écraser, gagner, maîtriser, renverser, rosser, surclasser, surmonter, terrasser, triompher de.

VAINCU ☐ battu, défait.

VAINEMENT ☐ en vain.

VAINQUEUR ☐ (nom) champion, gagnant, lauréat.

VAINQUEUR ☐ (adj) conquérant, gagnant, triomphant, victorieux.

VALABLE ☐ acceptable, convenable, légal, passable, en règle, valide.

VALEUR ☐ coût, estimation, montant, prix.

● efficacité, qualité, sens, utilité, validité.

● bravoure, cœur, courage, énergie, force, héroïsme, mérite, vaillance.

VALEUREUX □ audacieux, brave, courageux, énergique, hardi, héroïque, vaillant, volontaire.

VALIDE □ robuste, sain, vigoureux.
● légal, en règle, valable.

VALIDER □ accepter, homologuer, ratifier.

VALLÉE □ bassin, cluse, combe, ravin, vallon.

VALOIR □ coûter, se monter à, revenir à.
● atteindre, égaler, rivaliser.

VALOIR (FAIRE) □ exploiter, mettre en valeur, rentabiliser.

VALORISER □ hausser, mettre en valeur, rentabiliser.

VANDALISME □ barbarie, destruction, mise à sac, pillage, saccage.

VANITÉ □ arrogance, dédain, fierté, insolence, orgueil, prétention, suffisance.
● insignifiance, inutilité, néant, vent, vide.

VANITEUX □ arrogant, dédaigneux, fat, insolent, orgueilleux, prétentieux, suffisant.

VANTARD □ bravache, bluffeur, fanfaron, vaniteux.

VANTARDISE □ fanfaronnade, forfanterie, mensonge, rodomontade.

VANTER □ célébrer, glorifier, louer.

VANTER (SE) □ fanfaronner, se flatter, prétendre.

VAPEUR □ brouillard, buée, émanation, exhalaison, fumée, gaz, miasmes, nuage.

VAPEURS □ bouffées, étourdissement, évanouissement, ivresse, trouble, vertige.

VAPOREUX □ aérien, confus, flou, fondu, imprécis, incertain, indéfinissable, indéterminé, indistinct, léger, obscur, vague.

VARIABLE □ capricieux, changeant, flottant, incertain, inconstant, instable.

VARIATION □ changement, écart, fluctuation, modification, mouvement, vicissitude.

VARIÉ □ changeant, différent, disparate, divers, hétéroclite, mélangé, multiple, nuancé.

VARIER □ changer, diversifier, modifier, transformer.

VARIÉTÉ □ changement, diversité, genre, type.

VARIÉTÉS □ chansons, music-hall, numéros.

VASE □ amphore, calice, coupe.
● dépôt, limon, sédiment.

VASTE □ ample, considérable, énorme, gigantesque, immense, important, imposant, impressionnant.

VATICINER □ annoncer, délirer, prédire, prophétiser.

VAURIEN □ brigand, canaille, crapule, dévoyé, fripouille, gredin, scélérat, voyou.
● chenapan, drôle, galopin, garnement.

VEDETTE □ artiste, chanteur, comédien, star.
● embarcation.

VÉGÉTATION □ flore, verdure.

VÉGÉTER □ se contenter, languir, subsister, vivoter.

VÉHÉMENCE □ ardeur, emportement, exaltation, fougue, frénésie, impatience, impétuosité, intensité, vivacité.

VÉHÉMENT □ brutal, fougueux, frénétique, furieux, impétueux, passionné, violent, virulent.

VÉHICULER ☐ convoyer, transférer, transporter.

VEILLE ☐ garde, insomnie, surveillance.

VEILLER ☐ assister, garder, soigner, surveiller.

VEILLEUR ☐ gardien, guetteur, surveillant, vigie.

VEINE ☐ filon, gisement, mine.
● aubaine, chance, hasard.
● esprit, illumination, imagination, inspiration, verve.

VELLÉITAIRE ☐ apathique, hésitant, indolent, lymphatique, mou, nonchalant, veule.

VÉLOCITÉ ☐ célérité, promptitude, rapidité, vitesse.

VELOUTÉ ☐ doux, duveteux, moelleux, onctueux, pelucheux, soyeux.

VÉNAL ☐ âpre, avide, corrompu, cupide.

VENDRE ☐ débiter, échanger, écouler, exporter, liquider, solder.
● dénoncer, livrer, trahir.

VÉNÉNEUX ☐ empoisonné, nocif, toxique, venimeux.

VÉNÉRATION ☐ culte, hommage, piété, respect, révérence.

VÉNÉRER ☐ adorer, estimer, honorer, respecter.

VENGEANCE ☐ châtiment, punition, représailles, rétorsion, revanche, riposte, vindicte.

VENGER ☐ châtier, laver, punir.

VÉNIEL ☐ anodin, excusable, insignifiant, négligeable, quelconque.

VENIMEUX ☐ empoisonné, nocif, toxique, vénéneux.
● cruel, malfaisant, mauvais, méchant, perfide, sournois.

VENIR ☐ approcher, arriver, avancer, se présenter, provenir, sortir de.

VENT ☐ alizé, aquilon, blizzard, brise, mistral, mousson, souffle, tempête, tramontane, zéphyr.

VENTE ☐ adjudication, braderie, criée, débit, écoulement, exportation, liquidation, solde.

VENTRE ☐ abdomen, bedaine, flanc, panse, sein.

VENTRIPOTENT ☐ ventru.

VENTRU ☐ bedonnant, corpulent, gras, gros, obèse, pansu.

VENUE ☐ arrivée, avènement, irruption, naissance.

VÉRACITÉ ☐ authenticité, évidence, exactitude, réalité, vérité.

VERBAL ☐ oral, parlé.

VERBE ☐ expression, langage, langue, parole.

VERBEUX ☐ bavard, confus, diffus, loquace, prolixe, volubile.

VERDEUR ☐ ardeur, jeunesse, vigueur.

VERDICT ☐ arrêt, décision, jugement, sentence.

VÉREUX ☐ corrompu, douteux, malhonnête, suspect.

VÉRIDIQUE ☐ authentique, exact, incontestable, réel, sincère, véritable, vrai.

VÉRIFIER ☐ avérer, confirmer, constater, contrôler, examiner, prouver.

VÉRITABLE ☐ authentique, incontestable, naturel, réel, véridique, vrai.

VÉRITÉ ☐ authenticité, banalité, dogme, évidence, exactitude, franchise, loyauté, netteté, objectivité, principe, réalité, sincérité, truisme, véracité.

VERMILLON ☐ cramoisi, écarlate, rouge, rubicond, vermeil.

VERS ☐ à la rencontre, sur.

VERSATILE ☐ capricieux, changeant, flottant, incertain, inconstant, lunatique, variable, volage.

VERSER ☐ couler, déverser, épancher, répandre.

● acquitter, payer, régler.

VERSION ☐ analyse, interprétation, récit, relation, traduction.

VERSO ☐ dos, pile, revers.

VERT ☐ émeraude, glauque, pers, verdoyant.

● alerte, gaillard, grivois, jeune, vigoureux.

VERTICAL ☐ debout, droit, normal, orthogonal, perpendiculaire.

VERTIGE ☐ éblouissement, étourdissement, évanouissement, griserie, ivresse, trouble, vapeurs.

VERTIGINEUX ☐ colossal, démesuré, énorme, gigantesque, immense, monumental.

VERTU ☐ courage, décence, probité, sainteté, valeur.

● efficacité, faculté, pouvoir, propriété.

VERTU (EN... DE) ☐ en conséquence.

VERTUEUX ☐ chaste, exemplaire, méritoire, pudibond, prude, pudique, pur, puritain, sage.

VERVE ☐ brio, éloquence, esprit, imagination, inspiration, truculence.

VESTIGE ☐ débris, marque, reste, ruine, trace, traînée.

VÊTEMENT ☐ accoutrement, costume, effets, habillement, mise, toilette, tenue.

VÊTIR (SE) ☐ endosser, s'habiller, prendre, revêtir.

VÊTU ☐ accoutré, costumé, couvert, habillé, mis.

VÉTUSTE ☐ ancien, archaïque, décrépi, désuet, suranné, usé, vieux.

VEULE ☐ apathique, faible, indolent,

lâche, lymphatique, mou, nonchalant, velléitaire.

VEXANT ☐ désobligeant, humiliant, irritant, rageant.

VEXATION ☐ affront, brimade, camouflet, honte, insulte, offense, outragé, persécution.

VEXER ☐ désobliger, humilier, irriter, mortifier, offenser.

VIBRANT ☐ retentissant, ronflant, sonnant, sonore, tonitruant, tonnant.

VIBRATION ☐ battement, frémissement, oscillation, tremblement, trépidation, tressautement.

VIBRER ☐ frémir, trembler, trépider, tressaillir, tressauter.

VICE ☐ défaut, faiblesse, imperfection, tare.

● débauche, dépravation, immoralité, luxure, mal, manie, perversion.

VICIER ☐ altérer, corrompre, dénaturer, gâter.

VICIEUX ☐ corrompu, dépravé, dissolu, lascif, licencieux, luxurieux, obscène, ordurier, pervers, pornographique, sale.

VICTIME ☐ martyr, mort, proie, souffre-douleur.

VICTOIRE ☐ apothéose, gloire, réussite, succès, triomphe.

VICTORIEUX ☐ conquérant, gagnant, triomphant, vainqueur.

VICTUAILLES ☐ nourriture, provisions, subsistances, vivres.

VIDE ☐ (adj) creux, dégarni, dénudé, désert, inhabité, net, nu.

VIDE ☐ (nom) cavité, creux, ouverture, lacune, trou.

● insignifiance, inutilité, néant, vent, vanité.

VIDER ☐ assécher, enlever, évacuer, nettoyer, retirer, vidanger.

VIE □ ardeur, courage, dynamisme, énergie, force, puissance, ressort, vigueur, vitalité, vivacité.

● destinée, existence, jours, réalité, temps.

VIEILLARD □ ancien, barbon, patriarche, vieux.

VIEILLESSE □ âge, ancienneté, déclin, décrépitude, sénilité, vieillissement.

VIEILLIR □ baisser, dater, décliner, péricliter, s'user.

VIERGE □ (nom) pucelle, rosière, vestale.

VIERGE □ (adj) chaste, immaculé, inaltéré, intact, intégré, net, puceau, pur, vertueux.

VIEUX □ âgé, ancien, archaïque, caduc, décrépi, démodé, désuet, fatigué, révolu, sénile, suranné, usagé, usé, vétuste.

VIF □ agile, alerte, ardent, éveillé, fringant, gai, léger, nerveux, piquant, rapide, sémillant.

VIGIE □ gardien, guetteur, surveillant, veilleur.

VIGILANCE □ application, attention, concentration, soin, tension.

VIGILANT □ appliqué, attentif, concentré, consciencieux, soigneux.

VIGOUREUX □ athlétique, énergique, fort, gros, musclé, puissant, résistant, robuste, solide.

VIGUEUR □ ardeur, courage, dynamisme, énergie, force, puissance, ressort, robustesse, vivacité.

VIL □ abject, bas, dégoûtant, grossier, ignoble, indigne, infâme, méprisable, obscène, répugnant, sordide.

VILAIN □ (adj) avare, déplaisant, laid, méchant, médiocre, repoussant, sale.

VILIPENDER □ abaisser, bafouer, conspuer, dénigrer, huer, maltraiter.

VILLAGE □ bourg, bourgade, hameau, localité.

VILLE □ agglomération, capitale, cité, localité, métropole, zone urbaine.

VILLÉGIATURE □ résidence, séjour, vacances.

VINDICATIF □ haineux, hostile, malveillant, rancunier.

VINDICTE □ haine, hostilité, rancœur, rancune, ressentiment.

VIOL □ brutalité, contrainte, profanation, sévices, violence.

VIOLATION □ contravention, infraction, entorse, profanation, transgression.

VIOLEMMENT □ brutalement.

VIOLENCE □ ardeur, colère, fougue, frénésie, fureur, impétuosité, véhémence, virulence.

● agression, brutalité, contrainte, coups et blessures, sévices.

VIOLENT □ agressif, brusque, brutal, coléreux, frénétique, furieux, impétueux, irascible, terrible, véhément, virulent.

VIOLENTER □ brutaliser, contraindre, exiger, forcer, imposer, obliger, torturer.

VIOLER □ contrevenir, enfreindre, désobéir, transgresser.

● avilir, déshonorer, profaner, salir, souiller.

VIRAGE □ coude, lacet, tournant.

VIRIL □ mâle, masculin.

VIRTUEL □ concevable, possible, probable.

VIRTUOSE □ artiste, maître, musicien.

VIRTUOSITÉ □ art, brio, habileté, maestria.

VIRULENCE ☐ ardeur, colère, fougue, frénésie, fureur, impétuosité, véhémence, violence.

VIRULENT ☐ brutal, frénétique, furieux, impétueux, véhément, venimeux, violent.

VISA ☐ attestation, autorisation, passeport.

VISAGE ☐ aspect, face, faciès, figure, frimousse, front, physionomie, traits.

VIS-À-VIS ☐ en face de, face à face, nez à nez.

VISCÉRAL ☐ atavique, inné, instinctif, irréfléchi, naturel.

VISÉES ☐ ambition, but, dessein, finalité, objectif, vues.

VISER ☐ ajuster, mettre en joue, pointer.
● désirer, rechercher, tendre à.
● examiner, parapher, vérifier.

VISIBLE ☐ clair, distinct, évident, flagrant, formel, incontestable, limpide, manifeste, net, ostensible, patent, perceptible, vrai.

VISION ☐ apparition, hallucination, rêve, songe.
● œil, optique, vue.

VISIONNAIRE ☐ halluciné, illuminé, prophète, rêveur, utopiste, voyant.

VISITE ☐ consultation, entrevue, inspection, perquisition, rencontre, ronde.

VISITER ☐ découvrir, explorer, voir, voyager.

VISQUEUX ☐ collant, épais, gluant, pâteux, poisseux, sirupeux.

VITAL ☐ capital, essentiel, fondamental, primordial, principal.

VITALITÉ ☐ alacrité, ardeur, brio, dynamisme, entrain, fougue, pétulance, rapidité, vivacité.

VITE ☐ prestement, rapidement.

VITESSE ☐ célérité, diligence, hâte, précipitation, rapidité, vivacité, vélocité.

VITREUX ☐ éteint, livide, translucide, voilé.

VITRINE ☐ étalage, éventaire, devanture.

VITUPÉRER ☐ blâmer, désapprouver, flétrir, protester, réprouver, stigmatiser.

VIVACE ☐ durable, opiniâtre, présent, robuste, rustique, solide, tenace, vivant.

VIVACITÉ ☐ alacrité, ardeur, entrain, fougue, rapidité, animation, brio, entrain, pétulance, promptitude, rapidité, vitalité, vitesse.

VIVANT ☐ animé, ardent, énergique, fringant, nerveux, remuant, valide, vif.

VIVATS ☐ acclamations, applaudissements, clameurs, cris, ovations.

VIVEMENT ☐ ardemment, promptement.

VIVEUR ☐ boute-en-train, débauché, dévergondé, libertin, noceur.

VIVIFIANT ☐ excitant, piquant, stimulant.

VIVOTER ☐ se contenter, subsister, végéter.

VIVRE ☐ demeurer, durer, être, exister, habiter, respirer, subsister.

VIVRE (SAVOIR-...) ☐ civilité, courtoisie, politesse.

VIVRE (nom) aliment, nourriture, provision, subsistance, victuailles.

VOCATION ☐ aptitudes, attirance, disposition, don, penchant, possibilités.

VOCIFÉRER ☐ clamer, crier, hurler, rugir, tonitruer, tonner.

VŒU ☐ engagement, promesse, résolution, serment.

● désir, envie, souhait.

VOGUE ☐ engouement, mode, renom, succès.

VOGUE (EN) ☐ à la mode, populaire.

VOIE ☐ avenue, chemin, piste, route, sentier, sillage, trace.

● biais, façon, manière, moyen, truchement.

VOILÉ ☐ assourdi, atténué, caché, dissimulé, enroué, estompé, masqué, sourd, tamisé.

VOILER ☐ cacher, camoufler, couvrir, dissimuler, masquer, recouvrir.

VOIR ☐ apercevoir, contempler, découvrir, discerner, distinguer, entrevoir, observer, percevoir, regarder, remarquer, surprendre.

VOISIN ☐ (adj) adjacent, approchant, attenant, avoisinant, contigu, mitoyen, proche, rapproché, ressemblant.

VOISINAGE ☐ alentours, entourage, environs, proximité.

VOIX ☐ articulation, parole, son.

● avis, jugement, suffrage, vote.

VOL ☐ décollage, envol, essor, survol, voyage.

● cambriolage, détournement, effraction, escroquerie, fraude, hold-up, larcin, malversation, maraudage.

VOLAGE ☐ capricieux, changeant, flottant, frivole, incertain, inconstant, infidèle, variable, versatile.

VOLATILISER (SE) ☐ s'évaporer, disparaître, s'échapper, s'éclipser, s'enfuir.

● se gazéifier, se sublimer, se vaporiser.

VOLCANIQUE ☐ ardent, emporté, exalté, fougueux, impétueux.

VOLER ☐ cambrioler, dépouiller, dérober, détourner, dévaliser, extorquer, piller, rançonner, soutirer.

● flotter, planer, survoler, voltiger.

VOLEUR ☐ bandit, brigand, cambrioleur, filou, gangster, malfaiteur.

VOLONTAIRE ☐ bénévole, complaisant, délibéré, intentionnel, spontané, voulu.

● acharné, buté, décidé, indocile, obstiné, opiniâtre, tenace, têtu.

VOLONTAIREMENT ☐ exprès, intentionnellement, volontiers.

VOLONTÉ ☐ caractère, cœur, cran, énergie, fermeté, force, ténacité, vaillance.

● désir, dessein, détermination, gré, résolution, velléité, vœu, vouloir.

VOLONTÉ (À) ☐ beaucoup, copieusement, en quantité.

VOLONTIERS ☐ de bon gré, volontairement.

VOLTE-FACE ☐ changement, pirouette, revirement.

VOLUBILE ☐ bavard, grandiloquent, loquace, prolixe, verbeux, volubile.

VOLUME ☐ calibre, capacité, cubage, contenance, densité, grosseur.

● livre, ouvrage, tome.

VOLUPTÉ ☐ caresse, débauche, délectation, délice, érotisme, joie, jouissance, orgasme, plaisir, régal, sensualité.

VOLUPTUEUX ☐ agréable, charnel, excitant, lascif, libertin, sensuel.

VOMIR ☐ évacuer, rejeter, rendre.

VOTE ☐ plébiscite, consultation, élection, référendum, scrutin, suffrage, voix.

VOUER ☐ consacrer, dédier, destiner, promettre.

● blâmer, condamner, flétrir.

VOULOIR ☐ demander, désirer, exiger, prétendre à, réclamer, rêver, souhaiter.

VOÛTÉ ☐ arqué, bossu, courbe.

VOÛTER (SE) ☐ se courber, s'incliner, se plier.

VOYAGE ☐ croisière, déplacement, expédition, odyssée, pérégrination, périple, traversée.

VOYAGER ☐ bourlinguer, se déplacer, naviguer.

VOYAGEUR ☐ bourlingueur, explorateur, globe-trotter, nomade, passager, touriste.

VOYANT ☐ (nom) halluciné, illuminé, prophète, rêveur, visionnaire.

VOYANT ☐ (adj) coloré, criard, éclatant, tapageur.

VOYOU ☐ brigand, canaille, crapule, dévoyé, fripouille, gredin, scélérat, vaurien.

● chenapan, drôle, galopin, garnement.

VRAI ☐ apparent, authentique, évident, exact, existant, flagrant, formel, incontestable, manifeste, net, ostensible, patent, perceptible, réel, véridique, véritable, visible.

● fidèle, franc, loyal, sincère, sûr.

VRAIMENT ☐ effectivement, franchement.

VRAISEMBLABLE ☐ apparent, crédible, croyable, manifeste, patent, plausible, probable, vrai.

VRAISEMBLANCE ☐ apparence, crédibilité, probabilité.

VUE ☐ apparition, aspect, panorama, paysage, perspective, point de vue, site, spectacle, tableau.

● œil, optique, regard, vision.

● avis, idée, opinion, sentiment.

VUES ☐ ambition, but, dessein, finalité, objectif, visées.

VULGAIRE ☐ banal, bas, commun, grossier, peuple, populaire, roturier, trivial, vil.

VULGARISER ☐ diffuser, populariser, propager, répandre.

VULNÉRABLE ☐ désarmé, faible, fragile, impuissant.

w x

y z

WEEK-END ☐ congé, fin de semaine, vacances.

XÉNOPHOBE ☐ chauvin, nationaliste, raciste.

YEUX ☐ optique, regard, vision, vue.

ZÉBRÉ ☐ rayé, taché, veiné.

ZÈLE ☐ chaleur, dévouement, empressement, enthousiasme, prosélytisme, vigilance.

ZÉLÉ ☐ appliqué, attentif, dévoué, empressé, enthousiaste, soigneux.

ZÉNITH ☐ apogée, sommet, summum.

ZÉRO ☐ aucun, inexistence, nullité, rien.

ZONE ☐ espace, région, secteur, surface, territoire.

DISTRIBUTION

ALLEMAGNE
BUCHVERTRIEB O. LIESENBERG
Grossherzog-Friedrich Strasse 56
D-77694 Kehl/Rhein

ASIE CENTRALE
KAZAKHKITAP
Pr. Gagarina, 83
480009 Almaty
Kazakhstan

BULGARIE et BALKANS
COLIBRI
40 Solunska Street
1000 Sofia
Bulgarie

OPEN WORLD
125 Bd Tzaringradsko Chaussée
Bloc 5
1113 Sofia
Bulgarie

CANADA
EDILIVRE INC.
DIFFUSION SOUSSAN
5740 Ferrier
Mont-Royal, QC H4P 1M7

ESPAGNE
PROLIBRO, S.A.
Cl Sierra de Gata, 7
Pol. Ind. San Fernando II
28831 San Fernando de Henares

RIBERA LIBRERIA
PG. Martiartu
48480 Arrigorriaga
Vizcaya

ETATS-UNIS
DISTRIBOOKS Inc.
8220 N. Christiana Ave.
Skokie, Illinois 60076-1195
tel. (847) 676 15 96
fax (847) 676 11 95

GRANDE-BRETAGNE
SANDPIPER BOOKS LTD
22 a Langroyd Road
London SW17 7PL

ITALIE
MAGIS BOOKS
Via Raffaello 31/C 6
42100 Reggio Emilia

LIBAN
SORED
Rue Mar Maroun
BP 166210
Beyrouth

LITUANIE et ETATS BALTES
KNYGU CENTRAS
Antakalnio str. 40
2055 Vilnius
LITUANIE

MAROC
LIBRAIRIE DES ECOLES
12 av. Hassan II
Casablanca

POLOGNE
NOWELA
Ul. Towarowa 39/43
61896 Poznan

TOP MARK CENTRE
Ul. Urbanistow 1/51
02397 Warszawa

PORTUGAL
CENTRALIVROS
Av. Marechal Gomes
Da Costa, 27-1
1900 Lisboa

ROUMANIE
NEXT
Piata Romana 1
Sector 1
Bucarest

RUSSIE
LCM
P.O. Box 63
117607 Moscou
fax : (095) 127 33 77

PRINTEX
Moscou
tel/fax : (095) 252 02 82

TCHEQUE (REPUBLIQUE)
MEGA BOOKS
Rostovska 4
10100 Prague 10

ZAIRE
LIBRAIRIE DES CLASSIQUES
Complexe scolaire Mgr Kode
BP 6050 Kin Vi
Kinshasa/Matonge

FRANCE
Exclusivité réservée
à la chaîne MAXI-LIVRES
Liste des magasins : MINITEL
« 3615 Maxi-Livres »

IMPRIMÉ EN UNION EUROPÉENNE
le 02-05-1996
B/101-94 – Dépôt légal, juillet 1994